내한선교사편지번역총서 **3**

로티 벨 선교 편지
1895~1897

내한선교사편지번역총서 **3**

로티 벨 선교 편지
1895~1897

로티 벨 지음
고영자 · 이은상 옮김

보고사
BOGOSA

역자 머리말

    편지의 주인공 로티의 본명은 샬롯[1] 잉그램 위더스푼(Charlotte Ingram Witherspoon), 결혼 후에는 샬롯 위더스푼 벨(Chalotte "Lottie" Witherspoon Bell)이다. 그가 고향의 식구들에게 보낸 서신 모두에 "로티" 혹은 그 이름의 약자인 "L.W.B."로 사인되어 있으니 번역에서도 로티라고 칭하고자 한다. 로티는 1867년 미국 테네시주 멤피스시에서 태어났다. 아버지, 토마스 드와이트 위더스푼 목사와 어머니 샬롯 버논 잉그램 위더스푼 사이에서 맏딸로 태어났으며 1894년에 켄터키주 출신인 남장로교 목사 유진 벨과 결혼했다. 결혼 이듬해인 1895년 2월 젊은 부부는 해외선교위원회 선교를 위해 한국으로 항해를 했고 그해 4월 서울에 도착했다. 약 3년 동안 서울에서 살았으며 1898년 목포로 이동하였다. 1남 1녀를 낳아 키웠으나 1901년 4월 12일에 목

---

1 샬롯(Charlotte)은 여자이름으로 샬리(Charley), 로티(Lottie), 로티(Lotty) 등 여러 변형의 애칭으로 많이 불리운다. 애칭은 사람마다 하나 이상인 경우도 있다. 미국에서는 남자든 여자든 성인인 본인이 원하면, 때때로 Middle Name을, 혹은 본명이나 미들 네임과 전혀 관계없는 이름을 공적으로 쓰기도 한다. 로티의 비석에도 이름이 한국에서 써지던 애칭 그대로 "로티"로 새겨졌다. 일반적으로 공적 사용에서는 착각을 피하기 위해 본명 외에 "aka(also known as)＿＿, ＿＿, ＿＿"라고 해서 애칭 이름들을 표기하기도 하고, 때로는 aka 대신에 따옴표 안에 일반적으로 불리던 이름을 표기한다. 어느 인터넷(출처:Find a Grave Memorial) 碑銘에 새겨진 로티의 이름이 본명 샬롯과 애칭 "로티"를 함께 쓴 경우가 그 한 예이다 – Charlotte Ingram "Lottie" Witherspoon Bell(1867-1901).

포에서 병으로 갑자기 사망했다. 그가 만 34세를 한 달과 하루 앞둔 젊은 나이였다.

로티는 한국에 정착하여 사는 동안 고향식구들이나 친지들에게[2] 편지를 했다. 그 중에 미주리주 캔자스시티에서 아버지께 1895년 2월 3일에 쓴 편지와 더불어, 1895년 2월 12일 한국으로 항해하기 직전 샌프란시스코 항구에서 유진의 어머님께 쓴 엽서로 시작해서 1897년 12월 25일 한국에서 미국의 남동생한테 쓴 편지들을 본인이 남편 이은상과 공동번역을 하게 되었다. 뜻하지 않은 어려운 과제여서 두려웠지만 허경진 교수가 여러모로 조언을 주시겠다고 해서 기꺼이 번역을 시작하게 되었다.

로티 부부가 한국에 와서 맨 처음 정착한 곳은 "서울의 딕시Dixie"라고 불렸다는 미 남부 출신 선교사들이 살던 동네, 지금의 정동이었다. 장로교 선교부에 속한 한국식 집을, 가능한 서양식으로 개조해서 살게 되었다. 로티 부부가 1898년에 목포로 이동할 때까지 서울에서 3년 남짓[3]을 살았는데, 그 당시 서울에서 미국식 의식주 생활을 유지했던 모습이 편지에 생생하게 그려져 있다. 당시 서구화가 늦었던 나라에서 쉽지 않은 일이었다. 만일 로티 부부가, 또는 로티만이라도, 한국식 의식주를 택하며 살기를 원했다면 그의 삶과 선교 사역의

---

2 번역을 위해 모아진 로티의 편지들은 한두 편을 제외하고는 거의 모두 부모와 형제, 자매들에게 보낸 것들이다.

3 로티 부부의 선교지가 목포로 정해진 것은 1897년 말이었지만 정작 그들이 목포로 이동하게 된 것은 "1898년 9월 6~7일 경"(주명준, 「유진 벨 선교사의 목포선교」, 131쪽)이었다. 주명준의 논문에 의하면 유진이 목포에서 정착 준비를 하는 동안 로티가 아기와 함께 서울에서 혼자 1898년 9월 초까지 지냈으니, 결국 로티는 서울에서 3년을 훌쩍 넘겨 산 것이 된다.

성격이 어떠했을까도 궁금했다. 로티 부부는 도착할 때부터 선교부의 지원을 받아 각각 한국어 선생님을 두고 한국어를 배우기 시작했고, 한국인 하인들과 일꾼들을 가르쳐서 그들의 노동에 의뢰했다. 한국인들의 노동에 의존하는 것이 여러모로 쉽지 않았지만 그래도 그 당시 품삯이 저렴했고 그들이 일하는 만큼, 로티 부부는 한국어 교육과 선교에 필요한 시간을 벌었다. 또한 그들 하인들과 아침 기도회도 함께하고, 그들 하인들이 기쁜 마음으로 예배 인도를 돕기도 하고, 통역도 하였으니 로티와 주변의 한국 하인들의 관계가 어찌 보면 상부상조의 관계이기도 했다.

로티의 편지를 대하는 나의 첫인상은 그야말로 의아함 그대로였다. 이유는, 남편 선교사나 부인 로티 모두, 시간이 날 때마다 일주일에 한두 번 정도 고향에 쓰는 편지들이 거의, 신앙생활이나 선교일과 직접 관계가 없는 듯한, 일상사로 일관되어 있기 때문이었다.

그러나 100여 편 되는 그의 편지를 몇 번씩 읽어가면서 그러한 나의 의아함과 궁금함이 서서히 풀려갔다. 130여 년 전에 그가 한국에서 미국식 일상생활을 하면서 겪었던 일들 ─ 주로 음식, 의상, 육아법, 주거, 주위의 선교사 가족들의 이야기, 그리고 그 당시 한국 정치 상황 등등 ─ 과 그의 미국 식구들이 살던 역사적, 사회 문화적, 혹은 정치적 배경들을 이해하려고 노력했다. 그러면서 나는 점차적으로 첫인상들이 바뀌기 시작하고, 로티의 생각이나 감정에 이입하는 것이 쉬워졌다. 자세하고 생생하게 묘사되는 그의 편지를 통해 내가 로티의 생활 속으로 들어가 그와 함께 숨을 쉬는 듯한 경험도 했다. 한국에 온지 6년이 갓 되던 어느날 남편의 부재중에 갑자기 쓰러진 그 ─ 그의 젊은 죽음에 안타까움을 금하지 못하며 그를 적극적으로 이해하고 싶었던 간절함도 그를 이해하는 데 도움이 됐을까 싶다.

그리면서, 나는 점점 로티가 고마워졌다. 왜냐하면, 그의 편지들은 흔히 보는 선교 사역 보고와 달리 130여 년 전 당시 한국 서울과 근교 관악산에서 보낸 그의 사생활을 자세히 묘사하고 있기 때문이었다. 사진 찍기도 쉽지 않았던 시절, 묘사하고자 하는 모든 한국에서의 삶을 친필로 그의 미국 남부에 사는 식구들에게 정기적으로, 꾸밈없이, 세세하게, 대화하는 이런 편지 모음을 얻기가 흔치 않기 때문이었다. 그의 편지들이 한국의 선교 역사뿐 아니라 당시 한국의 정치, 문화, 종교 역사를 두루 이해하는 데에, 또한 미국의 해외 선교 역사와 선교사들을 새롭게 이해하는 데에 보기 드문 귀한 자료가 될 수 있음을 상상해보며 가슴이 벅찼다.

당시 여선교사들도 있었는데 그들은 주로 의사나 간호사들이었다. 그러나 로티는 다만 안수를 갓 받은 목사 선교사의 부인으로서, 직접적인 선교 사역보다는 남편의 선교 사역을 뒤에서 돕는 보조 역할을 했다. 이 보조 역할이라는 것이 결코 한가하고 쉬운 일이 아니었다. 아침마다 두세 시간씩 한국어 선생님과 함께 앉아서 한국어를 배우고, 하인들에게 서양 요리와 서양식 살림들을 가르치고 관리하고, 집의 하인들과 아침 기도예배를 함께 보고, 젊은 서양 여인의 모습과 삶에 커다란 호기심으로 몰려드는 한국 여자들을 받아주고, 가난한 한국 여자들이 자기들을 방문해 주기를 청할 때 기쁘게 응해주고, 남편 선교사가 선교여행을 하는 오랜 기간 동안 혼자 육아와 집안일을 돌보며 남편의 빈 자리를 메꾸고, 선교사들의 자녀들을 위한 주일학교를 돕고, 또한 선교학교의 한국 어린이들도 때에 따라 돌보아주고, 동료 선교사 식구들이 아프거나 경조사를 맞을 때 헌신적으로 도우며, 필요에 따라 선교사 손님들 하숙도 시키고, 부부동반하여 크고 작은 파티에 참석하는 것 등등이었다.

이렇게 소소한 것 같으나 몹시 바쁜 일상 중에도, 로티가 특별히 유념하며 실천한 두 가지 일이 있었다. 하나는, 적어도 일주일에 한번 은 꼭 식구들 누구 한 사람에게라도 편지를 쓰는 것이었다. 그렇게 쓴 편지를 멀고 먼 훗날 우리가 읽게 된 것이다. 다른 또 하나는, 힘들어도 반드시 하루에 두세 시간을 내어서 한국어를 배우는 것이었 다. 주위에 어떤 선교사 부인들은 너무 바빠서 한국어 배우는 것을 포기한 사람들도 있었지만, 로티는 그런 와중에도 한국어나 다른 외 국어를 잘하는 여자들을 늘 존경하고 그들을 모범삼아 한국어 배우는 일에 충실했다. 그의 남편 유진도 이를 위해 많은 도움과 격려를 해 주었다.

서울에 사는 동안 로티가 주변에서 함께 하던 한국인들은 주로 가 난하고 배우지 못한 여자들과 아이들, 하인들이나 가마꾼, 짐꾼, 그 리고 장사꾼 등이었다. 이들 한국인들과의 관계에서 로티가 부딪혔 던 어려움들이 여러 가지로 많았지만, 가장 힘들었던 것 중에 대표적 인 것은, 역자의 느낌으로 볼 때 한국인의 "더러운" 모습과 깨끗하지 않게 사는 환경이었던 것 같다. 아래 내용은 로티 부부가 그들의 고향 을 떠난 후 두 달여 되던 – 힘들고 오랜 항해를 마치고 마침내 서울 정동마을 에 도착한지 2주 남짓 되던 – 때에 동생들에게 쓴 편지이다. 한국인들이 복음을 받아들이고 '미개한' 삶에서 벗어나도록 사랑과 사명감으로 노력하는 로티의 모습과, 실상 그 노력이 체질적으로 힘들었던 양면 성을 잘 보여준다.

"오늘 저녁 나는 몹시 피곤하다. 오늘 미스 테이트와 함께 서소문 밖에 사는 여자들 몇 명을 방문하기 위해 외출을 했었는데, 목욕이 필요한 이유도 그 때문이다. 그 사람들은 정말 더럽고, 그들이 사는 집은 내가 실제로 '소름끼치는' 것을 느낄 정도였다. 벼룩 정도가 아니라 그보다 더한 무엇을 옮겨 왔을지도 모른다. 우리는 양반의 집을 방문하게 되는 법이 거의 없다. 가난한 사람들만이 복음에 마음을 열어준다."(1895년 4월 25일 동생들에게 보낸 편지)

다행스러웠던 것은, 이러한 초기의 어려움이 한국에 도착해서 한 달 남짓해서 이미 나아지기 시작했다. 그는 몸이 피곤하고 한국말을 못했어도 기회가 있을 때마다 한국인들을 만났고 한국어 예배에 참석했다. "그들의 친구가 되려는" 비장한 사명감과 노력으로 입에 맞지 않는 한국음식도 먹었고, 한국여자들이나 아이들에 대한 긍정적인 면도 보기 시작했다(1895년 5월 26일 아버지께 드리는 편지).

이렇게 로티는 그 나름대로의 선교 사역을 하면서 자기들만의 독자적인 선교지가 정해지기를 기다리는 동안 3년 가까이 그리고 목포 선교지로 이사를 가기까지 수개월을 더 서울에서 지낸다. 그 때 쯤에는 그의 '피곤함과 무료함'이 만성화되면서 로티는 필사적으로 선교사 부인으로서의 책임과 의미, 영적강화를 위한 자리매김을 위해 분투한다. 그 당시 대학을 졸업한 지성인으로서, 저명한 신학자이며 목사인 아버지의 딸로서, 또한 남편 선교사를 사랑과 정성으로 섬기고자 하는 간절한 마음의 아내로서, 또한 어린 아들의 보람찬 어머니로서, 로티는 일상의 어려움을, 감사함과 새로운 각오로 늘 극복한다. 로티의 이러한 상황적 어려움과 영적 감사함의 양면적인 모습이 여동생에게 쓴 편지 몇 줄에 절절하게 묻어나며, 역자의 가슴 속에도 깊숙한 아픔과 감동 – 양면성으로 각인되는 듯하다:

> "…이제 나는 아무 공부도 하지 않는다. 하는 것이라곤 매일 반복되는 일상의 소소한 일들뿐이다. 어떤 때는, 굳이 이렇게 멀리까지 와서, 한국 하인들과 일꾼들에 대해서 염려하고, 밥하고, 청소하고, 매일 무엇을 먹어야 되나 궁리하며 사는 것이 가치 없게 생각되기도 한다. 그래도 나는 '전쟁에 나간' 사람들에게나 '남아서 집을 돌보는' 사람들에게나 하나님의 축복은 같다고 생각하고 싶다." (1897년 10월 6일 여동생 에바에게 쓴 편지)

당시 거의 같은 입장이었던 의사 선교사 부인 한 사람이 몸이 불편함에도 불구하고 "집안일을 벗어나" "기분전환으로" 부부동반 휴가를 가는 것을 로티는 십분 이해한다고 바로 위의 문단 밑에 적기도 했다.

서울 생활이 익숙해질 즈음 로티 부부의 선교지가 목포로 정해졌다. 서울의 모든 익숙함과 편안함을 떠나더라도 그것은 로티가 고대하던 바였다. 왜냐하면, 남편의 장기간 선교지가 정해지면 남편이 더 이상 길고 어려운 선교 여행을 덜할 수 있기 때문이었고, 결과적으로 부부가 떨어져서 사는 날들이 적어지기 때문이었다. 실제로 남편 선교사의 선교여행은 1년에 6개월 가까이 됐었다. 여행 중에 따르는 남편의 모든 어려움과 위험은 차치하고라도, 전화통신이 가능하지 않은 상황에서 급한 연락을 주고받을 수가 없었다. 목포로 정착하게 되었다는 소식을 접한 때가 1897년 11월경이었고, 1897년 12월 25일 남동생에게 보내는 편지를 마지막으로 내게 주어진 편지들이 끝났기에, 그 이듬해 그가 목포에 정착한 후의 일은 모른다. 로티의 일상사와 둘째 자녀의 출산과 육아 이야기, 그곳에서의 로티의 선교사 부인으로서의 역할과 삶의 의미, 또 그의 감정이 어떻게 진전됐고 마감이 되었는지 무척 궁금하다.

로티 편지에 나오는 특정 언어나 개념이 역자에게 모호하고 이해하기 힘든 면이 적지 않았지만, 주어진 시간과 여건 하에서 힘껏 조사와 연구를 하려고 노력했다. 혹, 뜻은 이해를 하나 적당한 한국말 표현을 찾기 힘들 때는, 옛날 선교사들의 번역서들을 찾아보기도 하고, 그 비슷한 자료들의 번역편노 보고, 위키백과나 구글 등에서 검색해 보기도 했다. 또한 로티의 식구들과의 대화체 편지에 자주 나타나는 특별난 어순이나 표현들이, 의역을 하면 번역이 한결 매끄럽고 이해하기 쉬웠겠으나, 그래도 원본의 의도나 문화적 배경과 격식에 충실하기 위해 되도록이면 직역으로 관철했다. 또한 공동 번역인 부부가 한국 선교나 선교사를 전공한 사람들도 아니고 한국을 떠나 미국 생활을 한 지 오래되어서 우리의 한국어나 한국식 외래어 표현이 오늘날 독자들에게 낯설 수가 있을 것에 대해서 독자들의 너그러운 양해를 구한다.

처음 몇 번까지는 느끼지 못했으나, 이 번역문들을 출판하기 위한 교정 과정에서 여러 번 그의 편지를 읽어가는 동안 나는 문득 그의 풍만한, 짐짓 농담이 아닌 듯 농담을 하는 유머를 그의 편지 구석구석에서 감지할 수 있었다. 이렇게 쉽게 눈에 띄지는 않으나 명백히 기름지게 묻어있는 로티의 유머와 웃음을 독자들도 간접 체험할 수 있기를 바란다. 그것이 알게 모르게 로티에게 쉼과 치유의 역할을 했음을 믿기 때문이다.

끝으로, 나는 로티의 식구들과 후손들에게 심심한 감사를 드린다. 미국의 친척들은 로티의 편지들을 정성껏 보관하였고, 그렇게 모아진 편지들이 그의 후손들에 의해 읽혀졌다. 또한 그의 후손들 일부가 한국에서 선교사로 대를 잇고 있으며, 그를 기억하는 분들이 힘을 모아 로티의 손편지들을 데이터로 다시 정리해 준 것이 고맙다. 그들 덕분에 로티가 130여 년 전에 한국 땅에 뿌리고 간 젊음과 그 헌신적 선교의 삶이 다시 세상에 빛이 되어 살아나올 수 있을 것을 믿고 간절히 기원한다.

고영자

일러두기

1. 인돈 학술원에서 소장한 1895, 1896, 1897년에 걸친 영인본 편지와 날짜별로 정리해놓은 데이터 목록을 저본으로 번역하였다.

2. 원문에서 삭제된 부분이나 글자가 보이지 않아서 읽어지지 않는 부분, 아니면 스펠링의 오류로 이해가 불가할 때는 "삭제됨", "해독 불가", 혹은 "?"로 표기했다.

3. 원문에 괄호 속 물음표(?)가 자주 나오는데 그것이 저자의 것인지 아니면 로티의 손글씨 편지를 전사해준 서머빌 선교사 부부의 것인지 구분할 수 없어서 그대로 사용했다.

4. 이해가 가능한 오타나 오류가 있을 때는 각주를 달든지, 그냥 번역을 하고 그 옆에 원본의 스펠링을 덧붙였다.

5. 원문에서 오타나 오류가 아니더라도, 번역문의 이해를 돕기 위해 필요할 경우에는 한글 단어 옆에 원문의 단어를 덧붙였다. 괄호를 사용하지 않은 것은 원문에 저자가 수시로 사용하는 괄호들과 구분하기 위함이었다.

6. 번역의 뜻을 명백하게 하기 위해 필요할 때는 원문에 없는 단어나 구절을 [   ] 속에 기재했다.

7. 본문에 부친 추신들은 같은 저자의 글이므로 본문과 같은 서체로 표기했다.

8. 한국인의 실제 이름과 영문 표기가 일치하지 않는 경우에 한국 역사에 알려진 이름일 경우에는 그 이름으로 표기하였고, 그렇지 않은 인물의

이름은 영문 표기로 된 발음대로 표기했다. 그러나 시간이 흐르면서 저자가 똑같은 사람이나 단어 스펠링을 여러가지로 다르게 표현할 때, 아니면 영인본을 타자로 옮길 때 잘못 표기해서 달라질 때는, 편지의 날짜가 늦어지면서 변함없이 반복해서 쓰여진 스펠링의 이름 들을 택했다. (예: 선건이→선건아, 예서방→이서방, 문세계→맹 세계, 우승이→보승이→부승이)

9. 원문에는 괄호( ), 따옴표 " ", 밑줄, 하이픈-, 이음줄 -- --, 콤마, 등을 자주 사용했는데, 번역문에도 최대한 그 부호들을 그대로 사용하여 직역을 하고자 했다. 그러나 저자의 구어체형 문장의 직역이 불가능할 때는, 전체 문장의 뜻과 의도를 최대한 살려서 의역을 했다.

10. 여러 개 나오는 도면이나 이미지는 스캔을 해서 영문 글자 옆에 손 글씨로 번역글자를 삽입하거나, 타자로 친 번역 글자를 오려서 영문 글자 위에 붙였다. 또한 크기가 작거나 간단한 도면은, 도면의 위치별 로 설명하여 번역을 했다.

11. 인돈 학술원의 기록에 1898, 1899, 1900, 1901, 1902, 1903년에 각각 로티의 편지 1통 – 전체 6통이 더 있었고 손실된 것으로 나타나나 오류인 듯싶다. 왜냐하면, 편지의 주인공 로티가 1901년 4월에 사망했 으므로, 1901년, 1902년, 1903년 각각 12월에 썼다는 1통씩의 편지는 오류임을 증명한다. 또한, 1898년 10월 29일 로티가 두 여동생인 메이 블과 폴린에게 편지를 썼다고 했는데, 메이블과 폴린에게 쓴 각각의 편지가 실상 1년 전, 같은 달, 같은 날짜인 1897년 10월 29일자로 수록이 되어있다.

12. 저자는 남편의 어머님과 아버님께 편지를 쓰거나 그들을 편지에 언급 하는데, 그럴 때는 본인의 어머니와 아버지와 구별하기 위해서 "어머 님"과 "아버님"으로 번역했다.

차례

1895년

1895년 2월 3일
미주리주, 캔자스시티에서

아버지께

어제 아침 세인트루이스에서 어머님께 편지를 드렸습니다. 편지가 월요일 아침 식사 시간 쯤 도착하면 좋겠습니다. 금요일 침대차에서 충분히 휴식을 취했고, 오늘 아침 식사 후의 산책이 기차에서 보내게 될 하루에 대한 좋은 준비가 되었습니다. 유니온 퍼시픽 직원이 기차로 올라와서 출발 전까지 함께하며 선박권을 발부해 주었습니다. 그의 조언에 따라 유니온역사 안에 있는 카페에서 아침 식사를 했습니다.

세인트루이스의 유니온역에 와 보신 적이 있으신지요? 시카고나 디트로이트에서 제가 보았던 어느 역사보다 훨씬 멋있었고, 32대의 객차가 동시에 대기할 수 있는 규모의 대기창shed이 있습니다.

저희들은 뒤로 젖혀지는 편한 의자를 설비한 객차 칸을 무료로 배정받았습니다. 거기에서 보낸 하루는, 비록 차창 밖으로 보이는 것은 눈 덮인 들판뿐이었지만 편안했습니다. 세인트루이스에서 본 미시시피강은 완전히 얼어 있는 것처럼 보였고, 기온은 영도를 훨씬 밑돌았습니다.[1] 근처에 서너 마일의 긴 거리를 와바시강과 아주 근접해서 나란히 달리는 "산타페"라는 이름의 길이 있는데 거기에서 목격한 사고현장이 흥미로웠습니다. 화물차들이 뒤집혀져 있었고 기차가 부서져 조각 나 있었습니다. 제가 난생 처음 본 사고 현장이었습니다.

---

1 화씨 영도는 섭씨 영하 18도.

매기 여사에게 싸주신 도시락 정말 잘 먹었다고 꼭 전해 주세요. 저희 둘이서는 게를 두 개(?)도 다 먹을 수가 없어서 세 개 중 하나를 기차 승무원에게 주었더니 아주 좋아했습니다.

이곳에 정시에 도착하니 닐 박사님께서 기다리고 계셨습니다. 박사님은 손수 지으신 집에 살고 계십니다. 월부로 집값을 지불하고 계시는데 훌륭한 저택입니다. 오늘 아침 교회에서 닐 박사님은 유진에게 길게 이야기하기를 요구하지 않으셨고, 저녁에 청장년 모임에서도 간단한 인사말만 하게 해주셨는데 그 마음쓰심이 저를 기쁘게 해주었습니다.

저는 저녁에는 몹시 피곤해서 추운 날씨에 3마일 거리의 교회로 차를 타고 가는 대신에 집에 남아 아버지께 편지를 쓰기로 했습니다. 닐 박사님도 좋은 계획이라고 생각하시는 듯했습니다. 모임은 교회에서 5.5마일[2] 떨어진 곳에서 있는데, 아침부터 추운 날씨가 점점 더 추워지고 있습니다. 강에서 한참 올라온 언덕이라서 바람도 무척 셉니다. 닐 박사님의 교회는 훌륭한 교회입니다만 제일교회[3]만큼은 아닙니다.

오늘 아침 그 교회에서 저를 직접 알거나 저에 대해 알고 있는 사람들을 만났는데, 갤러틴이 고향인 번팅 박사 부인, 프레드릭스버그에서 온 헨리 부인, 셸비빌에서 온 하나 씨 등입니다. 오후에는 애니[4]의 친구인 우드레이크 출신의 루이스가의 자매들 그리고 피터즈버그 출신의 월리 마틴이 찾아왔었고, 그 후 셸비빌 사람들이 몇 명 더, 그래

---

2 원문에 "22 long squares". 1 square는 0.25마일 길이. 요즘은 쓰지 않는 단위이다.
3 켄터키주 루이빌의 로티의 아버지가 목사로 재직하는 제일장로교회를 지칭하는 듯.
4 남편 유진 벨의 여동생.

서 저희 둘은 몹시 지친 상태이지만 오늘 밤 잘 쉬고 나면 다시 괜찮아지리라 생각합니다.

내일 아침 9시 30분에 출발할 예정입니다. 우회하지 않고 곧장 가기로 결정했습니다. 우회할 경우 솔트레이크시티에서 24시간을 기다려야 하는 것을 알게 되었습니다. 물품 구매하는 일을 너무 쫓기면서 하고 싶지 않습니다.[5] 그곳에 들르지 못해서 죄송합니다.[6] 그 결정을 유진이 저에게 위임했는데, 최선의 결정이라고 생각되는 것이, 너무 서두르지 않으면 그만큼 더 샌프란시스코에서의 방문이 즐거울 것으로 생각되기 때문입니다. 닐 부인께서 점심을 준비해 주신다고 했고, 윌슨 부인이 준 케이크가 많이 남아 있고, 제 과일케이크도 그대로 남아 있으니 음식은 충분합니다.

아버지께서 제게 빌려 가신 유진의 신앙고백록을 두고 온 것을 알게 되었습니다. 유진이 그것을 돌려받을 것을 깜박했던 것이죠. 그의 바움Baum(?)도요[7]. 바움(?)은 별로 중요치 않게 생각하는 듯한데 신앙고백록은 있어야 할 것 같습니다. 샌프란시스코로 부쳐주실 수 있으신지요?

집을 떠난 지 오랜 시간이 지난 느낌인데, 향수병은 조금 밖에 겪지

---

5 계속되는 편지에 샌프란시스코에 도착해서 한국으로 가져갈 물품들을 구매하는 이야기가 나오는데 그것을 말하는 것으로 생각된다.

6 원문에 "I am very sorry not to stop there…" 그곳이 어디인지 확실하지 않으나, 바로 위의 문장에 우회해야 할 곳을 말하는 것 같음.

7 원문에 "Baum(?)"으로 되어 있다. 혹시 10대에 신앙고백을 하고 교회의 일원이 되는 소년시절에 보던 라이만 프랭크 바움Lyman Frank Baum의 책을 말하는 것이 아닐까. 바움은 1856년 생으로 어린이들을 위한 글을 많이 쓴 작가였다. 그러나 "Baum"이라는 단어 하나만으로는 그것을 단정하기가 어렵다. 손편지를 타이핑으로 옮긴 사람도 그 뜻이 확실하지 않았던 모양이다.

않았습니다. 당분간은 향수병을 심하게 앓지 않았으면 합니다. 저희가 실제로 한국에 처음 도착해서 어느 한 순간 여유가 생기는 듯 할 때, 그곳의 상황에 문득 생소함이 느껴질 그런 때, 불현듯 향수병이 몰려오겠지요. 랩슬리 씨가 쓴 편지에서, 자기는 향수병에 걸리는 적은 없지만 고향사람들은 자주 몹시 보고 싶어 한다고 한 말을 기억합니다.

하루 이틀 내에 다시 서신 드리겠습니다. 샌프란시스코에서 소식 듣게 되기를 기대합니다. 유진이 자기 어머님께 쓰는 편지에 제가 몇 자 적기를 원해서 여기서 안녕을 고해야 되겠습니다.

모두에게 저희 부부의 사랑을 담아서
사랑하는
로티

추신. 충분한 휴식 후 출발한 지 한참 되었습니다. 아주 추운데 전차는 난방이 잘 되어 있었고 기차는 언제나처럼 쾌적합니다. 아침 일찍 덴버에 도착합니다.

1895년 2월 12일, 오전 11시 45분
캘리포니아, 샌프란시스코

어머님께[8]

오늘 오후 3시에 출발하는 증기선을 타기 위해 준비하고 있습니다. 처리해야 할 일이 생각보다 훨씬 많아서 한참 서두르고 있습니다. 저희 두 사람 다 잘 지내고 기분도 좋은 상태입니다. 어머니와 모두들 안녕하시기 바랍니다. 안녕히 계세요. 저희 둘의 사랑을 매티와 모두에게 전합니다. 프랭크와 샐리 사촌이 증기선까지 저희와 함께 갑니다.

당신의 사랑하는 아들
유진 벨

---

8 유진이 자기 어머님께 쓴 엽서 밑에 로티도 첨기했다.

1895년 2월 12일
오세아닉호에서

샐리 사촌과 저 둘이서 지금 막 짐을 풀었습니다. 배를 점검하는
사이 어머님께 이제 떠난다는 인사를 드립니다. 승객들이 아주 많은
데, 호놀룰루까지 가는 승객이 많습니다. 모든 일이 겉으로 보기에
만족스럽고, 햇빛도 찬란합니다. 제 짐이 도착하지 않았으나 나중에
프랭크 사촌이 다음 증기선 편으로 보내 줄 것입니다. 서두르게 되어
서 정말 죄송스럽지만, 오늘 기차가 몇 시간 연착했습니다. 저희가
막 떠나려 할 때 후퍼 씨가 꽃다발과 과일바구니를 보내왔습니다.

안녕히
로티

1895년 3월 8일, 금요일 오후
일본, 요코하마, 워터 26, 클라랜돈 하우스

사랑하는 플로렌스에게

오늘 오후에 나는 네게 편지를 비유적으로든 또는 문자 그대로의 뜻대로든, 몇 야드건 길게 줄줄이 쓸 수 있을 것 같은 기분이다. 왜냐면, 일본의 종이는 두루마리로 되어 나오는데, 지난 삼 일 동안에 내가 대해 본 종이가 책 한 권은 될 것 같다. 이번 우편으로 버논에게 편지를 보내고, 또한 드와이트에게도 넥타이 하나를 보내는데, 그것은 드와이트가 짐을 싸는 것을 도와준 것이 고마워서 우리의 애정의 표시로 보낸다. 선물로 받은 것의 가치를 따지는 것은 좋은 일은 아니지만[9], [그래도] 드와이트가 정 알고 싶어 할 경우를 위해 말하는데, 25엔을 주었고, 우리 돈으로는 12.5센트이다. 나도 검정색으로 된 것을 하나 가지고 있다. 여기의 물건 값이 모두 싼 것처럼 우리에게 느껴지는데, 예를 들면, 5불짜리 금화를 W. 부인이 10엔 25센으로 바꾸어주었다. 이곳의 은화 하나가 미국 금화 48센트와 같다. 우리가 묵는 이 호텔은 아주 좋은 호텔로 청결하고 편안하며, 식사도 아주 좋은데, 숙박료가 4엔 50센이다. 그러니까 우리 두 사람 다 해서 하루에 2.25불이 드는 셈이다. 이곳의 최고급 호텔도 5엔-금화 2.5불밖에 안 한다. 오늘은 이 편지봉투 100개를 15센-우리 돈 7.5센트 주고

---

9 "It is not good to look a gift horse in the mouth": 선의로 받은 것의 가치를 따지는 것은 좋은 일이 아니라는 뜻의 숙어로, 말의 건강을 알기 위해 이빨을 검사하는 관행에서 나온 말이다.

샀다. 아주 유용하게 쓰인다. 좋아 보이지 않니?

다시 우리가 여기까지 오게 된 이야기로, 버논에게 쓴 편지[10]의 마지막 지점으로 돌아가자. 여기 도착이 3일 지연되었는데 "맞파도" 때문에 그랬다. 선원들에 따르면, 항해 동안 악천후는 없었지만, 최고로 불쾌한 기후였다고, 상쾌한 날은 통틀어 4일밖에 안 되었다고 한다. 마지막 닷새 동안에는 다시 일행 모두가 거지반 멀미 상태가 되었다. 그래서 화요일 아침 바다가 잔잔해지고, 다시 음식을 먹을 수 있게 되어 적이 안심하였다. 그렇게 항해 마지막 날은 시간이 갈수록 상태가 좋아져서 오후에 육지가 보이기 시작하고 "후지"산의 윤곽이 어렴풋이 보이기 시작했을 때는 바다가 잔잔한 호수처럼 되었고, 나이 지긋한 집사는 송별만찬 식탁을 안전틀 없이 차릴 수 있게 되었다. 해가 넘어갈 때, 그 아름다움과 색깔에 있어서 진정 일본의 석양이었는데, 일본인 유미토(?) 씨는 우리 눈앞에 펼쳐진 백여 마일 저쪽의 눈 덮인 후지산 봉우리의 아름다운 풍경에 희열하였다. 황홀하게 달이 빛나는 밤이었고, 우리들은 만찬 후 오랫동안 갑판에 남아서 어선과 해안의 불빛을 바라보았다. 이때까지보다 더 많이 춥기도 하였다.

밤새 편히 쉬고 아침에 깨어났을 때는 우리 배가 해변에서 1마일 떨어진 곳의 부표에 묶여 있고, 다른 증기선들과 여러 척의 군함들, 그리고 "삼판"이라 부르는 일본식 소형 배들에 둘러싸여 있는 것을 보게 되었다. 선박이 포구로 들어오는 것이 보이면 이 작은 배들은 서로 다투어 선박에 접근해서 제일 먼저 도달하는 배가 그 선박에

---

10 버논에게 썼다는 편지는 영인본 원문에 포함되지 않았음.

"묶고" 그 뒤에 온 배들은 순서대로 먼저 온 배에 차례대로 "묶이어" 1~2센을 벌 기회를 기다린다. 제방 외에는 대형 선박을 댈 부두가 없어서 큰 배들은 닻을 내리거나 부표에 묶여있고 작은 배들로 승객과 화물을 해안으로 옮긴다. 큰 호텔들은 모두 소형 증기선박이 있지만, 우리는 큰 "삼판"을 타고 왔다. 사내아이[11] 두 명이 노를 저었는데 편안했다.

아침 식사 전에 맥알파인 씨의 편지를 가지고 스탠랜즈 씨와 함께 온 홉프스 Mr. Hopps 씨[12]가 배로 왔다. 식사를 마치는 대로 곧 시내로 들어왔는데, 먼저 세관에서 짐 조사하는 동안 몇 분을 기다려야 했다. 그때 인력거를 난생 처음 보았는데 타보고 싶은 마음이 들었지만 호텔이 아주 가까운 거리에 있었기에 그냥 걸어서 왔다. 편지를 읽은 다음에 유진이 내 트렁크에 대해 알아보러 다시 세관으로 갔는데, 다른 짐들은 아직 육지로 도착하지 않은 채였다. 내 액자들과 모기장에 대한 관세로 90센을 지불해야 했다. 유진이 그것들의 가격을 기억하지 못했고, 세관원이 금화 49불로 책정했는데, 실제론 4불 가치밖에 안 되었다. 그렇다고 그것 때문에 우리가 빈털터리가 되진 않았다. 이곳에서는 기차표 한 장당 화물이 60파운드까지만 허용되는 것을 알고는 옷짐을 풀어서 내 트렁크는 증기선 화물편으로 고베로 보내고 증기선용 트렁크 하나만 지참하기로 했다. 검정

---

11 원문에는 "two boys"로 되어있다. 여기서 "boys"를 아이들이라고 번역했으나, 그당시 서양인들이 남자 하인들을 그렇게 불렀듯이 "boys"가 하인이라는 뜻일 가능성도 있다.

12 원문에는 Mr. Stanlands(?) 7 his man, Mr. Hopps라고 적혔으나 Mr. Stanland and his man, Mr. Hopps의 오타로 간주한다.

비단옷은 챙겼지만 내 멋진 모자는 포기해야 했는데, 그것이 필요할 일은 거의 없을 것이다.

편지 중 하나는 우리에게 고베로 와주기를 청하는 맥알파인 씨의 것이었는데, 자기 집으로는 초청할 수가 없어서 미안하다고, 허나 어디에서 묵건 숙박비를 지불해야 할 것이니 이왕이면 그리로 오라고 했다. 그리고 카메론 씨에게서 온 편지가 있었고, 세 번째는 나고야의 뷰캐넌 씨가 자기의 집으로 우리를 초청하는 편지였다. 뷰캐넌 씨가 피터즈버그에 있을 때 우리 아버지와 친분이 있었다고 한다.

얼마 지나지 않아, 네덜란드 개혁교회 선교회에 속한, 맥알파인 씨의 장인인 발락 씨가 우리의 여권을 가지고 왔다. 그가 아버지를 알고 있고, 그의 부인은 존스턴 박사의 첫 번째 부인인 웬트림(?) 씨와 연관이 된다고 한다. 이곳에 33년 간 있었는데 곧 고향 방문길에 오를 것이고, 돌아올 때는 부인과 함께 올 것이라고 한다.

점심 식사 후 그가 우리를 벤텐 도리Benten-dori로, 그리고 그릇과 비단 상점들로 데려갔고, 또한 우리를 인력거jinrick-iys(그들이 부르는 식으로)에 태워 한 시간을 기념품점들이 있는 다른 길로 해서 다녔다. 우리가 원할 때는 인력거를 세우고 상점에 들르기도 하다가 집으로 왔는데 그 비용이 10센-5센트였다! 아주 재미있었고, 외국인들이 모두 인력거를 처음 탈 때는 이상한 기분이라고 하는데 나는 하나도 그렇지 않았다. 그러나 인력거꾼들은 신기한 것이, 어떻게 175파운드 나가는 사람을 태우고 시속 5마일의 속도로 8시간을 계속 달릴 수 있는지, 내겐 수수께끼이다. 어제 우리가 도쿄에 갔을 때는 인력거 세 대를 하루 종일, 거의 8시간을 탔는데, 한 대당 50센-25센트였다!

요코하마는 너무 서양적[13]이라 그리 흥미롭지 않다. 그래서 발락 씨가 어제 친절하게도 도쿄 관광안내를 자처해서, 우리끼리 일주일 걸려서 경험할 수 있는 것보다 더 많은 것을 하루에 경험하였다.

아침 8시 15분에 출발해 도쿄에 9시에 도착하였다. 기차로 18마일 거리밖에 안 된다. 미국의 기차처럼 일등, 이등, 삼등실로 나뉘어 있고 객실이 있어서 문이 옆으로 나 있는데, 객실문은 잠그지 않았다. 가는 길의 풍경은 그림에서 본 그대로 아름다웠다. 작은 집들과 소나무[14], 꽃이 핀 자두나무, 논, 그리고 키가 작은 사람들. 내게는 모든 게 아주 작게 보였다. 만을 한눈에 볼 수 있었고 후지산을 잘 볼 수 있었다.

우리는 (이등 칸에 탔는데) 남자 몇 사람과 여자 한 사람이 같이 타서 나는 그 여자의 머리와 복장을 잘 관찰할 수 있었다. 내 생각에 여자들은 꽤 매력적이고 아이들도 그러한데, 청결한 소수의 아이들이 그렇다는 말이다. 이렇게 많은 아이들을 전에는 본 적이 없는데, 작은 아이들이 거의 모두 각각 더 작은 아이를 등에 업고 있었다. 그 불쌍한 아기들 때문에 마음이 아팠는데, 자기들은 아마 괘념치 않았을 것이다.

도쿄는 말로 표현할 수 있는 그 이상이다. 네가 만일 『일본의 내륙』을 다시 읽어본다면, 내가 너에게 설명해 줄 수 있는 그 어느 것보다 더 잘 이해할 수 있을 것이다. 해가 비칠 때는 이곳은 진정 매혹의 땅이다. 그들의 예술적 감각이 도처에서 드러난다. 도쿄의 나무들과 거리 같은 것을 어디에서도 본 적이 없다. 나무는 주로 사철나무들이

---

13 일본적이지 않다는 의미로 "foreign"이란 단어를 썼다. "외국적"보다는 "서양적"으로 번역한다.

14 원문에 oine trees라고 표기 되었으나 pine trees의 오타인 것으로 간주한다.

다. 그래서 언제나 더위가 없는 여름이다. 그리고 도시 전체가 아주 깨끗하다. 따로 난 보도는 없는데, 그러나 너무 더러워서 그 위를 걸을 수 없는 거리는 하나도 보지 못했다.

그 방면에서 본 것 중에 가장 흥미로웠던 것은 쇼군들의 무덤이었다. 쇼군과 다이쿤은 같은 말이라는 것, 그리고 300년 전에 그들이 모든 권력을 찬탈해서 미카이도를 교토의 궁에 수인처럼 가두어 놓았었는데, 지금의 천황이 스스로 도쿄로 와 버린 것을 네가 기억할 것이다. 큰 권력을 가졌던 쇼군들은 니코에 묻혔는데, 200년 전에 죽은 한 유명한 쇼군은 도쿄에 묻혔다. 부인과 함께 묻힌 쇼군으로는 그가 마지막이었다. 그들의 무덤은 엄청 커서 도시 한가운데, 사진에서 많이 본 서울의 대문과 같은 문이 있는 높은 벽에 둘러싸여 있다. 경내에 들어서면 넓은 뜰이 있고 거기에 세 사람을 위한 세 개의 사당이 있는 커다란 신사가 있다. 거기서는 신을 벗거나, 아니면 신 위에 덧신을 신어야 했는데 우리는 후자를 택했다.

도금(鍍金)과 수가 놓인 천으로 장식된 신사의 내부는 매우 아름다웠고 바닥에 놓인 돗자리는 그 위를 걷기에 아주 기분이 좋았다. 그리고 어디에나 분홍과 흰색의 벚꽃이 담긴 키 큰 화병들이 놓여 있었다. 뒤로는 각각의 무덤 뒤로 안(?) 뜰이 있어서, 거기에 기도드리기 위한 작은 사당이 있고, 그 뒤로 또 뜰이 있어서 거기에 시신이 안치되어 있다. 그 뜰들은 차례대로 점점 더 높은 곳에 위치해 있다. 옛 신사의 모습을 글로 읽어서 알 수 있는 것보다 [직접 보니] 훨씬 더 확실하게 이해할 수 있었다. 각각의 뜰에는 아름다운 소나무들, 또 다른 사철나무들과 개화한 자두나무들이 있었다. 벚꽃은 아직 개화하지 않았다. 죽어서도 살아있던 때의 모습으로 누워있는 것이 이 늙은 쇼군들의 바람이요 관습이었다. 그래서 문하의 모든 이들이 각각 순서대로 그렇게 위치한 각각의 뜰에, 거대한 석등을 헌정해서 그들의 지위 순서대로 세워놓아야 했다. 그렇게 거기엔 세월의 무게를 견딘 수백 개의 석등들이 서있다.

우리는 제국대학을 구경했는데 훌륭했지만 아직은 너무 새 분위기였다. 황궁에서는 안쪽 해자까지―궁은 세 개의 해자로 둘러싸여 있다―들어갈 수 있었는데, 아름다운 의복과 걸음걸이의 궁정 여인들이 나와 있는 것을 보았다. 우리는 오래된 유교의 사원에 들어가 보았다. 그리고 아름다운 정원에, 거의 비슷한 모양의 사당들이 가득한 그곳에 서있는 탑을 보았다. 그리고 작은 집과 가게들이 늘어선 끝없이 뻗어있는 거리…… 서양식 음식을 파는 작은 일본 식당에서 점심 식사를 했다. 스프, 스테이크와 감자, 빵과 버터에 커피까지 할 수 있는 만큼 ＿＿ 했는데[15], 일 인당 12센트였다! 우리가, 동양 어디서나 점심을 그렇게 부르는 것처럼 티핀[16]을 먹는 동안, "사내들 boys"은, 중국과 일본에서 먹거리를 보편적으로 그렇게 부르는 것처럼 "챠우 chow"를 먹었다.

우리는 또 YMCA의 멋진 새 빌딩과 여섯 내지 일곱 개의 기독교교회를 보았고, 유니온 대학에 가서 교수들을 몇 만났는데, 그 중 한 사람이 프린스턴 대학의 랜디스 씨였다. 빌딩이 훌륭했고 신학교는 거의 완공 단계에 있었다. 그리고 근처에 거주하는 여선교사들 중 한 명도 방문하였다. 아름다운 집에 살고 있었는데, 거기에 있는 모든

---

15 원문에 단어가 빠져있다.

16 "tiffin" 과자를 곁들인 영국식 티타임에서 온 말. 인도를 통해서 동양 전체로 퍼졌다.

사람들이 그랬다. 그리스 정교회 사원도 보았는데 꼭 러시아에 와 있는 느낌이 들었다. 사원 안에 앉는 자리는 없었고, 금칠이 된 커다란 제단과 아름다운 그림들뿐이었다. 우리가 특별히 주목한 그림 하나는 예수의 세례 장면이었는데, 요한이 요단강에 서 있는 구주에게 물을 끼얹어 주는 그림이었다. 정교회 사람들이 말하기를 토착민 개종에 아직 이렇다 할 성공을 거두지 못하고 있다고 한다.

인력거를 타고서 사람들을 관찰하고 그들이 일하는 것, 집 밖에서 어떻게 살아가는지 보는 일이 진정 즐거웠다. 여러 가지 일을 수행하는 모습을 볼 수 있었고, 그들이 파는 물건들은 모두 잘 보이도록 밖에 나와 있었다. 그리고 오, 자기그릇들! 고향에서 채소 접시와 고기 접시를 빼고는 다른 것은 사지 않고 그 돈을 모두 이곳에서 썼으면 하고 후회했다. 내가 필요한 몇몇 개는 나고야에 갈 때 거기서 사려고 기다리는 중이다. 유일하게 우리가 산 것은 넥타이와, 이 종이, 그리고 벚꽃과 데이지를 수놓은, 사진 둘이 들어가는 진녹색 액자인데 전부해서 금화 48센트가 들었다. 상상해 봐! 정말 아름답다. 여러 다른 스타일이 있었는데 우리가 산 것은 두 쪽짜리, 고향에서도 보던 그런 것이다.

금요일에는 발락 씨와 그의 여동생과 저녁 식사를 하고, 여자 기숙학교에 들렀는데 75명의 학생이 있었다. 그들이 아름답게 노래하는 것을 들었고, 작은 상에 무릎을 꿇고 앉아서 젓가락으로 식사하는 것을 보았다. 그들의 예쁜 방을 보았는데 돗자리가 깔린 바닥에 방석들이 놓여 있었고, 작은 상 외에는 다른 가구가 없었다. 침구는 옷장에 넣어 둔다. 선교사들이 그들의 성과에 고무되어야 할 것이라고 나는 느꼈다. 발락 씨가 다무라의 소설 『일본 신부 Japanese Bride』[17]를 빌려주었는데, 작년에 교단에서 크게 문제 되었던 바로 그 책이다. 발락 씨는, 그 소설이 일본의 진정한 모습이라고 했다.

내일은 냐고야로 가서 거기서 주일을 보낼 것이다. 여기서 거의 200마일 되는 거리이다. 그런 다음, 선편이 지체되었다는 소식을 듣게 되지 않는 한 교토로 가서 하루를 보낸 후 고베로 가서 16일 토요일에 배에 오를 것이다. 전쟁 발발 이후[18] 한국으로 가는 배편이 일정하지 않게 되었는데, 일본 선박들을 정부가 전쟁용 운송을 위해 언제든 징발할 수 있기 때문이다. 여기에 더 오래 머물러야만 한다면 그걸 괘념하지는 않지만, 그래도 어서 여정을 계속하기를 바란다. 이 오랜 여행에서 이젠 정착하고 싶다는 마음이 들기 시작했다. 이곳은 일상사가 조용한 듯 싶고, 이곳에서 알게 된 새 친구들은 모두 우리가 한국까지 안전하게 가게 될 것으로 생각하는 듯하다. 그들 모두 전쟁은 여기서보다 고향(미국)에서 더 긴박하게 느끼는 것 같다고 말한다. 또한 그들은 모두 이 은둔의 나라 한국의 미래에 위대한 일이 있을 것으로 기대하고 있다. 우리가 그 미래를 포착하기 위해 가장 적절한 때에 들어간다고 그들은 생각한다.

개개인 모두가 우리에게 얼마나 친절하게 대해주었는지, 우리의 여정 전체가 얼마나 쉬웠는지 언급하는 것을 내가 잊지 않아야 하겠다. 하선한 이후로 다시 내 자신으로 돌아온 것처럼 느껴지기 시작했

---

17 1893년 미국 Harper & Brothers사에서 출간한 다무라 나오미(田村直臣)의 영어 소설. 작가 다무라는 기독교 목사였다. 전통 일본 가족 문화, 가족 내에서 여성의 위치, 가족과 국가의 관계 등등을 그대로 그려내어 일본 교계뿐만 아니라 사회 전체에서 큰 물의를 일으켰다. 다무라 씨는 교단이 요구하는 사과를 하지 않았고 결국은 목사직을 박탈당했다.

18 청일전쟁(1894년 7월~1895년 4월).

고 입맛도 아주 좋아졌다. 곧 내가 잃어버린 체중을 회복하기 바란다. 아마 3~4파운드 정도 빠진 것 같다. 내가 전해 주고 싶은 것들을 되도록 빠뜨리지 않으려 노력하는데, 이 편지가 이미 너무 길어져서 이젠 참아야 하겠다. 우리는 4월 초까지는 우편물을 받을 것으로 희망하고 있다. 갤릭호가 20일경이면 도착하겠기에 말이다.

한 가지 갖고 싶지만 내게 없는 것이 있다. 한 쌍의 작은 저울이다. 언젠가 너에게 가장 좋고 작은 것으로 보내 달라고 부탁을 하겠지만 지금은 아니다.

너희들 모두가 나처럼 이 새로운 것들을 즐길 수 있었으면 하고 계속 바라 왔다. 왜냐면 어느 누구의 어떤 말로도 진정한 일본의 모습을 보여주지 못하기 때문이다. 모두 잘 있기를 바라고, 내가 호놀룰루에서 부친 편지[19]를 받았기를 바란다. 동생들에게 내가 곧 편지를 쓰겠다고 전해라.

모든 친구들에게 사랑을 전하고 특히 너에게는 내가 말로 표현할 수 있는 그 이상으로 많은 사랑을 전한다.

사랑하는
로티

추신. 봉투에 붙인 우표는 보관할 가치가 있다. 흔치 않은 것이다.

---

19 이 편지는 영인본 원문에 포함되지 않았음.

1895년 3월 14일, 목요일 저녁
일본, 고베

사랑하는 아버지

내일 정오 전에 편지를 우편함에 넣으면 토요일에 요코하마를 출발하게 된다는 것을 저희가 알았습니다. 그래서 아버지께 소식 드리기 위해 서둘러 몇 자 적습니다.

어젯밤 이곳에 도착하면서 오늘 한국으로 떠나갈 것을 기대했었는데, 그렇게 할 수 없는 것을 알게 되었고, 옅어져 가는 저의 인내심을 발휘해서 증기선을 기다리며 진정하게 되었습니다. 문제는 이렇습니다. 고베와 제물포를 운항하는 (일본 증기선 회사의) 선박들을 니폰 우센 가이샤[20]라는 이름으로 일본 정부가 소유하고 있고, 그래서 그 배들을 군인 수송이나 다른 일에도 사용합니다. 배가 여기 항구로 들어오면 정부는 그 배를 정부의 일에 징발할지 아니면 통상의 항해를 하도록 허가해줄지 결정합니다. 우리가 목적지에 도달하는 일이 바로 거기에 달려 있습니다.

배들은 아주 훌륭하고, 일본 회사 소속이지만 유럽식 음식을 제공합니다. 전쟁이 발발하기 전에는 열흘에 한 번씩 정기적으로 운항했었습니다. 언제 출발하게 될지 알 수 없는데, 열흘 내에 출발할 수 있게 되기를 바랍니다. 다른 선박회사의 내일 아침 출발하는 배에 탈 수 있을까 알아보았지만, 외국인 승객이나 수하물은 타거나 실을

---

20 원문에 Nipon Usen Kaisha(the Japanese Steamship Co.)

수 없다고 합니다. 거기 탈 수 없는 것이 오히려 잘 된 것이, 그 배는 해안의 여러 곳을 들리며 항해하고 음식은 일본식만 제공합니다. 그 배를 탔었다면 식빵과 크래커 등을 챙겨 가야 했을 것이고, 어려운 여행이었을 것입니다. 그 배를 포기해야 해서 다행입니다. 그 배를 타기 위해 맥알파인 씨의 도움도 받으며 저희가 할 수 있는 모든 노력을 했는데, 현재로선 하늘의 뜻이 아니었던 것 같습니다. 그러니, 일본에서 조금 더 머물러야 하게 된 것이 아주 후회스럽지는 않습니다. 관광이라든가 내륙으로의 짧은 여행 등, 여기 있는 동안 저희가 하고 싶은 일이 많이 있습니다. 어쩌면 나고야로 다시 돌아갈 수도 있습니다.

제가 요코하마에서 [플로렌스한테] 쓴 편지에 나고야로 가서 뷰캐넌 씨와 함께 며칠 지낼 것이라고 말씀드렸었지요. 발락 씨가 선교여행 차 저희와 동행해 줄 것을 기대했었는데, 토요일에 자리를 비울 수 없는 것을 알게 되었고, 그래서 저희 둘만의 요량으로 여행을 해야 하게 되었습니다. 스태니라우드[21] 씨가 보낸 사람이 저희와 함께 기차 역에 가서 저희 기차표를 사주었지만, 그는 저희들과 함께 승강장에 가서 저희를 맞는 기차 칸으로 안내해 줄 수 없었고, 기차표를 보여주고 기차를 기다리는 일본인 군중 사이를 지나면서 혼자 던져진 느낌이 강하게 들었습니다. 이곳에서 계속적으로 저를 경이롭게 하는 것 한 가지는, 얼마나 많은 사람이 여행을 하는가 하는 것입니다. 기차는 아주 긴데 삼등칸과 이등칸은 모두 빈틈없이 차 있습니다.

---

21 원문에 Mr. Stanilaud's man으로 되어있다. Stanilaud가 3월 8일자 편지 21쪽에 나오는 Stanlands(?)로 표기된 인물과 동일인인 것으로 생각된다.

그날 아침 우리 칸에 들어가니 한 사람만 타고 있었고, 얼마 가지 않아서 그도 내렸습니다. 저희들은 담배 연기 없는 차에 타게 되었다고 자축했고 한두 시간은 정말 그랬습니다. 그러다가 한 작은 역에서 승무원 하나가 저희들이 타고 있던 칸의 문으로 와서 다급하게 자기를 따라오라고 했습니다. 저희들은 급하게 물건들을 챙겨 들고 나섰는데, 그는 저희들을 남겨두고 어디론가 바삐 사려져 버렸습니다. 당장 어찌할 바를 모르고 있었는데, 비가 아주 세게 내렸습니다. 저희들의 두 팔은 급하게 들고 나온 짐들로 가득해서 우산을 펼 수도 없었는데, 유진이 기차표를 꺼내 들었고 – 기차표는 여행의 종착지에서 수거하도록 되어 있습니다. – 그러자 영어를 조금 이해하는 승무원 하나가 저희를 다른 칸에 밀어 넣었습니다. 바로 그때, 기차가 출발하기 시작할 때, 유진이 모자를 저희가 탔던 칸에 두고 오고 그가 쓰고 있는 것은 챙 달린 편한 모자인 것을 알게 되었습니다. 유진이 차에서 뛰어내려서 승무원을 불러서는 자기 머리와 뒤쪽의 칸을 가리키며 다급하게 "모자" 하고 외쳤습니다. 그 광경이 너무 우스꽝스러웠지만, 저는 유진이 거기 남겨지고 모자도 잃어버릴까 봐 너무 겁이 났었는데, 그 승무원이 역으로 들어가서 모자를 들고 나왔고, 유진이 다시 기차에 뛰어올라, 저희는 안전하게 되었습니다.

무엇보다 기차 칸을 바꾸게 된 게 반가웠는데, 훨씬 좋은 칸에 화장실이 딸렸고 사람도 많지 않았습니다. 그 칸의 일본인들은 좀 더 높은 계층의 사람들이었고 매우 흥미로웠습니다. 결혼한 한 부인이 혼자 저희 바로 앞에 앉았는데, 의상이 아름다웠고, 긴 겉옷은 아름다운 갈색 모직에 밝은 초록색 비단의 선이 들어간 기모노였습니다. 이들은 언제나 가장 좋은 옷을 입고 여행을 합니다. 일본의 여인들이 모직으로 된 옷을 입게 된 것은 최근의 일입니다. 그 전에는 순전히 크레이프와 비단으로만 된 옷을 입었었습니다.

일본 전체에 결핵환자가 많은데, 그런 이유 중에 하나가 그들이 옷을 충분히 입지 않기 때문입니다. 솜을 넣은 비단옷이 있는 게 사실이지만, 그 어느 것도 우리나라의 따뜻한 속옷을 따라가지 못합니다. 앞에 말한 그 부인은 통상의, 솜으로 속을 댄, 나막신을 신을 수 있도록 엄지발가락이 따로 나있는, 흰 스타킹을 신고 있었습니다. 이 나막신은 정말 기묘하고 소리가 요란합니다. 그걸 신고 어떻게 바쁠 때 빨리 걸을 수 있을지 궁금합니다. 그 부인이 나막신을 벗은 다음 두 발을 자리 위로 올리고 앉아서 역에서 사가지고 온 점심을 먹는 모습이 무척 신기했습니다. 그는 젓가락을 저희가 나이프와 포크를 능숙하게 다루듯 했으며, 식사를 마친 후에는 뜨거운 차로 가득 찬 찻주전자를 사서 차를 마셨습니다. 그 작은 찻주전자가 너무 갖고 싶어서 저도 2센-1센트-을 주고 작은 찻잔과 함께 하나 샀는데, 차는 별로여서 창밖으로 버리고 주전자와 잔은 이 여행의 기념으로 보관했습니다.

그때가 수요일이었습니다. 스태니라우드 부인이 우유병과 물병을 포함해서 훌륭한 점심을 챙겨주어서 편하게 여행했습니다. 이곳에선 마실 물에 대해 극히 조심스러워야 하는 것을 아실 테지요. 저녁 무렵 기차가 섰을 때 내해(內海)와 산과 보리밭의 아름다운 광경을 보고는 그날 하루의 피로를 보상받은 느낌이었는데, 일본은 햇볕이 필요하다는 말은 진정 사실입니다.

나고야에 저녁 6시에 도착하였습니다. 뷰캐넌 씨와 카메론 존슨 씨가 저희를 기다리고 있었습니다. 존슨 씨는 저희를 보러 거기에 왔습니다. 나고야는 큰 도시입니다. 곳곳에 전깃불이 있고, 넓은 길과 큰 부대와 아름다운 성이 있습니다. 뷰캐넌 씨네는 저희 선교회 여학교 바로 옆에 일본식 집에서 살고 있는데 집이 아주 좋습니다. 귀여운 작은 아이 둘이 있는데, 다니엘은 아직 세 살이 안 됐고 엘시는 한 살 반입니다. 아이들이 일본말밖에 모르고 있다는 것이 너무 재미있는 듯했습니다. 뷰캐넌 부인의 결혼 전 성은 크럼프입니다. 그의 남편이 말하기를 목회 공부를 하게 된 것은 아버지[22] 덕분이라고 합니다. 뷰캐넌 씨의 아버지는 저희가 피터즈버그에 살 때 거기에서 보석상을 했습니다.

저희 둘 다 그들을 만나서 매우 반가웠습니다. 진실을 말하자면 뷰캐넌 부인은 제가 생각하는 선교사 부인의 이상형입니다. 토착어에 능통하고, 훌륭한 살림꾼이고, 여성 복음 사역에 큰 역할을 하면서도 가정과 아이들에 소홀하지 않고, 선교 사역에 매우 열정적이고 명석하고 활기찹니다. 외모와 대화하는 능력에서 엘리 헨리를 많이 생각나게 하는데, 제가 보기에 훨씬 더 원만한 성격을 가졌습니다. 그들 사는 집이, 그곳의 선교사들 집이 다 그런 것처럼, 아주 예쁩니다.

주일 아침엔 일본인 교회에 갔습니다. 장로교회였습니다. 도쿄에서 신학을 공부한 젊은이가 목사로 있는데 선교사들이 모두 그를 매우 흡족해 합니다. 그는 아주 건실한 사람입니다. 그 작은 교회는 아주 멋집니다. 전적으로 미국으로부터의 도움 없이 지어졌습니다. 오후에 유진이 감리교회에서 운영하는 학교에서 모든 교단의 선교사들 앞에서 설교를 했습니다. 청중이 20명이었습니다.

---

22 원문에 Papa. 신학자이면서 목사인 로티 자신의 아버지를 말한다.

이 편지를 이번 우편에 포함시키려면 여기서 끝내야 하겠습니다. 19일에 떠나는 우편에도 편지를 써서 보내도록 하겠습니다. 오래 아버지께로부터 소식을 듣지 못하게 되는 것이 안타까운데, 참을성 있게 기다리도록 노력하겠습니다.

최고의 사랑으로,
로티

1895년 3월 16일
일본, 고베

사랑하는 아버지

제가 어제[23] 쓴 편지는 바쁘게 보내야 했기에 제대로 마무리하지 못하고 아버지께 무슨 이야기를 했는지 다시 읽어보지도 못한 채 보냈는데, 또 다른 우편낭이 우편선과 연결되기 위해 오늘 요코하마로 떠난다고 하기에, 어제 쓰던 편지를 제대로 끝내기 위해 이 편지를 씁니다.

아침 식사를 마치자마자 유진이 저희 배편에 대해서 좀 더 알아보러 맥알파인 씨 댁으로 갔습니다. 어느 정도 가능성이 있는 한 방법은 19일에 캐나다 밴쿠버에서 오는 "엠프레스 오브 차이나"호를 타고 나가사키로 가서 거기서 제물포로 가는 배를 만나는 것입니다. 그것이 "오세아닉"호의 선장이 저희에게 해준 조언이고, 이 집에 있는 사람들과 한 해군 장교의 아내도 그렇게 조언했습니다. "엠프레스"호는 그 선박회사의 가장 좋은 배 중의 하나이므로, 나가사키까지의 36시간은 최고의 여건에서 여행하게 될 것이고, 거기서 제물포까지는 이틀이면 되니까, 일본 선박일지라도 크게 힘들지 않을 것입니다.

기다리는 동안에 저희는 이곳 "고베 선교사의 집"에서 아주 편하게 지내고 있습니다. 사랑스러운 스코틀랜드 출신의 발라드 노부인이

---

23 직전의 편지가 그저께인 3월 14일로 되어있다. 아마도 시작은 14일에 하고 끝맺음은 15일에 한 것 같다.

관리하고 있는데, 상해에서 선교사로 사역하다가 남편의 건강 때문에 여기로 왔습니다. 남편은 죽었고, 지금은 자신과 두 딸, 그리고 입양한 딸 하나를 부양하기 위해 이 집에서 일을 합니다. 영국 교회 선교사 둘이 묵고 있고, 뷰캐넌 부인이 저희와 같이 있는데, 의사를 보고 휴식도 취할 겸 여기에 왔습니다. 이곳에 사는 외국인들은 예외 없이, 떠나올 때 건강여부와 상관없이, 그리고 아무리 조심한다고 해도, 이곳에서의 생활이 길어지면 건강을 해치게 된다는 사실을 알고 슬펐습니다. 공기 중에 오존이 부족하고 불쾌지수가 높은 것이 여성에게 특히 영향을 줍니다. 이 영국인 의사는 평판이 아주 좋은 의사인데, 그가 5년 이상 체류한 외국인 여성으로 신경증 증상을 보이지 않는 사람을 보지 못했다고 합니다. 중국에선 그렇지 않은 것 같고, 또 사람들마다 모두 한국의 기후는 동양의 기후로는 좋은 기후라고 말합니다.

또 아버지께서 이상하다고 생각하실 수도 있겠는데, 결혼한 여자들이, 책임져야 하는 그 모든 일에도 불구하고, 혼자인 여자들보다 더 건강하고 훨씬 더 많은 일을 할 수 있습니다. 그 건 의심의 여지없이, 상대적으로 더 즐거운 가정과, 돌보아야 할 남이 있다는 사실에서 연유합니다. 미혼 여성이 결혼한 여성보다 선교 현지에서 더 쓸모가 있다, 선교사는 결혼하지 않아야 한다 등등 고향에서 익히 들었던 말을 여기서도 벌써 여러 차례 들었는데, 제가 이제까지 관찰한 바로는, 결혼한 남성과 여성이 더 많은 일을 할 수 있습니다. 그들이 일반적으로 더 건강하고 삶이 행복하기 때문만이 아닙니다. 동양 사람들에게는 결혼을 하지 않고 사는 사람이라는 개념이 없습니다. 모두 결혼을 하고, 남들도 그렇게 할 것으로 기대합니다. 지금은 미스 휴스톤 같은 처지의 젊은 여성으로 일본에서 혼자 산다는 일이 그 어느 때보다 더 가혹한 일 같습니다. 그는 비록 바로 옆집에 뷰캐넌 부인이 살지만, 일본식 집에서 혼자 살고, 좀 멀리 0.75마일 떨어진 곳에 미스 윔비쉬가 다른 집에서 혼자 사는데, 둘 다 혼자 사는 것의 나쁜 영향을 보여줍니다. 미스 윔비쉬는 절대 누구와 함께 살기를 원하지 않습니다. 그래서 선교회에서는 고치에서 미스 보우드를 오게 해서 미스 휴스톤의 학교 운영을 돕도록 하려 시도하고 있습니다.

다시 나고야에 갔던 일로 돌아가겠습니다. 유진이 주일 오후에 설교하고 선교사들을 만났었다고 말씀드렸지요. 저녁에 저희들은 일본어 예배에 가지 않았습니다. 존슨 씨가 그 다음 날 마쓰자마의 학교로 돌아가야 되는데, 그가 벨 씨와 길게 대화할 수 있도록 하기 위해서였습니다. 존슨 씨는 저희에게 아주 친절하게 해주었습니다. 바라기는 그가 다시 일할 수 있게 되고, 한국으로 돌아가서 사역할 수 있게 되기를 바랍니다.

다음 날 아침 뷰캐넌 부인과 저는 성과 부대가 있는 곳으로 유쾌한 산보를 했고, 군인들이 훈련하는 것을 보았습니다. 그리곤 미스 윔비쉬의 예쁜 새 일본식 집에서 식사하고, 집으로 돌아온 후에 토착인 목사의 방문을 받았습니다. 그가 영어를 조금 했지만 뷰캐넌 부인의 통역으로 대화를 나누었습니다. 그런 다음 오카자키에서 온 풀톤 부인이 방문했는데, 그는 학교에서 사망한 그곳 출신의 어린 여아의 일로 이곳에 왔습니다. 그 후에 산악지방에서 토착인 복음전도자 한 명이 왔었는데, 그가 그의 사역에 대한 흥미진진한 이야기들을 들려주었습니다. 다음 날엔 그릇 가게에 들러서 찻주전자, 설탕 그릇, 크림 용기, 초콜릿 그릇 등을, 모두 최고로 아름다운 제품들을 구입했는데, 일본 돈으로 1엔 20센, 그러니까 60센트에 샀습니다! 도자기를 만들고 포장하는 것도 보았습니다. 다른 무엇보다도 그릇 가게가 제겐 매력적이었는데 아무리 싼 물건이라도 모두 아름답습니다.

식사시간에 맞추어 집에 돌아왔을 때, 저희 배가 14일에 떠났다고 하는 맥알파인 씨의 전보가 기다리고 있었습니다. 그가 그 전에는 배가 22일 떠난다고 연락했었거든요. 그래서 저희는 나고야에 17일(?)까지 머물며 선교 사역에 대해 좀 더 배운 다음, 옛 수도인 교토를 거쳐 뷰캐넌 씨와 함께 여기 고베로 오는 것으로 결정했었습니다. 그랬다가 계획했던 것을 다 포기하고, 배 타는 일에 문제가 생길 것이 두려워, 그냥 여기로 오기로 한 것입니다. 이런 배에 관련한 문제, 거리에서 보는 군인들, 어디에나 있는 깃발들이 지금으로서는 전쟁 징후의 전부입니다.

저녁엔 커밍 부부와 차를 나눴습니다. 그들이 작년에 결혼한 것은 아시지요? 그들은 결혼선물로 받은 아름다운 물건이 가득한 새 일본식 집에서 삽니다. 다음 날엔 미스 휴스톤과 식사를 할 계획이었으나 그냥 아침 기차를 타고 여기로 왔습니다. 9시 45분에 나고야를 출발하여 6시 반에 도착했습니다. 아주 즐거운 여행이었는데 날씨가 아주 좋았고 뷰캐넌 부인이 동행하며 통역을 해주었습니다. 저희에겐 준비한 점심이 있었지만 뷰캐넌 부인이 일본 음식을 아주 좋아해서 도시락을 샀는데, 말린 감, 만다린 오렌지, 쌀로 만든 크래커는 저도 좋아했지만 밥과 생선과 버섯을 함께 섞은 것은 제게 맞지 않았습니다. 일본 사람들은 이러한 점심을 작은 나무 상자에 새 젓가락과 함께 멋있게 담아내는데 보기가 아주 화사합니다. 뷰캐넌 부인이 일본인들은 모든 음식을 아름답고 깨끗하고 보기 좋게 요리한다고, 그래서 음식을 사먹을 때 중국에서처럼 위험은 없다고 말했습니다.

고베에 도착하자 맥알파인 씨가 마중을 나와서 숙소까지 저희를 데려다 주었습니다. 그분은 친절 그 자체입니다. 이 집은 고베 뒤 언덕 중 하나에 위치해 있는데, 여름에는 중국과 일본의 선교사들이 제법 많이 찾는 휴양지입니다. 이층 전면에 베란다로 통하는 큰 방이 있고 거기서 보는 만과 선박들의 풍경은 가히 일급입니다. 저희 두 사람 숙박비가 하루에 4엔입니다. 음식이 매우 영국적이라는 것 말고는 썩 괜찮습니다. 맥알파인 씨가 저희 배가 금요일 전에는 출발하지 않는다는 소식을 가져왔습니다. 그래서 목요일 비오는 아침에 출발 준비를 마무리하기 위해 숙소를 나섰습니다.

저희는 40야드 길이의 까리개를 샀는데 – 한 두루마리를 9.5엔을 주고 – 아주 아름답고, 저희가 고향에서 한 야드에 60센트를 주고 사는 것과 같습니다. 넓이 9피트에 길이 12피트거나 그보다 더 큰 양탄자 – 이 사람들이 "6첩 6 mats"라고 하는 – 를 11엔을 주고 샀습니다. 세탁할 수가 있는 아주 두툼한 것인데, 진한 검붉은 색으로 동양식 가구들과 아주 잘 어울립니다. 최고급품입니다. 또, 이들의 아름다운 도예품들 중에서 아침용 접시 12개, 차 받침용 접시 12개, 커피 잔 세트 12개를 90센을 주고 샀고 – 또 큰 케이크 접시 두 개를, 하나는 파랑색, 다른 하나는 빨강색으로 30센을 주고 샀고 – 고향집 응접실에 있는 녹색 화병과 같은 크기의 화병을 65센에 – 손가락 씻는 그릇 finger bowls를 6개에 70센, 크래커 넣는 병을 50센에 – 그리고, 커다란 칠기 소반 두 개를 60센에 샀습니다.

폴린이 이곳의 화분들을 갖게 된다면 얼마나 좋을까 생각했습니다. 고향에서 토기를 사용하는 것처럼 여기선 어디에서나 이 화분을 사용합니다. 제가 산 화분의 중간 크기 것이 플로렌스의 화분 크기입니다. 그것이 더 큰 화분의 안으로 들어가고 더 작은 화분이 다시 그 안에 들어갑니다. 이들은 화분을 그런 식으로 만듭니다. 사람들이 비싼 값을 주고 미국에서 그 많은 물건들을 사서 화물운송비를 지불하고 이곳까지 가져오는 것이 정말 터무니없는 짓인 것을 알게 되었습니다. 뷰캐넌 부인이 나고야에서 일본 비단을 사서 드레스로 맞추었는데, 그 전체 가격이 13엔이고 – 일본인들이 입는 것과 같은 아주 톡톡한 비단으로 – 물세탁은 할 수 없는 것입니다.

유진은 오늘 여름 양복 두 벌을 맞추기 위해 외출했습니다. 존슨 씨가 한국에서 그것이 꼭 필요하다고 유진에게 말했기 때문입니다. 모와 아마포가 반씩 섞인 것으로, 세탁을 할 수 있고, 하얀 플란넬에 얇은 줄이 있는 것 같은 모양새입니다. 이곳에서는 세탁도 다른 모든 것처럼 저렴합니다. 칼러가 달린 것이든 아니면 흰 드레스이든 옷 하나 당 – 2센입니다! 양복은 아마 한 벌당 8엔은 주어야 할 것이지만, 오래 입을 수 있을 것입니다.

제가 재봉틀을 하나 구입할 수 있는 좋은 기회가 생겼는데, 아마 그 기회를 이용할 것 같습니다. 뷰캐넌 부인이 이곳에 올 때 윌러 앤드 윌콕스 9번, 개량제품을 가지고 왔는데 그동안 거의 사용하지 않았답니다. 부속품 일체가 그대로 있고, 덧판이 달린 호두나무 테이블에 서랍이 넷, 거의 새 것이나 다름없습니다. 대금으로 부인은 금화 26불 밖에 지불하지 않았는데, 영업직원이 뷰캐넌 씨의 친구여서 물건 값의 일부를 선물로 하는 것으로 했기 때문입니다. 거기에 부인이 단춧구멍을 만드는 부속을 추가했고, 운송비와 관세를 지불하고 나니 전부 해서 금화 40불이 되었습니다. 부인이 그것이 필요 없다고,

저한테 70엔 – 금화 34불에 넘기겠다고 합니다. 부인이 그렇게 하는 이유는, 뷰캐넌 씨가 부인이 재봉일 하는 것을 원하지 않고, 일본 여자 재봉사들은 바닥에 앉아서 하는 수동식 재봉틀만 사용하기 때문에 – 부인에게는 그것이 소용없게 되었기 때문입니다. 제가 진짜로 그것을 살 것 같습니다. 새 것은 금화 45불에 운송비와 관세로 20불을 더 지불해야 하기 때문입니다.

어제 오후엔 집 뒷산으로 폭포를 구경하기 위해 유쾌한 산책을 했습니다. 전망이 좋은 곳에 앉아서 차를 마실 수 있는 있는 찻집들이 있었습니다. 저희는 그 중 한 집의 베란다에 앉아서 차를 마시며 아름다운 경치를 오랫동안 즐겼습니다.

이제 10시 반이 되었고, '페루'호 우편낭이 11시면 마감되니 서둘러야겠습니다. 직접 인력거를 타고 편지를 가지고 내려가겠습니다.

깊은 사랑과, 이 아름다운 곳을 식구들 모두와 함께 즐길 수 있었으면 하는 염원을 담아서,

당신의 가장 신실한,
로티

1895년 3월 20일, 수요일 오후
"일본 내해"를 지나며, 엠프레스 오브 차이나 호에서

동생들에게

나는 이 편지를, 행복을 기원하기 위해 네 생일에 쓰기 시작하려고 마음먹었는데 일이 생겨서 그렇게 못 했다.[24] 나의 의도했던 바를 실제 행위로 받아들여주기 바란다.

내가 마지막에 집으로 편지를 쓴 것은 토요일, 고베에서였는데, 그 편지에, 19일에 나가사키를 향해 출발할 예정이라고, 거기에 가서 한국으로 가는 증기선을 만나게 되기를 바란다고 아버지께 썼었다. 상해 발 신문에서 그 배가 23일 출발한다는 광고를 보았다. 우리 배가 나가사키에 21일 도착 예정이니 여행을 계속하기 전에 도시 구경을 할 시간이 있을 것이다.

고베에서는 잘 쉬고 잘 지냈다. 일요일엔 내가 몸이 안 좋아져서 침대에 누워있었지만, 월요일에 다시 일어날 수 있었고, 어제는 쾌유한 듯 느껴졌다. 어제 오후 6시 부두에서 작은 증기선을 타고 우리 배로 왔다. 정말 멋진 배이다. 모든 면에서 [샌프란시스코에서 우리가 타고 온] "오세아닉"호에 비해 훌륭하다. 누구든, 그렇게 할 수 있다면, 밴쿠버에서 오는, "엠프레스 오브 차이나", "엠프레스 오브 재팬", "엠프레스 오브 인디아", 세 배 중 하나를 타고 오라고 확실하

---

24 로티는 7남매 중 맏이이다. 동생들 중 누구의 생일인지 확실치 않다. 이 문장에선 수신인이 단수인 듯하지만 편지의 뒷부분에서는 복수의 수신임이 드러난다. 원문에 수신은 Dear Children, 복수로 되어있다.

게 권하겠다. 방이 "오세아닉"호에 비해 훨씬 좋고, 편안히 앉아 있을 자리가 있다.

어젯밤 12시에 고베를 출발했는데 나는 깊이 잠들어 있어서 알지 못했고, 오늘 온종일 배는 하늘처럼 푸르고 유리처럼 잔잔한, 여기저기 작은 배들로 수놓인 바다 위를, 움직인다는 느낌이 거의 없이 항해했는데, 양쪽 해안과의 거리가 좀 넓은 강의 폭을 넘는 적이 거의 없었다. 큰 지도에서 보면 고베가 깊은 만의 머리에 위치해 있고, 내해는 섬들에 의해 사방이 둘러싸여 있는 것을 볼 수 있을 것이다. 5시경이면 시모노세키 해협을 통과할 것으로 기대되는데 아주 좁은 곳이다. 우리가 이쪽 길로 해서 온 것이 너무 좋다. 아주 아름다운 뱃길인데다 누릴 수 있는 한 최고로 편안한 여행이고, 무엇보다 6명의 선교사와 같이 가고 있다는 것인데, 그 중 두 명은 한국으로 가는 선교사이다. 젊은 여의사 미스 화이팅과 정규 간호사 미스 제이콥슨이 그들이다. 미스 제이콥슨은 스웨덴 출신인데, 미국에서 있던 기간은 5년밖에 안 되지만 영어를 너무 잘 해서 처음엔 외국인인 줄 몰랐다. 그 둘은 북장로교 선교회 소속이다. 다른 4명의 선교사들은 중국으로 가는데, 젊은 여자 하나, 나머지 셋은 남자이다. 여자의 이름은 미스 코피, 버지니아 주 린치버그 출신이고 캔자스시티의 스카렛 훈련원[25]에서 교육받았다. 그는 감리교인이다.

아버지께 보낸 편지에 내가 이때까지 구입한 물품의 명세를 써서

---

25 원문에 "Scarrett Training School"로 되어 있는데 Scarritt Bible and Training School을 지칭하는 것으로 생각된다. 1892년 남감리교회에서 선교사 양성을 목적으로 미주리주 캔자스시티에 세운 학교이다. 1924년에 Scarritt College for Christian Workers로 이름을 바꾸고 테네시주 내슈빌로 옮겼다. 1988년에 폐교하였다.

보냈는데 너무 바빠 써서 다시 읽어 볼 시간이 없었고, 거기에 무엇을 적었는지 확실하지 않으니, 반복되는 게 있으면 용서해라. 까리개 두루마리 하나로는 안 될 것 같아서 어제 하나를 더 샀다. 먼저 산 것보다는 못하지만 꽤 좋고 예쁜데 6엔이 들었다. 벚꽃과 국화가 그려진 칸막이용 천 4장을 3엔에 샀는데 아주 예쁘다. 집 안 어디에서나 쓸 수 있을 만큼 좋은 물건이다. 종이로 된 것을 1엔에 살 수도 있었다. 후톤 futon(f'ton)도 하나 장만했는데 유진이 지방으로 여행할 때 침대로 쓰일 것이다. 그래험 씨가 그것을 만들도록 해 주었는데, 거의 5엔이 들었지만 수년간 문제없이 쓸 수 있을 것이다. 두꺼운 무명으로 만들었고 안에 25파운드의 솜을 두어서, 어머님께서 가지고 계신 털을 속에 넣은 매트리스[26]만큼 두껍다. 일본인들은 모두 이런 후톤[=매트리스, 요] 위에서 잠을 자는데 한국에 가 있는 선교사들이 시골로 여행할 때 가지고 다닌다. 그리고 그 매트리스와 또 다른 소지품들을 넣을 수 있는 "고리korie"를 2엔 10센을 주고 샀다. 고리는 아주 큰 압축식 여행용 가방이다. 대나무로 만들어졌고 겉이 매끄럽고 가벼운데, 증기선용 트렁크만큼이나 짐이 많이 들어간다. 이곳에선 사람들이 여행할 때 모두 그것을 쓴다. 짐은 모두 쿨리coolie들이 나르는데 그들이 더 큰 트렁크는 취급하려 하지 않기 때문이다.

유진이 중국인 양복장이에게서 여름 양복 두 벌을 맞추었는데 19.50엔이 들었다. 아주 좋은 양복이다. 줄무늬가 있고, 모사와 면사가 반반씩 섞였는데, 삼사 년은 입을 수 있을 것이고, 언제든 필요할

---

26 원문에 "hair mattress". 예전엔 짐승 털, 특히 말의 털을 넣어 매트리스를 만들기도 하였다.

때 세탁도 할 수 있다. 우리의 재정 상태는 아직 양호하고, 전망도 나쁘지 않다.

아버지께 보내는 편지와 함께 일본 사진이 들은 케이스를 하나 보냈는데 사진 하나에 9 내지 10센트밖에 들지 않았다. 사진들 중 하나에는 뒷면에 너희 둘[27]을 위한 것이라고 적혀 있고, 또 하나에는 여자들[28]을 위한 것이라고 적혀 있는 것을 볼 수 있을 거다. 나머지는 다 본 다음에 마샬[29]에게 보내 주어라. 언젠가는 우리가 그것들을 돌려받기를 원한다. 유진이 마샬에게 잘 보관해 달라고 부탁해 두었다. 사진들이 너희에게는 손을 많이 본 것으로 보일지도 모르겠는데, 너무 많이 그런 것은 아니다. 일본의 모든 것은 햇볕 아래서 밝고 명랑하게 보인다.

너희 것이라고 한 사진은 두 여인이 인력거를 타고 찻집 아니면 자기 집을 나서고 있고 하인들이 허리를 굽혀 "안녕히 가십시오" – "사요나라" – 라고 인사를 하고 있는 사진이다. 연못에 있는 꽃은 연꽃이고, 나무는 세계 어디에나 있는 소나무인데 일본의 소나무는 아름답다. 쿨리들은 사진에서처럼 대개는 맨다리가 드러나 있고, 머리에 띠를 두른다. 여인들은 사진에서처럼 항상 아무 것도 머리에 쓰지 않는다. "손님에게 차 대접하기" 사진에서는 일본인들이 어떻게 바닥에 앉은 자세로 차를 마시는지 볼 수 있을 것이다. 여인들의 머리와 "오비"라고 부르는 허리띠를 눈여겨보고, 또 주전자 밑에 놓인 "히바치"라는 화로도 눈여겨보아라. 여자들에게 주는 사진에서는 여인들이 남을 방문할

---

27 로티는 남동생이 둘 있는데 그들의 편지에서의 이름은 드와이트와 버논이다.
28 로티의 여동생 넷의 이름들은 나이 별로, 플로렌스, 에바, 메이블과 폴린이다.
29 남편 유진 벨의 여동생.

때 어떻게 하는지 볼 수 있을 것이다. 더 낮게 굽힌 사람이 방문하는 사람인데 일본인들의 흔한 관습대로 케이크 상자를 들고 왔다. 기차역에서도 점심을 그런 작은 상자에 담아 판다. 반대 쪽 여인과 방문자는 조금 후에 서로를 향해 인사를 할 것이다. 바닥에 짚으로 된 두터운 돗자리를 볼 수 있을 텐데, 일본인들은 그런 돗자리를 바닥에 깔고, 또, 양탄자가 돗자리 2장 – 또는 4장짜리, 하는 식으로, 넓이를 재는 단위로 사용하기도 한다. 그 위에서 잠도 자고, 앉아서 생활하기도 하기 때문에 집 안에 들어갈 때는 신발을 벗는다. 미닫이 창호지 문 옆에 악기 둘이 있는 것도 보일 것이다.

223번 사진은 고베에 있는 아주 큰 부처의 사진이다. 부처 옆으로 – 일본의 절 어디서나 볼 수 있는 돌이나 청동으로 만든 커다란 등 두개를 볼 수 있고 – 오른쪽으로는 기도를 위한 제단shrine이 있다. 이들이 기도할 때는 언제나 먼저 함에 돈을 넣고, 손바닥을 쳐 소리를 낸 다음, 기도를 한다. "일본의 사원" 사진에서는 신도들이 몇 명 기도하는 모습을 볼 수 있다. 나는 이런 모습의 절을 여러 군데 가 보았다. "거리 풍경" 사진에는 눈여겨 볼 것이 여럿 있다. 여자들과 아이들이 어떻게 어린 아기를 업고 다니는지 눈여겨보고, 여인이 신은 엄지발가락과 그 다음 발가락 사이를 줄로 꿰어 신은 짚신 샌들도 보아라. 한가운데 있는 사내가 입에 문 것은, 남자건 여자건 담배 피울 때 사용하는 파이프이고, 손에 든 지갑 같은 것은 담배 주머니이다. 그가 _____로[30] 짐을 운반하고 있는데 행상들이 전부 그런 식으로 한다 – 생선을 그런 식으로 가져오고, 과일, 채소, 또는 꽃도 전부 그런

---

30 원문에도 비어 있다.

식으로 가져와 판다. 우산을 든 아이가 들고 있는 그 우산이 이들이 모두 사용하는 우산인데 일종의 기름종이로 만들었다. 그래도 비는 새지 않는다. 길가엔 볏짚으로 만든 비옷을 입은 쿨리 하나가 보이고, 소 위에 탄 소년의 뒤에 사람이 끄는 수레가 보인다. 커다란 말이 끌어야 할 것같이 짐을 많이 실은 수레를 남자 하나가 끌고 있고 뒤에서 불쌍하게도 나이 든 여인 하나가 밀고 있다. 일본에 말이 있긴 하지만 짐을 운반하는 건 전부 사람들이 한다. 어제 우리가 배를 타려고 부두로 내려갔을 때, 우리 짐 모두를 한 사람이 날랐다 – 고리와, 증기선용 트렁크, 망원경, 증기선용 의자와 가방 하나, 이 모두를 작은 수레로 날랐는데 20센(10센트)을 주었다.

일본 방문은 정말 즐거웠다. 일본에서 이만큼 지체되어야 했던 것이 기쁘다. 일본 선박을 타고 여행해야 하는 것에 대한 대비로 오늘 예방주사를 맞았다 – 이 배의 주치의가 예방주사를 놓아 주었는데 부작용이 심하지 않기를 희망한다.

여기서 일단 마치고 나가사키에 가서 계속 쓰겠다.

1895년 3월 22일[31]
일본, 나가사키, 벨뷰 호텔

동생들에게

어제 배가 제시간에 이곳에 도착했고, 고베만처럼 육지로 둘러싸인 이 항구가 군함들로 북적이는 것을 보았다. "볼티모어"호가 여기 있는데, 기함(旗艦)으로 악대가 타고 있어서 호텔에서도 소리가 들린다. 언젠가 배 구경을 할 수 있게 되기를 바란다.

호텔 현관에서 내려다보이는 온갖 종류의 작은 배들로 가득한 만의 경치는 아름답다. 호텔도 아주 좋은데 고베나 요코하마에 비해 비싸다. 제물포에서 오는 배가 하나 월요일에 도착해서 그 길로 돌아간다는 정보를 받았다. 그래서 며칠 내로 한국을 향해 떠날 희망이 생겼다. 우리가 탈 수 있기를 바랐던 배는 이미 떠나 버렸다. 이곳에 오는 즉시 배워야 할 게 두 가지가 있다. 염려하지 말라는 것과 인내하라는 것. 여기 동양 사람들은 빨리 하도록 강제할 수 없고, 고향에서 우리들이 하듯 하지 않는다. 한국으로 가는 여자 두 명이 우리와 같이 있고, 될수록 빨리 떠날 것인데, 그때까지 좋은 곳에서 쉴 수 있게 되어 기쁘다.

쉼을 취하는 외에, 나는 이를 치료할 수 있었는데, 두 주간 여기에

---

31 바로 전, 3월 22일자 동생들에게 보내는 편지의 마지막 줄에, "여기서 일단 마치고 나가사키에 가서 계속 쓰겠다" 하고 편지를 마치는 인사나 서명도 안했으므로, 나가사키에 도착한 후, 동생들에게 계속 쓰는 편지로 간주한다. 보내는 편지의 계속인데 장소와 날짜가 다르다.

머물기 위해 고베에서부터 우리와 같이 "엠프레스"호를 타고 온 치과 의사가 치료해 주었다. 그는 아주 신실한 기독교인이다. 자기가 한국의 선교사들에게 가장 가까운 곳에 있는 치과의사라고 말했다. 선교사들에게는 치료비를 반값으로 해준다. 내게 치료가 필요한 작은 충치 몇 개가 있었는데, 그래도 치아의 상태가 전체적으로 건강하다고 그가 말했다. 영국인인 증기선 선원들을 위해 선교사들이 인도하던 기도회에서 벨 씨가 이 치과의사를 만나게 됐었다.

어제 "엠프레스"호가 석탄 공급을 받던 광경을 너희가 보았다면 정말 흥미있어 했을 것이다. 큰 배가, 석탄을 실은 작은 바지선들과, 석탄을 작은 바구니로 배에 나르는 800명의 일본인 – 남자, 여자, 아이들 – 로 완전히 둘러싸였다. 위에 있는 갑판에서는 그들이 개미떼처럼 보였다. 선원 한 명이 우리에게 말하기를, 밴쿠버에서 증기선으로 8일 동안 해야 하는 일을 여기서는 8시간에 해낸다고 한다. 비용도 훨씬 적게 든다고 한다. 어제 실은 석탄이 1400톤으로, 홍콩까지 갔다 오기에 충분한 양이다. 그 후에 다시 밴쿠버까지 가기 위해 다시 석탄을 채워야 한다.

우리가 이렇게 오랫동안 일본에 머무를 것을 너희가 미리 알았더라면 고베에 있는 맥알파인 씨를 통해서 우리에게 편지를 보낼 수 있었을 텐데 하고 아쉬워하기도 해보지만, 이제 한두 주 안으로 너희들에게서 소식을 들을 수 있게 될 것이라고 기대해 본다. 어제 우리 화물이 이미 한국으로 보내졌다고 들었는데 – 그것은 두 주 전에 "오세아닉"에 의해서 이곳에 남겨졌던 것이었다. 우리가 떠나온 것이 이렇게 오래되었다는 것을, 고향에선 이미 봄이고 너희들은 봄옷에 대해 생각하고 있을 거라고, 쉽게 깨달아지지 않는다. 너희들 그간 무얼 했고, 너희들 모두, 무얼 하고 있고, 누가 너희를 보러 오는지, 학교생활은 어떠한지, 모든 것에 대해 내게 써서 보내야 한다. 내가 여기에서 몇 센트만 있으면 살 수 있는 예쁜 화분과 꽃들을 너희도 살 수 있다면 하고 바라본다. 내가 쓰던 방을 이젠 누가 쓰지?

맥알파인 부인이 바이올렛 묘종을 한 다발, 뿌리가 흙에 쌓인 채 내게 주었다. 가지고 가서 적어도 몇은 가을에 꽃이 피도록 할 것이다. 바이올렛이 여기선 겨우내 밖에서 꽃을 피운다.

점심종이 울렸으니, 안녕. 곧 다시 쓸게.

모두에게 사랑을 전하며
사랑하는
로티

추신. 우리 둘 다 건강하고 살이 오른다.

1895년 3월 26일
일본, 나가사키, 벨뷰 호텔

사랑하는 어머니

어머니께서 곧 알게 되듯이, 저희는 여전히 일본에 있지만, 다음 주 초에 출항할 배를 보장받았기 때문에 그것으로 기분이 좋아 있는 상태입니다. 지금의 사정을 고베를 떠날 때 진작 알았더라면, 엠프레스호 편으로 상하이로 가서 거기서 직접 제물포로 가는 배를 탔을 것입니다. 그렇게 하는 것이 여기 호텔에 묵고 있는 것보다 비용이 덜 듭니다. 호텔비가 하루에 8엔씩인데, 상하이로 가는 뱃삯이 20엔이고 거기서 제물포까지는 16엔이니 말이죠. 여기서 제물포까지 뱃삯은 아마 24엔쯤 될 것입니다.

허나, 저희가 상하이에서 한국으로 가는 노선에 대해 알지 <u>못했기</u> 때문에, 그리고 저희가 알고 할 수 있는 데까지 항상 최선을 다했으므로, 저는 이것에 대해 전혀 염려하지 않습니다. 물론, 비용을 줄일 수 있었는데 필요 이상으로 선교비를 쓰게 된 것이 후회스럽지만, 이 불안정한 시기에 정기적 배편이 모두 일본 정부의 통제 아래 있기 때문에 한국과의 소통이 전혀 불확실한 상황을 선교부에서 이해해주기를 바랍니다. 이런 사정과, 또 일본인들의 집에 게시된 많은 깃발들, 거리의 군인들을 <u>빼고는</u>, 전쟁이 진행되고 있다는 것을 꿈에도 생각하지 못할 것입니다. 여긴 너무 조용해요. 한국도 마찬가지입니다.

이 편지가 어머니께 도달하기 한참 전에 어머님께서는 어제 저희를 놀라게 한 이홍장 암살기도 사건의 보도를 – 이 곳과 그 곳의 시차 때문에 그 곳 시간으로는 사실상 사건이 일어나기 전에 – 보셨을 것입니다. 그 사건은 이곳에서 100마일 밖에 떨어지지 않은 시모노세키해협 근처에서 일어났습니다. 그의 상처가 심각하지 않다고 들었지만 의심할 여지없이 이로 인해 상황이 복잡해지겠지요.[32] 저희가 이곳을 떠나기 전에 그렇게 평화의 소식을 듣기를 바랐는데 말입니다. 일본에 상륙한 이래로 저희가 대화한 모든 나이 든 이들과 좀 더 진지하게 사고하는 이들이 느끼기는, 중국이 겪고 있는 이 모든 패패가 중국에게 아주 좋은 일이긴 하지만, 일본 역시 철저히 겸허해지는 경험이 필요하다고 합니다. 많은 사람들이 그렇게 겸허하게 되는 경험이 일본에게 일어나기를 바라면서 누구의 손에 의해 그렇게 될지 궁금해 했지만, 주님은 가장 예상치 못한 방법으로 그것을 보내주셨습니다. 바라기는 일본의 이번 추락이 평화를 달성하는 일에 일본이 전쟁배상금 요구를 현저히 낮추는 굴욕을 감내해야 하는 그 이상의 영향은 없기를 바랍니다. 그것은 일본인에게 끔찍한 상처를 줄 것입니다.

그들의 자만은 실로 거대합니다. 그들은 어떤 나라와도 전쟁을 망설일 것이라고 생각되지 않습니다. 그들의 경원의 대상인 영국까지와도 말입니다. 미국, 더 적절하게 말하면 합중국이, 저들이 좋아하는 나라입니다. 저들이 말하기를, 한국을 세계에 개방하는 일에 미국이 일본에게 했던 역할을 자기들이 하게 되기를 바란다고 합니다. 저는 일본이 한국을 관리하도록 허락되기를 바랍니다. 일본인들은 훌륭한 사람들이고, 유럽과 미국이 자기들에게 가르친 모든 것을 한

---

32 이홍장 테러사건은 3월 24일 벌어졌다. 이홍장이 부상에서 회복한 후 4월 8일부터 시모노세키회담이 재개되었다.

국인들에게 가르칠 준비가 되어 있기 때문입니다. 저희는 일본인들이 이미, 불결한 서울의 거리를 깨끗하게 만들고 있으며, 그들이 기획한 제물포에서 서울까지의 철도도 몇 달 안에 완공될 것이라 들었습니다. 또한 일본은 서울에서 부산까지 전신선을 가지고 있습니다.

저희가 듣기로 여기 사는 영국인들이 다소 불안해하는 것이, 일본이 현재 러시아와 동맹을 맺으려 하고 있는데 그것이 영국을 겨누게 될지도 모른다는 두려움 때문입니다. 그 두려움의 주요 근거는, 제가 이해하기로, 일본의 언론이 영국보다는 모든 면에서 러시아를 선호하는 듯한 것과, 러시아가 일본의 대만에 대한 계획을 관철하는 것을 허용하는 대가로, 러시아가 한국의 항구 하나를 사용하는 것을 일본이 허용하려 한다는 것입니다. 일본이 한편으로 러시아와 전쟁하고, 다른 한편으로 영국과 전쟁할 가능성은 거의 없어 보입니다. 어머니께서는 고국에서 이 모든 것을 제가 여기서 듣는 것보다 더 많이 듣고 계시겠지요. 그리고 국제전신이 여기서 6시간 만에 뉴욕에 도달하니까, 이곳에서 한낮에 일어나는 일을 어머님께서는 고국에서 같은 날짜의 조간신문에서 보게 되므로 저희보다 먼저 들으시는 셈입니다.

저희가 여기서 열흘 간(우리가 떠날 때까지 열흘이 됩니다.) 조용히 머물 수 있게 된 것이 다행인 것이, 유진이 토요일과 일요일에 팔이 매우 아팠고, 제 팔도 어제부터 아프기 시작해서 오늘은 더 심합니다. 예방주사를 맞게 되어서 정말 좋지만, 여기 있는 동안 불편했습니다. 만일 저희가 계속해서 팔을 써야만 했던 상황이었다면 어떻게 되었을지 모르겠습니다. 제 치아 때문에도 시간이 많이 소요됐는데, 충치 하나가 아주 심해서 어제 그것을 치료하는 데 거의 두 시간이 걸렸고, 코스비 의사가 전에 치료한 한두 개의 이 주위에 썩은 부위가 있어서 다시 때워야 했습니다. 거기에 겹쳐서 심한 기침을 했습니다. 어머니께서는 아시지요, 제가 감기 걸릴 때 어떻게 시작하고 어떻게 않는지요. 지난 열흘 동안 꽤 많이 걱정을 해왔지만, 다시 해가 뜨기 시작하는 대로 괜찮아질 것으로 생각됩니다. 저희가 이곳에 도착한 후 줄곧 비가 많이 왔고, 날씨가 너무 축축합니다.

나가사키는 샌프란시스코를 생각나게 합니다. 겨울에도 온도계의 눈금이 높이 올라가고, 누구든 불을 피울 필요가 거의 없습니다. 그렇지만 습기가 워낙 많아서 집에서 입던 플란넬과 겨울옷들이 모두 필요합니다. 이곳에 한국에서 와서 상하이로 가는 감리교 선교사 호머 헐버트 씨가 있는데, 그에 의하면 한국의 날씨는 7월 1일부터 8월 중순까지의 우기를 빼놓고는 일 년 내내 아주 좋다고 합니다. 그는 저희가 타고 한국으로 다시 갈 배편으로 어제 도착해서, 오늘 오후에 "프렌치 매일"호 편으로 상하이로 갑니다. 그에게 부탁해서 상하이에서 고리의자 몇 개를 사다 달라고 할 예정입니다. 고국에서는 금화 십 불은 줘야 살 수 있는 그런 것들이 거기에선 개당 삼 엔이면 살 수 있습니다.

그는 매우 좋은 사람 같아 보이고, 벌써 저희에게 많은 도움을 주고 있습니다. 그는 한국에 10년 동안 있었는데, 한국의 기후가 일본보다 저희들 외국인들에게 훨씬 낫지만 그 대신 한국에선 저희가 필요한 물건들을 전혀 구할 수가 없다고 합니다. 그러니 저는 살림에 필요한 좋은 물건들을 많이 가지고 있어서 감사해요. 한국에 있던 중국인들은 전쟁 중에 쫓겨나가고 일본인들은 아직 들어가지 않았기 때문에, 지금 서울에는 전처럼 목공일을 할 사람이 없다고 합니다. 그래서 저는 이곳에서 일본인 목수를 고용해서 책장에 쓸 판자를 잘라 달라고 해서 한국에 가서 유진이 조립할 수 있도록 준비해 둘 생각입니다. 왜냐하면 헐버트 씨가 한국에서 인쇄소에서 사용할 목재를 상하이에서 사와야 한다고 하니까요. 물론 일이 년 안에 일본이 한국을 관리하도록 허락이 되면 한국에는 다시 상점들이 생기고 일본 물건들을 거기서 팔고, 그렇게 되면 저희는 상당히 편해질 겁니다. 여기 일본의 항구에서는 저희가 필요한 것은 어느 것이나 구할 수 있기 때문입니다. 저번 날 오후에, 흰색과 파란색의 예쁜 오트밀 그릇 여섯 개를 20센(10센트)을 주고 샀습니다. 고국에서는 이런 그릇 하나에 10센트는 주어야지요.

금요일 저녁에는 감리교 여학교에서 열리는 저학년 학생들의 학예회에 갔습니다. 거의 대부분이 일본어였기 때문에 물론 저희는 많이 알아들을 수 없었지만 학생들은 아주 잘하는 것 같았고, 일본인 청중들이 많았는데 모두들 즐거워하는 것이 역력했습니다. 이 여학교는 만이 내려다보이는 언덕 위에 있는 훌륭한 건물에 자리하고 있습니다.

일요일에는 "오세아닉"호에서 만났던 승객 한 사람의 방문을 받았습니다. 콜로라도주 덴버에서 온 후드 씨인데, 홍콩과 광둥을 여행했었고, 이제 일본 여행을 하려고 이곳으로 돌아왔습니다. 아주 좋은 젊은이로 보이고, 기독교 사역에 흥미 있어 합니다. 세계여행을 하고 고국으로 돌아가는 젊은 남자 워터만 씨와 같이 왔었습니다. 워터만 씨는 신학교에서 2년 공부했고 인디아, 버마, 중국 등에 있는 선교부를 방문하고 나서 이제 고국으로 돌아가면 의학 공부를 해서 다시 의료선교사로 돌아오겠다고 합니다. [그들이 타고 온] "콥틱"호가 석탄을 채우고 있는 몇 시간을 이용해 육지로 올라온 것이었습니다. 그들은 고베에서 하선해서 육로로 하여 요코하마로 간다고 해서 나고야에 있는 뷰캐넌 씨 부부에게 보내는 편지를 부탁했습니다. 뷰캐넌 씨 부부가 이들에게 그들의 선교 사역을 보여주기를 바라면서 말입니다.

오후에는 감리교 학교의 예배실에 가서 예배를 드렸는데, 워싱턴 디씨에서 온 베이커 의사가 설교하는 것을 들었습니다. 그들 부부는 이곳의 여러 선교지를 방문해오고 있습니다. 이곳에서 만나게 되는 "세계여행자"의 수가 이렇게 많은 것에 계속 놀라고 있습니다. 여기 호텔에는 남편이 해군에 있는 여성들이 많은데 그들은 항구에서 항구로 전 세계를 배회합니다. 얼마 전에 한 사람이 자기는 집으로 돌아가고 싶은 마음이 없다고 말하는 것을 들었습니다. 글쎄요, 그들은 나태하고 쾌적한 삶을 사는 것은 사실입니다. 하지만 제가 그들의 입장이라면, 미국에 내 집을 가지고 남편과 함께 사는 것을 선호할 것입니다. 모든 증기선마다 이런 여자들이 몇 명씩 있는데, 저는 그게 전혀 싫은 것이, 그들은 항상 혼자 여행을 해야 하고, 호텔에서 혼자 생활하고 하는 식으로 살고 있고, 그들 중 자녀가 있는 사람은 정말 몇 안 되기에, 육아에 마음을 줄 일도 없습니다.

일요일 저녁 예배 후, 저희는 네덜란드 개혁교회 선교부의 올트만스 부부의 집에서 차를 나누었는데 그들이 아주 좋은 사람들인 것을 알았습니다. 그리고 어제는 같은 선교부의 피터즈 부부와 함께 점심을 했습니다. 그들은 모두 좋은 집에서 안락함을 누리며 살고 있어서 저희가 일본에 있다는 사실을 거의 믿기 어려웠습니다. 바로 이곳 나가사키가 그리난 씨가 돌아오면 가르칠 곳입니다.

토요일에는 비가 내렸기 때문에 저는 호텔로 돌아와야 했지만, 유진과 몇몇 여자들은 삼판을 타고 "차우차우후Chow Chow Fu"라는 배로 갔습니다. 이 배는 화물선인데 혹시 이것을 타고 여행하는 것이 가능할지 알아보기 위해서였습니다. 그들의 생각으론 짧은 여행은 이 배로 충분히 가능하다는 것입니다. 그래서 이 배가 고베에 갔다가 돌아오면 저희는 이 배를 타려고 합니다. 상당한 고생을 감수해야 할 테지만, 가는 길이 짧고, 지금으로선 더 나은 방책이 없습니다. 선장은 독일인인데 헐버트 씨에 의하면 매우 친절하고 배의 음식도 꽤 괜찮다고 합니다. 헐버트 씨가 올 때 그는 긴 의자에서 잠을 자야 했는데, 저희들에겐 객실을 내어 줄 것입니다. 이제까지의 여행 중에 모든 것이 다 좋았기 때문에 며칠 이런 배를 탄다고 해서 잘못될 사람은 없습니다. 이 편지의 다음 페이지는 실제 출발하기 직전에 쓰기 위해 남겨놓겠습니다.

(뒷부분은 남아 있지 않다. – 역자 주)

1895년 4월 3일 수요일
일본, 나가사키[33]

우리는 아직 이곳에 있는데 우리가 머무는 곳이 호텔이 아니라 감리교 여학교이어서 마음에 든다. 지난 주 금요일에 도착했는데 우리가 이곳에 머물게 된 경위는 이 학교의 선생님 두 분이 봄방학 동안 부재했기 때문이다. 집은 매우 크고 편하고, 나가사키에서 가장 아름다운 곳에 있고 높은 곳에서는 만이 내려다보인다. 우리가 양쪽 방을 쓰는데 이 방은 헨리 우즈 부부가 여름에 중국에서 돌아올 때 쓰던 방이다. 방 값은 명목상 하루에 2엔만 내라고 한다. 학교는 15년 되었고 기숙생은 150명이다.

나는 내 팔의 통증이 멈추기를, 그래서 이 편지를 마무리할 수 있게 되기를, 그리고 우리의 항해 여정이 확실해지기를 매일 기다리고 있다. 유진은 우리의 배가 아직 안 왔는지 확인하기 위해 사무실로 내려갔는데, 우리 생각에 우리 것처럼 보이는 배가 만에 정박되어 있는 것 같다. 그렇다면 오늘 오후에 떠나고 싶다. 팔은 나아지고 있다. 많이 좋아졌다. 유진의 팔도 그렇다. 이제부턴 안전하다고 느낄 테니까, 우리들 팔이 [예방주사를] 잘 견뎌줘서 고맙다.

지난주에 유진이 딱히 할 일도 없고 해서 내가 너희에게 쓴 편지를 읽었는데, 유진은 우리가 어려움을 당하고 있다고 너희가 생각할까 봐 걱정하고 있다. 그러나 나는 그런 인상을 줄 의도가 전혀 없었다.

---

33 수신인이 특정되어 있지 않다. 복수의 동생에게 쓰는 것으로 상정하고 번역했다.

물론 장기간의 지체가 선교위원회에[34] 경제적 부담을 더하는 것이 마음에 걸리는 것은 사실이나, 실상 우리는 일본에서의 4주를 매우 즐겁게, 또 많은 친구들도 사귀면서 지낸다. 감리교 선교회 사람들이 우리들에게 특별히 친절했고, 그들 중 하나인 풀커슨 부인은 여러 면에서 우리를 도우며, 아무 때나 우리가 주문하는 것을 구입해 주겠다고 한다. 그녀를 통해서 게싱이라는 중국인을 알게 되었는데 그는 아름다운 가구를 싼 값으로 만든다. 그래서 나는 장식장과 책상을 골랐고 언제라도 우리가 원하는 때 풀커슨 부인이 보내주겠다고 했다. 우리가 듣기로는 서울에는 이런 일을 만족하게 해내는 사람이 없다고 한다. 게싱은 아름다운 책장을 7엔에, 대나무 흔들의자를 3.5엔에 만들어 주기로 했다. 만일에 치과비가 비싸지 않았다면– 장식장과 책상도 함께 살 수 있었겠으나, 치과비가 반 할인을 받아서 지불한 것이 51엔이었다. 반이나 깎아야 했던 것이 너무 미안했는데, 그곳을 떠나기 전에 던Dunn 의사를 보지도 못했다. 또한 여기서 재봉틀을 16엔에 산 것이 너무 기쁘다. 싱어Singer 손재봉틀인데 일본에 수출할 목적으로 뉴욕에서 만든 것이다. 이곳의 부인 선교사들은 모두 그 재봉틀을 가지고 있다. 나는 풀커슨 부인의 재봉틀을 먼저 써 보고, 내 것을 풀커슨 부인의 집으로 배달되게 해서 부인이 먼저 내 재봉틀을 써보게 했다. 원하면 내 손재봉틀을 발로 하는 것으로 바꿀 수 있는데, 절대로 나는 그렇게 하지 않을 것 같다. 이 재봉틀은 필요한 부속품 일체와 기름, 케이스, 그리고 드라이버가 딸려 있다. 언젠가는 이 재봉틀을 올려놓고 쓸 서랍 달린 탁자를 마련하고 싶다.

---

34 원문에 Comm.으로 되어 있다.

유진은 7엔을 주고 멋진 여름 면 크레이프 양복 두 벌을 샀다. 시원해서 서울에서 낮에 입기에 아주 편할 것 같다.

지난주에는 "볼티모어"호에 가서 그 안에서 차를 마셨다. 볼티모어의 선원들이 친절하게 우리를 안내했다. "요크타운"도 이곳에 와 있다. 월요일 오후에는 모기라는 곳으로 관광을 갔는데, 이쪽 반도로부터 산을 돌아 반대편으로 가는 아름다운 여정이었다. 오후 1시 반에 떠나서 6시에 돌아왔는데, 10마일 정도를 타고 전체 비용이 40센이었다. 집에서 싸간 점심을 만에 있는 찻집에서 먹었다. 일본의 시골 경치의 아름다움은 말로 형용할 수가 없다. 보리밭은 푸르고 논밭에는 새싹이 나오고, 벚꽃과 자두꽃이 사방에 만발하다.

어제 오후에는 한 여의사와 함께 차를 마셨다. 우리 쪽 선교사로 왔다가 일본인과 결혼한 후 일본식 주택에서지만 서양식으로 산다 – 그녀의 이름은 후고노마 의사이다. 우리는 그녀의 예쁜 집에 매혹됐고, 영어를 잘 하는 그녀의 남편도 좋아했으나, 나는 그녀가 왜 그와 결혼했는지 이해가 안 간다. 그녀는 이곳 서양인들[35] 사이에 고객이 많고, 부부가 모두 성실한 기독교인인 것 같다.

내가 잊어버린 것이 있는데, 예쁜 자기 단지 둘을 샀다. 이런 것은 한국에서는 만들지 않는다고 한다. 둘에 16센(8센트)을 지불했다. 이 단지는 꽤 크다. 나의 "사랑스런 자매 플로렌스"는 이런 "대박 거래"를 좋아할 걸로 안다. 내가 조언하건대, 한국에 오는 방문객은 꼭 나가사

---

35 원문은 foreign/foreigners. 로티나 유진이 한국인, 중국인을 지칭할 땐 foreign이란 단어를 사용하지 않고, Korean, Chinese라고 한다. 서양 것, 서양인을 지칭할 때만 그 단어를 사용한다. 그래서 foreign을 여기선 외국이라 번역하지 않고 서양으로 번역한다.

키에 들러서 살림살이를 마련해가라는 것이다. 여기는 본국보다 값이 싸고, 환율도 좋고, 화물운송비도 훨씬 적게 든다.

그들이 우리에게 그렇게 말하고, 또 내가 인정하듯이, 나가사키만은 나폴리만보다 아름답다. 다만 리우데자네이루보다는 약간 못하다. 내가 부탁하건대, 여기 동봉하는 메모를 아버지께 드려서 아버지께서 그것을 비티 의사에게 전달해주시도록 해 줘. 설명이 거기 있다.

유진이 방금 반가운 소식을 가져왔는데, 드디어 "차우차우후"가 도착했다. 오늘 정말 출발하게 된다.

어제 서울에서 돌아오는 선교사들을 보았다. 노블 부부인데 부인의 건강 때문에 집으로 돌아간다고 한다. 그녀는 폐병으로 죽어가고 있다. 본국에 가서 교육을 받으려는 한 한국인이 그들과 동행한다.

최고의 사랑을 담아서,
로티

추신. 토요일 아침에는 제물포에, 그 밤으로는 서울에 닿기를 바란다.

1895년 4월 8일
제물포

어머님.[36]

이곳에 토요일 도착했고, 그 길로 서울로 향하기는 너무 늦었었는데, 이제 강을 타고 지금 떠나면 내일 아침에는 서울에 도착할 것 같습니다. 드루 의사와 전킨 씨가 저희와 동행합니다. 아름다운 날이라 이 여정이 즐거울 것으로 기대합니다. 서울에 도착하는 대로 다시 연락드리겠습니다. 저희가 잘 있는 것처럼 어머님도 안녕하시기 바랍니다.

서둘면서,

로티

---

[36] 이 서신은 남편 유진이 자신의 어머님께 쓴 편지 밑에 로티가 덧붙인 글이다. 로티 본인의 어머니와 구별하기 위해 유진의 어머님께 보내는 편지에는 "어머님"으로 표기한다.

1895년 4월 14일, 부활주일, 오전 10시 25분
한국, 서울

사랑하는 아버지

지금은 주일 아침, 집에서 아버지께 편지쓰기보다 더 좋은 할 일이 있을까 싶습니다. 날씨는 맑고, 시원하고 활기가 넘치는 게 항상 이맘때쯤 자주 보는 켄터키의 아름다운 날씨입니다. 사방에서 새가 지저귀고 과일나무의 꽃봉오리가 막 피어나려고 했지요. 고향의 아가씨들은 새 모자를 꺼내 쓰겠지요. 그러나 저는 오늘 오후 영어예배를 드리러 갈 때 두터운 코트와 겨울 모자를 써야 할 겁니다. 남편과 저는 침실에서 화롯불 옆에 앉아 있습니다. "화로whar-o"는 일본의 <u>히바치</u>와 비슷한 것인데, 히바치가 쇠로 만들어진 반면에 이 화로는 도자기 종류입니다. 그것이 얼마큼이나 열을 발산하고 그 열이 얼마나 오래 가는지 정말 놀랍습니다. 화로는 반 정도 재로 차있고, 숯을 몇 개 그 위에 올려놓으면 숯에 불이 붙습니다. 그 불꽃이 다 꺼진 후 달구어진 숯만 남으면 그때 화로를 방으로 들여놓습니다. 불꽃이 탈 때 화로를 들여오면 연기 때문에 해롭습니다.

아버지께서 이곳의 모든 소식을 자세히 알고 싶어 하시는 것을 알고 있습니다. 그래서 서론처럼 좀 더 쓴 다음에 아버지께서 알고 싶으신 <u>모든 것</u>에 대해서 <u>조금씩</u>이라도 말씀드리겠습니다. 저희는 이곳에 지난 화요일 아침에 도착했고 편지와 카드 한 뭉치를 보고 반가웠습니다. 집히는 대로 첫 번째 우편엽서를 읽었는데 알고 보니 그것이 제일 나중에 쓴 것 같더군요. 거기에 폴린이 "천천히 나아지고 있다"

고 적혀 있었습니다. ─ 그래서 한꺼번에 좋은 소식과 나쁜 소식을 읽게 되었습니다. 다행스럽게 어제 편지가 또 왔습니다. 플로렌스의 반갑고 긴 편지와 아버지의 엽서가 아버지에 대한 저의 걱정을 덜어 주었습니다. 지금쯤 아버지께서는 제가 일본에서 보낸 편지를 받고 제 소식을 들으셨겠지요. 월요일에 아버지께서 전보를 받으시게 해 드려서 죄송합니다. 제가 소식이 많이 늦은 것을 깨닫고 전보를 생각 했던 것입니다. 그런데 그 전보는 무료로 보냈습니다. 철도국 직원들 이 저희를 위해 그냥 보내주었습니다. 그들은 정직한 사람들입니다.

제가 마지막에 쓴 편지가 3일에 나가사키를 떠나면서 썼으니까, 다시 그 시점으로 돌아가서 이야기하겠습니다. 티켓을 사놓고도 항 해를 못 할 때가 많았기에 그날 실제로 저희가 나가사키를 떠난 것이 믿어지지 않았습니다. 저희는 짐이 무척 많았어요. 집에서 온 화물 박스 셋, 책들, 트렁크 다섯, 커다란 바구니 둘, 말아놓은 돗자리 둘, 양탄자 하나, 접시 박스 셋, 흔들의자 하나, 책장 하나, 증기선용 의자 둘, 스크린 하나, 쟁반 박스 하나, 여행가방 둘, 망원경 하나, 이곳에서 출판에 사용할 종이 박스 하나 그렇게였습니다. 유진은 저 희의 티켓이 일등석이었으므로 그 짐 모두를 수하물로 싣고 가기를 원했고, 배가 화물선이었기에 그렇게 할 수 있었습니다. 티켓 둘에 48엔이었는데 선장의 방에서 머물렀습니다. "차우차우후"호는 네 명 의 독일인 사관 및 한국인 선원들로 된 독일 배인데, 삼등실 외에는 아무런 편의시설이 없었기에 이번 항해가 힘들 것으로 생각했었습니 다. 그런데 저희가 기대했던 것보다 훨씬 좋았습니다. 날씨가 항해 내내 너무 좋았고 바다는 말할 수 없이 잔잔했습니다. 제가 말씀드린 것처럼, 저희에게 선장의 방을 내어 주어서, 저희는 좋았는데, 화이팅Whiting 의사는 더럽고 작고 막힌 아주 안 좋은 객실에 머물렀습니다. 미스 제이콥슨의 방은 그보다는 훨씬 나았습니다. 식사는 선장의 식당에서 했는데 음식이 풍부하다 못해 너무 많았으나, 모두 독일식이라서 많이 먹을 수가 없었습니다. 그래도 계란과 토스트, 오렌지와 맛있는 잼과 작은 케이크처럼 생긴 것이 있어서 식사를 잘 한 편입니다. 사관들은 할 수 있는 한 최대로 친절했는데, 자기들 방을 내어준 대가를 돈으로 받았다는 말을 [저희가] 듣고 기뻤습니다.

그렇게 모든 일이 항해 마지막 날 아침까지 순조롭게 잘 풀렸는데 그날 아침 미스 화이팅이 아침 식사에 나타나지 않더니 오후 1시쯤 상륙하기 직전에 나타났습니다. 그의 말이, 아래층에서 올라오지 않은 게, 잠옷에서 이 두 마리를 발견하고는 그게 너무 신경이 쓰여서 아침 내내 이가 더 없나 뒤졌는데 더 이상은 발견하지 못했다고, 그렇게 말한 것으로 기억됩니다. 그 말에 미스 제이콥슨도 바삐 내려가 자기 옷들을 살펴보았는데 이를 발견하지는 못했습니다. 물론 저도 제 몸에 "이물질"이 붙어있는 것 같아 이리저리 찾아보았으나 아무런 흔적도 보이지 않았습니다. 물론 그런 일이 토착민들에게 일어나리라 기대해야 하겠으나 그 전까지는 신경 쓰지 않았었습니다.

앞에 말한 것처럼 저희는 나가사키를 수요일 오후 6시 30분쯤 떠나 부산에 그 이튿날 [오후] 한 시에 도착했습니다. 도착 즉시 뭍으로 나가서 언덕 위에 보이던 선교사들 집으로 찾아갔습니다. 가는 도중 한국인들을 많이 보았는데, 처음에는 그들이 무서웠습니다. 그들은 더러운 흰 옷과, 위로 묶은 머리, 큰 모자의 모습으로 무척 신기해 보였습니다. 저희가 처음 본 그 사람들은 쿨리[=일꾼]들이었습니다. 그들이 등에 진 커다란 포크처럼 생긴 짐을 올려놓는 막대기들 때문에 그렇게 "무서워 보였던" 거였습니다. 철저히 무장한 것으로 생각했던 것입니다! 북장로교 선교사인 베어드 부부와 어빙 부부를 만났습니다. 아주 편안한 서양식 집에 살고 있었습니다. 이쪽으로 상륙할 것을 미리 알았더라면 미스 파울러의 소포를 가져다 줄 수 있었을 텐데 하고 생각했습니다. 베어드 씨가 특별히 아버지의 안부를 물었습니다. 그리고는 저희를 전보국으로 데려갔습니다. 22센을 지불하고 다음과 같은 전보를 보냈습니다. - "드루, 서울, 제물포, 토요일, 벨." 한 자 한 자에 돈이 붙는 것이기 때문에 그만큼에 저희 돈 은화 1불이 들었습니다. 전킨 씨에게가 아니라 드루 의사에게 전보를 친 이유는, 베어드 씨 말로는 전킨 씨는 도성 밖에 살기 때문에 드루 의사한테 보내는 게 더 빠를 것이기 때문이었습니다.

본래는, 어머니께 말씀드렸듯이 서울에 토요일 밤까지 도착하기를 바랐으나, 결국 그렇게 못 하고 토요일 오후에 제물포에 도착하고 거기서 월요일까지 머물렀어야 했습니다. 제가 제물포에서 어머니께 엽서를 썼고 유진이 부산에서 아버지께 엽서를 썼어요 - 이 편지가 도착하기 전에 둘 다 도착했기를 바랍니다.

드루 의사와 전킨 씨는 증기선이 닻을 내리자마자 삼판을 타고 저희를 만나러 왔습니다. 저희가 그들을 보고 얼마나 반가웠을지 충분히 짐작하실 겁니다. 전킨 씨는, 물론 지금 당장은 아주 조용하신데, 좋은 분으로 보이시고, 드루 의사는 그저 덩치 큰 소년 같습니다. 그분은 언제나 더글러스 의사를 연상시킵니다. 에비슨 의사도 다른 사람들을 만나려고 왔었는데, 즉시 돌아오라는 전보를 받고 몇 시간 만에 다시 돌아갔습니다. 제가 믿기로는 왕이 그를 원했던 것 같습니다. 그는 왕의 주치의이고, 언더우드 부인은 왕비의 주치의입니다.

제물포에서 월요일 아침까지, 한 중국인이 운영하는 호텔에서 머물렀습니다. 그는 군함의 집사였기 때문에, 그냥 "집사"라는 호칭으로 불리는데 격조 있는 호텔들을 경영하고 외국물품 교역도 크게 합니다. 거기서 조용하게 주일을 즐길 수 있었습니다. 도시 자체는 주말이나 주중이나 차이가 없었지만 말입니다. 저희 일행 몇몇에게 외에는 이곳에는 주일이 따로 없다는 사실에 적응이 되지 않습니다. 월요일 아침 일찍부터 마지막 여정의 준비를 시작했지만, 여기서는 일의 진행이 아주 더디어서 호텔에서 배로 짐을 모두 옮기는 데 시간이 많이 소비되었습니다. 짐을 옮기는 데 가끔 소달구지를 이용하는 것 외에는 대체로 쿨리들이 지게로 옮깁니다. 저희들 짐은 도착 후 배에서 호텔로, 호텔에서 배로 전부 지게로 옮겨졌습니다. 제가 호텔의 이층 난간에서 쿨리들로 길게 이어진 줄을, 커다랗고 무거운 책 상자를 쿨리 하나가 혼자서 등짐으로 옮기고 있는 것을, 놀라운 시선으로 내려다보고 있는 게 상상이 되시지요? 이런 쿨리들은 팔 힘은 없고 모든 힘이 다리와 허리에 있다고 사람들이 말합니다. 그들의 일 인당 보수는 대략 4센트입니다. 보수는 "현금"으로 지불되는데, 현금 100개가 은화 1센트, 또는 금화 ½센트입니다.

강을 올라가는 데 삼판 세 척이 필요했습니다. 한 척당 은화 5불이 들었습니다. 배에는 제법 넓은, 대략 길이 6피트, 넓이 4피트, 높이 3피트 정도의 객실이 있어서 거기에서 잠을 잤습니다. 배 한 척당 세 명의 배꾼이 있었고, 저희의 짐 전부, 그리고 저희 여섯 사람이 다 탔습니다. – 매우 싸지 않습니까? 쉽게 노를 젓기 위해서 조류가 바뀌기까지 기다리느라 11시에 출발했습니다. 이 말을 제가 해드린 것 같은데 이 포구에는 30피트까지 밀물이 차오르고, 당연히 강물도 아주 많이 차오릅니다. 몇 시간 노를 저어 가다가 배가 방향을 바꾸니 뒷바람이 불었고 거기서부터 작은 돛을 올리고 시속 9마일로 순항했습니다. 제물포에서 서울까지 강로가 60마일이니 갈 길이 멀다는 걸 알 수 있으시겠지요.

정오에 저희가 마련해 온 점심을 배 위에서 먹고, 배꾼들이 저녁을 먹기 위해 배를 댄 작은 마을에 저희도 내렸고 시골의 호텔에서 저희 음식을 먹었습니다. 제가 이렇게 말한다고 아버지께서 보통 상상하시는 호텔을 떠올리시면 안 됩니다. 저희들의 호텔은 흙벽에 초가지붕인데, 가로 10피트에 세로 6피트거나 그보다 더 작은 방이 서너 개 – 방바닥은 본래 흙으로 되어 있는데 저희는 그 한쪽 끝에 1피트 정도 높이의 나무로 된 마루가 있어서 그 위에 올라앉았습니다. 이 거실 또는 침실을 데우는 "강"이라고 하는 아궁이가 있는데 거기에서 한 나이 든 여자가 식사준비를 했습니다. 방에는 돗자리가 깔려 있고 가구는 없습니다.

저희가 방에 앉아서 도시락을 풀자마자 마을사람들이 몰려와 저희를 둘러싸고 방안을 채웠으나 그들은 매우 공손했습니다. 아이들에게는 크래커를, 나이 든 사람들에게는 빵과 고기를 나눠주었더니 저희들끼리 그것을 조금씩 나누어서 양식이 어떤지 모두가 맛보았습니다. 물건을 정리해서 넣기 전에 크래커에 잼을 발라서 그 집에 사는 여인에게 주었더니 그녀는 그것을 곧바로 시어머님께, 모든 일에 그렇게 해야 했을 것처럼, 가져갔습니다. 시어머니가 조금이라도 며느리에게 그것을 나누어주었는지는 알 수가 없습니다. 보지 못했으니까요.

잠시 산책을 한 후에 다시 배로 돌아갔고, 배꾼들이 배를 물가로부터 밀어낸 다음 닻을 내리고, 밤을 지낼 채비를 했습니다. 유진과 저는 작은 선실에 요를 깔고 깔개들을 전부 _____ (원문 끊겼음) 잠은 플로렌스가 쓰던 침낭에서 잤는데 따뜻하고 편안했습니다. 머리엔 애니가 준 망사덮개를 썼습니다. 드루 의사와 전킨 씨는 두꺼운 요 하나를 빌려서 동행한 여자들에게 주었고 자기들은 각자 요가 있었어요. 그렇게 모두가 다 괜찮았는데 그래도 잠을 푹 잔 사람은 없는 것으로 생각됩니다. 배꾼들이 일찍 일어나 새벽 다섯 시에 항해를 시작했고, 두 시간 후에는 서울에서 3마일 떨어진 곳에 상륙했습니다.

지난 월요일처럼 날씨가 좋았습니다. 거기에는 쿨리들이 의자를 놓고 기다리고 있었습니다. 그래서 저희 세 여자들이 잠시 의자에 앉았다가, 남자들은 짐 상자를 지키게 하고 저희는 곧 일어나 걷기 시작했습니다. 얼마 안 가서 걸어서 저희를 마중 나온 미스 테이트, 미스 알버클, 미스 도티, 모펫 씨와 부어 씨를 만났습니다. 저는 몹시 피곤했고 머리가 아파서 기꺼이 서울로, 드루 부부, 테이트 남매, 그리고 레이놀즈 부부가 살고 있는 "딕시Dixie"라고 불리는 동네로 서둘러 떠나게 된 것이 기뻤습니다. 거기서 아침을 먹고 우편물을 받고 세수를 하고 나니 세상이 다시 살 만해지는 것 같았습니다.

짐을 풀기 전까지는 언더우드 부부와 함께 지내게 될 거라고 처음에 저희가 들었는데, 미스 테이트의 말이 저희 쪽 사람들과 먼저 만나야 된다고 해서, 우선 테이트네 집에서 저녁을 먹은 후 저희 팀의 모든 여자들을 만났습니다. 레이놀즈 씨와 테이트 씨는 남장로교 소속입니다. 유진은 우차에 실려 온 짐들을 확인하느라 저녁 바로 전에 도착했습니다. 저희 집을 보고 싶은 다급한 마음에 유진과 드루 의사 그리고 저는 여기 저희 집으로 왔습니다. 지난 가을에 저희에게 보낸 편지에서 언급한 바로 그 집인데, 북장로교 선교부가 한때는 여학교로 사용하기도 했습니다. 집에 넓고 큰 마당이 있어서 무척 감사해요.

미스 테이트와 저녁 식사를 한 후, 레이놀즈 부인이 아기를 안고 찾아왔고, 드루 부인은 혼자서, 그리고 전킨 부부가 왔습니다. 미스 데이비스는 저희와 함께 저녁을 먹었으니 이제 저희 팀 모두 함께 모이게 된 것이죠. 저는 이곳에서의 선교가 마음에 흡족했고 그들은 저희를 금방 편안해지도록 만들었습니다. 늦은 오후에 바로 옆집에 사는 언더우드 댁으로 갔습니다. 그제 밤까지 거기서 잠을 잤고 그 뒤엔 짐 때문에 저희 집으로 왔는데, 식사는 그들과 함께했습니다.

수요일 하루 종일 그리고 목요일 오후까지 잠자리에 누워 있다가 이곳에 와보니, 저희 방에 매트가 깔려 있고 가구들을 풀어 놓았는데 일부는 놓일 자리에 [제대로] 놓여 있었습니다. 전킨 씨와 하인 둘의 도움으로 일이 많이 진행되었고, 저희 방은 이제 잘 정돈되었습니다. 후에 다시 집과 앞으로의 계획에 대해 이야기해 드릴게요. 집의 도면도 그려 보여드리도록 해보겠습니다.

언더우드 댁은 개수를 많이 한 벽돌집인데 지붕만은 300년 이상 되었습니다. 부부 둘 다 부유한 친척들이 있어서 도움을 많이 주기 때문에 그들의 집은 선교사들이 일반적으로 가질 수 있는 집의 예로 삼을 수 없습니다. 냉온수가 나오는 화장실이 둘, 난방 보일러, 온실, 여러 가지 멋있는 가구와 은식기 등등. 아주 친절하고 좋은 사람들입니다. 특히 저희 선교에 대해서는 더더욱 그렇습니다. 좋은 일을 아주 많이 합니다. 언더우드 부인은 류머티즘 때문에 거의 불구이지만 매우 밝고 명랑하고 항상 바쁘게 지냅니다. 큰 저택에 하인들이 많고, 영국으로부터 온 사촌이 있어, 집안일과 작은 아이를 돌봐줍니다. 저희는 언더우드 부부와 이렇게 가까이 있는 것이, 그들이 이곳에서 오래 선교를 했기에 저희들에게 여러모로 도움을 줄 수 있는 것이 정말 좋습니다. 화요일쯤부터는 저희 집에서 식사도 하고 공부도 할 수 있게 되기를 바라고 있습니다.

4월 15일, 월요일, 오후 8시

지금 막 저녁을 먹고 돌아왔습니다. 일본을 떠나는 다음 번 증기선에 실릴 수 있도록 하기 위해 이 편지를 마무리 지으려 노력할게요. 이제부턴 제게서 정기적으로 편지를 받으리라 기대하지 마셔야 합니다. 제물포항을 떠나는 배는 매우 불규칙해서 우편을 믿고 의지할 수 없기 때문입니다.

오늘 부엌용 스토브를 설치하고 불을 피워보았는데 작동을 아주 잘 해요. 식탁은 고장 난 다리 하나를 고치려고 일본인에게 보냈습니다. 그리고 난방용 난로는 작은 부분 하나가 부러졌습니다. 그 외에는 모든 물건들이 놀라울 정도로 무사히 도착했습니다. 잠시 동안은 식당으로 쓰는 방을 거실 겸 유진의 서재로 쓰려고 책을 거기에 두었고, 저는 제 침실에서 공부할 거예요. 유진의 선생님은 내일부터 오지만, 저는 살림살이가 웬만큼 정리될 때까지 며칠을 더 기다리려고 합니다.

선생님들의 급료는 선교회에서 지불합니다. 한 달에 은화 8불인데 저희에게 온전히 시간을 내어주기로 되어있어서 저희 일정에 맞게 조절할 수 있습니다. 전킨 씨가 선생님들과 하인들을 구해주었습니다. 저희 조리사의 이름은 문세계Meun Segge[37] – "삼 번number three"

---

37 이 "문세계Meun Segge"라는 이름이 나중에는 주로 "맹세계Meng Segge"로 표현되어서 그때부터는 "맹세계"로 쓴다.

[이란 뜻입니다]. 그는 레이놀즈 부인에게서 요리를 배웠습니다. 결혼을 했기 때문에 상투를 틀고 보라색 윗도리에 흰 바지 차림입니다. 집안일과 세탁을 하는 "보이boy"는 초록색 윗도리에 흰 바지 차림인데 역시 결혼했으며 이름은 선건이Sun Gunnie[38]입니다. 드루 씨가 "선 오브 어 건 son of a gun"[39]을 연상하면 쉽게 이름을 외울 수 있을 것이라고 했습니다. 그는 미스 테이트를 위해 일했었습니다. 미스 테이트는 그를 매우 좋아했지만 건이가 일을 그만두었습니다. 미스 테이트가 무슨 일을 시켰는데, 건이 생각에 그것은 자기의 책임이 아니라고 믿었기 때문이었습니다. 주위에서 저희들이 하인에게 일을 시킬 때 그들의 일이 아닌 일은 시키지 않도록 주의하라고 말합니다. 그들은 무엇이 자기 일이고 무엇이 아닌지 생각이 확실합니다. 저는 두 하인 모두 좋아하는데 조리사를 특별히 좋아합니다.

제가 급히 트렁크를 뒤져 보았는데 모든 것이 그대로 잘 담겨져 있었습니다. 그런데 트렁크 하나에서 나온 아주 예쁘고 작은 액자는 누가 준 것일까요? 유진은 m____ 세 개를 반가워하며 자기 것으로 차지했고, 단풍나무 설탕도요. 저는 과일케이크와 자두푸딩을 차지했습니다.

제가 원하는 전부를 이 편지에 담을 수는 없지만 그래도 저희 집과 마을과 사람들에 대해 이야기해야 하겠습니다. 이 집의 별실 하나는 이전의 집주인이 조상숭배를 위한 신당(神堂)으로 썼기 때문에 문이 땅에서 8피트 높이에 있고 천정이 특히 높습니다. 방은 커다랗고 한

---

38 이 "선건이Sun Gunnie"라는 이름이 나중에는 주로 "선건아Sun Gunna"로 표기되므로 그때부터는 "선건아"로 쓴다.

39 못 된 놈, 망나니를 일컫는 말.

쪽에는 조상들의 위패를 모시던 벽장들이 있는데 제 옷, 약, 식탁보 등을 넣어두기에 안성맞춤입니다. 그 모양이 예스럽기도 합니다. 그 방엔 옷장도 있습니다. 식당은 천정이 많이 낮고 어둡지만 규모가 크고, 식당으로 연결되는 창고와 식품 저장실이 있습니다. 식당 바닥은 페인트칠이 되어 있어서 식탁 밑에 양탄자만 깔면 되기 때문에 돗자리는 깔지 않을 생각입니다. 부엌은 크고 공기가 잘 통하고, 뒤에도 현관이 있습니다. 뜰에는 꽃이 피는 관목수 몇 개와 멋진 나무 몇 그루가 있습니다. 텃밭도 있는데, 언더우드 박사께서 필요한 씨앗들을 주었기에 유진이 내일부터 가꾸기 시작할 겁니다. 아마 정원사를 겸할 세 번째 하인이 필요할 것 같습니다. 거기다 문지기는 이곳에서 거의 필수입니다.

수요일 저녁에는 에비슨 의사 댁에서 격식 없이 장로교 선교사들을 두루 만나는 모임에 초대되어 있고, 금요일 저녁에는 언더우드 부부가 공사관 직원들을 저녁 식사에 초대해서 저희를 만나도록 했습니다. 씰 부부와 다른 숙녀 한 사람입니다. 아 참, 저희 편지를 공사관으로 보내지 마세요. 더 이상 그럴 필요가 없습니다. 장로교 선교부 내라고만 쓰시면 충분합니다. 내일 오후에는 미스 테이트와 공사관을 방문하고 그레이트하우스 부인도 만나려고 합니다. 공적 지위에 있는 사람들을 우선적으로 찾아보는 것이 관례이기 때문입니다.

저는 성벽으로 둘러싸인 도성 안에서 사는 것이 뭔가 이상한 체험이겠다 싶었는데, 저희 집 정문에서 바로 보이는 그 성벽이 너무 작아서 성곽도시에 대한 생각은 금방 잊게 됩니다. 그리고 성문도 더 이상 밤에 닫히지 않습니다. 하지만, 오, 거리들! 좁고 구불거리고 말로 표현할 수 없을 만큼 더러운 거리들 – 고향의 흑인들 오두막집보다도 더 비참하게 더러운 대부분의 집들. 제 마음에는 한국인 남자들은 일본인이나 중국인보다 더 잘 생겼다고 생각이 들지만, 여자들은 슬퍼 보이며, 예쁘고 명랑하고 잘 웃는 일본 여자들과 대조적입니다. 거리에서 볼 수 있는 여인들은 낮은 신분의 사람들뿐인데 우스꽝스러운 베일로 얼굴을 가리는 것처럼 행동하지만, 의도와는 달리 얼마든지 얼굴을 볼 수 있습니다. 아버지께서 길모어의 책 『수도에서 본 한국Corea, from Its Capitol』[40]을 읽어보신다면 서울의 진면목을 보실 수 있을 겁니다. 여기 온 후에 아주 흥미 있게 그 책을 읽었습니다.

오늘 오후에 레이놀즈 부인 집에 가는 길에 처음으로 여인들이 남편의 옷을 다듬이질하는 리드미컬한 소리를 들었습니다. 오늘 아침에는 "선건이"에게 드루 부인에게서 무엇을 받아오라고 심부름 시킬 일이 있었는데, 언더우드 박사가 가르쳐 준대로 말했더니 하인 둘이 모두 크게 웃었습니다. 그래도 제 말을 알아듣고 심부름을 갔습니다. 이 두 하인에게 남의 도움 없이 소통하는 법을 배우는 데 문제가 없을 것 같습니다.

향수병에는 전혀 걸리지 않았습니다. 그러나 고향의 아버지를 비롯해 모든 이들에게 저희의 모든 것을 알려 주고 싶습니다. 하지만 원하는 대로 다 적기는 어렵습니다. 플로렌스에게, 고향에서의 자질구레한 세부 이야기가 저를 피곤하게 할 거라는 걱정은 결코 하지 말라고 전해주세요 — 편지가 자세하고 모든 것을 다 이야기할수록 저는 더 좋으니까요. 이 우편으로 넬리 에스콧Escott에게도 제 사랑과 소망을 전하는 편지를 보내고 싶습니다 — 물론 편지는 결혼식이 끝난

---

40 본명은 Korea From Its Capitol이다.

한참 후에나 도착하겠지만 상관없습니다. 다른 친구들에게도 편지를 보내고 싶지만, 그때까지 제 사랑을 대신 전해주세요. 프랭크 사촌에게도, 아버지께서 곧 그들에게 편지를 쓰신다면, 메모 고마웠다고 전해주세요. 시간이 너무 가기 전에 저도 편지하도록 노력하겠습니다. 아버지의 편지가 제가 떠나기 전에 풀트(?) 아저씨와 어마(?) 아주머니께 전해지지 못한 것에 대해 정말 죄송합니다.

제 파카를 가지고 계시다가 가을에 제가 스미스 상점[41]에 주문할 때 그걸 제 린넨과 함께 그에게 보내주시면 거기서 다른 물건들과 함께 여기로 보내 줄 겁니다.

제가 이곳에서 어떻게 일을 보러 다니는지 궁금해 하실 것 같습니다. 주로는 걸어 다니기를 원하는데 유진이 함께할 수 없으면 "보이"나 "문지기"를 대동하려 합니다 – 한국인들과 서울에 대해서 더 잘 알게 될 때까지는 하인을 데리고 다니는 것이 좋을 듯합니다. 걸어가지 않을 때에는 의자가마chair[=남여][42]를 타려고 해요. 저희의 보통 안락의자를 긴 대나무 막대기로 끼어서 앞뒤로 두 인부가 들고 가는 겁니다. 대부분의 숙녀들은 이런 남여를 가지고 있습니다. 저도 나중에 하나 구하려고 합니다. 저는 남여의 움직임이 마음에 들고, 인력거보다 건강에도 훨씬 좋습니다.

아버지께서 이 편지를 읽으신 후에 스콧[43]이 있는 곳으로 보내주시면 거기서 읽고 돌려줄 때 유진의 편지도 함께 보내줄 것입니다. 유진

---

41 샌프란시스코의 상점으로 동양으로 보내는 물품들을 취급했다.

42 여기서 선교사들이 타던 가마들은 의자가마인 "남여"였다. 양반 부인들이나 궁중여인들이 타던 전형적 가마와 구별해서 "남여"라고 번역한다.

43 유진 벨의 형.

의 편지에는 제가 못 쓰고 빠뜨린 것들이 적혀있습니다. 이번 우편
편에는 다른 이들에게 쓸 시간이 없네요.

아버지와 고향의 모두에게 저의 최고의 사랑을 보내드리며 폴린이
계속 회복되기를 바랍니다.

당신의 딸 로티

1895년 4월 21일 일요일, 오후 7시 30분[44]
서울

사랑하는 어머님[45]

어머님께서 보내 주신 편지를 지난주에 받고 유진과 저는 매우 기뻤습니다. 마음 같아서는 곧 답장을 드리고 싶었는데 너무 바빠서 그러지를 못했습니다. 시간이 많이 흘러간 것 같은데 저희는 이곳 서울에 도착한 지 2주도 채 안 되었고 – 제 집 살림을 시작한 지 일주일도 안 됐네요 – 그래도 집에서 할 일이 많았는지 시간이 많이 흐른 것처럼 느껴집니다. 바라기는 이곳에서 보낼 몇 년의 세월도 지난 2주처럼 빨리 흘러가서 생각지도 못한 채 어느덧 귀국할 날이 돌아왔으면 좋겠습니다 – 만약에 이곳 한국에서 귀국하게 된다면요.

날씨는 환상적이고, 나뭇잎은 연두색으로 갓 돋아나고 있고, 살구꽃이 만발하고, 체리나무[46]도 이제 거의 나왔습니다. 연한 자홍색 진달래가 만발했고 커다란 꽃나무 관목인 노란 재스민들이 언덕에 아름다운 색의 군락을 이루었습니다. 제가 듣기로는, 한국의 체리는 작지만 꽤 맛이 있다고 합니다. 그리고 미국의 어느 것보다 월등히 맛좋은 살구가 많이 있습니다. 살구나무 두세 그루, 그리고 체리나무

---

44 편지의 주 저자는 로티이고, 유진은 몇 줄 첨가했다.

45 수신인이 Mother로 되어 있다. 로티가 친정어머니께 쓸 때는 Mama로 시어머니에게 쓸 때는 Mother로 쓴다. 구분하기 위해 친정어머니Mama는 "어머니"로 시어머니Mother는 '어머님'으로 번역한다.

46 앵두나무를 체리라고 한 듯하다. 곧 뒤에서 "한국의 체리"라는 표현을 쓴다.

여러 그루가 있는 것이 너무 좋습니다. 좋은 텃밭도 있습니다. 거기에 대해서는 유진이 저보다 더 자세히 이야기할 수 있을 겁니다.

오늘 아침 저희는 성벽밖에 있는, 전킨 씨의 집 근처에 있는, 정확히 말하자면 그의 집 뜰에 있는, 작은 예배실에서 열리는 한국어 예배에 갔습니다. 거기에 가기 위해서는 서소문을 거쳐야 합니다. 저희는 서대문 근처에 살기 때문에, 드루 의사가 제안하기를 '성벽을 따라서 서대문에서 서소문까지 걸으면 경치가 좋을 것이다'라고 해서 그렇게 했는데, 그렇게 걸으면서 점점 더 성경의 장면들이 떠올랐습니다.

예를 들면, 그 길은 담이 부분마다 달라요. 어느 곳은 진흙에 긴 돌을 쌓아 대강 쌓여졌는데 - 어느 곳은 돌을 정성스럽고 예쁘게 다듬어서 쌓았습니다. 드루 의사의 말에 의하면 옛날 예루살렘에서 그랬던 것처럼 "각자 자기 집 맞은편을 중수하였기[47]" 때문이랍니다.

또 다른 예로, 미스 제이콥슨의 선생님이 저희와 이야기하려고 잠시 들렀는데, 처음 인사가, (모든 인류가 보편적으로 말하듯) "안녕하십니까? Peace be with you"였습니다. 누구의 집을 나올 때 그들은 "안녕히 계십시오. Peace with this house"라고 하고, 또 집주인은 "안녕히 가십시오. Peace go with you"라고 합니다. 저는 그게 아주 좋습니다 - 그렇지 않으세요?

또 사람들이 어떻게 바울을 성벽 너머로 내려보냈는지를, 여기 성벽에서 실제로 그런 일이 늘 벌어지는 장소를 보면 곧 이해할 수 있습니다. 드루 의사가 밤늦게 다니는 사람들을 끌어올릴 밧줄을 상비하고 있는 한 집을 보여주었습니다. 문이 닫혀 성안으로 들어갈 수 없는

---

47 느헤미야 3: 10, 23, 28 등등 참조.

사람이 그 집주인을 성 밖에서 소리쳐 부르는 방식인데 – 성문이 더 이상 닫히지 않는 요즘은 물론 필요 없게 된 일입니다. 성벽은 바깥쪽에서는 30피트 높이이고 두께가 3~4피트입니다. 안쪽에는 10~12피트 흙으로 돋움을 해서, 군인들이 그 위에 서서 싸울 수 있도록, 꼭대기에서 4피트 밑에까지[48] 다다릅니다.

담을 따라 길이 나 있는데, 오늘 아침 저희가 갔던 곳이 바로 외국인 여인들이 좋아하는 산책길입니다. 두세 명이 함께하면 다른 사람의 도움 없이도 걸을 수 있는 길입니다. 몇몇 여인들이 이 길을 혼자 걷기도 하는데, 저는 그러지 않을 것 같습니다. 결코 안전하다고 할 수 없고 길도 아주 좁아서, 하인이 동행하면서 일꾼들이나 소들을 비켜나게 하고 개들도 쫓아내게 하는 것이 좋습니다. 그런 일을 하는 사람이 "문지기"[49] 또는 "문하인"[50]인데 메모나 소포를 전해주고 받는 일, 물 긷는 일, 텃밭 가꾸는 일, 저의 외출에 동행하는 일 – 이 모든 일을 하는 데 한 달에 은화 4불, 혹은 금화 2불을 지불하고, 문간의 작은 집에서 살게 합니다.

이곳의 집들은 모두 높은 담으로 둘러싸여 있고, 그 담 안을 "경내"라고 부르는데, 높이 10피트의 대문이 있어서 밤에 잠그고 지키는 것이 "문하인"의 일입니다. 지난 수요일 저녁에 유진과 제가 외출을 했다가 밤 11시가 가깝게 늦게 집에 도착했는데, 문들이 굳게 잠겨

---

48 성벽이 30피트인데 그 위에서 4피트 아래까지 안벽이 쌓여있다면 안벽의 높이가 26피트정도 되어야 할 텐데 10~12피트 정도라고 해서 뜻이 명백하지 않음.

49 원문은 gate keeper.

50 원문에 mown-hein으로 표기했다. 문하인을 그렇게 음차한 것으로 생각된다. 뒤에는 계속해서 moon hein으로 표기한다.

있었고, 저희는 문지기를 깨울 수 있을 거라고 생각하지 못했습니다. 그런데 그가 저희들의 기척을 알아채고도 그게 저희들인지 확신하지 못하고 있었는데, 다행히 유진이 "문 열어"라는 말을 기억해서 문지기를 불렀고, 그가 나와서 문을 열어주었습니다.

짐작건대 어머님께서는 제가 어떻게 살림을 해가는지 궁금하실 것 같습니다. 아직까지는 모든 일이 잘 되어가고 있습니다. 제 조리사는(그는 전에 레이놀즈 부인 댁에 있었습니다.) 음식을 잘하고, 배우는 속도가 매우 빠릅니다. 그래서 벌써 제가 그에게 비튼 비스킷[51] 만드는 법과 스테이크를 굽는[52] 법을 가르쳐 주었습니다. 그가 제가 원하는 것들을 거의 모두 제 도움 없이도 해낼 수 있다는 것을 알았습니다. 저희 보이my boy 또한 일을 잘 합니다. 식사 때마다 식탁을 전혀 문제없이 섬세하게 잘 차려놓아서 너무 좋습니다. 제가 그렇게 하리라고 생각하던 그대로 이렇게 집안 살림을 하게 되는 것은 꿈도 꾸지 못했었습니다. 고향에서 보통 구할 수 있는 하인들 가지고는 절대로 할 수 없었겠지요. 단지 은화 14불로 – 하인을 셋씩이나 거느리는 것이 가능하다니요!

보이는 모든 집안일과 빨래를 합니다. 일본인 세탁업자가 있어서 유진의 칼라와 커프스와 셔츠를 세탁해 주니, 제가 염려하지 않아도 됩니다. 물론 모든 것을 잠가두어야 하지만, 별 문제 없습니다. 식품창고가 식당에서 바로 열려지기 때문입니다. 동양의 하인들을 어느 정도까지 이상은 신뢰할 수 없지만, 그것은 고향에서도 마찬가지겠

---

51 beaten biscuit: 미국 남부 특유의 비스킷인데, 반죽을 손으로 주물러서 하지 않고 숟가락 같은 것으로 휘저어서(beat해서) 만든다.

52 원문에 boil로 되어있다. broil의 오타로 생각된다.

지요. 이곳에 사는 다른 여자들처럼 저도 일상적으로 은화를 씁니다. 허나 제가 필요한 만큼만 꺼내놓고, 나머지는 제 방에 잠가 놓습니다.

은식기와 접시 등등 저희에게 허락된 모든 아름다운 물건들을 즐기고 있습니다. 침실은 정돈이 거의 끝나가지만, 거실 겸용으로 쓰일 식당에 아직 할 일이 많이 남아 있습니다. 침실에 걸어 놓을 커튼을 만들었는데 이번 주 안에 몇 개를 걸어 볼 계획입니다. 허나, 집안일, 선생님과 보내는 아침의 세 시간, 손님 맞는 일 등등 때문에 바느질이나 짐을 푸는 데에 쓸 시간이 너무 적습니다.

사람들은 모두 친절하고 인정이 많습니다. 특히 우리 쪽 선교부 사람들이 그렇습니다. 전킨 씨 부인은 이번 주에 두 번이나 빵을 보내주었습니다. 미스 데이비스도 그렇게 했고, 미스 테이트는 피클과 케첩을 주었고 또 여러모로 도와주고 있습니다. 에비슨 댁에서 지난 수요일 저녁 장로교인들이 거의 모두 와서 인사를 나누었습니다. 공식적인 모임이 아니었고, 노래하고 게임도 하고 서로 친해지기 위한 모임이었습니다. 목요일 저녁에는 감리교에서 운영하는 여학교에서 열리는 기도 모임에 갔었고, 금요일 저녁에는 언더우드 부부와 식사를 한 후 그들과 함께, 미국 공사 씰 씨가 하는 한국의 거미에 대한 강연을 들으려고 감리교에서 운영하는 남학교에 갔습니다. 그래서 어제 밤이 되었을 때는 편지를 쓸 기력도 없이 너무 피곤해서 그냥 잠을 잤습니다.

매티[53]에게 제가 곧 긴 편지를 보낼 거라고 말씀해 주세요 – 그러나 그 전에라도 편지를 하고 싶다면 제 편지를 기다리지 말고 쓰라고

---

53 유진에게는 여동생이 둘이 있다. 유진의 편지에 나오는 이름으로 애니와 마샬이다. 매티는 로티보다 11살 아래인 마샬의 애칭일 수도 있으나 확실한 근거는 없다.

해 주세요. 그의 편지를 아주 즐겁게 읽었습니다. 저희가 얼마나 행복하고 편안하게 잘 지내는지 아셨으니까, 모두 안녕하고 행복하시기를 바랍니다. 애니[54]에게 그가 준 머리 스카프[55]가 제게 얼마나 큰 편안함을 주는지 말씀해 주세요. 애니는 상상 못 할 거예요. 제게 아주 오랫동안 위안이 될 것입니다.

이 편지 마감을 유진에게 하도록 하겠습니다. 끝맺기 전에 꼭 하나만 더 말씀드려야 하겠습니다. 그것은 한국 예배에 갔던 일인데, 모두가 방바닥 위에 놓인 방석 위에 앉아서 예배를 보는데 여자와 남자가 각각 다른 방에 앉았고, 중간에 있는 문에 커튼을 드리웠으며, 설교하는 사람이 커튼 가까이에 앉아 있어서 양쪽 방에서 모두 들을 수 있습니다. 어떤 여자가 미스 테이트에게 저를 그에게 데려다 달라고 부탁했습니다. 지금은 한국말을 못 하지만, 그래도 갈 것입니다. 나중에 친구가 될 수 있으니까요. 거기 갈 때에 그 집 방바닥을 더럽히지 않기 위해서 유진의 펠트로 된 슬리퍼를 빌려서 제 신발 위에 덧신고 가려고 합니다. 제 생각에는 이 사람들을, 더럽고 야만적일지라도, 쉽게 사랑할 수 있으리라 싶습니다. 여자들은 거의 모두 슬퍼 보이는데, 그렇다 하더라도 어떤 이들은 매우 매력적으로 생겼습니다.

이만 줄이고 유진이 어머님께 쓸 칸을 남겨 놓겠습니다. 저의 사랑을 모든 식구와 친척들에게 드리며, 사랑하는 마음으로,

로티

---

54 로티보다 4살 아래인 유진의 여동생.
55 머리 스카프Head Fascinator로 head라는 말은 흔히 생략하고 쓴다. 머리를 단정하게 묶어주면서 모양을 내는 모자, 스카프 아니면 망.

추신. 이 편지를 다 읽으신 후 플로렌스에게 보내 주세요. 그러면 그쪽에서 유진이 제 아버지께 쓰고 있는 편지를 어머님께 보내드릴 겁니다. 오늘 듣기로, 평화협정과 한국의 독립이 선포되었다고 합니다.[56] 그게 저희의 마음을 매우 기쁘게 합니다.

사랑하는 어머님,

너무 늦어져서 제가 어머님께 쓸 편지는 내일이나 모레로 미루어야 할 것 같습니다. 로티의 이 편지와 함께 다음 증기선을 통해 보낼 수 있기를 바랍니다.

저의 사랑을 모두에게 드리며
어머님의 사랑하는 아들

유진

---

[56] 시모노세키조약, 1895년 4월 17일.

1895년 4월 25일, 목요일 오후, 8시 30분
한국, 서울, 식당에서

동생들에게

지금 식당에서 목욕을 하기 위해 난로에 올려놓은 물이 끓기를 기다리는 동안, 너희들에게 보낼 이 편지를 시작하려 한다. 수일 내로 편지를 마무리할 수 있기를 바라면서. 오늘 저녁 나는 몹시 피곤하다. 오늘 미스 테이트와 함께 서소문 밖에 사는 여자들 몇을 방문하기 위해 외출을 했었는데, 목욕이 필요한 이유도 그 때문이다. 그 사람들은 정말 더럽고, 그들이 사는 집은 내가 실제로 "소름끼치는" 것을 느낄 정도였다. 벼룩 정도가 아니라 그보다 더한 무엇을 옮겨 왔을지도 모른다.

우리는 양반의 집을 방문하게 되는 법이 거의 없다. 가난한 사람들만이 복음에 마음을 열어준다. 그래서 우리가 보게 되는 것은 대개는 누추하고 더러운 집들뿐이다. 지붕이 아주 낮아서 방에 들어가서는 곧바로 서 있을 수가 없다. 그리고 이 사람들은 늘 방바닥에 앉아 있다. 그렇다고 앉는 자리가 더럽다는 뜻은 아니다. 방 안에 들어갈 때는 꼭 신발을 벗기 때문이다. 우리 집에서 하인들은 신발을 옆문에 벗어 두고, 우리 선생님은 현관 쪽에 나 있는 식당 문 앞에 벗어 둔다. 언제든 문 앞에 놓여 있는 신발만 세어 보면 방문객이 몇 와 있는지 알 수 있다!

오늘 방문한 두 집에서 모두 여자들이 캔디를 주문해 와서 내놓았는데, 실제로 맛이 아주 좋았다 – 어떤 종류의 씨가 들어갔는데, 모양이 우리의 견과로 만든 사탕과 비슷했다. 가는 집마다 아이들과 여자들이 집이 꽉 차게 모여들어서 내 장갑과 겉옷의 단추들을 만져보고는 아주 감탄을 했다. 마지막 간 집에서는 그 집 여자가 옷을 어떻게 다듬이질하는지 내게 보여주었다.[57] 큰 돌 위에 옷을 젖은 채로 놓은 다음 경찰이 가지고 다니는 "몽둥이"처럼 생긴 방망이 두 개로 마를 때까지 두드린다. 그러면, 옷감을 상하게 할 것처럼 들리겠지만, 옷에서 아름다운 광택이 난다. 지금 한 여자가 "다듬이질 ironing"하는 소리가 들린다. 어떤 때는 어느 집을 지나갈 때 여자 둘이 방망이를 두드리고 있는 것을 식별할 수 있고, 그 집 남자가 아내가 둘인 것을 알 수 있다.

나는 미스 테이트처럼 사람들과 대화할 수 있을 만큼 한국말을 잘하게 되기를 정말 원해. 가을까지는 많이 배울 수 있게 되기를 바란다. 아침에 선생님에게서 배운 말을 곧장 하인들에게 사용해 보는데, 내가 좀 틀리게 말하면 그들이 고쳐준다. 내 생각에 보이와 조리사 둘 다 썩 명석해서 내가 말하려고 하는 뜻을 쉽게 알아챈다.

이번 주에는 빨래를 했는데 깨끗하게 잘 된 것 같아서, 내가 처음하는 살림 시도에 아주 만족해한다. 오늘 밤에는 외출에서 돌아와 저녁 식사로 샐리 런[58]을 만들었는데 아주 잘 되었다. 내가 재료를 골고루 챙겨서 주면 다음번엔 맹세계[59]가 혼자서 그걸 만들 수 있을 거라고 확신한다.

---

57 원문은 "…she showed me how she ironed the clothes."

58 Sally Lunn: 효모로 부풀린 반죽에 크림과 계란 등을 섞어 만드는 빵의 일종.

59 조리사를 일컫는 것이 확실하다. 여기서는 Meng Segge로 표기했다. 4월 14일 아버지께 보내는 편지에서는 조리사의 이름이 Meun Segge라고 표기되었는데, 여기서부턴 일관되게 Meng Segge로 표기되었다. Meun이 손편지를 타이핑으로 옮기는 과정에서의 실수일 가능성이 있다. 이후론 맹세계로 통일하여 번역한다.

어머니의 레시피를 좀 더 가져올 걸 하는 생각이 든다. 스프, 특히 야채스프를 어머니가 어떻게 만드시는지, 소고기를 어떻게 로스트 하시는지, 왜 내 비스킷은 어머니 것만큼 맛이 없는지 알고 싶다. 밀가루 1파인트에 라드를 디저트 숟갈로 가득하게 하나, 설탕을 찻숟 갈로 반, 소금도 그만큼 넣고 속이 부풀지 않게 우유로, "서로 떨어지 게" 될 때까지 조리사가 반죽을 하는데도, 맛은 있지만 속이 메리가 만드는 비스킷만큼 매끄럽지가 않다. 매일 아침 식사 때 그걸 먹는다. 효모가 압축된 것이 아닐 때, 나는 아직 그 양을 조절할 줄을 모른다. 우선 언더우드 부인이 도움을 주었고, 조리사가 잘 해나가고 있는 것 같지만, 그래도 레시피에서 "압축 효모 하나"-를 넣으라고 할 때, 어머니께서 효모를 어떻게 만드는지 그리고 얼마를 사용해야 하 는지 가르쳐주시면 좋겠다.

이제 아주 졸립다. 그래서 이 편지를 그대로 두었다가 시간이 있을 때 마무리하겠다. 하루나 이틀 새 우편이 오기를 바라는데, 마지막 우편을 받은 것이 두 주 전이었다. 매일 배달되는 우편이 없는 생활에 그렇게 빨리 적응되는 것이 좋다.

토요일 아침

오늘 우편이 왔다. 유진에게 편지가 세 통, 나한테는 버지니아 루카 스에게서 한 통, 3월호 『미셔너리』와 『리뷰』가 왔고 너희들에게서는 아무 것도 오지 않았다. 너희에게 잊어먹고 말하지 않은 것 한 가지가 있는데, 우편이 타코마를 통해서도 온다는 것이다. 그러니 아무 때나 원할 때 편지를 보내면 샌프란시스코와 타코마 두 배 가운데 하나에 연결된다. 오늘 것은 타코마를 통해서 왔다. 일주일 내에 도착하는 우편이 또 있는 것이 기쁘다. 거기엔 너희들에게서 오는 소식이 있을 것이므로.

요즘은 온종일 계속 바빴다. 그래서 밤에 편지도 못 쓰고 저녁 식사 후에 곧장 잠자리로 들어가야 했다. 드루 의사의 말이 여기서는 고향에서보다 잠을 많이 자야 한다고 한다. 그러니 너희가 할 수 있다면 내가 몇 시간이나 자고 싶어 할지 짐작해 보아라. 우리는 7시에 아침 식사를 하지만 나는 6시 반에야 일어난다. 하인들이 나 없이도 모든 일을 알아서 처리하기 때문에, 나는 일어나서 "보이"가 버터와 우유를 내놓을 수 있게 음식 저장실 문을 열어 놓기만 하면 된다. "쿡상 Cooksan"의 비스킷 만드는 솜씨가 나날이 좋아지고 있고, 그가 만드는 말랑말랑한 빵도 맛있다. 어제 그가 레이놀즈 부인의 레시피대로 생강 과자를 만들었는데 아주 맛있었다. 지금까지 내가 그로 하여금 시도해 보게 한 모든 것을 다 잘 해냈다.

내가 저녁 식사 후에는 부엌 난로에 난방을 피우지 않기 때문에 조리사는 여기 식당에 있는 난로로 차나 코코아 물을 끓이고, 계란 반숙과 토스트를 만든다. 아직은 날씨가 충분히 선선해서 아침이나 저녁에는 식당에 불이 필요하다. 저녁 식사 때 차를 마실 때는 내가 직접 테이블에서 차를 만든다. 일본에 있을 때 예쁘장한 찻주전자를 하나 마련했는데, 그것을 꺼내 놓으면 조리사가 화강암 무늬의 찻주전자에 찻물을 담아 오고, 내가 그 물을 다시 내 도자기 주전자에 붓는다. 나는 나의 차 탁자를 사용하고 싶지만, 아직 충분히 준비가 되지 않았다. 이렇게 하면 하인들이 차를 꺼내 가려는 유혹이 차단된다. 당밀을 우리 집 근처에 새로 생긴 일본인 상점에서 샀는데, 거기엔 마카로니, 치즈, 정어리와 연어 등등도 있고, 주인이 영어를 괜찮게 한다. 많은 수의 중국인과 일본인이 이곳으로 밀려온다. 중국이나 일본에서처럼 다양한 상품들이 머지않아 이곳에도 들어올 것을 기대할 수 있다.

오늘은 내가 아주 기분이 좋았다. "보이"가 집으로 아침 먹으러 갔다가 오면서 새 옷으로 깨끗이 갈아입고 나타났기 때문이다. 그가 입고 있었던 옷이 아주 불결했었기 때문에 식탁 준비 하는 일에 대해서 어떻게 해야 할지 고민이 많았었는데, 그가 그렇게 나타났을 때 내가 얼마나 기뻤는지 상상할 수 있을 것이다. 식당에는 돗자리를 깔지 않았는데, 페인트칠이 되어 있어서 양탄자만으로도 보기가 좋았고, 그래서 돗자리를 아끼기로 했다. 물론 자주 바닥을 닦아야 한다. 내일 주일예배를 위해서 오늘 바닥 청소를 하게 할 생각이었지만, 그의 깨끗한 흰 옷을 더럽히게 될까 봐 차마 말을 못 하고 있었는데 – 그가 알아서 청소를 했고 옷도 깨끗이 유지했다.

이들은 모두 하얀 옷을 입는다. 그리고 빨래를 할 때마다 옷을 부분부분 떼어내는데, 옷의 부분들을 주로 풀로 붙이기 때문에, 들리는 것처럼 그리 큰일은 아니다. 남자들은 아주 널찍한 바지를 입고, 여자들도 그런 바지를 입지만 그 위에 치마도 입는다. 여자 아이와 남자 아이를 구분할 수 있는 유일한 차이는 허리의 길이인데 남자 아이의 겉옷은 길이가 여자 아이의 그것보다 길다. 여자 아이가 열 살이 되면 얼굴 가리개를 하는데, 혼인 적령기가 되었기 때문이다!

아이들은 길거리에서 외국인을 보면 "부인pwyn" "부인pwyn"(숙녀 lady) 아니면, "대인tyne"(남자man) "대인tyne"이라고 부르면서 우리가 지칠 때까지 소리치는데, 며칠 전에는 그 말 대신 "굿바이goodbye"라고 말한 아이들이 있어서 매우 기뻤다. 외국인 두 사람이 길에서 만났다가 헤어질 때 그렇게 말하는 것을 자주 들었기 때문에 그 말을 배운 것이다. "컴 히어come here"는 "개"라는 뜻의 외국말로 생각하는 것 같은데, 외국인들이 길에서 자기들 개를 향해서 그렇게 말하는 것을 많이 들었기 때문이다.

아, 그 더럽고 불쌍한 아이들! 한국 여인들은 자기 아이를 씻기는 법이 전혀 없다. 아이들의 머리가 씻겨(?)[60] 있는 법이 없다. 그 결과로 아이들의 반은 흉한 피부병에 걸려있고, 그 아이들이 걸친 얼마 안 되는 옷가지는 – 누더기나 다름없다. 불쌍한 생명들, 사는 게 고통일 것이지만, 그런 삶 외에는 다른 삶은 알지 못한다.

남자들은 항상 머리를 자르지 않고 결혼할 때까지는 등 뒤로 땋아 내리는데, 머리칼이 부족할 때는 "말털"로 보완한다. 또 머리를 검고 윤기 있게 보이게 하기 위해 기름을 많이 바른다. 그래서 사내아이의 옷 뒷면은 늘 매우 더럽다. 우리 집 하인들은 머리를 위로 틀어 올렸기 때문에 그 면에서는 좀 더 깨끗하다. 『수도에서 본 한국』 책을 보면 결혼한 남자들이 머리를 어떻게 간수하는지 볼 수 있을 것이다. 그들은 머리에 대한 허영심이 강해서, 머리를 단정하게 유지하기 위해 늘 작은 빗과 거울을 가지고 다닌다. (일요일 아침인) 지금, 방금 부엌에 들어갔었는데 조리사가 "망건mangow"(머리 띠)[61]을 벗은 채 집에 가기 전에 머리를 손질하고 있었다. 일요일엔 하인 둘 다 아침에 와서 아침 식사 준비와 청소를 한 다음 한 사람은 집으로 가서 월요일 아침에 다시 오도록 하는데, "보이"도 조리를 할 수 있기 때문이다. "선건이"가 지난 일요일 쉬었고, 오늘은 조리사가 일찍 집으로 갈

---

60 원문에 "wet(?)"이라고 되어 있다.

61 원문에 "mangow"(head band)로 되어 있다. 망건을 지칭하는 것이 확실하므로 그렇게 변역하고 영어 스펠링은 그대로 둔다. 뒤에서는 "mangon"으로 적고 있다.

차례이다. 로스트한 소고기 식은 것과 새로 만든 빵이 있고, 어제 만들어 놓은 스프가 남아 있어서 그걸 데우고, 디저트로는 생강과자와 통조림 복숭아가 있으니, 음식 준비할 일이 별로 많지 않았다.

나는 가끔, 내 앞에서 휘적대며 걸어가는 하얀 옷에 크고 까만 모자를 쓴 한국 남자의 뒤를 쫓아서 좁고 구불거리는 길을 걸을 때나, 털복숭이 wool-y"(?) 한국 개들이 우리 외국인으로부터 할 수 있는 만큼 될수록 빨리 도망치는 것을 볼 때면, "키 작은 여자 노인 little old woman"처럼, "이것이 내가 원하는 나의 모습인가" 하고 놀랄 때가 있는데, 그러면서 여기가 나의 집이구나, 여기 있는 것이 하나도 두렵지 않다, 고향집에 있는 것처럼 편안하고 행복할 수 있을 만큼 행복하다고 깨닫게 된다.

지난 금요일에 오후를 거기서 보내려 전킨 부인 집으로 가는 길에서 그런 느낌을 강하게 체험했다. 정말 아름다운 오후였는데, "서소문"을 지나가면서 눈앞에 멀리까지 시골 풍경이 펼쳐지고, 보리밭 푸른 잎들이 돋아나오고, 활짝 개화한 과일나무들과 새로 순이 돋는 버드나무, 그리고 멀리 언덕 위 양반[62] 집 뜰이 노란 꽃과 분홍빛 철쭉으로 가득한 것이 너무 아름다워서, 그 마을의 초가지붕과 흙벽과 우리가 걸어서 들어가야 할 지저분한 길을 내려다보게 될 때까지, 내가 정말 한국에 있는 것이 믿기지 않았다. 고향에서보다 여기 봄이 늦은 것 같은데, 이젠 제법 봄처럼 느껴진다. 곧 불 지피는 것도 필요하지 않게 되리라 생각된다.

내가 가져온 바이올렛 씨를 심고, 함께 딸려온 다른 꽃씨들도 심었

---

62 원문은 "yangban's"(gentleman's)로 되어 있다.

고, 전킨 부인이 국화도 주어서 몇 가지 꽃을 올해 보게 될 것이다. 한국에 아주 예쁜 장미와 백합이 있다. 때가 되면 그것들도 심고 싶다. 맥알파인 부인이 준 바이올렛도 잘 자란다. 식당 앞 현관에 인동덩굴이, 침실 앞 현관에 등나무가 있고, 언더우드 씨네 뜰엔 복숭아꽃과 배꽃이 아름답게 피었다. 이 모든 것이 우리를 고향에 있는 것처럼 편안하게 느끼게 해준다.

금요일엔 처음으로 한국인 손님을 맞았다. 여자 셋이 그들 말로 "구경kugung" - "sightseeing"을 왔다. 한국 여자들이 그런 식으로 자주 우리 선교사들의 집에 온다. 그러면 선교사 부인들은 그들과 친구가 되기 위해 친절하게 대해 준다. 물론 그들이 하는 말을 많은 부분 알아들을 수 없었고 대화를 하려고 시도하지는 않았지만, 그들이 이곳저곳 돌아다니면서 보고 싶은 것을 마음대로 볼 수 있도록 해주었다. 그런 내내 나는 "예리한 눈"으로 그들을 관찰했는데, 그들은 종종 어느 것이나 갖고 싶은 작은 물건들, 특히 가위를 집어 가기 때문이다. 그들이 내 재봉틀과 화장대 위의 거울에 매우 감탄했다. 나는 "아마 ahmah"(여자)[63] 한 사람을 집에 오게 해서 식탁용 냅킨의 가장자리를 감치게 하려고 생각 중이다. [이들은] 감침질을 아주 예쁘게 잘 하는데 하루에 400푼[64], 미국 돈으로 은화 16센트, 금화로는 8센트

---

63 원문에 ahmah. 앞으로도 이 말이 많이 쓰인다. 로티가 1895년 10월 14일 동생 플로렌스에게 쓴 편지에 이 말에 대한 설명이 나온다. 로티의 설명으로는 ahmah는 인도에서 온 말로 일본, 중국, 한국에서 공히 쓰이는데 여자 하인을 일반적으로 뜻한다고 한다. 소리대로 "아마"로 번역한다.

64 원문에 400 cash.
푼: 옛날 한국 화폐단위이다. 10푼=1전, 10전=1냥, 10냥=1관이었다. 다섯 냥이면 쌀 한 섬을 구입하는 큰 돈이었다. 2022년 3월을 기준으로 1냥이 약 7만원 정도였

밖에 받지 않는다. 그렇게 하면서 몇몇 여자들과 친해질 수 있을 것이
다. 물론 일하느라 우리 집에 온종일 같이 있으면서 바느질에 관한
말들도 배우도록 노력할 터인데, 그러나 내가 손바느질로 냅킨을 만
들 시간이 언제 생길지 모르겠다.

전쟁 이후로 한국에서 중국 "현금"[65] 대신 일본 화폐가 쓰이게 된
게 너무 고맙다. 20불을 현금으로 바꾸면 조랑말 한 짐이 되는데,
내 힘으로 1불만큼의 양도 들 수 없고, 세는 것도 여간 노력이 들어가
는 것이 아니라고 내가 말한다면 너희도 쉽게 이해할 수 있을 것이다.
계란 한 줄에 250푼을, 스테이크 1파운드에 300푼을 주어야 한다고
생각해 봐라! 선교사들이 트렁크처럼 큰 상자에 돈을 보관해 두었어
야 했다. 이제는 1000푼을 은화 40센트로, 100푼을 4센트로 계산한
다. 계란 한 줄에 10센트를 주면 되니 훨씬 쉬워졌다. 그 현금이라는
걸 아직 사 본 적이 없는데, 그렇게 할 필요가 생기지 않을 것으로
생각된다.

여기서 계란을 어떻게 파는지 내가 이야기했었나? 열 개를 끝에서
끝까지 볏짚으로 엮으면 1야드 - 20인치가 된다. 그래서 계란을 꼭
10개 단위로 사야 한다. 일본인 고기 장수가 일주일에 두 번 양질의
소고기를 배달해 주고, 중국인 야채 장수도 온다. 그러니, 살림하기
가 수월하다. 잠시 뒤에는 아이스크림 장수도 올 것이다. 이렇게 잘
지내고 있어서 이따금 우리가 집에서 아주 멀리 떨어져 있다는 것을
깨닫기 어려울 때가 있다.

고 서울의 사대문안의 기와집 한 채가 150냥 정도였다고 한다. (나무위키)
65 원문에 Chinese "cash".

너희들이 여기에 우리를 보러 올 수 있다면 얼마나 좋을까. 너희들이 좋아할 것이다. 폴린, 네가 지금쯤은 다 나았기를 바라고, 메이블이 괜히 따라한다고 자기도 아파지지 않았기를 바란다. 메이블이 뜨던 꽃병 받침을 다 끝냈는지? 이 편지를 다 읽은 후에 마샬[66]에게 보내주면 좋겠다. 마샬이 다 읽은 후엔 너희에게 다시 돌려 달라고 해라. 플로렌스에게도 메모를 보내겠다.

　사랑하는 너희 언니에게 곧 답장해주기 바란다.

　언니

---

[66] 유진 벨의 여동생.

1895년 4월 28일, 일요일 오전, 10시 15분
한국, 서울

사랑하는 플로렌스

내가 너희들에게 쓴 편지를 마샬한테 보내주면, 마샬이 우리의 지금 살고 있는 집에 대해서 유진이 쓴 편지를 너희들에게 보내주도록 하기를 유진이 원해서, 너에게는 지난 편지에 대한 답장으로 간단하게 쓰겠다. 어제 편지를 못 받은 것이 섭섭했는데, 폴린이 이젠 다 나았기를 바란다. 신문 스크랩을 보내줘서 고맙다. 『커리어』에서 종종 그렇게 스크랩을 보내주면 좋겠다. 그러면 너도 거기에 대해 직접 쓰는 시간을 아낄 수 있겠고, 내가 고향에서 어떤 일들이 일어나는지 좀 더 자세하게 이해하는 데 도움이 된다. 신문 자체를 읽는 것보다 스크랩을 읽는 것이 내게 편하다. 『옵저버』를 아직 받지 못했다 – 그런데, 혹 아버지께서 신문사에다 주소변경이 되었는지 알아보실 생각을 하시는지?

드와이트가 있을 곳이 생겨서 정말 기쁘다. 곧 뭔가 더 좋은 것으로 발전되기를 바란다. 나는 그 애가 의학을 공부하고 이곳으로 왔으면 하고 바란다 – 그 아이처럼 기계를 잘 다루는 사람이 여기서는 많이 필요하고, 그가 의학에 대한 흥미도 있는 것으로 안다. 드와이트에게 진정 그가 원하는 바를 추구하라고, 그리고 자기 일에 숙련되면 될수록 사람들의 존경을 더 받을 것이라고 말해 주어라. "아이벨" 씨[67]가

---

67 원문에 Mr. "Ibel". 남편 유진을 로티의 동생들이 부르는 별명이리라 짐작된다.

아마도 다음 겨울엔 그가 아끼는 단풍 당밀과 메밀을 자주 맛있게 즐길 수 있을 것으로 생각된다. 한국의 메밀이 질이 좋다 – 어머니의 레시피를 꼭 보내다오. 증기선에서는 메밀이 메뉴에 없었다. 그러니, 그가 빠지지 않고 식탁에 앉았던 이유를 다른데서 찾아야겠지.

이번 주는 매일 아주 바빴으면서도 해놓은 것은 거의 없는 것처럼 느껴지는데, 그래도 하루 오후 내내 걸려서 내 푸른 비단 블라우스 허리를 줄여서 입기 편하게 만들었고, 다른 날 오후는 손님 접대하는 데, 하루는 미스 테이트 방문하는 데, 또 하루는 전킨 부인네 방문하는 데 쓰고, 그리고 어제는 소파 덮개를 만들었다. 조이스 부인이 만든 것처럼 주름을 넣어서 만들었는데 아주 예쁘다. 지금 나는 내 겨울 모자를 아직 쓰고 있는데, 깃털이 예쁘게 말려 있다. 오늘은 푸른색 코트와 스커트를 입을 생각이지만, 다음 일요일에는 내 푸른 비단 드레스를 작은 푸른색 모자와 함께 입을까 생각하고 있다. 내 셔츠 웨이스트 드레스들을 이번 주에 일본인 세탁업자에게 맡기려고 하는데, 아마 앞으로도 계속 그렇게 할 것 같다 – 어느 종류건 옷 하나당 4센트씩으로 저렴하다.

우리 침대의 측면 부품이 제물포에서 어제 도착했다. 드루 의사와 전킨 씨가 뮤젤(?)[68]을 재촉한 결과일 것이다. 그들이 유진이 정원일을 하는 데 필요한 삽, 호미, 갈퀴도 보냈다. 그 두 사람은 우리가 서울로 올 때 타고 온 것과 같은 종류의 삼판을 타고 – 2주 걸려서 – 선교 여행을 떠났는데, 그 곳은 테이트 씨와 레이놀즈 씨가 있고 우리 선교회 소유의 집이 있는 전주에서 50마일 떨어진 항구인 전조

---

68 원문에 Muesel(?)로 되어 있다. 누구를 지칭하는지 확실치 않다.

Chunjo로 갔다. 그런 식으로 여행하는 것이 절대 안전하기를 바라지만, 내 생각엔 두 주 동안을 그 조그만 배를 타고 항해한다는 것이 적잖은 모험인 것 같다.

드루 부인은 자기 집에서 혼자 있고, 레이놀즈 부인은 전킨 부인과 같이 있고, 미스 테이트도 자기 집에 혼자 있다. 그들이 절대 안전하리라고 생각하지만 나라면 많이 불안해할 것이다. 가을에 유진이 남쪽으로 여행할 때엔 나는 누구를 불러서 같이 지낼 것이다. 미스 제이콥슨이 와줄 거라고 믿는다. 그와 같이 있으면 좋을 것이다. 선교회에서는 전주 외에도 전조Chunjo에도 선교지부를 세우기를 바라는데, 그러면 항구에서 물품들을 내륙으로 공급할 수 있을 것이다. 머지않아서 우리들 모두 남쪽으로 가서 정착하게 되기를 바라지만, 아마 유진과 나는 앞으로 일 년 이상은 서울에 있게 될 것이다.

의사 한 명이 더 절실히 필요하다. 스키너 의사나 더글러스 의사가 가을에 와 준다면 얼마나 좋을까. 너희들도 이곳에 왔으면 하고 바래본다. 모든 면에서 내가 생각했던 것보다 훨씬 용이하다. 그런 것을 알면 더 많은 사람들이 올 것이라고 믿는다. 그리고 우리가 감당할 수 있는 것보다 빠르게 선교 사역의 기회가 열리고 있는 것 같다.

한국말은 참 어렵지만, 내가 생각했던 것보다는 쉽다. 어느 때는 내가 곧잘 해가고 있는 것처럼 느껴진다. 나의 선생님도 좋다. 내가 그에게서 어떤 것을 배우고 싶어 하는지 알아가고 있다고 생각한다.

어느 것이든 내가 특별히 너에게 이야기해 주었으면 하는 것이 있으면 말해라. 네가 알고 싶은 것들을 빼먹고 싶지 않다. 유진은 내가 계속해서 살이 오른다고 한다. 확실히 내가 입맛이 좋다.

내가 너에게 고맙다고 한 사진액자가 전킨 부인의 것이었음을 알게 됐다.

우리의 모든 친구들에게 나의 사랑을 전해 주고, 너희들에게도 많은 사랑을 보낸다.

사랑하는
로티

추신. 사진이 배달되었다고 말했나? 사진들이 너무 좋아.

1895년 5월 5일, 일요일 저녁, 8시 30분
한국, 서울, 정동

사랑하는 에바에게

네 편지, 아버지의 카드, 또 너와 아버지의 편지를 공사관에서 보내온 것은 금요일 아침이었다. 내가 깨어났을 때 몸이 별로 좋지 않은 편이었고, 그래서 드루 부인이 빌려 준 『뉴욕 타임즈』 최신 호와 스키너 의사가 준 약을 친구 삼아서 소파에 앉아서 하루를 보낼 마음을 먹고 열 시쯤 막 실내복을 걸치고 났을 때였다. 우리 둘 다 얼마나 기뻐했는지 이루 말로 할 수 없다. 우리가 편지를 읽는 동안 유진의 선생님 "이 서방 Yi sa pang"을 그의 의자에 앉아서 한동안 눈을 부치도록 허락했다. 우리가 그 편지들 읽기를 막 끝냈을 바로 그때 드루 부인 집의 보이가 우편물 한 묶음을 또 가져왔다. 4월호 『하퍼』, 『리터러리 다이제스트』 2부, 『어린이 미셔너리』, 『옵저버』, 어윈 스콧(거트리)의 편지 하나와 "조니 밴"의 편지 하나 – 그래서 다시 행복의 시간을 누렸다.

너도 언젠가 집에서부터 이렇게 멀리 떨어져 살게 된다면 우리가 편지를 받고 이렇게 기뻐하는 이유를 조금이라도 이해하게 될 것이다. 우편국이 우리 집에서 2마일 정도 떨어진 일본인 지역에 있는데, 우리 집에서는 깃대가 안 보이지만 드루나 레이놀즈 집에서는 보이기 때문에 우편이 왔다는 깃발이 올라간 것이 보이면 사람을 보내서 우리 선교사들에게 오는 모든 우편물을 가져오게 한다. 공사관 전교로 보내진 우편은 공사관이 자기네 하인을 시켜서 우편국으로 보내야 하는데, 전쟁 중에는 그렇게 해야 했었지만 이제는 그런 번거로움이 필요 없게 되었다. 편지는 그냥 직접 우리에게 보내면 된다.

폴린이 병이 재발했다가 이젠 완쾌되었다는 소식을 들어 아주 기쁘다. 3월 28일 자 네 편지를 읽고 이젠 마음이 완전히 편해 졌다. 아이들이 생일을 아주 즐겁게 보냈구나.[69] 그리고 폴린이 그 꽃들을 얼마나 즐겁게 누릴지 상상이 된다. 지난 일요일 그 아이들에게 길게 편지를 썼다. 너희들 중 누구도 요즘은 "아이"[70]나 버논에 대해서 언급하지 않는데, 그 아이들이 다 건강하고 학교 다니느라 바쁘기 때문이리라 생각한다.

벌써 오월이니, 우리가 집을 떠나온 지가 벌써 석 달도 더 되었다는 것이 믿기지 않는다. 봄이 올해는 늦는다고 사람들이 말하는데, 오늘도 불을 조금 피웠고 가벼운 실내용 겉옷을 두르고 있어야 했다. 하지만 우리 집 뜰의 잔디는 아름답게 나왔고, 나무들과 m___(?) 관목[71], 덩굴나무들도 그러한데 어떤 것들은 내게 새로운 것들이다. 오늘은 뒤뜰에 자주색 백합이 무더기로 꽤 많이 피어있는 것을 발견했다. (전킨 부인이 준) 국화도 잘 자란다. 수요일인가 목요일에 빈톤 부인이 보라색 라일락과 분홍 진달래꽃을 한 다발 보내주었는데 보기에 아주 좋다. 라일락이 여기선 야생으로 자라고, 은방울꽃과 진달래, 철쭉도 야생으로 자란다.

크릿 매리옷Marriott이 결혼했다는 소식을 듣고 많이 놀랐다. 둘이

---

69 쌍둥이인 폴린과 메이블의 생일을 말하는 것으로 생각된다.

70 원문에 "the kid"이라고 했다. 누구를 지칭하는지 확실치 않다.

71 원문은 "m_____(?) bushes".

알고 지낸 지가 그리 오래되지 않았을 텐데 말이다. 그리고 월터 캐슬만이 누구와 약혼했는지 알고 싶다 - 그런 것들을 기억해서 내게 말해 주기 바란다. 미스 쥬디스가 죽었다는 소식에 크게 충격을 받았다 - 그가 죽음과 무덤에 대해서 항상 크게 두려워했는데 임종 때는 어떠했는지 모르겠다. 조이스 댁은 왜 그렇게 어려움이 끊이지 않는 것인지, 그렇지 않니? 지니가 그렇게 자주 아프고, 멀리 떨어져 있고, 이사도 그렇게 자주 해야 하니 조이스 부인이 너무 힘들 것을 내가 익히 알겠다. 스키너 의사의 사정이 정말 안 됐다. 허나 그것이 주님이 그를 선교 현장으로 보내시는 방법일지도 모르겠다. 아내가 동행할 수만 있다면 그도 우리와 같이 왔을 것이라고 그가 내게 말했었다. 아내가 회복되었다거나 죽었다는 소식을 듣게 되는대로 우리가 그에게 편지를 쓰겠다. 네가 템텔(?) 의사에 대해서는 아무 말도 안 한 것으로 미루어 그가 그냥 그대로 머물러 있는 것으로 생각하겠다. 위더스푼 부인과 에드 홈 부인, 그리고 해나스, 클래라, 로버트, 등등에게 편지를 쓸 시간이 생기기를 바라는데, 지금까지는 겨우 너희들에게 편지를 쓰는 것이 전부이다. 낮에는 늘 할 일이 너무 많고, 밤이 되면 너무 졸리워진다.

살림하는 일에 내가 실제로 쓰는 시간은 거의 없다. 내가 조금만 지시하면 하인들이 모든 일을 해낸다. 그러나 아침에 하인들에게 지시를 내리고, 시간을 내어 성경을 읽고 나면 선생님이 온다. 그런 다음엔 곧 식사시간이다. 오후엔 바느질이나 집 안에 여기저기 손볼 곳들을 손보거나, 손님들이 찾아온다. 그리곤 산책을 하고 저녁 식사를 하고 나면 하루가 다 간다. 우리를 찾아올 사람들은 이제 다 찾아온 것 같다. 우리가 답방을 서두르지 않을 생각이니, 앞으론 시간이 좀 생길 것이다.

볼링 레이놀즈가 이번 주에도 매우 아팠는데, 이제는 좀 나아졌다. 레이놀즈 씨가 열흘 안으로 꼭 돌아와 주었으면 좋겠다. 레이놀즈 부인이 병간호로 잠도 제대로 못 자고 걱정하느라 아주 지쳐 있기 때문이다. 그래도 그가 전킨 부인 집에 가 있어서 다행이다. 집에 남편이 없을 때 바랄 수 있는 바로는 가장 잘 지내고 있는 편이다. 목요일에는 볼링이 너무 아파서 레이놀즈 씨에게 전보를 보내기를 원했다. 전보 치는 일을 부탁하기 위해 벨 씨를 불러 오기를 원했다.

이틀 동안 계속 비가 왔었고, 그때도 비가 좀 내리고 있었지만, 우리는 비옷을 입고 고무장화를 신고 출발했다. 나는 운동이 필요했었기에 그 외출이 오히려 즐거웠는데, 발목까지 빠지는 진흙탕이었고 그냥 고무 신발이었다면 신발이 발에 붙어있지 않았을 것이다. 장화를 마련해 둔 것이 너무 기쁘다. 여자들 대부분이 그런 장화를 갖고 있다. 전킨 부인 집에 도착해서는 그 집 문지기가 물을 가져와서 장화를 깨끗이 한 다음에 안으로 들어갈 수 있었다. 그때에는 아기가 많이 좋아져 있었고, 에비슨 의사가 설혹 전보망이 가동되고 있더라도 레이놀즈 씨가 장거리를(200마일) 오는 데 일주일 이상 걸릴 것이고, 오는 내내 걱정으로 애를 태울 것이니, 전보를 보내지 말자고 말해 놓은 상태였다. 서울과 부산을 연결하는 통신선이 어떤 때는 작동을 잘 하다가 다시 안 하기도 하고, 아니면 한국인들이 선을 끊어 버리는데 – 보통은 후자이다. 그들은 그것이 무얼 하는 것인지 모르기 때문이다.

월요일 저녁, 7시 30분

오늘 마침내 내 실내용 겉옷이 도착해서 너무 기뻤다. 스미스 상점에서 전킨 부인에게 보내는 화물에 같이 왔다. 그걸 아주 잃어버렸나 걱정하기 시작하던 참이었다. 지금 그걸 입고 있는데 너무 좋다 - 너는 그것의 완성품을 보았는지?

어제 저녁 우리는 여기서 첫 번째로 음식을 함께 나눈 손님을 맞았는데 아주 즐거웠다. 미스 제이콥슨이었는데, 그가 오후 늦게 우리를 보러 걸어서 왔고, 저녁 후 차를 나눈 후에 유진과 함께 선교부 회의에 갔다. 나는 몸이 좀 안 좋아서 회의에 가지 않고 한 시간 반가량을 집에 혼자 있었는데 전혀 무섭지 않았다. 평소에 내가 가진 것 중에서 예쁜 것들을 사용하는 것이 내 습관이라, 접시 하나만 더 놓고, 손님 한 사람분만 음식을 조금 더[72] 만들면 되었다. 만일 두 사람이 왔으면 충분히 돌아갈 음식이 빵과 버터 말고는 없었을 것이다. 왜냐면 나는 평소에 음식을 우리 두 사람이 먹을 만큼만 준비를 하기 때문이다. 하인들은 우리의 음식은 아무 것도 먹지 않는 것이 원칙이다. 일요일 저녁으로 나는, 통조림 하나로 세 번을 해 먹고 남은 연어로 연어 샐러드를 만들 생각이었다. 또 그날 저녁에 먹도록 감자 샐러드를 만들어 놓았었다. 그래서 조리사에게 샐러드에 드레싱을 첨가하게 해서 둘 다 내왔는데 훌륭했다.

나는 어머니가 만드는 것처럼 드레싱을 만들어서, 자주 티에 곁들이는 샐러드용으로 식은 삶은 감자에 쳐서 먹는데, 유진이 그것을

---

72 원문에는 more_____(?)로 되어 있다. 내용의 흐름으로 보아 음식을 조금 더 준비한다는 뜻으로 해석한다.

아주 좋아한다. 중국인 야채행상이 오늘 양파와 완두콩을 팔러 와서 각각 조금씩 샀다. 양파는 한국종인데 우리 것보다 많이 작다. 완두콩은 파운드당 14센트에 팔았다. 반 파운드를 샀는데 우리 둘 저녁 식사에 충분했다. 내가 살림을 경제적으로 하는 방법을 배워가는 중이라고 생각하는데, 음식 남는 것을 모두 버리지 않고 다시 사용한다. 조리사가 이틀에 한 번 빵을 만드는데, 잘 만든다. 토요일엔 그가 티 케이크를 맛있게 만들었다. 레이놀즈 부인의 레시피대로 재료를 내어주었더니 그가 혼자서 만들었다. 또 일요일 만찬을 위해 블라망주를 만들고 싶어서 식사 후 재료를 다 준비해 가지고 조리사에게 어떻게 만드는지 보여주려고 부엌으로 갔는데, 그는 이미 만드는 법을 알고 있었고, 결과가 더 이상 바랄 수 없게 훌륭했다. 지금 나의 주된 문젯거리는 레시피에서 "효모 케이크 하나"라고 할 때 효모를 얼마만큼 써야 하는지 알아내는 것이다.

어제 유니온 교회에서 성찬식이 있었는데, 유진이 설교하고 모펫 씨의 도움을 받아서 성찬식을 주재하였다. 유니온 교회는 이곳에 있는 각 교단의 선교사들이 모두 함께 모이는 교회이다. 감리교 측과 장로교 측이 돌아가면서 성찬식을 주재했는데, 침례교 선교사가 하나 추가되었다. 그가 성찬식을 어떤 식으로 할지 궁금하다. 주일 저녁의 회의는 다음 1년 유니온 교회의 임원을 선출하는 회의였는데, 담임목사, 서기, 회계, 그리고 주일학교장을 선출했다. 담임목사는 매 주일 오후의 예배 때 설교할 사람을 지정하고 기도회를 인도한다. 주일학교장은 주일 아침에 여섯에서 여덟 명의 선교사의 자녀들을 자기 집으로 오게 해서 가르치는데, 그들이 나를 선출했다. 그렇게 흥미가 가는 일은 아니지만, 지금 내가 할 수 있는 일은 그것밖에 없어서 수락했다. 다음 주일 10시에 아이들이 온다. 언더우드 씨의 사촌인 레드패스가 노래하는 것을 도와준다. 아이들의 나이는 14살부터 밑으로 다 제각각인데, 어떻게 해서든 해낼 것으로 생각한다. 좀 하다가 아이들을 10시보다 일찍 오게 할 생각인데, 내가 11시에 시작하는 한국어 예배에 갈 수 있기 위해서이다.

오늘은 온갖 종류의 일로 일상이 중단된 긴 하루였고, 아침에 선생님을 보낼 때는 내가 뭘 새로운 걸 배운 게 있나 의심스러웠다. 자주 그런 식인데, 그래도 어떤 날은 그가 수업을 마치고 떠날 때 아주 배운 게 많은 것처럼 느낄 때가 있다. 오늘은 피곤했다. 토요일에 몸이 쑤셨는데, 어제 오후엔 걸어서 교회에 갔었다.

오늘, 쉬느라고 누워서 『중국인의 특성Chinese Characteristics』이란 책을 다 읽었다. 세미너리 도서관에 그 책이 있다면 꼭 찾아서 읽어라.

내가 고향에서 살고 싶어서 집에 가고 싶은 적은 없지만, 너희들을 보기 위해 지금 들를 수 있다면 하고 소원한다. 플로렌스의 새 드레스도 보고, 또 너희들이 어찌 지내는가 보고, 내가 경험한 것들과 우리가 어떻게 사는지도 말해 주고 싶다. 우리 집 식당이 이젠 정말 예쁘다. 내가 손수 커튼과 소파 커버를 만들었고 책장도 정리되었다. 아버지께서 여름에 하실 여행을 즐기실 것으로 알고 있다. 아버지께서 여행을 하시게 되어서 매우 기쁘다. 네가 애니와 즐거운 시간을 보냈을 것으로 안다. 네가 누구를 만나는지 내게 알려주렴.

최고의 사랑을 모두에게 보내며
사랑하는
로티

1895년 5월 17일, 금요일 저녁
한국, 서울

어머니께

수요일에 받은 4월 4일 자 플로렌스의 편지에 어머니께서 류머티즘으로 심하게 고생하신다고 이야기했습니다. 너무 오래 가지 않았었기를 바라고, 폴린도 빨리 낫고 어머니께서도 곧 평소처럼 건강하시기를 바랍니다.

유진이 플로렌스에게 하는 편지에 저희가 그의 편지를 받고 얼마나 기뻤는지 모른다고 썼습니다. 그런데 플로렌스의 편지를 읽고 있는데 저의 선생님이 손을 내뻗더니 제 옷깃에서 이 한 마리를 집어냈습니다. 그것 때문에 그 기쁜 마음이 많이 상했습니다. 이가 선생님에게서, 아니면 지난 주일 한국어 예배에 갔을 때 옮았을 것으로 생각됩니다. 나중에 제 옷 중 몇 벌에 서캐가 앉은 것을 발견했습니다. 그래서 그 옷들을 다 삶고 저 자신도 거의 삶듯이 뜨거운 물로 목욕했지만, 아직도 몸 전체에 이가 스멀거리는 느낌입니다. 이런 일에 익숙해져야 하겠지요. 제가, "벌레가 있든 없든" 이 사람들과 함께 생활해야 하니까요. 어머니라면 어떻게 이를 없애실는지요?

이번 주에는 이것저것 음식을 만드는 데 재미가 들렸습니다. 저는 늘 언젠가는 제가 음식 만들기에 일가견이 생길 것이라 생각해왔습니다. 지난 토요일엔 어머니의 레시피대로 조리사에게 겉crust을 만들도록 해서 당밀 커스터드를 만들었는데 아주 잘 되었습니다. 그제는 계란 커스터드를 만들었는데 어머니께서 만드신 것만큼 잘 되었습니다. 제가 늘 그것을 좋아했던 것을 아시죠? 내일은 캐러멜 케이크를 다월 부인의 레시피대로, 계란을 흰자로만 8개 쓰는 대신 전체로 4개를 써서 만들어 보고 싶습니다. 유진이 캐러멜 케이크를 좋아한다고 말했습니다.

오늘 오후에 연로한 그레이트하우스 부인을 뵈러 갔는데, 그 부인이 자기는 메밀을 사용해서, 치대어 반죽하지 않고 만드는 바털빵 batter bread을 만든다고 했습니다. 곡물 가루를 샌프란시스코의 상점에서 살 수 있는데, 저희에게 익숙한 그런 것이 아니라서 하나도 사오지 않았습니다. 그 결과는 저희 둘 다 옥수수 빵을, 그게 무슨 종류건, 몹시 그리워하게 되었다는 것입니다. 메밀을 한국말로 뭐라 그러는지 알게 되는대로(우리가 가진 사전엔 없습니다.) 맹세계로 하여금 사오게 해서 머핀 같은 것을 만드는데 사용할 수 있을지 시험해 보겠습니다. 저희가 듣기로는 한국 메밀이 아주 좋다고 합니다.

또 한 가지, 소고기 외에 다른 육류를 구할 수 있기를 저희가 원해 왔습니다. 이곳의 돼지고기는 좋지 않다고 들었고, 저희가 거래하는 일본인 정육점 주인은 로스트, 스테이크, 사골, 그리고 혀만 가져다 줍니다. 며칠 전에는 간을 가져다 줄 수 있냐고 물어 보았지만 그가 안아듣지 못했습니다. 줄곧 소의 뇌를 구하고 싶었는데 그가 영어를 조금밖에 못하고 한국말은 전혀 못 해서 의사 전달을 할 수 있을 것 같지 않습니다. 어머님께서는 소의 뇌를 음식으로 사용하시는지요?

생선은 몇 번 먹었는데 만족스럽지 않았습니다. 닭고기는 지금 많이 비쌉니다. 계란은 한 다스(열 개)에 금화 12센트를 주고 사는데 아주 싸서 자주 먹습니다. 이번 주엔 맹세계로 하여금 아침 식사용으로 빵 반죽을 사용하여 롤을 만들게 했는데 아주 잘 만들었습니다.

턴오버[73]는 어떻게 만드는지요? 어머니가 가지고 계신 『힐 부인의 요리책』 같은 레시피 책을, 어머니 책에 있는 레시피들이 있는 것으로, 하나 가지고 있으면 참 좋겠습니다. 고기를 정형하는 방법도 거기 있나요? 저희가 지방으로 가면 그런 일들도 아마 저희가 직접 해야 할 것이고, 그래서 좋은 안내서가 꼭 필요합니다. 살림하는 것이 너무 순조로워서 매일 놀라고 있습니다. 지금 하인들을 계속 데리고 있을 수 있다면, 많은 시간을 공부에 쓸 수 있을 것입니다.

토요일 아침

제가 잊기 전에 여쭤어 볼 것이 있습니다. 아버지께서 가지고 계신 원예에 관한 책 중에 저희에게 보내주셔도 좋을 책이 있으실지요? 혹시 있으시면 우송료를 제가 부담하는 것으로 해서 저희에게 우편으로 보내주십시오. 또 다른 필요한 것을 부탁하게 될 때 전체를 계산해서 수표를 보내드리겠습니다.

어머니께서 만들어 주신 깔개들이 얼마나 유용하게 쓰이는지 어머니께서는 모르실 겁니다. 혹시 또 만드신다면 제가 갖도록 해주십시오. 하나는 침실 문 앞에 깔아놓았고 다른 하나는 침대 옆에다 놓았는데, 반대쪽에도 하나가 더 있으면 좋겠습니다.

메이블이 밑단을 주름잡아서 만들어 준 앞치마를 제가 늘 입고 일한다고 말해 주십시오. 그리고 원한다면 올 여름에 동생들이 각자 하나씩 주머니가 달린 것으로 만들어서 스미스 상점으로 보내면 가을

---

73 턴오버(turnovers): 속에 달콤한 과일 소스 등을 넣고 밀가루 반죽으로 쌓아서 기름에 튀긴 디저트의 일종.

에 저희가 식료품 주문할 때 같이 배달될 수 있을 것이라고 말해 주십시오. 제게 있는 두 벌이 아주 유용하고 면으로 만든 것이라 자주 빨아도 괜찮습니다.

어머니 레시피대로, 정확하게 말하면 다월 부인의 레시피겠죠, 오늘 케이크를 만들었는데 이제껏 먹어 본 여느 맛있는 케이크만큼 맛있게 되었습니다. 재료들을 꺼내 주고 맹세계가 그것들을 섞는 것을 옆에서 지켜보았습니다. 그가 굽고 저는 아이싱을 만들었습니다. 저희 스토브를 써보니 아주 훌륭하고, 조리사가 그것을 잘 다룰 줄 아는 것 같습니다. 케이크 팬 깊고 좋은 것 세 개를 샌프란시스코에서 사 가지고 왔습니다. 그 팬에 3층으로 해서 케이크를 구웠습니다. 파이 팬 4개도 사온 것이 꽤 다행입니다.

저희 부엌 바닥은 청소하기가 아주 쉬워요. 어머니 부엌도 이런 바닥이었다면 분명 좋아하셨을 것입니다. 원래는 "강"이라 부르는 바닥인데 돌 위에 시멘트처럼 진흙을 바른 다음 그 위에 기름종이를 발랐습니다. 완전하게 평평한, 진한 색깔의 단단한 바닥으로, 훔치고 청결하게 유지하기가 아주 쉽습니다. 하인들이 우리식 빗자루를 좋아하지 않아서 빗자루 가져오는 것을 잊어버린 것이 오히려 잘 되었습니다. 그들은 한국식 빗자루를 쓰는데 손잡이가 우리의 벽난로용 빗자루보다도 짧습니다. 아주 오래 가고 하나에 은화 3~4센트 정도 합니다. 스미스 상점에서 뻣뻣한 솔도 하나 사왔는데, 하인들에게 그것을 내어주지 않았습니다. 자기들이 써오던 것이 은화 4센트밖에 안 하는데 매우 일을 잘하기 때문입니다. 맹세계는 그것으로 식탁을 문질러 닦는데 쓰고, 또 팬이나 냄비 등 어느 것이나 많이 더러운 것은 그 솔을 이용해서 닦습니다. 이런 모양이고 ___ 길이는 1피트

정도입니다. 빗자루는 이렇게 생겼습니다.[74]

음식을 빻는 그릇도 잊고서 가져오지 못했습니다. 그래서 조리사에게 10센트를 주고 "나무 그릇"[75]을 사오게 할 것입니다. 이 사람들이 만드는 음식 빻는 그릇이 아주 좋습니다. 우리의 보통 것보다 더 둥근데 제 생각에 이들의 것이 더 좋습니다. 밥을 담는 데 사용하는 것으로 압니다. 물 빼는 그릇을 안 챙겨 왔고, 우습게도 빵 만드는 팬도 잊어버렸는데, 레이놀즈 부인이 여분이 있어서 하나를 제게 주었습니다. 물 빼는 그릇은 스미스 상점에 주문해서 올 때까지 없이 지내야 하겠습니다. 스튜냄비는 작은 것 하나만 가져왔는데, 여기 일본인 마을에 가면 아주 좋은 것들이 있습니다. 꼭 우리 냄비처럼 생긴 것은 아니고 일본인들이 밥을 지을 때 쓰는 것인데, 제가 가지고 온 것의 반값이면 됩니다.

저희들이 올 때 철사 망을 가져왔습니다. 그래서 어머니의 것과 같이 잠글 수 있는 금고[=세이프]를 중국인 목공으로 하여금 만들도록 하고 있습니다. 저의 마음이 많이 편안해질 것입니다. 그가 또한 저희들의 큰 상자 두 개를 장마철에 물건들을 보관할 수 있도록 구리판으로 씌울 것입니다. 스미스 상점에서는 곡물가루를 봉투에 담아서, 반 배럴을 큰 자루에 하나씩, 작은 봉투에 든 것들은 두 개씩 한 자루에 넣어서 보냅니다. 상자 하나에는 당장 사용하지 않는 오트밀, 옥수수 가루 등 곡물 가루를 보관하고, 다른 하나에는 구두와 가죽제품

---

74 원래 편지에는 그림이 있었을 것이지만 언돈학술원 데이터에는 없다.

75 원문에 "namoo kudert"이라고 따옴표 안에 음차하고 wooden dish라고 그 뜻을 적었다. kudert에 가장 가까운 한국말이 그릇 즉 dish라고 판단하고 그렇게 번역했다.

일체, 옷 등을 보관할 것입니다. 요즘 비가 제법 많이 오고 있기 때문에 되도록이면 빨리 이 일을 마무리해야 합니다.

어제 물건들을 정리하는데 어머니 냅킨이 나왔습니다. 잘 만든 물건인데 작은 물방울무늬 두 개가 있고 한 구석에 흰색으로 W 자가 수놓아 있습니다. 어떻게 제 물건에 섞여 들어왔는지 모르겠습니다.

한 가지 더 알고 싶은 것이 있습니다. 감자를 소고기와 함께 조리할 때 어떻게 하는지 알고 싶습니다. 감자를 소고기와 함께 팬에 담아서 스토브에 넣나요? 그리고 다 익을 때까지 그렇게 두나요? 맹세계가 소고기는 아주 맛있게 만드는데 감자는 한 번도 만족스럽지 못했습니다. 어머니께서 어떤 때는 양파도 함께 넣으시지요?

오늘은 아주 바빴습니다. 주일날을 위한 모든 준비를 해야 했고, 두 시간 공부를 했고, 점심 식사 후엔 결혼식에 갔습니다. 신랑은 기독교인이고 장로교에서 운영하는 남학교 출신인데 신부는 이교도였습니다. 신랑의 가족이 모두 기독교인이라 장로교 선교회의 모든 사람들이 결혼식에 초청되었고 언더우드 박사가 주례를 했습니다. 한국식 전통혼례를 신랑 가족 측이 수용할 수 있는 만큼 수용해서 이미 한 번 치른 후입니다. 그래서 이번 결혼식은 신랑의 이모 집에서 치렀습니다. 신부가 도착할 때까지 한참 기다려야 했고, 기다리는 동안 결혼 음식의 일부를 내왔는데 제가 먹을 수 있는 것은 거의 없었습니다. 저희 일행 12명이 8피트짜리 정방형 방바닥에 앉았고 음식은 1피트 높이의 앉은뱅이 상에 차려져 들어왔습니다. 놋그릇과 도자기 그릇들에 마카로니로 만든 스프[76], 캔디, 빵, 꿀과 과일로는 곶감과

---

76 이후의 다른 편지에도 이 표현과 설명이 나온다. 국수를 지칭하는 것으로 생각된다.

호두가 가득 담겨 있었습니다. 저는 젓가락밖에 가지고 있지 않아서 스프는 입에 댈 수가 없었지만, 곶감과 호두, 그리고 캔디는 조금 먹었습니다. 저희 일행 중 누구는 젓가락을 가졌고 누구는 삽 모양의 놋숟가락을 가졌습니다.

음식을 다 먹기 전에 신부가 도착했습니다. 가마에 타고 문 앞까지 와서 거기서부터는 나이 든 여자 두 명이 인도해서 들어왔습니다. 신부는 두터운 베일에 완전히 가려져 있었고, 저희들이 있던 방 옆의 작은 방으로 안내되어서 베일을 걷고 자리에 앉았습니다. 신부의 모습은 제가 이제껏 본 사람 중에 제일 무시무시했습니다. 거의 죽을 만큼 무서웠습니다. 사람으로 보이지 않을 정도로 분칠과 색칠을 했습니다. 눈꺼풀은 삼일 간은 눈을 못 뜨게 붙여져 있어야 하는 것이었는데, 그렇지 않았던 것이 분명한 것이 신부가 눈을 살짝 떴고, 그가 외국 사람들, 특히 외국 남자가 있는 것을 보고 놀라서, 그 불쌍한 여인이 도망치려고 하는 것을, 같이 있던 여자들이 붙잡아서 다시 앉혔습니다. 그리고는 얼굴에 분과 칠을 더하고는 바로 옆에 있는 여자가 머리를 제대로 가누고 있게 했습니다. 혼례가 끝난 후 돌아온 후에 종종 그 신부 생각을 했습니다. 얼굴의 분칠을 어떻게 견뎌낼지, 삼일 동안 눈과 입을 어떻게 닫고 있을지 의아해 했습니다. 신부는 겨우 15살이고 신랑은 20살입니다. 한국인들은 지금 자기네 딸들을 되도록 일찍 결혼시키려 하고 있는데, 일본인들이 그들을 데려다 자기네 신부로 삼으려 한다는 소문 때문입니다. 어제 신랑이 신부보다 30분 먼저 왔는데, 그가 여자들이 있는 곳에 오자 모두들 "이제 색시를 보니 좋은가" 하고 놀려대기 시작했습니다 – 한 번도 본 적이 없는 사람끼리 결혼한다고 생각해보십시오!

일요일 저녁

오늘은 아름다운 날이었습니다. 점심 전에 전킨 씨네로 가서 예배를 드렸습니다. 처음으로 저의 새 검은 청색 블라우스[77]를 입었습니다. 일본인 세탁부가 은화 4센트에 세탁해 준 그 옷입니다. 제가 이번 주에 만든 스커트와 양복에 받쳐 입었는데 아주 마음에 들었습니다. 예배 후 오후에는 미스 테이트와 옛 궁궐터가 건너다보이는 성벽을 따라서 산책을 했습니다. 서대문에서 성벽 위로 올라가 피곤해질 때까지 걸었습니다. 이쪽에서 성벽은 제법 높은 언덕을 따라 올라가는데, 도성 전체와 시골의 풍경이 아름답습니다. 저희는 아주 아름다운 풍경과 아주 슬픈 풍경을 동시에 보았습니다.

궁궐터 높은 담과 성벽 사이에 고향의 길거리만큼 되는 넓이의 공간이 있는데, 열병이나 전염병에 걸린 사람을 데려다가 거기서 죽도록 버려둡니다. 한 움푹한 곳에 한 사람이 거적때기 위에 누워있는 것을 보았고, 초막에 두 사람이 더 있는 것을 보았습니다. 언더우드 부부가 성 밖 언덕 위에 "피난처"를 만들고 이 불쌍한 사람들 중에 원하는 사람은 다 데려가서 언더우드 부인이 치료하고, 그들을 위해 예배를 드립니다.

성 밖 한 언덕에 작은 봉분으로 덮여 있는 것들을 보았는데 어떤 것들은 파헤쳐져 있었습니다. 미스 테이트가 그것들은 아기들 무덤들이고, 흙을 조금밖에 덮지 않아서, 늑대들이 와서 아기 시체를 파먹는다고 저희에게 말했습니다. 불쌍한 것들, 불쌍한 것들. 한국에 모

---

77 원문에는 shirt waist라고 썼는데, 옛날에 서양 여인들이 입던 상의로 몸에 찰싹 붙고, 허리에서 조금 아래까지 내려오되 허리가 잘록하게 보이는 블라우스형의 겉옷이다. 혹은 블라우스로 혹은 셔츠 웨이스트로 번역한다.

든 면에서 더 나은 날이 오게 되기를 희망합니다. 어제 본 그 어린 신부는 아마도 평생 아버지와 형제들 빼고는 남자라곤 본 적이 없을 것이고, 어릴 때 이후론, 아니면 한 번도, 집 밖으로 나와 보지 않았을 것입니다 – 어머님께서는 신부가 두려워했을 것 같지 않으신지요?

오늘은 특별한 별식을 즐겼습니다. 북장로교 선교회의 밀러 씨가 보내 준 싱싱한 상치와 홍당무입니다. 그는 훌륭한 텃밭을 가지고 있습니다. 『영리를 위한 원예』라는 책도 가지고 있습니다. 어머니도 그 책이 있으신지요?

밤이 많이 늦어져서, 여기서 끝마쳐야 하겠습니다.

저희들의 사랑을 모두에게 보내며,

사랑하는

로티

1895년 5월 26일, 일요일 저녁
한국, 서울, 정동

사랑하는 아버지

금요일 아침에 드루 부인이 사람을 시켜서 카메론 존슨 씨의 주소를 묻는 메모를 보내왔습니다. "우편국에 깃발이 둘 올라왔는데 고국에서 우편이 왔다는 신호이기를 바란다, '진고개Chingokay'로 곧 사람을 보내겠다"고 해서 크게 반가웠습니다. 두 시간 후 저희들이 그녀의 "보이"가 오나 안 오나 참을성 없이 계속 밖을 내다보던 것이 『옵저버』와 『리터러리 다이제스트』로 보답되었습니다. 바라던 "편지pwinji"는 "없소upso"였습니다. 반시간 후에 공사관 하인이 『미셔너리』를 가지고 왔고, 그때도 편지는 없어서 한숨을 내쉬며, 요번 우편에 편지를 받는 것은 포기하고 간행물로나 위로를 받자고 생각하고 마음을 진정시켰습니다. 그런데, 점심 직전에 공사관의 하인이 하나 다시 나타났습니다. 저에게 보내신 아버지의 편지와 에바와 폴린의 4월 16일 자 편지를 가지고 왔습니다. 실망스러워 하는 유진에게 아주 미안했지만, 저는 편지를 읽는 즐거움에 점심 먹는 것도 거의 잊어버릴 지경이었습니다.

리치몬드에서의 소식을 듣게 된 것이 무척 반가웠습니다. "바리새인" 일화가 특별히 좋았고, 교회가 모든 면에서 원활하게 움직이는 것이 반가웠습니다. 저희들은 『레지스터』는 구독하지 않으니, 거기에 저희에게 흥미 있을 만한 기사거리가 있으면 오려서 보내주시면 정말 좋겠습니다. 아버지께서 저희가 바라던 바대로 성공적으로 일을 마무리하셨으니 지금쯤은 산에 가 계시리라 믿습니다.

폴린의 편지는 매우 흥미로웠습니다. 병에서 많이 회복된 것 같습니다. 지금쯤에는 다시 학교로 돌아갔기를 바랍니다. 아픈 동안 받은 물건들에 대한 이야기를 저에게 마저 해 주어야 한다고 폴린에게 말해 주십시오. 에바가 넬리의 결혼식에 대해 이야기했습니다. 멋진 결혼식이었던 것 같습니다. 넬리의 결혼식 주례를 아버지께서 하셨더라면 좋았겠다고 저는 생각하지만, 라이언 박사가 한 것이 가장 적절했다는 것을 이해합니다. 에스콜트Escolt(?)[78] 부인을 제가 뵙고 그가 하는 이야기를 들을 수 있었더라면 얼마나 좋았을까요? 결혼식 이야기를 하니까 생각나는데, 저희가 결혼한 지 11개월이 되었는데 아직도 어빙 박사로부터 결혼증명서를 받지 못했습니다. 아마 이번 주에 편지를 낼 생각입니다.

지난 일요일 어머니께 편지를 쓰면서 주로 제 살림살이 경험을 이야기하고 몇 가지 질문도 했는데, 묻고 싶은 것을 하나 더 추가합니다. 어머니께서 언제나 핑크 스프라고 부르시는 토마토 스프의 레시피와 토마토케첩catsup("ket" – 이 맞는 스펠링일 수도 있습니다, 제 생각에) 레시피입니다.

유진은 지금 플로렌스에게, 저희 선교사 일행이 여름을 보내려고 계획하고 있는 곳에 지난 주 초에 다녀온 짧은 여행에서 그가 처음 경험한 한국의 시골에 대한 이야기를 쓰고 있습니다. 저는, 아침나절은 공부하고, 오후에는 "이런 저런 일odd jobs"들을 하고, 사람들이

---

[78] 먼저 편지에 언급되던 Nellie Escott 신부의 어머니나 친척일 듯 싶으나 손글씨를 타자로 옮길 때 불분명해서 "t"를 "l"로 표기하고 물음표를 해놓은 것으로 추정한다.

와서 다과도 하고 밤도 같이 지내주고 해서, 혼자서도 잘 지냈습니다.

언더우드 부인이 자기 집에 와 있으라고 했지만 제 집에 있는 것이 더 편했습니다. 처음엔 미스 제이콥슨에게 와서 보호해 줄 수 있냐고 물어보았는데, 아마 환자를 떠날 수 없을 것 같다고 대답했습니다. 그래서 미스 레드패스에게 요청했습니다. 그런데 미스 제이콥슨이 나중에 왔습니다. 그래서 그를 위해서 식당의 소파에 잘 자리를 마련해 주고 미스 레드패스는 저와 함께 자도록 했습니다. 저희 보이가 대문을 잠그고 대문 옆방에서 잤습니다. 그러니 제가 전혀 무섭지 않았습니다. 언더우드 씨 집으로 통하는 문은 잠그지 않았고, 또 저희 집과 공사관 사이의 담의 일부가 열려 있기 때문에 필요할 땐 금방 공사관 경비병을 부를 수 있었을 것입니다.

저희들이 함께 모여서 사는 이 지역은 어디서라도 여자 혼자 사는 것이 진정 안전하다고 확신합니다. 대문은 꼭 잠겨있고, 담은 높은데다, 한국인들은 서양 사람들에 대해 극도로 겁이 많아서, 누구도 해가 진 뒤에는 집 안으로 들어오려 하지 않습니다. 미스 테이트는 문도 안 잠근 채 자기 집에서 혼자 살고 있고, 미스 데이비스는 다섯 달째, 저희들이 모여 사는 곳에서 1마일 정도 떨어진 "인산부치"[79]라는 곳에 있는 집에서 혼자 살고 있습니다.

저희 집과 공사관 사이의 담이 급속도로 (한국 기준으로) 보수되고 있습니다. 배수로가 제대로 안 되어 있어서 담을 무너뜨렸었는데 아주 훌륭한 시멘트 배수로를 성공적으로 완공했습니다. 작년에 시작

---

79 원문엔 "In San Buchi"로 되어있다. 서울의 지명일 텐데 어딘지 확실치 않다. 소리 나는 대로 표기했다.

했다가 저희 집에 아무도 살지 않게 되어 그냥 놓아 둔 공사였는데, 완공을 보게 되어 기쁩니다. 잘 만들어졌고, 아마도 언젠가는 저희가 만들었어야 했을 것이었습니다. 북장로교 선교회의 에비슨 의사가 설계했습니다. 저희 집 뒤쪽 현관, 제가 세탁을 하는 곳에서 시작하는데 덮여 있지 않은 구간이 있고, 그 다음에 쓰레기를 거르는 장치가 있고, 나머지는 덮여 있습니다. 이런 모양입니다.

1은 안 덮인 부분, 2는 덮인 부분,
a는 쓰레기를 거르고, 냄새가 안 나도록 한 배수장치.

금요일 오후에는 미스 테이트와 함께 그의 기독교인 한국 친구들을 만나러 갔는데, 저는 그들과 거의 대화를 할 수 없었고 말하는 것을 아주 조금밖에는 알아들을 수 없었지만, 매우 좋은 시간을 가졌습니다. 한 나이 많은 여자는 아주 다정한 얼굴 모습을 했는데, 매우 신실한 기독교인인 것 같았습니다. 그가 먹을 것을 저희에게 권했고 저는 잘 대응했습니다. 처음에 내온 것은 달콤한 보리차 같은 것이었는데, 저는 마실 수가 없었습니다. 미스 테이트도 그것을 먹지 못했습니다. 그래서 그가 "이 사람 입에 맞지 않는다"[80]고 말했고, 그 다음엔 피클과 "국수"[81]를 내왔습니다. 피클은 파와 배추로 만들었는데, 고춧가루

---

80 원문에 "it did not fit her mouth"로 되어 있다. 미스 테이트의 한국말을 영어로 직역했을 것으로 생각된다.

81 원문에 …pickle and "cook su"로 되어 있다. 피클은 김치를 지칭하는 것이 확실하

가 많이 들어가서 맵지만 않았더라면 아주 좋았을 것입니다. 한국인들은 이것들을 아주 맵게 만듭니다. 주식인 밥을 많이 먹을 수 있도록 하기 위해서입니다. 밥은 간기 없이 아주 부드럽게 조리하는데, 피클과 함께 먹어서 매운 맛을 내면 밋밋한 밥맛을 보완할 수 있습니다. "국수cook su"는 이들의 마카로니로 만들고, 일종의 스프인데, 이 또한 고춧가루로 양념을 했습니다. 그것은 잘 먹을 수 있었고, 얼마 지나면 좋아하게 될 수도 있겠다고 생각하지만, 소화는 잘 되지 않으리라 확신합니다.

많은 선교사 부인들이 한국 음식은 먹지 않으려고 하지만, 저는 그걸 먹겠다고 마음먹었습니다. 그들의 친구가 되려면 음식 먹는 법을 배워야 한다고 확신하기 때문입니다. 그렇게 하기 위해선 많은 것에 눈을 감아야 할 것임을 압니다. 왜냐하면 어떤 음식이든 그것이 저희 기준으로 볼 때 청결하다고 확신할 수 없기 때문입니다. 허나, 사람들이 말하는 것처럼 제가 가끔 한국 음식을 먹는 이유로 몸이 아파질까 봐 두려워하지는 않습니다. 남자들은 시골로 여행할 때 모두 한국 음식을 먹고, 드루 의사는 아주 좋아하기까지 합니다. 더러움에 대해서 한 예를 들자면, 저희가 방문했던 집의 여주인이 접시와 숟가락을 자기 치마로 닦았습니다! 아주 깨끗한 치마도 아니었습니다. 식사 후에는 입을 청소하라고 물을 주고 그 물을 뱉어 낼 그릇을 준다는 것은 말하지 않았네요. 그것이 필요하기도 했던 것이, 매워서 입안이 거의 타버릴 지경이었습니다. 친절하고 손님을 환대하기 위해서 이들은 종종 손가락으로 음식을 먹여줍니다. 금요일 방문했던

지만 그냥 피클로 번역했다.

집의 주인도 그랬습니다.

여자들과 어린아이들을 보면 볼수록, 얼마나 많은 이들이 사랑스럽고 매력적인지 알게 됩니다. 어떤 아이들은 아주 귀엽고 총명하기까지 합니다. 미스 제이콥슨은 머지않아 얼마간 한국인의 집에서 살면서 말도 배우고 숙식도 함께하게 되기를 원합니다. 그렇게 할 수 있게 되면 좋을 것입니다. 미스 테이트는, 신실한 기독교인인 그의 아마와 함께 20마일 떨어진 한 마을에 있는 여인숙에서 한국 음식만 먹으며 잠시 동안 살아보기를 원합니다. 아마의 사촌이 그 "두메tumae"를 운영하는데 친분이 있는 여자들이 많은 것으로 압니다.

저희 조리사가 오늘 아침 전킨 씨의 예배당에 갔습니다. 그가 자주 예배에 가게 되기를 희망합니다. 레이놀즈 씨가 조리사한테 다음 주일에도 오라고 했는데, 그가 자기의 쉬는 날이 아니라고 대답했습니다. 이번 주에 누군가에게 부탁해서, 그들이 원하면 예배에 언제나 갈 수 있다고, 예배에 못 가게 할 만큼 집에 할 일이 있지 않다고 하인들에게 말해 줄 것입니다.

테이트 씨는 아직 전주에 있고, 드루 의사와 전킨 씨도 그쪽 어디엔가 있습니다. 그들이 돌아오면 이번 가을엔 몇 사람이 그곳으로 이사해도 된다고 말해 주기를 바랍니다. 그러면, 저희가 테이트 남매와 함께 가겠다고 자원할 생각입니다. 지금 이사하지 못할 이유가 저희에게 없습니다. 둘 다 건강해서 당분간 의사는 없어도 됩니다. 드루 의사는 내륙으로 이주하는 것은 완강하게 거부하고, 항구에만 가겠다고 합니다. 저희 선교회에 꼭 의사 한 명이 더 필요한데, 누군가 저희에게 오게 된다면 그 의사는 그런 면에서는 드루 의사의 영향을 받지 않게 되기를 바랍니다. 한국과 같은 산악이 많은 나라에서 왜 내륙의 도시가 선교지로 적당하지 않은지, 특히 전주의 우리 부지는 높은 언덕 위에 집 지을 자리가 있고, 우물도 좋은 것이 있는데도 그래야 하는지, 저는 이해할 수 없습니다.

저희는 계속해서 "전쟁과 전쟁에 대한 소문"을 듣고 있어도, 아는 것은 아무 것도 없습니다. 그러나 모든 것이 한국의 평화로 귀결되기를 바랍니다. 공사관의 해병대원 중에 가끔 교회에 나오는 젊은이가 있습니다. 오늘 오후에 그가 저희 옆에 앉았습니다. 유진이 그와 대화를 했고 예배 후에 저희와 같이 걸어서 집으로 왔습니다. 그가 이번 주 중에 "콩코드"에서 오는 경비병에 의해 교체될 것으로 기대한다고 말했습니다. 그러니 경비병이 아직 필요한 것 같습니다.

저희들이 어떻게 집을 꾸미고 사는지 아버지께서 궁금해 하실 것 같아서 집 도면을 동봉합니다. 이곳에선 방의 크기를 "간kangs"[82]으로 잽니다. 한 간은 사방 8피트 한국 방의 크기입니다. 몇 개의 작은 방이 있는지 천정을 보면 알 수 있고 그래서 한눈에 방의 크기를 알 수 있습니다. 아무리 큰 방이라도 여러 작은 방들로 분할될 수 있도록 지어집니다. 저희 침실은 길이 3간에 넓이 2간이고, 식당은 길이 3간에 넓이 1.5간인데 확장된 부분은 넓이가 2간입니다. 서재는 1간, 음식창고 1간, 부엌은 길이 2간, 넓이 1.5간입니다.[83]

"기둥"이라고 표시된 곳은 큰 방에는 흔히 있는 것으로, "간"의 모퉁이에 지붕을 받치기 위해 기둥이 세워집니다. 방 앞면의 문은 문이면서 창문도 됩니다. 그것이 한국인들이 보통 집을 짓는 방식입니

---

82 원문에 "kangs"으로 되어 있다. "간(間)"을 그렇게 음차한 것으로 생각된다.
83 인돈학술원 데이터에 도면이 빠져있지만 뒤따르는 설명으로 짐작해 볼 수 있다.

다 – 격자로 되어 있지만 전체가 유리라서 채광이 좋습니다.

이 방은 가운데에 기둥이 없어서, 보시는 것처럼 아름다운 형태의 방입니다. 창문엔 무명베로 주름 잡힌 커튼을 했고 문에는 새시sash 커튼을 했습니다.

이 도면이 아버지께 도움이 되기를 바랍니다.[84]

모두에게 많은 사랑을 담아서
아버지의 사랑하는 딸
로티

---

[84] 인돈학술원 자료에 도면을 첨가하기 위한 것이었을 것으로 추정되는 공백이 있지만 도면 자체는 없다.

1895년 6월 4일, 화요일 오전, 9시 20분
한국, 서울

사랑하는 플로렌스에게

이제 아침 일이 끝나고, 하인들은 아침을 먹으러 갔고 나는 김서방Kim Sa Bang이 오기를 기다리는 동안 일요일에 받은 네 편지에 답장을 쓰기 시작하겠다. 일요일에 우편물을 받은 것에 많이 놀랐는데, 물론 이곳에서는 일요일도 다른 날과 똑같이 취급되지만, 그래도 우리 사람 중에 누가 가서 우편물을 가지고 오리라고 생각하지를 않았기 때문이었다. 이번에 받은 우편물은 참 좋았다. 주일 저녁 예배 후에 받았는데, 저녁 내내 편지를 읽을 수가 있었다. 네가 4월 26일에 내게 쓴 편지와 함께 유진도 어머니와 아치로부터 편지를 받았다. 그리고 『미셔너리』, 『어린이 미셔너리』, 『미셔너리 리뷰』, 『옵저버』, 『리터러리 다이제스트』 2부와 5월호 『하퍼즈』를 받았다.

너의 편지를 읽으며 많이 즐거웠다. 나는 너희 모두가 하루하루 어떻게 지내는지 알고 싶고, 모든 식구들의 소식을 듣고 싶다. 바느질 이야기를 들을 때 내가 가서 도와줄 수 없는 것을 생각하면서 나는 거의 향수병에 걸릴 뻔했는데, 그런대로 네가 잘 하고 있는 것 같다. 내 덕 드레스[85]와 푸른색 비단옷을 몇 번 입었다. 아래 위 하나로 된 속옷을 아직 입고 있고, 오늘은 공부를 하는 동안 추워서 화롯불을

---

85 원문 "duck dress". Duck은 아마포를 일컫는 네덜란드어 doek이 전이된 것이다. 두꺼운 면으로 된 천으로 만든 드레스.

폈다.

사람들이 말하기를 '이번 봄은 아주 비정상적으로 길다'고 한다. 보통 이때쯤이면 날씨가 더워진다고 한다. 바라기는 7월 1일 이전에는 산으로 옮겨가지 않게 되었으면 한다. 나는 할 수만 있다면 여기 머무는 게 좋지만 다른 모든 사람들이 "가자"고 하니 나도 가야 할 것이다.

테이트 씨가 전주에서 금요일에, 드루 의사가 일요일에, 그리고 전킨 씨가 오늘 도착해서 우리는 지금 여기 다 모였다. 『미셔너리』에 실릴 그룹 사진을 찍게 되기를 바란다. 일본인이 운영하는 사진관에 우리집을 찍은 작은 사진이 있는 것을 알았다. 곧 하나를 인화해서 너에게 보내겠다. 내가 보내 준 사진들이 네게 즐거웠다는 것이 기뻤으나, 62센트에 대해서는 미안하게 됐다. 다음에는 조심하겠다. 그건 내 실수였다. 그 사진들을 액자에 넣으면 색깔이 바랠지 아닐지 잘 모르겠으나, 아직은 하지 마라. 머지않아 내가 그 사진들을 위해 앨범을 보내겠다. 일본인 상점에서 앨범들을 판다. 앨범에 보관하는 것이 사진을 보호하는 가장 좋은 방법 같다. 그리고 귀국했을 때 쉽게 그 사진들을 사용할 수 있을 것이다.

네가 일본에 대해서 그리고 로버트가 유럽에 대해서 강의할 때 내가 그곳에 있었으면 얼마나 좋았을까.

드루 의사와 전킨 씨가 제물포에 토요일 밤에 도착했고, 드루 의사는 집에 빨리 도착하고 싶어서 일요일에 제물포로부터 걷기 시작해서 27마일을 걸었다. 우리는 그를 어제 보았는데 그의 발바닥은 물집투성이고 몸 전체가 아프다고 했다. 전킨 씨는 배로 어제 도착했는데 짐을 가져오고, 다리를 저는 남자 아이 하나를 치료하기 위해 데리고 왔다. 그들은 6주 동안 여행을 했는데, 삼판에서 밤에는 자고 낮에는 그것을 타고 이곳저곳을 다니며 드루 의사가 치료해준 사람늘에게 설교하고 책을 팔았다. 그들은 전주 지방에서의 선교 사역의 전망에 대해 여느 때보다 한층 더 고무되어 있다.

우리는 어제 테이트 남매와 차를 마셨는데 좋은 시간이었다. 유진과 테이트 씨는 체스게임을 세 차례 했다. 토요일 우리는 미스 데이비스와 점심 식사를 했다. 그녀와 미스 스트롱(북장로교)은 이곳에서 2마일 떨어져 있는, 다른 외국인이 없는 곳에 살고 있는데, 훌륭한 사역을 하고 있다. 그들은 작고 좋은 한국 집에 산다. 좋은 정원이 있고 행복해 보인다. 남자가 없는 집이므로 그들 집에 신분이 나은 여자들이 가끔 오고, 우리 선교사들에게 찾아오는 대부분의 사람들과는 다른 종류의 사람들이 방문한다. 우리는 그 집에서 한국에 온 후로 처음 딸기를 맛보았는데, 같은 날 저녁에 언더우드 부인이 차를 마시며 먹으라고 딸기를 보냈다. 우리 집 상추는 아직 먹을 정도로 자라지 않았지만, 며칠 동안 대문 쪽에 있는 밭에서 난 한국 상추를 먹는 중이다. 우리 상추보다 조금 거칠기는 해도 아주 맛이 있다. 그 밭에서 딸기도 나는데 우리 것보다 작고 맛이 없다.

미스 파커(?)의 책이 내가 구할 수 있는 가장 좋은 요리책이냐고 어머니께 물어봐 줘. 요리책이 다른 것이 필요한데, 내가 기억하기에 미스 파커는 재료를 섞거나 하는 모든 것들을 쉽게 설명해준다. 어떤 것이든 어머니께서 조언하는 것을 우편으로 부쳐주고, 내게 돈을 청구해주기 바란다.

어머니께서 리치몬드에서 구입하신 통조림 만들기에 관한 새 책이 아주 좋은 것으로 생각된다. 부탁인데 생강빵의 액체 소스를 어떻게 만드는지, 그리고 사과 덤플링 만드는 법 등을 적어서 보내줄래? 지난주에 맹세계로 하여금 "컵케이크"를 만들게 했다. 우리는 그것을 캐러멜 소스와 함께 먹는다. 캐러멜 소스 레시피가 내게 있고, 그렇게 먹으니 아주 맛있다. 그래도 다른 소스도 만들고 싶다. 너는 옥수수 푸딩을 만들 때 통조림 옥수수를 써 본 적이 있는지? 어느 토요일에 미스 데이비스가 만들었는데, 어제 먹어보니 맛있었다. 맹세계는 또 통조림 옥수수로 스프를 잘 만드는데, 버터 약간, 그리고 가루 크림을 조금 넣고 만든다. 오늘은 통조림으로 나온 "파이용 사과pie apple"를 익혀서 맛있는 사과플로트 apple float를 만들었는데, 파이용 사과를 우리는 그런 식으로 밖에는 사용하지 않지만, 다른 사람들은 식사 때 채소로 먹기도 한다. 나는 또한 통조림 토마토로 케첩을 만들어보고 싶다. 유진이 식은 소고기에 곁들여 먹도록 할 것이다. 유진은 케첩을 아주 좋아한다. 토마토 자체는 안 좋아해서, 스프에 들어간 것 말고는 먹지 않는다.

목요일에는 드루 씨 부인의 세탁을 해주는 아마를 불러서 바느질을 하게 했는데, 우리 집 보이가 식당에서 일할 때 입을 윗옷을 만들기 위해서였다. 어머니가 주신 면을 사용하여, 천이 얼마나 필요할지 모르는 채 만들기 시작했는데, 결과적으로는 아주 잘 만들어졌다. 그러나 나는 한국에서 구할 수 있는 천을 사용하지 않고 고향에서 가져온 좋은 천을 이렇게 사용한 것이 슬프다. 다음에는 한국 천으로 만들 것이다. 보이가 단정하게 보이게 하려면 겉옷 두 개가 필요하다. 그 겉옷에 얼마나 솔기가 많은지, 그리고 그것을 재단하는 데 기술이 얼마나 많이 필요한지 몰랐었는데, 내가 만든 것이 아주 우아한 겉옷이 되었다고 생각한다. 나는 되도록이면 그가 속에 입은 옷이 더 많이 가려질 수 있도록 짧은 웃옷인 "저고리chogudy" 대신에 길게 내려오는 "두루마기touramagy"를 만들어 주었다.

우리네 여자들은 보이들을 유의해서 관찰하는 것에 익숙해져 있다. 왜냐하면 이들이 자기네 옷을 아끼려고 우리 집 안에서 일할 때 입는 옷들을 밖에 나가서 입기도 하기 때문이다. 그렇지만 지금은 그럴 위험이 없는 것이, 모두들 [외출할 땐] 겉옷을 검은색으로 입어야 하기 때문이다. 나는 솔기를 모두 재봉을 사용해서 처리했는데, 아마가 아주 좋아했다. 시침질과 손으로 해야 하는 모든 일은 아마가 했다. 한국 여자들은 검지에 골무를 끼고 바느질을 훌륭하게 한다. 아마가 거의 10시간을 일했는데 20센트를 청구했다. 우리 둘만 있을 때 내가 그의 말을 곧잘 알아듣고, 내가 전달하려는 바를 그가 알아듣도록 할 수 있었던 것이 기쁘다. 우리 하인들이나 선생님은 우리가 말하는 방식에 익숙해져 있기 때문에, 우리들이 말하는 것을 다른 한국 사람들은 못 알아들어도, 곧잘 알아듣는다.

우리는 지금 주기도문을 공부하고 있다. 교회에서 회중들과 함께 주기도문을 드리게 되기를 바라서이다. 또 바라기는, 밀러 씨의 기독교인 보이가 매일 우리 집에 와서 우리와 함께 한국말로 기도를 해주면 좋겠다. 그로 하여금 복음서를 읽고 기도하게 하고, 우리 모두는 주기도문을 함께 외울 것이다. 우리는 찬송도 부를 것이다. 하인들이 친숙한 찬송은 할 수 있다. 이상이 지금 우리가 할 수 있는 최상인데, 썩 좋은 생각 같고(실은 미스 데이비스의 생각이다.), 미스 데이비스의 보이에게도 도움이 될 것이다.

일요일 아침에 우리는 전킨 씨 교회에 가지 않고 우리 집 뜰에 있는 예배실로 갔는데, 모인 여자들 중 10명 정도를 내가 이미 알고 있는 것을 발견했다. "새 부인"[86]이 온 것을 그들이 아주 기뻐했다. 그 중 한 여자가, 영어를 조금 하는데, 나에게 "당신의 남편이 아주 예쁘다"고 했다. 그 자신 아주 예쁘고 매력적인 여자였는데, 매우 우습게 그 말을 했다. 한국 여자들이 한번은 레이놀즈 부인에게 유진의 얼굴이 완전히 고와서 레이놀즈 씨보다 "더 예쁘다"고 말했다고 한다. 너에게 여자 둘이 방망이로 다듬이질 하는 사진을 보낼게. 여자들이 옷을 어떻게 입고 머리를 어떻게 하는지 볼 수 있을 것이다.

이제부터는 화요일마다 미스 테이트와 신실한 기독교인인 그의 아마와 함께 1.5마일 떨어진 마을에, 우리가 방문해주기를 부탁한, 한 여자의 집으로 가서 거기 모이는 여자들을 가르칠 것이다. 물론 내가 할 수 있는 일은 아무 것도 없지만 그래도 가고 싶고, 미스 테이트도 내가 함께 있어 주기를 원한다. 모든 이들이 내가 그렇게 많이 걸을 수 있는 것에 놀라는 것 같다. 여자들은 거의 모두 어디를 가건 남여를 타고 다니기 때문인데, 내 생각에는 그것이 여자들이 이곳에서 몸이 더 건강해지지 않는 이유 중 하나인 것으로 믿는다. 그들은 집안일도 안하고 걷기도 싫어하고 그러니 운동이 부족하다.

폴린이 건강을 회복했다니 기쁘다. 폴린이 넬리의 가발(?)을 쓸 수 있는 게 좋다. 불쌍한 엘리자! 나는 그가 그렇게 간 것이 오히려 다행이라고 생각할 수밖에 없고, 주위사람들이 이젠 안도할 것이라 생각한다. 너는 이번 여름에 리치몬드에 가려고 하는지? 네가 계속 그렇게 생각을 해왔던 것을 나도 안다. 모두 건강하고 좋은 여름을 보내기 바란다. 우리의 여름도 즐거울 것이다. 나는 할 수만 있으면

---

86 원문에 "Saw poongin"이라 음차하고 괄호 안에 (The new Lady)라고 적었다.

그냥 집에 있기를 바라지만 말이다. 나에 대해 묻는 모든 친구에게 나의 사랑을 전해다오. 모든 사람들에게 될수록 빨리 편지를 쓰려고 노력하겠다.

우리 두 사람의 사랑을 모두에게 전하며,
사랑으로
로티

1895년 6월 11일, 화요일
한국, 서울

사랑하는 에바에게

김 서방Kim Sa Bang이 오기 전에 나는 맹세계가 케이크를 만드는데 필요한 계란 한 줄을 시장에서 사오기를 기다리고 있고, 그동안 나는 너에게 쓰는 짧은 편지를 시작하려 한다. 5월 9일 자 너의 편지가 어제, 『옵저버』 2부, 『리터러리 다이제스트』와 함께 도착했는데 유진에게는 편지가 하나도 오지 않았다. 나는 멋지고 긴 편지를 받고, 동생들과 너의 옷에 대한 이야기들을 듣게 되어서 너무 기뻤다. 『딜리니에이터』 5월호[87]를 보았는데, 거기에 따로 어깨 깃, 칼러collars, 블라우스 앞깃에 관한 좋은 기사들이 실려 있었다. 거기에서 본 것 같은 큰 칼러가 달린 드레스를 너희 중 누군가 갖고 있었으면 좋겠다. 너희들의 모자가 분명 예쁠 것이라고 생각한다. 나는 내 검정색 모자를 많이 썼는데, 나의 흰색 모자만큼 좋아하지 않는다. — 나의 흰색 모자가 플로렌스의 스타일에 충분히 맞는다고 생각하니?

알렌 씨네와 토요일 저녁에 식사를 했다. 나는 E. 부인이 만든 흰 드레스를 입었는데, 언제나 아름다웠고 칭찬을 많이 받았다. 알렌 부부는 아주 매력적인 분들이고, 아주 멋진 작은 집에서 산다. 닥터 알렌은 공사관의 비서인데, 우리 집 바로 옆의 공사관 관내에 집이

---

[87] 원문엔 May Delinieator(Delineator?)로 되어 있다. 뉴욕에서 발간되던 여성 월간지 The Delineator를 지칭하는 것으로 생각된다.

있다. 그 집엔 중국인 "보이"와 조리사가 있는데 알렌 부인이 자기는 살림에 전혀 신경 쓰지 않고, 매날 일정한 액수의 돈을 "보이"에게 주면 그가 일체의 물품을 구입하는데, 그들의 말이 그렇게 하는 것이 알렌 부인이 직접 구입하려고 했던 때보다 돈이 덜 든다고 한다. 왜냐면 토착인들이 서양인에게는 자기네들보다 물건 값을 더 올려서 받기 때문이다.

저녁 식탁은 아주 멋있었다. 최고로 맛있게 조리된 아홉 코스 요리가 나왔다. 물론 이런 식의 삶을 누릴 만한 여유가 있는 선교사는 아무도 없지만, 이곳에서도 무엇이 가능한가 하는 것을 보여 준다. 일례로 딸기 아이스크림이 디저트로 나왔다. 알렌 부인이, 만찬을 하게 되면 보이에게 몇 명이 온다고 말해 주고 테이블보 등만 꺼내 주면 된다고, 그게 다라고 말했다. 중국인들은 평생직으로 여기고 직업을 선택하기 때문에, "보이"를 직업으로 선택하면 시작할 때 그 직을 완벽히 배우기 위해 청소, 조리, 장보기, 회계 등등을 철저히 배운다. 그들이 일을 훌륭하게 하고, 높은 급료를 받는 것이 이상할 것이 없다. 이곳의 공사관들은 러시아 공사관만 제하고는 모두 중국 하인들을 고용한다. 러시아는 정책적으로 한국인을 고용한다. 저번 날 레이놀즈 부인 집에서 웨버 러시아 공사의 부인을 만났었다. 러시아어, 불어, 영어를 다 구사하는 멋진 사람이었다. 한국말은 못 하는 것으로 생각된다. 집에는 프랑스인 하인이 있기 때문이다.

우리는 지난주에 궁궐에서의 만찬에 초대되었고, 기대에 없었던 대우를 받았다. 궁궐의 정문에서 초청장과 맞바꾼 배지를 동봉한다. 초청은 공사관을 통해서 왔는데, 알렌 박사가 한국에 거주하는 미국인 전부가 적힌 큰 종이와 초청장이 들어 있는 큰 봉투를 보내 왔다.

초청장은 각각 따로 초청받는 사람의 이름이 적힌 봉투에 들어 있었다. 큰 종이의 명단, 자기 이름 옆에 초청장을 받는 사람이 이름 첫 자를 서명하게 해서 초청장이 제대로 전달되었는지 알 수 있도록 했다. 초청장은 언문Ernmun과 중국어로 써 있었고, 선생님이 그것을 우리에게 읽어주었다.

평화를 기원하기 위해 베풀어지는 만찬이었고 외국인은 모두 초청되었다. 만찬이 왕이 거주하는 새로 지어진 궁궐[88]에서가 아니라 하계 궁전에서라는 것을 알고 우리는 실망스러웠다. 동쪽에 있는 그 궁전[89]에 왕은 날씨가 더울 때만, 또는 그가 머무는 곳에 있는 "악귀"를 피하고 싶을 때만 간다. 이 사람들은 "악귀"를 몹시 두려워한다. 도성의 모든 문과 큰 집들에는 "악귀"를 쫓아내기 위해 세워진 조형물들이 세워져 있다. 해마다 일정한 날에 같은 목적을 위해 모든 아이들의 머리를 감긴다.

이 궁전은 우리가 있는 곳에서 수 마일 떨어져 있다. 드루 부인이 자기 남여를 내게 빌려 주었고, 레이놀즈 부인은 자기 것을 미스 테이트에게 빌려 주어서 우리 둘은 남여를 타고 갔지만 남자들은 걸어서 갔다. 드루 부인과 레이놀즈 부인 둘 다 거기에 갈 만큼 몸이 편치 않았다. 나는 회색 드레스를 입고 갔다.

하인들이 자기들도 미칠 듯 가고 싶어 했지만 그들이 필요치 않았고, 또 하인들을 동행하는 것이 한국의 습관인 것도 몰라서 데리고 가지 않았는데, 나중에 보니 드루 씨네 보이, 테이트 씨네 보이, 전킨

---

[88] 임진왜란 때 파괴된 것을 복구한 경복궁을 뜻하는 것 같다.
[89] 창덕궁과 창경궁이 동궐로 불렸으니 그 중 하나였을 것 같다.

씨네 조리사 모두 그저 재미삼아 따라나섰다. 그래서 할 수 있었다면 우리 하인들도 따라오라고 전갈을 보냈을 터인데, 그때까지도 하인들이 궁궐문을 통과할 수 있을지 전혀 알 수 없었다. 그런데 내 남여와 미스 테이트의 남여에 바짝 붙어 가지고 전킨 씨네 조리사와 드루 씨네 보이가 실제로 안으로 들어갔다. 그렇게 해서 그들이 하게 된 "구경kugyung"이라니! 온 나라에서 온 외국인 남자들이 부인들과 아이들을 대동하고 가는 모습을 본 한국인들은 곧 전투가 벌어질 거라고 확신했을 것이다!

궁전의 마당은 아름다웠지만 제대로 손질이 되어 있진 않았다. 그리고 궁전이 우리 눈에는 대수롭게 보이지 않았다. 이층짜리 고급스러운 정자가 하나 있고, 나머지는 따로 떨어져 있는 작은 집들이 이곳저곳에 흩어져 있을 뿐이었다. 이 정자에서 우리는 총리 대신 "박 Pak"[90]을 만났다. 이노우에 백작 및 일본인들을 제외하고는 그날 참석한 사람들 중에서 제일 지위가 높은 사람이었다. 외국인이 서울과 제물포에 그렇게 많이 있는 줄은 몰랐었다. 각 공사관에 외국인 고용자들이 다수 있었지만 주로는 선교사들이었다. 정자에서 서로 인사하며 잠시 시간을 보낸 후에 한참을 걸어서 만찬이 있는 곳으로 갔다. 일본인들이 세운 건물로 서양식 건물이었다. 오리요리, 닭요리, 샌드위치, 레몬에이드, 오이, 케이크, 견과류, 캔디, 건포도 등등이 나왔다. 샴페인과 맥주도 충분하게 있었다. 남자들이 고위직 관료들의 도움을 받아서 시중을 들었다. 관료들은 귀 뒤쪽에 옥 장식을 달았고, 갓을 호박 구슬로 된 끈으로 고정했다. 호박 구슬 끈의

---

90 박정양을 일컫는 것으로 추정된다.

종류가 그들의 지위를 나타낸다.

미스터 서Mr. Saw[91]와 미스터 윤Mr. Yun[92]이 부인들을 대동하고 나왔다. 한국 여성의 자유를 위해선 큰 걸음인 셈이다. 허나 윤 씨 부인은 상하이에 있는 선교사가 세운 학교에서 교육받은 중국여인이다.[93] 아주 예쁘고 영어를 잘 하고 매너가 아주 좋았다. 그는 기독교인이고 남편도 그렇다. 남편은 밴더빌트 대학에서 수학했다. 영어를 아주 잘 하고 일본어와 중국어에도 능통하다. 아기도 데리고 나왔는데 여자아이 옷을 미국 아기들처럼 입혔고, 이름을 로라의 중국식 이름인 "아화Apha"라고 지었다. 윤 씨 부인은 중국옷을 입었는데 아주 아름다웠다. 그 부부를 내가 아주 좋아한다. 한국인들에게는 부부가 그렇게 같이 다니는 것이, 특히 일요일 오후에 우리 영어예배에 나오는 것이 이상하게 비칠 것이다.

미스터 이Mr. Yi[94]도 훌륭하게 보였는데, 그는 영어를 하며, 워싱턴에 공사로 가 있었다. 미스 데이비스와 함께 우리 집에 왔던 사람이 그의 아내였다. 그가 미세스 윤과 미세스 서를 거기서 보고 또 서양옷을 입은 박의 어린 딸을 보고는, 그가 이야기한 것으로 미루어 아내를 데리고 오지 않은 것을 그가 후회하고 있다는 생각이 들었다. 그 당시에는 내가 왕족의 사람들과 "허물없이 대화하고 있다는" 것을

---

91 미국시민권자 서재필이다.

92 윤치호이다. 1881년 일본 도진샤(同人社)에 유학하여 영어를 배우고, 밴더빌트를 졸업한 뒤에 에모리대학도 졸업하고 귀국하였다. 이 시기에는 학부 협판, 외부 협판으로 재직하였다. 협판(協辦)은 갑오개혁 이후 설치된 정2품 관직이다.

93 윤치호가 중국에서 교사 시절에 선교사들의 중매로 만난 마수진(馬秀珍)인데, 윤치호는 일기에서 그를 시엔충(Sientsung)이라는 애명으로도 기록하였다.

94 1888년에 박정양 후임으로 주미 공사로 파견되었던 이하영이다.

깨닫지 못하고 있었는데, 지나고 보니 그것이 내가 한 일이었다.

궁궐 악사들이 우리를 위해 연주했고 무동들이 우리를 위해 춤을 추었다. 나는 이런 유흥접대는 없더라도 그다지 아쉽지 않았을 것이다. 아내를, 실제로 말하자면 아내들을, 데리고 나온 관료가 하나 더 있었는데 그는 언더우드 박사와 레이놀즈 씨에게 아내들을 "여기는 제 첫째 아내이고 – 여기는 제 둘째 아내입니다" 하고 소개하였다!

어제, 선교 지부의 설립을 언제부터 추진할 것인지, 누구를 어디로 보낼 것인지에 관한 회의가 있었고, 거기서 거의 확정된 사항이, 전킨 씨네와 드루 의사네가 해안에 있는 군산으로 가고, 테이트 남매는 전주로 가고, 레이놀즈 씨네와 우리 부부는 의사를 한 사람 구할 수 있게 될 때 목포로 가는 것이다. 우리에게 의사가 두 명은 꼭 필요하다. 남쪽으로 가게 되면 서울에서 여러 날 걸려야 닿을 수 있고, 드루 의사가 군산에 있게 되더라도 그로부터 아주 먼 거리에 있게 된다. 이번 가을에 의사가 한 명 우리에게 보내지기를, 그래서 선교지부 둘을 지금 개설할 수 있게 되기를 소망한다. 누가 어디로 가는지에 대한 이 계획이 확실한 것은 아니지만 아마 거의 그렇게 될 것이다. 나는 우리 부부가 전주로 가거나 목포로 가거나 상관은 없는데, 가능한 한 조야항에서는 살고 싶지 않다.

레이놀즈 부인이 말라리아에 심하게 걸려서 부부가 오늘 산으로 떠났고, 우리는 전킨 씨네와 다음 주에 올라갈 것이다. 우리가 6주 동안 필요한 물품들을 다 가지고 가야 하기 때문에 산으로 옮겨 가는 것이 꽤 큰일이다. 그래도 거기 있는 시간이 즐거울 것 같다.

아버지께서 좋은 일도 많이 하시고, 시골생활도 즐기시며 좋은 시간을 보내고 계실 거라고 생각한다. 나는 프랭크가 애비Abbie를 좋아한다고 생각하고 싶지 않은데, 이런 일은 누구도 어떻게 될지 모른다. T. 에드문드가 지금쯤은 떠났고 너는 다시 평화를 찾았기를 바란다. F.가 고등학교에 있게 되어서 아주 기쁘다. 학교에서 꼭 자리를 얻게 되기를 바란다.

이 배지가 한국 국기의 가운데 있는 문양이  라는 말을 하는 것을 잊어 먹었다. 한국 국기는 흰색 바탕에 이 파란색과 붉은색의 콤마가 가운데 있고, 바깥으로 까만색 표시들이 있다. 대강 이렇게 생겼다.

요새는 우리 텃밭에서 나는 상치와 홍당무를 먹고 있고, 곧 감자와 토마토도 나올 것이다. 미스 제이콥슨, 미스 화이팅, 미스 테이트, 그리고 미스 아버클이 오늘 저녁에 차를 마시러 올 것이다. 그 준비 때문에 여기서 마쳐야겠다. 닭, 속을 채운 계란, 상치, 딸기, 티 케이크, 코코아, 그리고 차를 준비할 것이다. 하인들이 있어서 손님 치르는 데 아무 문제가 없다.

모두에게 사랑을 보내며
사랑하는
로티

1895년 6월 16일
한국, 서울

사랑하는 플로렌스

우리는 지금 우편이 며칠 내에 도착하기를 바라고 있다. 지난 월요일에 에바의 편지를 하나 받긴 했지만, 확실하게 말하는데 우리는 늘 편지를 간절히 기다린다. 나한테 편지 쓸 때는, 어느 달 몇 일에 내가 쓴 편지를 받았다고 언급해 주기 바란다. 내 편지가 모두 너희들에게 배달되는지 알고 싶다. 내가 동생들에게 "엠프레스"호 안에서 써서 나가사키에서 부친 편지를 받았다고 언급한 사람이 아무도 없다. 남동생들과 메이블이 가끔이라도 한 번씩 내게 편지를 하기를 바란다. 편지를 안 하는 것이 습관이 되어 버릴 것이 두렵다. 그리고 너희들 각자가 자기 일에 대해서 써주기를 바란다. 어머니께 내가 어머니의 편지를 기대하지는 않지만 때때로 메시지를 받고 싶어 한다고 말해 주어라. "오세아닉"호로 어머니께서 내게 보내신 메모가 내가 집을 떠난 후로 어머니께로부터 받은 유일한 소식이다. 몇 주 전에 우리 집에 대해 어머니께 긴 편지를 썼는데, 어머니께로부터 꼭 답신을 받고 싶다. 어머니께서 내게 도움이 될 조언을 많이 해주실 수 있다고 생각한다. 나는 진실로, 고향에서 만큼 쉽게, 여기서도 집안 살림을 꾸릴 수 있다고 생각한다. 욕실이 없는 것 말고는 생활의 불편함은 전혀 없다. 진짜 우리 집을 갖게 되면 욕실도 어렵지 않게 꾸밀 수 있을 것이다. 그러면 고향의 대부분의 시골사람들보다 더 안락한 생활을 하게 될 것이다. 물론, 두 사람이 세 명의 하인을 데리고 살

땐 모든 일을 쉽게 관리할 수 있다.

어제 아침에는 한국인 행상에게서 닭 세 마리를 은화 45센트 주고 샀다. 오늘 아침 식사로 한 마리를 찜을 했다. 옥수수 죽과 맛있는 그레이비를 얹은 비스킷도 있었다. 고향 집에서의 화요일 아침 식사가 기억났고, 우리 둘이서 너희들도 이 시간에 아침 식사를 하고 있을까 궁금해 했지만, 우리가 식사를 할 그때는 너희에겐 저녁시간이었다. 닭장이 아직 없어서 남은 닭 두 마리를, "족제비chokchubbies"로부터 보호하기 위해, 통에 넣어 두리라고 생각했다. 족제비들이 밤이면 아주 극성스럽다.

부엌문이 현관마루로 열리고, 그 마루는 안뜰의 양쪽으로 연결이 되어있다. 안뜰은 잔디로 덮여 있고, 내가 거기에 빨래를 널어놓는다. 어젯밤에 유진이 닭을 담아 둘 통을 광에서 찾아서 조리사에게 주려고 나갔는데, 닭이 보이지 않았다. 맹세계가 마루 위 지붕의 들보 하나 위에 얹어 놓은 닭이 든 통을 보여 주면서 족제비chokchabbies가 거기엔 올라가지 못한다고 말했다. 들보 위의 닭들이 너무 우스워 보였지만 그 위에서 괜찮은 듯했다. 오늘 아침에 내가 나와 보니 닭들이 뜰에서 돌아다니고 있었다. 맹세계가 들보에 올라가서 꺼내 내려왔는지는 나도 모르겠다.

이 사람들은 내 생각에 창의성이 많아서, 부엌에서 쓰는 작은 편리한 것들을 많이 고안해 낸다. 우리는 식용유를 큰 깡통에 든 것으로 사오는데, 한 상자에 두 개씩 들었다. 이 식용유 깡통이 우리 삶을 아주 편리하게 해준다. 부엌에 하나를 두고 개숫물 통으로 쓰고, 하나는 내 옷을 삶는 데 쓴다. 문하인은 깡통 두 개를 긴 막대기 양쪽 끝에 하나씩 매달아서 우물에서 목욕물을 날라 오는 데 사용한다.

그리고 맹세계가 토마토 깡통의 가장자리를 망치로 두드려서 매끄럽게 해서 음식을 나르는 그릇으로 만들었다. 며칠 전에는 버터 깡통 작은 것 두 개와 큰 것 한 개를 일본인 장인에게 보내서 손잡이를 달게 하였다. 버터는 원통형으로 말려서 소금물에 담겨진 덩어리를 샀는데, 질이 아주 좋다. 하지만 대부분의 사람들이 여름철용으로는 네덜란드산 깡통에 들은 버터를 영국에 주문해서 산다. 내년에는 우리도 그렇게 할 것이다. 소금물로 저장한 버터는 더운 날씨에서는 간수하기가 힘들기 때문이다.

오늘 아침에는 우리 집 뜰에 세운 예배실로 갔다. 담임목사인 기포드 씨가 벨 씨에게 성찬식을 도와 달라고 이야기했었다. 한 250명 정도로 회중이 많았는데, 반 정도밖에는 예배실에 들어갈 수 없었다. 양반 부인 둘이 가마를 타고 왔다. 의상이 아주 아름다웠고, 까만 머리엔 윤기가 흘렀다. 여자 한 명이 세례를 받았다. 기포드 씨의 선생인 홍 씨의 아내였다. 그리고 그들의 아이들 둘도 세례를 받았다. 홍 씨는 기독교인이 된 지 오래되었다. 12명의 남자와 사내아이들도 세례를 받았다. 예배실 가운데 커튼이 있어서 방을 둘로 나누고, 문도 있다. 그래서 홍 씨는 아이 하나를 데리고 남자 방에 있었고, 그의 아내는 여자 방에서 아기를 데리고 있었다. 기포드 씨가 문에서 아이에게 세례를 주었고, 그 전에 여자 방으로 와서 아내에게 세례를 주었다. 그리고 유진이 남자들에게 성찬빵을 나누어 주는 동안 문이 닫혔다.

교회의 정회원들은 모두 앞쪽에 앉아 있었다. 그 다음 유진이 우리 쪽으로 와서 성찬빵을 나주어 주었다. 포도주도 같은 방식으로 나누어 주었다. 아주 감동적인 예배로 나에겐 느껴졌다. 나도 이젠 한국 찬송가를 가지고 있는데, 영어 목차가 있어서 곡을 들으면 대개는 그 찬송을 찾을 수 있다. 그렇게 해서 조금이라도 찬송을 같이 부르려 한다. 그런데 오늘 아침엔 밀러 부인의 아마가 자꾸 자기 찬송가의 단어들을 내게 손으로 가리켰다. 그는 글을 잘 읽을 줄 모르기 때문이었다. 아마 옆의 여자가 계속해서 잘못 읽는 단어를 고쳐주었고, 그러면 그는, 다른 회중이 어느 부분을 노래하고 있건 상관없이 그 부분을 다시 부르는 것이었다. 그러니 그 상황에서 내가 찬송을 부르는 것이 불가능해서 포기하였다.

유진은 기포드 씨 설교의 많은 부분을 이해할 수 있었다고 했는데, 그러나 나와는 달리 그는 기포드 씨와 그의 제스처를 볼 수 있는 곳에 있었다. 그래서 내가 몇 마디밖에 못 알아듣고 무슨 설교를 했는지 전혀 알 수 없었던 것에 대해 그리 나쁘게 느끼지 않는다.

밤이 늦었다. 내가 내일 산으로 갈 준비로 해야 할 일이 많아서, 여기서 마치겠다.

1895년 6월 17일, 월요일, 아침 6시 반

수요일 산에 갈 때, 너무 더워지기 전에 목적지에 도착하기 위해 아침 5시경에 출발하려고 한다. 그래서 오늘 아침엔 마지막으로 챙겨야 할 이런 저런 것들을 위해 보통 때보다 조금 일찍 일어났다. 산으로 떠나는 일이 보통 큰일이 아니다. 생활에 필요한 일체를 챙겨가야 하는데, 의자, 취사도구, 그릇, 침구 등등 모든 것을 일일이 짐꾼들이 등에 지고 날라야 한다.

전킨 부인이 스토브를 가져가고 부엌기구와 식료품은 나누어서 챙겨간다. 우리는 식탁용 의자, 간이 의자와 고리korie, 화장대와 세면대용으로 한국식 접는 상 하나, 삼단 경대, 매트리스 하나와 침대를 세울 다리들, 내 흔들의자, 해먹, 큰 양철 세면기와 물을 나르기 위한 양동이 두 개, 구정물을 담기 위한 기름 깡통 하나, 발 닦을 대야 하나 등을 가져간다. 맹세계가 조리사로 가고, 전킨 씨네 조리사 서너미Su Numi(?)는 그를 돕는 보조 겸 웨이터로 동행한다. 우리 집 문하인은 집에 남아서 집을 지키고, 선건아Sun Gumi(?)는 우리가 산에서 필요로 하지 않는 한 특별히 맡겨진 일 없이 월급의 반을 주기로 했다. 나는 전킨 씨를 통해서 그에게, 가을에 정규월급을 받는 조건으로 우리에게 돌아와야 한다, 두 달 동안 월급의 반을 주고 나서 그가 다른 곳으로 고용되어 가버렸다는 소식을 듣고 싶지 않다고 말했다. 그랬더니 그가 전킨 씨에게, "여름 내내 월급의 반을 받고 빈둥거릴 수 있는데 어디 다른 데 가서 일할 마음이 자기에게 생길 것 같으냐"고 나에게 말해달라고 했다. 레이놀즈 부인, 드루 부인, 전킨 부인 모두 자기들의 아마를 데리고 간다. 레이놀즈네 조리사가 물을 나르고 모든 빨래를 한다. 거기에, 일군을 하나 고용해서 우리를 위해 닭고기와 계란을 사오고 정기적으로 이곳으로 내려와서 우편물과 우리 텃밭에서 나는 채소를 가져다 줄 것이다.

레이놀즈 부인의 건강이 한동안 좋지 않았다. 그래서 지난 화요일 드루 의사와 미스 데이비스가 레이놀즈 부부와 함께 산의 절로 올라갔다. 부인이 심하게 아파졌기 때문인데, 걱정이 많이 된다. 나는 이틀에 한 번 맹세계로 하여금 부인을 위해 빵과 비스킷을 만들게 해서 산으로 올려 보냈다. 유진이 금요일 하루, 우리가 지낼 방에 손볼 일이 있어서 산에 올라갔었다. 유진은 부인이 좀 나아진 것으로 생각했었는데, 그날 밤 그가 많이 아파졌다. 내 생각에 부인이 브라이트 씨 병에 걸렸을 것 같아 두려워하는 것 같다. 전킨 씨네가 내일 올라간다. 나는 그것이 기쁘다.

　요즘은 남는 시간엔 드레스 스커트를, 몸통 부분은 괜찮아서 허리 부분만 늘리고, 새 실내용 겉옷wrappers[95]을 손질하느라고 바빴다. 목둘레가 너무 좁고 소매는 긴데다 팔 둘레가 너무 좁다. 분홍색과 자주색 겉옷의 수선은 다 됐고 벌써 분홍색 옷은 몇 번 입었다. 오늘은 파랑색 옷의 수선을 끝마쳤으면 한다. 이 겉옷들은 아주 예쁘다. 한참 잘 입을 것 같다.

　고사리 공[96] 하나를 선건아 아버지한테서 4센트 주고 샀는데, 폴린이 꼭 갖고 싶어 할 것이다. 아주 예쁜 종류의 고사리가 공에서 자라는데, 이끼와 나뭇가지들로 만들어진 공의 크기가 너의 머리만 하다. 줄이 달려 있어서 보통 때는 현관에 걸어 두다가, 식사 때엔 파란색의 큰 일본 접시에 놓아서 식탁의 한가운데 놓는다. 산으로 가기 전에 고사리를 상자로 옮겨 심어서 겨울에 집안에서 키우려 한다. 창가에 있는 인동이 아주 예쁘게 피었고, 뜰이 이른 아침과 늦은 오후에 너무 아름답다.

　에바가 콘스턴스 골드스미스의 사촌을 위해 무얼 했는지? 넬리와 애드는 어디에 사는지? 바버 부르스의 연극은 성공적이었는지? 아는 대로 내게 소식 알려 줘.

　새로 발간되는 소설들을 네가, 문고판paper editions으로, 내게 보내 주었으면 하고 가끔 바랄 때가 있다. 『보니 브라이어 부시』[97]를 읽고

---

95 원문에서 자주 이 wrappers라는 옷 종류의 단어가 나온다. 주로 실내에서 걸치는 겉옷으로 입으나, 어떤 것은 밖에서도 입도록 좀 더 화려하게 디자인 된 것들도 있다.
96 원문에 fern ball로 되어 있다. 바로 뒤에 설명이 있다.

싶다. 물론 너무 많은 책을 원하는 건 아니고, 좋은 것들로 너희들에게 흥미 있는 것들 중에서 말이다. 시대에 너무 뒤떨어지고 싶지 않고, 또 때때로 그런 식의 기분전환이 필요하다. 『센츄리Century』를 정말 많이 그리워한다. 『하퍼Harper』 대신 그것을 택할 것을 그랬다는 생각이 지금은 든다. 미스 테이트가 『하퍼』를 정기구독 하는데, 『센츄리』를 구독하는 사람은 내가 아는 사람 중에 없다.

자, 여기서 마치고 일을 시작해야겠다. 내가 가져가는 식료품 일체가 여기 스미스 상점에 의해 가격이 매겨져서, 가을에 집으로 돌아오기 전에 정산을 해야 한다. 난 여기 그냥 있으면 좋겠는데, 드루 의사가 산으로 가야 한다고 한다. 일단 가면 많이 좋아하게 될 것으로 기대한다.

건강하기를 바라고, 고등학교에서 돈 많이 벌기를 바란다.

우리의 최고의 사랑으로, 모두 우리처럼 잘 지내기를 바라며
사랑하는
로티

---

97 『Beside the Bonnie Brier Bush』: 1894에 출간된 Ian Maclaren의 단편 소설집으로 크게 성공한 베스트셀러였다.

1895년 6월 24일
한국, "삼막사[98]"

사랑하는 어머니

지난 수요일 이곳 산으로 옮겨왔고, 수려한 경치에 공기가 시원하고 싱그러워서 참으로 즐거운 곳임을 알게 되었습니다. 저희는 아주 편안하게 새로 만든 방이 있었지만, 레이놀즈 부인이 아직 많이 아파서 새로 방이 지어질 때까지 어제 저희 방을 그에게 내주었고, 저희는 일주일 동안 밖에서 야영을 하고 있습니다. 어머니께서도 이곳에서 저희와 함께 여름을 보내실 수 있다면 얼마나 좋을까요.

한국어 선생님이 이곳에 함께 왔고, 저희는 이곳에서도 한국어를 열심히 배우려고 합니다. 전킨 씨가 산에 올라올 때 가져올 우편물에 저희의 편지도 있기를 바랍니다. 집으로부터 편지를 받은 지가 두 주가 되었네요. 유진과 저 둘 다 잘 지냅니다. 사실을 말하자면, 이만큼 좋았던 적이 살면서 없었습니다. 이번 주 시간을 내어 어머니께 이곳 여름 휴양지와 우리가 이곳에 오게 된 경유를 길게 편지로 쓰고자 합니다. 이번 수요일이 저희의 결혼기념일이고 전킨 씨네 결혼기념일이 그 다음 날이라, 저희가 한꺼번에 하루에 기념하려고 합니다.

사랑으로,

로티 드림

---

98 로티의 편지에는 Sam Mok Sa로 썼지만, 관악산에 있는 삼막사(三幕寺)를 이렇게 표기했기에 바로잡았다.

1895년 6월 24일
한국, "삼막사"

사랑하는 어머님[99]

저희는 이곳에 지난 수요일에 올라왔습니다. 그리고는 계속 저희
가 머물 방을 준비하느라고 바쁩니다. 유진이 지금도 너무 바빠서
저보고 어머님께 편지를 해서 어머님께서 저희가 지금 어디에 있고
두 사람 다 잘 있는 것을 아시도록 하라고 부탁했습니다. 이곳은 완전
히 사랑스러운 곳입니다. 날씨가 서늘하고 공기가 싱그럽고, 경치가
절묘합니다. 레이놀즈 부인이 약간 차도가 있다고 말씀드릴 수 있는
것이 기쁩니다. 유진이 이번 주 안에 편지를 드릴 것입니다. 식구들
모두 저희들처럼 즐거운 여름을 보내시기 바랍니다.

사랑으로,

L.W.B.

---

[99] 같은 날 본인의 어머니와 유진의 어머니께 각각 엽서를 씀.

1895년 6월 26일
서울, 삼막사

사랑하는 플로렌스

우리는 두 주 동안 우편물을 못 받아서, 오늘 아침 심부름꾼이 서울에서 조달품을 가지고 올라오기를 초조하게 기다리면서 그가 편지도 가져오기를 바라고 있다. 이번 월요일에 편지는 쓸 수가 없어서 어머니께 우선 엽서를 보내서 우리가 잘 있다고 안부를 전해드렸으나, 우리의 결혼기념일에 식구들에게 편지를 쓰지 않고 지나는 마음이 좋지 않았다. 우리가 서울의 우리 집에 있었더라면 좀 더 멋지게 그날을 기념하려 했겠지만, 그래도 사정이 허락하는 만큼 과일 케이크와 통조림 복숭아 디저트를 포함한 멋진 식사와 함께 재미있는 날을 보냈다. 오늘 아침엔 유진의 바지를 고치는 데 많은 시간을 보냈다. 환상적인 방식으로 기념을 한 것은 아니었지만, 무척 합리적인 방식이었다. 내일은 전킨 씨 부부의 결혼기념일이다. 서울로 얼음을 구하러 사람을 보냈으니까, 아이스크림으로 축하할 수 있게 되기를 바란다. 우리가 서울로 돌아가는 즉시 유진이 결혼기념일 선물로 내 재봉틀을 위한 재봉틀 대를 만들 것이다.

일주일 동안 전킨 부인이 살림을 맡아 했는데, 이젠 내 차례가 왔다. 약간 겁이 나기는 해도, 전킨 부인의 도움을 조금 받으면 그런대로 할 수 있을 것 같다. 레이놀즈 부인은 아직 아무것도 먹을 수 없어서 레이놀즈 씨가 암소를 구해왔고, 지금 바로 우리 방 문 밖에서 드루 씨네 보이가 레이놀즈 부인을 위해서 아이스크림 만드는 냉동기를 이용해 버터밀크를 만드느라고 바쁘다. 레이놀즈 부인은 우리가 공급할 수 있는 소고기 국물과 우유, 또 가끔씩 계란이나 닭 국물 등에 식상해 있는데, 그것들 외에 우리가 만들 수 있는 것으로 부인에게 도움이 될 만한 것이 없을 것이라고 드루 의사는 말한다. 레이놀즈 씨는 오늘 자기 가족이 머물 집을 짓느라고 바쁘다. 그는 다음 일요일까지 일을 끝내기를 바라고 있다. 그 집을 한국식 가옥으로 짓고 있는데 가로세로 18에 9피트 크기의 커다란 방에 18에 6피트의 "마루marrow" 또는 현관porch이 달렸다. 한국인 목수 한 사람이 있고, 유진과 전킨 씨도 돕고 있다. 흙벽 대신에 널빤지로 벽을 하고 지붕은 짚으로 하는데 전체에 금화 40불 정도가 들 것이다. 레이놀즈 부인의 필요에 적합한 방이 여기는 없다. 우리 방이 좋기는 하지만 부부와 아기가 지내기에는 너무 좁다. 그래서 새로 짓는 것이 최상의 방법이었다. 내년에 다시 올라와서 지내도 좋고, 원하면 팔 수도 있다.

우리 방은 유진이 "진고비Chingopy"[100]라는 일본인 지역에서 구해서 가지고 올라온 일본 널빤지로 벽을 해서 막은 큰 "마루marrow"의 한 부분일 뿐이다. 절의 스님이 문짝을 하나 주었고, 유진이 창유리로 창문을, 우리가 금고를 만들고 남은 철망으로 방충망을 만들고, 이 서방이 일제 흰 벽지로 도배를 해주어서, 우리는 여기서 가장 좋은 방을 갖게 되었다. 은화 5불을 들여서 얼마나 좋은 방을 지을 수 있는지 보고는 레이놀즈 씨가 그의 집을 짓기 시작했는데, 우리는 한쪽 벽과 마루와 지붕이 이미 있는 곳에 방을 만든 반면에, 그는 처음부터 모든 것을 지어야 하므로 비용이 훨씬 많이 드는 것은 당연하다. 바닥

---

100 진고비는 일본인 거주 지역 진고개(지금의 명동)의 오기이다.

에 깔 것과 창에 달 커튼을 가져왔고, 매트리스도 가져왔다. 유진이 매트리스에 다리를 만들어 놓고, 화장대로 한국식 접는 상을 놓고, 그것을 볼 때마다 늘 가슴깊이 아버지와 어머니께 감사하게 되는 삼면 경대와 의자들을 배치했다. 그리고 사진 몇 개를 걸고 제비꽃, 장미, 룰렛츠(?)[101]를 심은 작은 화원을 만들어 놓으니, 누구라도 원할 만한 예쁜 여름휴가를 위한 방이 되었다. 크기가 8에 12피트밖에 안 되니 너도 이 방이 작은 것을 알 수 있겠지. 그래도 환기가 좋고, 풍경이 눈부시게 아름답다.

지난 수요일 아침, 6시 반에 집을 떠나는 우리 모습을 네가 보았었다면 아마도 웃었을 것이다. 맹세계, 문하인, [한국어 선생] 이 서방, 나를 위한 남여꾼 넷, 유진을 위한 말과 마부, 그리고 9명의 짐꾼들이 일행이었다. 가마꾼들은 각각 1150푼, 즉 은화 46센트씩 받았고, 짐꾼들은 1700푼씩, 즉 68센트를 받았는데 그것을 받기 위해 10마일을 걸었다! 나는 목적지까지 남여를 타고 갈 수 있게 가마꾼을 두 사람 대신에 네 사람을 고용했다. 다른 여자들이 길고 힘든 산길을 걸어야 했을 때, 내 가마꾼들은 나를 거뜬히 목적지까지 데려다 주었다. 여기서 서울까지 10마일인데 그 중 3마일은 산길로 어른 남자가 짐이 없더라도 힘들고 긴 가파른 길이다. 그 길을 어떤 짐꾼은 200파운드까지 되는 짐을 등에 지고 올라왔다. 가지고 와야 할 짐이 많았던 것이, 이곳에 오래 머물러야 하고, 더운 날씨와 서늘한 날씨 모두에 대비해서 준비를 해야 했고, 지금 많이 서늘하다. 식료품도 많이 가져와야 했다. 문지기는 이튿날까지 방을 짓는 것을 도운 후 하산했고,

---

101 원문에 ruletts(?)으로 되어 있다.

이 서방과 맹세계는 여름 내내 이곳에 머무를 것이다. 서울의 집과 몇 안 되는 꽃과 밭을 그냥 두고 이곳에 올라오는 것이 싫었지만, 여름에 겪을 더위와, 모기, 그리고 서울의 악취를 두 달 동안 피할 수 있어서 좋다.

우리의 예쁜 방이 준비가 되자마자, 레이놀즈 부인이 그들이 배정받은 방에서 매우 불편해하고 증세도 나빠진 것을 알게 되어서 우리는 우리 방을 그에게 내어주고, 대신에 우리는 드루 씨 가족이 쓰는 커다란 방의 한쪽 부분을 커튼으로 가리고 지내는데, 당연히 불편하다. 레이놀즈 씨 집이 속히 완공되기를 바라고 있다.

일본과는 달리 한국의 모든 절들은 접근하기 어려운 곳에 위치해 있기 때문에 방문객들은 대개 거기서 며칠 머물게 되고, 그래서 절에는 손님들을 위한 작은 방들이 있다. 그런 방들 중 하나에 전킨 가족이 머물고 있고, 다른 하나에 레이놀즈 가족이 머물고 있었고, 나머지 방에 아마들이 머물고, 남자 하인들은 모두 커다란 방 하나에서 스님들과 함께 잔다. 우리 부부가 머물 방은 없었고, 그래서 유진이 "마루"를 사용해서 방을 만들 생각을 한 것이다. 드루 의사가 금화 10불을 주지승에게 주고 작은 사원에 있는 우상들을 모두 내어가게 한 후 우리가 쓸 수 있도록 해 준 것이다. 그 방 한쪽 구석에서 지금 이 편지를 쓰고 있다.

이곳의 스님들은 하루에 두 번, 지은 지 600년 된 커다란 사원에서 예배를 드리는데, 어느 날 새벽에 나는 이들이 예배드리는 모습을 엿보려고 일부러 일찍 일어났었다. 그들의 예배는, 촛불을 켜고, 몸을 숙여 절을 하고, 소리 내어 기도를 하고, 쌀을 제물로 드리고, 징을 울리는 것으로 되어있다. 내 생각에는 기독교인이 아닌 우리의 하인들 중 몇이 이미 그들의 예배 형식과 우리의 예배 형식이 다른 점에 감명을 받은 것 같다. 우리는 매일 아침 식사 후에 레이놀즈 씨나 전킨 씨의 인도로 한국어 기도 모임을 갖는데, 모든 하인들이 참석하고, 대개는 다른 사람들이 구경하러 온다. 한국어로 된 복음서와 찬송가를 우리가 밥을 먹는 커다란 "마루"에 비축해 놓아서 누구든지 원하면 읽을 수 있다. 며칠 전에는 주지승과 그의 모친이 함께 찬송가를 전부 읽어보았는데, 아주 좋았다고 했다. 기도회 때에는 찬송가 두 곡을 부르고, 레이놀즈 씨나 전킨 씨가 성경 구절을 읽고 그 뜻을 설명하고 기도를 한 다음 모두 함께 주기도문을 외운다. 토요일에는 레이놀즈 씨와 전킨 씨 둘 다 이곳에 없었고, 이 서방도 없었다. 그래서 기독교인인 전킨 씨네 조리사가 기도를 했다. 그것은 "기독교 교리"가 "선생님들"만을 위한 것이 아님을 보여주는 훌륭한 실물 교훈이었다. 이곳은 몇 가지 불편한 것들을 제외하면 여름을 보내기에는 최적의 장소이다. 물도 좋고, 공기가 신선하고, 산 너머 보이는 바다의 경치가 참으로 아름답다.

내가 "불편한 것들"이라고 했지만, 전킨 씨네가 겪어야 했던 그 불편함은 대체로 겪지 않고 피해 왔는데, 그것은 "빈대"이다. 고향에서는 이런 말을 이렇게 하는 데 익숙하지 않지만, 여기는 빈대가 너무 많아서 말하지 않을 수가 없다. 한국인들이 잠을 잤던 방에서 자던 전킨 씨네에게 빈대가 옮았고, 그들이 하룻밤에 빈대 26마리를 잡았다! 이보다 더 열악한 상황을 생각할 수 있겠니? 우리 방에서는 한국인들이 잠을 자지 않았었고, 또 우리가 살충제를 아끼지 않고 사용했기 때문에 우리는 빈대나 벼룩의 피해는 거의 없이 지내는 중이다. 여름내 이곳에서 건강히 지내게 되기를 바라고, 여름 일찍 서울을 떠났으니 이곳에서의 시간이 가을철에 일하기 위한 좋은 준비가 되어 주기를 바란다. 식구들도 모두 건강하게 지내기를 바란다.

작년 이맘때쯤 우리는 결혼식을 준비하느라고 상당히 분주하게 지냈었지! 벌써 한 해가 지나갔다는 것이 믿기지 않는다. 돌이켜 보니, 아름다웠던 결혼식으로부터 시작해서 진정 행복한 한 해였다. 너와 에바가 결혼할 때도 꼭 나처럼 예쁜 결혼 예복을 입고 멋진 결혼식을 올릴 수 있기를, 그리고 닐이 말하는 방식을 본받아서, 나처럼 "더 할 수 없이 행복한 결혼생활"을 하게 되기를 바란다.

생각해 보니 네가 우리 일행의 방들이 어떻게 생겼는지 궁금해 할 것 같아서, "세 형제"라는 이름을 가진 이 절의 구도를 그려서 보낸다.[102] 어떤 사람은 세 형제가 지었기 때문에 그런 이름을 붙였다고 하고, 누구는 이 절이 세 번 지어졌기 때문이라고 한다.

내 모든 친구들에게 사랑을 보내며.

사랑하는
로티

---

[102] 인돈학술원 자료에 도면이 없다. 허나 유진 벨의 편지에 첨부된 삼막사의 도면을 여기에 참고삼아 첨부합니다.

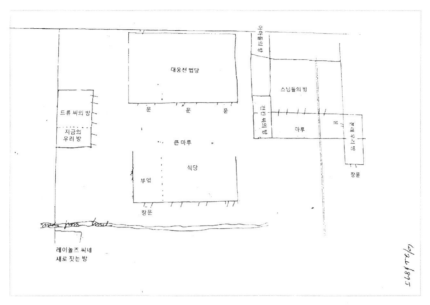

유진 벨이 동생 아치에게 정동집 도면을 보낸다고 한 1895년 6월 16일자 편지 뒤에 첨부된 삼막사의 도면. 도면을 그린 날자는 1895년 6월 26일이다.

추신. 모든 절의 "큰 마루"는[103] 항상 한쪽이 열려있고, 그런 마루의 한쪽에서 식사를 하고 쉬고, 한 부분을 부엌으로 사용한다. 이 마루는 25에 35피트의 크기이고, 마루의 뒤쪽 창문으로 보이는 바다의 경치 가 참으로 아름답다.

---

103 원문은 The "large marrow" at all temples···.이다. Temple이란 단어를 사원 전체 가 아니라 사원을 이루는 건물들을 지칭하는 것으로 사용한 듯하다. 이 후에도 그런 예가 나온다.

1895년 7월 9일
관악산

사랑하는 어머니

이렇게 엽서로나마 어머니께 저희 둘 다 건강하고 산에서의 여름휴가를 즐기고 있음을 알려드립니다. 에바와 메이블의 편지와 함께 온 버논의 편지가 어제 도착했는데, 이번 주에 버논에게 편지를 쓸 계획입니다. 그런데 그 편지가 어디를 통해서 왔는지 알 수 없지만, 아마도 중국에서 온 것 같습니다. 왜냐하면 미국에서 오는 편지는 금요일에 오게 되어 있습니다.

레이놀즈 씨네 작은 집이 완공되어서, 저희는 다시 저희 방으로 돌아왔습니다. 레이놀즈 부인의 병세는 바뀐 것이 없는데, 그들의 귀여운 아기 볼링이 오늘 아픕니다.

지금은 더운 날씨인데, 그렇다고 "뜨겁지"도 않고 장마가 시작된 것도 아닙니다.

식구들 모두 안녕하시기 바랍니다.

최고의 사랑으로,
로티

1895년 7월 11일, 목요일
관악산

사랑하는 버논

지난 월요일 전킨 씨가 서울에서 돌아오면서 에바와 메이블의 편지와 함께 가지고 온 너의 매우 흥미로운 편지를 받고는 참으로 기뻤다. 나는 네가 나에게 절대로 편지를 보내지 않을지도 모른다는 생각을 하기 시작했었다. 네 편지는 "5월 31일"과 "6월 1일" 자로 쓰여 있는데 중국으로 갔다가 서울로 온 것 같다. 우리는 편지가 올 날이 아니라 기대하지도 않았고, 다른 편지는 하나도 없이 네 것만 왔다. 어떤 때는 편지들이 일본에서 잘못 분류되어 상하이나 제푸 Chefoo로 보내졌다가 이곳으로 오는 경우가 있다. 이제는 나가사키로부터 부산을 거쳐 블라디보스토크로 가고, 또 부산에서 제물포, 거기서 제푸와 상하이로, 그리고는 다시 나가사키로 가는 좋은 러시아 선박회사의 배편이 있다. 너도 알다시피 제푸는 『중국과 중국인』의 저자인 네비우스 박사가 오랫동안 살던 곳이고, 제물포에서 100마일밖에 되지 않는다. 제푸까지 가는 뱃삯은 그리 비싸지가 않아서, 언젠가는 그곳에 가보고 싶다. 스튜어트 부인이 지금쯤은 귀국했을 것으로 짐작된다. 그와 워렌은 2월에 상하이를 떠나서 영국을 경유해서 귀국할 예정이었다. 그가 셸비빌에 올 때 식구들 모두가 그를 만나 보게 되기를 바란다.

네가 편지를 쓸 때는 학기 중이었지만, 지금은 신나는 방학을 맞고 있겠구나. 메이블도 공부를 잘 했기 바란다. 너는 물론 성적이 우수했겠지. 너는 라틴어와 희랍어를 너무 잘했었기에 너라면 한국어도 나보다 훨씬 쉽게 배웠을 거라고 자주 생각하게 된다. 최근에 와서 이곳에 온 이후로 처음 한국말에 대해 약간 용기를 얻었는데, 왜냐하면 사람들에게 도움을 청할 수 있고, 그들로부터 늘 새로운 어휘들을 배울 수 있기 때문이다. 이곳으로 올라오기 바로 전, 그리고 여기로 처음 왔을 때만 해도 내가 한국말을 배우기에는 더 이상 희망이 없다고 생각하고 있었기에 김 서방에게 월급을 주고 그를 떠나보내는 것이 기뻤었다. 나는 지금 벨 씨의 선생인 이 씨한테 배우면서 진전이 생겼다. 전킨 씨가 우리들을 위해서 테이트 씨의 새 책을 가지고 매일 아침 수업을 시작한 것이 특별히 도움이 된다. 이 서방이 발음을 가르치고 전킨 씨는 문법을 가르친다.

문장 하나를 발음이 익숙해지고 구문을 이해할 때까지 계속 반복한다. 그 다음에는 종이에 그것을 써서 이 서방에게 주고 이 서방은 우리가 문장을 제대로 썼는지 검사를 한다. 어떤 때는 한 문장에 두 시간까지 걸리는데, 이런 방법으로 우리가 많이 배우는 것 같다. 이 서방은 아주 훌륭한 선생이고, 특히 이런 좋은 교육방법에 잘 맞는다. 유진과 나는 드루 부인, 전킨 부인과 함께 한국어 수업을 한다. 레이놀즈 부인도 나와서 함께하기를 원하지만 몸이 아직 허락하지 않고, 드루 의사는 서울에 머물고 있다. 문장을 통해서 배우니 "단어들"을 잘 기억하게 된다. 문제는 내가 스스로 문장을 만들려고 할 때 생긴다. 우리에게 지금 마태복음 복사판이 몇 부 있다. 내일 레이놀즈 씨가 기도회를 인도할 때 그를 따라서 해 보기 시작할 것이다. 나도 이제는 찬송가를 약간은 읽을 수 있고 매일 아침 기도회 때 빠지지 않고 조금씩은 노래할 수 있다. 네가 아마 "예수 날 사랑하시오니 기쁘도다"라는 찬송의 후렴을 한국말로 어떻게 쓰는지 보기를 원할 것 같아서 여기에 복사해 볼게. 오른편 줄에서 시작해서 아래로 내려 읽어라:

보다시피 한 단어가 어디서 끝나고 다음 단어가 어디서 시작하는지 알게 하는 장치가 없어서 처음에는 많이 혼동된다. 내가 믿기로 이 가사를 "예수 사랑하심은"이라는 찬송가 곡에 맞추어 부른다. 우리는 매일 아침 큰 "마루"에서 아침 식사 직후에 아침 기도회를 갖는데, 하인들이 모두 참석해서 찬송가를 함께 부른다. 대개는 몇몇 스님과 절에 온 손님들이 와서 주위에 서서 구경한다.

한국인들은 "구경" 즉 "보는 것"을 좋아하는 경향이 있어서, 중국인들이나 일본인들보다 접근하기가 쉽다. 그들이 "구경 가는 것"을 좋아하기 때문에, 그들이 우리들의 집이나 교회로 구경하러 올 때 여기저기서 진실한 하나님의 말씀이 전파될 수 있는 것이다. 오늘은 절을 "구경"하러 온 사람들이 우리를 더 좋은 구경거리로 생각하고 모여들어서, 우리는 "구경꾼들kugungers"에 의해 거의 둘러싸이다시피 했다. 불쌍한 사람들! 우리는 그들에 대해 인내심을 가지려고 늘 노력하지만 때로는 너무 힘들다.

내가 어머니께 엽서에 쓴 것처럼 볼링이 아프다. 오늘 아침 내가 잠시 들렀을 때, 레이놀즈 씨가 그의 아내와 아기가 아프니까 들어올 수 없다고 말을 했는데도 여자들 한 무리가 현관 마루에 앉아 있었다. 내가 방에 들어섰을 때 아기는 내게 안아 달라고 울었고, 그래서 아기 아빠가 아기를 나에게 주고 무언가를 가져오려고 마루로 나갔다. 그가 마루로 나가고 내가 문을 닫기 전에 구경꾼 여자들이 방으로 들어오려고 했고, 두 명이 머리를 들이 밀어 이것저것 보려고 하자 레이놀즈 부인이 매우 날카로운 소리로 그들에게 말했고, 그제야 그들이 갔다. 많은 사람을 한꺼번에 방으로 들이는 것은 즐거운 일이 아닌 것이, 그들은 매우 더럽고 모든 것을 만져보려 하기 때문이다. 나는 한두 명의 구경꾼은 마다하지 않는다. 침대에 앉거나 주변의 작은 물건들을 훔치는 것을 감시할 수 있기 때문이다.

내일은 절에 큰 행사가 있다. 인파뿐 아니라 소리 때문에도 날이 다 가기 전에 그것들에 지쳐있을 것이다. 절에서 부다를 깨우려고 징을 치고 종을 울리는 것을 들을 때마다 나는 엘리야 선지자가 바알의 사제들에게 "너희 신이 잠이 들어 깨워야 할 것인가"[104] 하고 비꼬아 말한 것을 기억하게 된다. 내일 행사는 정오에 시작해서 하루 종일 그리고 밤새 계속될 것이다. 우리는 드루 씨네나 전킨 씨네보다 절에서 조금 더 떨어져 있는 것이 기쁘다.

오늘 서울에 있는 전킨 씨의 집에 도둑이 들었다는 나쁜 소식이 있었다. 그의 문지기가 어제 와서 오늘 아침까지 내려가지 않는데,

---

[104] c.f. 열왕기 상 18:27

도둑이 어젯밤에 든 것이다. 문지기의 작은 아들이 점심 식사 때 올라와 소식을 전했고 전킨 씨는 일의 자초지종을 보려고 서울로 내려갔다. 우리는 그의 손실이 적기를 바란다. 어제 문지기가 전킨 씨의 허락을 받지 않고 전킨 씨를 보러 서울 집을 비우고 올라왔으니 그의 입장이 좋지가 않다.

짐작컨대 고국에서는 이곳에서 우리가 아는 것보다 한국의 궁궐을 둘러싼 문제를 더 잘 알고 있을 것 같다. 우리가 듣기로는 왕비가 "박"(박영효)의 목숨을 위협하고 누군가 칼로 "서"(서광범)를 찔렀다고 했다. 그래서 그 둘은 일본으로 피신하기로 작정했고, 일요일에 일본 병사의 호위를 받아서 서울을 떠났다. 테이트 남매가 며칠 전에 고베로 가기 위해 제물포로 갔는데, 그 두 사람과 일행이 고베행 선박의 모든 방들을 차지한 것을 알게 되었다. 우리가 마지막 듣기로는 테이트 남매가 아직도 제물포에서 배편을 기다리고 있다고 한다.

그리고 더욱 안 좋은 소식은(사실 "더 안 좋다"는 말은 쓰지 않았어야 하는 게 그 두 사람의 일본으로의 도피가 우리들에게 어떤 영향도 미치리라고 나는 생각하지 않는다.) 독립 선교사로 시골에 나가 있는 맥킨지 선교사가 죽었다는 것이다. 그는 그의 선교지에서 혈혈단신 혼자였는데 한국 열병인 "임병"[105]으로 너무 아파하다 그만 미쳐서 자신을 총으로 쐈다. 그는 이곳에 온 지 2년여밖에 안 되었지만 한국말을 썩 잘했고, 훌륭하게 선교 사역을 했다고 한다. 내가 보기에는 그의 죽음이 선교사들이 본국에서의 재정지원 없이 토착민의 한 사람으로 살아야 한다는 이론이 오류라는 또 하나의 실례인 것 같다. 맥킨지 씨는 아무

105　원문 "Impyung". "임병" 혹은 "염병"의 음차로 생각된다.

정기적 지원 없이 금화 200불만으로 살아보려고 노력했었다. 그는 한국인들과 한국인 집에 살았고, 그들의 옷을 입고, 그들처럼 방바닥에서 자고 그들의 음식을 먹었다. 한 달 음식비가 은화 7불이면 된다고 그가 말했었다! 두 달 전에 서울에 왔었는데, 내게는 그가 매우 건강해 보였으나, 그때 이미 아팠었다고 한다. 그의 친구들 말로는 그의 건강이 많이 쇠퇴했고 그가 혼자 한국식 생활을 한 것이 영향을 미쳤다고 했다. 언더우드 박사와 웰즈 의사가 그가 죽었다는 소식을 듣고 곧 그곳으로 갔다. 그들이 돌아왔는지 아직 듣지 못했다.

우리 일행 중 아픈 사람들도 잘 지내고 있다. 오늘 밤 볼링이 차도가 있기를 바라는데, 이가 올라오느라 그렇게 아파했던 것이다. 아주 귀여운 아기이고, 우리 둘 사이가 보통이 아니다. 오늘 오후엔 내가 그를 재워서, 오늘 처음으로 아주 오래 잤다.

레이놀즈 부인은 내가 나날이 살이 쪄간다고 한다. 그리고 슬프게도 유진의 허리가 너무 두꺼워져 가서 어떤 속옷들은 맞지 않게 되었다. 그래도 우리 두 사람 다 잘 있고 건강하니, 우리가 살이 쪄서 모든 옷을 못 입게 되어도 불평하지 않겠다.

이번 주에 우리는 스미스 상점에 주문을 다 마쳤는데 6개월 동안 필요한 설탕, 라드, 버터 등을 지금 주문해야 한다는 것이 너무 신기하다. 9월 말쯤에 우리가 받을 수 있도록 물건들을 배송할 것 같다. 혹시 식구들이 나한테 보낼 작은 물건들이 있으면 스미스 상점으로 보내면 될 거다. 주소는 샌프란시스코, 프란트 가(街) 416번지, 스미스 캐시 상점, 한국, 서울, 유진 벨 앞이다. 보내는 물품 목록과 함께 상점 주인에게 통지를 보내라. 배송료를 우리가 따로 지불해야 할지 모르나, 아마 그렇지 않을 것이다.

메이블에게 그 애가 쓴 옷 이야기를 듣고 그 샘플을 보는 것이 매우 즐거웠고, 조만간 속히 식구들과 에바에게 편지를 쓰겠다고 말해다오. "사랑스런 동생 플로렌스"가 "돈"을 잘 번다는 소식이 반갑다. 내년 여름에 우리를 방문하러 이곳에 올 수 있을 만큼 돈을 많이 벌면 좋겠다.

네가 편지에 쓴 모든 소식들을 아주 즐겁게 읽었다. 곧 다시 편지를 써서 네가 알고 있는 모든 것을 말해 주기를 바란다. 그레샴 씨[106]가 죽은 것은 그 즉시 알게 되었는데, 그 소식이 곧장 전신으로 공사관에 전해졌고, 공사관에서는 그의 사망을 애도하여 열흘 간 국기를 반기로 계양한다고 이곳의 모든 미국 시민들에게 통보했다.

우리 친구들과 친지들 사이에 결혼이 성행하는 것 같은데, 그렇지 않니?

너와 너의 "미스터"[107]가 지금 우리가 머물고 있는 이곳을 매우 좋아할 것 같다. 꿩들이 서로를 부르는 소리를 [여기서는] 자주 듣는다. "사람들이 말하기를" 여기 산에 호랑이가 있다고 하는데, 근처에 호랑이가 있다고 나는 믿지 않는다. 인근 마을에서 서울로 왕래하는 사람들이 너무 많기 때문이다. 유진과 나는 거의 매일 오후에 산 어딘가로 몇 백 년에 걸쳐서 사람들이 만들어 놓은 길을 따라 산책을 한다. 이 절은 지은 지 600년이 되었다.

지금 밤이 늦었고, 마지막 페이지가 다 찼으니, 이제 그만 안녕 –

---

106 Walter Quintin Gresham(1832~1895)은 1893년 3월에 미 국무장관으로 임명됐고 2년이 조금 넘은 1895년 5월 28일에 사망했다.

107 수신인 버논의 세 살 위 형인 드와이트를 지칭하는 듯하나 확실하지 않다.

최고의 사랑을 모두에게 전하며,

사랑하는

로티

1895년 7월 21일, 일요일 저녁
한국, 관악산

사랑하는 어머니

여기 산 위에서는 제가 고향의 식구 누군가에게 편지를 쓰고 있지 않는 한 일요일이 전혀 일요일같이 느껴지지 않습니다. 여기서 보내는 편지를 그저 서울에 가는 아무에게나 부쳐달라고 할 수 없어서 가지고 있다가 남자 선교사 중 하나가 내려갈 때에 보내기 때문에, 이 편지가 언제 보내질지 모르지만 그래도 매주 편지를 써보도록 하겠습니다. 이번 주에는 편지를 쓰지 못한 것이 제가 살림 당번이었습니다. 이렇게 더운 날에 살림에 관한 일과 한국어 공부 외에는 거의 아무 일도 못 하는 것 같아요. 점심 후에는 낮잠 자는 것 외에는 아무 것도 못 하겠고 오후 5시가 되면 저희 모두 레이놀즈 씨네로 내려가서 저녁 식사 시간이 될 때까지 거기 있습니다. 그리고 저녁 후 산책을 하고 돌아오면 유진과 저는 다시 졸려집니다. 오후에 우리들이 재봉을 하고 소리 내어 책을 읽는 동안 레이놀즈 씨와 유진 Mr. Bell은 대개 체스 게임을 합니다. 레이놀즈 부인은 식사를 하러 나올 수 없고 거의 항상 침대에 누워서 지내야 하고, 우유와(그들에겐 작은 한국 암소가 있습니다.) 닭고기 육수, 소고기 육즙 등만으로 살고 있습니다. 저희는 아이스크림 제조기를 이용하여 그를 위해 매일 버터밀크를 만드는데, 우유를 아이스크림 제조기 안의 통 안에 넣고 유진이 만든 나무 주걱을 이용하여 만듭니다. 제가 순수 소고기 육즙을 만드는 법을 배웠습니다. 싱싱한 소고기를 잘게 썰어서 메이슨 병에 넣고 탄탄히 봉해서 그 병째로 물에 4시간 정도 끓입니다. 그렇게 해서 생긴 육즙을 잘 걸러서 소금을 쳐서 마시는데 맛이 끔찍합니다. 우리는 그를 위해 아이스크림도 여러 번 만들었는데 더 이상은 그가 그것을 좋아하는 것 같지 않아요. 하긴 서울에서 얼음을 운반해 오는 것도 어렵지요. 볼링은 다시 괜찮아졌고 물론 그로 인해 레이놀즈 부인의 마음이 밝아졌습니다.

레이놀즈 씨네 머무는 집이 한국식 보통 초가집이라고 말씀드렸었나요? 지난 금요일 아침 일찍 비가 엄청 많이 왔는데 지붕에서 비가 새고 침대가 젖어서 이틀 동안 집을 나와야 했습니다. 다행히 드루 의사가 서울에 있어서, 미스 데이비스가 드루 부인과 한 방을 쓰고 자기 방을 전킨 씨네에게 내어 주고, 레이놀드 씨 가족이 온돌이 따뜻하게 데워질 수 있는 전킨 씨네 방을 쓰게 했습니다. 이 서방 말로는 이제는 더 이상 비가 새지 않을 거라고, 새 짚들로 된 지붕이 자리를 잡아야 했었을 뿐이라고 했습니다. 저는 그 말을 듣고 반가웠는데, 왜냐하면 저희가 남쪽으로 내려가면 타일을 구해서 좀 더 나은 집을 지을 수 있기 전에 우선 모두 초가집에서 살 것이기 때문입니다. 물론 초가집에서는 스토브를 쓰지 않고 "카후" 바닥[108]을 할 것입니다.

이곳의 기후는 정말로 상쾌합니다. 온도가 80도 이상 올라가는 법이 없고, 낮에는 보통 제 플란넬 속옷을 입어야 할 만큼 선선하고, 밤에는 옥양목 조각 이불이나 파란 담요를 덮으면 편할 정도로 서늘합니다. 모기장을 가지고 오긴 했지만 한 번밖에 사용하지 않았습니다. 창 하나는 모기장으로 가렸고 다른 창에는 철사 방충망이 있어서

---

108 원문에 "kahu" floor로 적혀있다. 무엇을 의미하는지 확실하지 않다.

문을 꼭 닫아두기만 하면 벼룩 이외에는 파리나 모기 등 다른 해충이 들어오지 않습니다. 어젯밤에는 벼룩 때문에, 조금이라도 잠을 자기 위해서 밤중에 일어나 분말 살충제를 이불에 뿌려야 했습니다. 그러나 벼룩이 그런 식으로 골칫거리가 된 것은 이번이 처음이었습니다. 최고로 즐거운 여름을 보내고 있고, 서울에서 여름을 보내지 않는 것이 너무도 감사합니다. 서울은 아주 덥고 콜레라가 극심하게 퍼지고 있어서 한국인들까지도 이 전염병을 두려워하고 있습니다. 이곳은 공기도 좋고 물도 청정해서 콜레라 걱정은 전혀 안 해도 됩니다.

유진과 저는 완벽하게 건강했는데, 이번 주에 유진의 얼굴과 손에 아주 고통스러운 발진이 생겼습니다. 한국인들은 모두 숲에 있는 어떤 식물에서 옮긴 것이라 했고, 드루 의사는 독참나무에서 옮았다고 했습니다. 지금은 거의 없어졌는데 삼사일 동안은 비참할 정도로 힘들어했습니다. 다행히 저희들의 보이 "선건아"[109]가 때맞추어 "구경"하러 저희가 있는 곳에 왔습니다. 어느 늦은 오후에 그를 드루 의사와 함께 서울로 보냈고, 그 이튿날 이른 아침에 그가 유진을 위한 약을 가지고 다시 산으로 올라 왔습니다. 누가 여기서 "서울로 갔다"라고 말할 때는 길고 힘든 여정을 의미합니다. 한 번 가는데 10마일인데, 산길을 오르내리는 아주 힘든 길이지만 선건아는 걷기에 능하고, 그렇게 오래 걷는 것을 마다하지 않는 듯했습니다. 실제로 모든 한국인들이 걷기에 능합니다. 이 서방은 나이가 있는 사람인데도 매주 토요일에 내려갔다가 월요일 아침 날이 밝은 다음 30분 후엔 다시 이곳으로 올라옵니다.

---

109 원문에 "Sun Gunna"라고 적었다. 로티가 자기네 "보이"를 지금까진 선건이Sun Gunnie 또는 Sun Gunni로 적었는데, 여기서부턴 거의 선건아Sun Gunna라고 적고 있다.

드루 의사는 영국으로 의약품 주문하는 일을 처리하기 위해 3주간을 계속해서 서울에 머물렀는데, 이제는 더 이상 서울로 내려가지 않을 것 같습니다. 지난주에는 한국의 국왕이 콜레라에 관한 계획을 세우기 위해 모든 외국인 의사들을 소집했는데, 그들이 무엇을 의논했는지 저는 모릅니다.

드루 의사가 어젯밤에 다시 우편물을 가지고 올라왔습니다. 6월 18일과 19일 자로 된 에바의 편지와 엽서 그리고 어머니가 스크랩해서 보낸 신문 등을 즐겁게 받았습니다. 지난주에는 유진이 아버지의 편지를 받았는데, 거기에 플로렌스가 제게 보내는 편지를 동봉했습니다. 플로렌스가 편지에서 드와이트가, 아버지께서 발견하신 두개골에 대해 『커리어』에 실린 기사를 스크랩해서 보낸다고 했는데, 드와이트가 제게 편지를 보냈는지요? 만일에 보냈다면 저는 아직 받지 못했습니다. 아버지께서 『커리어』에 쓰시는 서신들은 모두 제게 보내주시고, 기사의 스크랩도 종종 보내 주십시오.

짐작컨대 플로렌스는 지금 매티네 집에 있겠네요. 플로렌스가 그곳으로의 여행을 즐길 것으로 알고 있고, 플로렌스와 에바가 같이 그곳을 다시 방문할 수 있기를 바라요. 저는 플로렌스의 시험결과를 애타게 기다리고 있습니다. 그가 좋은 점수를 받은 것은 알고 있지만, 꼭 붙었기를 간절히 바랍니다.[110] 어머니도 누구도 잭슨 부인을 보지 못했다니 죄송하군요. 그가 아버지와 또 잭슨 사촌의 친척이라고 주장한다지만, 저는 그가 우리와 인척관계가 있다고 생각하지 않아요.

---

110 플로렌스가 고등학교에 취직이 되어 돈을 벌고 있었고, 나중 편지에 플로렌스가 학생을 가르치는 자리를 얻으려고 애를 쓰는 내용이 나오므로, 이번 시험은 혹시 교사채용 시험이었을 수도 있다.

아마 로버트와 친척일 가능성이 있고, 잭슨 사촌과도 그랬을지 모르지요.『옵저버』에서 보았는데 스미스 씨가 리치몬드로 간다지요. 퓰리암 씨와 로버트 씨도 이미 떠나버린 마당에 대학 "예비교"에 학생들이 새로 몰려들 텐데, 얼마나 더 많은 변화를 겪어야 할지 모르겠습니다. 메이블이 첫 학년을 잘 마친 것이 기쁘고 폴린도 노력하면 잘할 것 같아요. 그렇게 "아기들"이었던 어린 동생들이 벌써 고등학생이라는 것이 상상이 되지 않습니다.

제 살림 담당 차례를 끝내며 마지막 저녁을 해주고 밤에 잠자리에 들게 되는 마음이 매우 뿌듯합니다. 이제 내일 점심부터 전킨 부인 차례가 됩니다. 이제껏 저희 두 사람이 이곳 살림을 담당했습니다. 레이놀즈 부인은 너무 아프고, 미스 데이비스는 다시 서울로 가고, 드루 부인은 한국에 온 이후로 살림을 담당해 본 적이 없어서, 할 수가 없다고 말합니다. 실상 그는 저만큼도 한국말을 못 하는데, 이제껏 한국어 공부를 할 기회가 없었고 한국인을 만날 기회도 아주 적었습니다. 저는 한국에 처음 와서 곧바로 살림을 하는 게 아주 어렵게 생각되었으나, 실상 해보니 저희에게 일어난 일들 중에 가장 좋은 경험이었습니다. 왜냐하면 저희는 어떻든 대화를 <u>해야 했고</u>, 우리 스스로 노력하고 자신의 능력에 의지하는 법을 배워야 <u>했기</u> 때문입니다. 저희가 한국말을 잘 한다고 모두 이야기합니다. 저는 그 말이 진실이기를 바라지만, 때로는 절망적인 과업으로 생각되기도 합니다. 그래도 다른 사람들의 도움 없이 하인들로부터 새 단어와 그 뜻을 배우는 것 이상 더 큰 즐거움이 없습니다.

우리가 산에서 살림을 어떻게 분배해서 지내는지에 대해 어머니께 말씀드렸는지 기억이 나지 않습니다.

월요일 오전, 10시 30분

오늘 아침엔 자유로운 시간이 생겨서 그 여유를 맘껏 즐기며 어머니께 드리는 이 편지를 마무리하고 있습니다. 제가 잊어버리고 말씀 드리지 않았는데, 버논에게 9일인가 10일 날짜로 편지를 써서 미스 데이비스의 요리사 편으로 부쳤습니다. 그가 그 편지를 부쳤기를 바라요. 이 산에서의 살림 계획을 말씀드릴게요. 전킨 부인이 스토브를 가져왔고, 저희 세 여자 – 레이놀즈 부인, 전킨 부인, 그리고 제가 부엌기구들을 나누어 가지고 왔습니다. 그리고 저희 비스킷 만드는 기계를 가지고 왔어요. 맹세계가 조리사로 산에 함께 올라왔는데, 여기서는 할 일이 많고 또 그가 먹을 쌀을 그의 가족을 위한 것과 별개로 마련해야 했기 때문에 월급을 은화 9불로 정했습니다. 전킨 씨네 조리사가 "보이"의 직책으로 8불을 받고, 레이놀즈 씨의 조리사 가 "세탁부"로 8불을 받고, 심부름꾼이 하나 있는데 월급이 6불입니다. 다른 선교사들이 자기들의 아마도 데려왔습니다. 심부름꾼은 일 주일에 세 번 서울로 가서 소고기와 우리 집 밭에서 "청과"를 가지고 옵니다. 토요일에 그가 상추와 비츠, 옥수수, 감자, 양파, 콩 등을 저희 집 밭에서 가져왔어요. 드루 의사의 말로는 저희들의 문하인이 밭을 아주 잘 가꾸고 있다고 합니다. 그리고 각자 식품 저장고에서 식료품들도 많이 가져왔습니다. 여름이 끝날 때 그동안의 경비를 계산해서 균등히 나눌 것입니다. 닭은 한 마리에 (금화) 7센트, 계란은 한 줄에 5센트 주고 삽니다. 이곳에서도 싱싱한 고기와 채소가 충분히 공급된다는 것을 어머니께서도 아시겠지요?

유진이 아버지께 채소밭에 대해 편지를 쓰기 바라요. 고향에서 자라는 모든 채소를 여기서도 재배할 수 있고 또 잘 자란다고 사람들이 말하는데, 그 말이 쉽게 믿어집니다. 언젠가 저희들의 집을 갖게 되어 캘리포니아에서 미국 과일 나무를 주문해 와서 심으면 고향에서 먹던 과일들을 얻게 되고, 또한 이곳에서 자라는 맛있는 살구와 감나무도 기를 것입니다.

한국인들이 먹는 것을 보면, 그들이 모두 콜레라로 죽지나 않을까 걱정이 됩니다. 그들은 오이를 껍질째 먹고, 참외 종류도 모두 그렇게 먹습니다. 어제 여기서 닭 두 마리가 죽었는데, 전킨 부인이 누가 그 닭을 먹을까 염려해서 아주 멀리 가져다 버리게 했습니다.

저의 파란색 무명천 드레스와 모자가 플로렌스의 마음에 든다니 기쁩니다. 제 오건디[111]도 플로렌스에게 주고 왔으면 너무 좋았겠다고 진심으로 생각하게 됩니다. 여기서 제게는 그런 옷이 필요 없고, 파티 등 어쩌다 옷을 차려 입어야 할 경우에는 제게 있는 하얀 드레스면 충분합니다. 이번 여름에는 그 옷을 플로렌스에게 물려주려고 늘 생각해 왔었는데, 그만 제 짐 속에 넣어 오고 말았습니다.

지난 번 편지를 드린 이후로 저희는 절에서 수행하는 중요한 "행사" 중 하나를 "구경"할 기회가 있었는데, 외국인들 중에 극소수 외에는 경험하지 못한 그런 것이었습니다. 행사는 지난 주 금요일에 있었지만 그 전 날부터 사람들이 산에 올라오기 시작했고, 금요일 아침 식사 시간쯤에는 아주 큰 인파가 모였는데 대부분 여자들이었습니다. 한 죽은 "양반"의 영혼을 위해 기도를 올리는 행사였습니다. 10불에 해당하는 2만 푼[112]이 행사비로 지불되었습니다. 모인 무리들은 기도에

---

111 빳빳한 무명천으로 된 화려한 드레스.
112 원문 "20,000 cash".

대한 관심만큼이나 저희 외국인들을 보고 싶어 했던 것 같습니다. 저희들의 식사시간에 그들이 "마루"로 와서 저희들을 둘러쌌기 때문에 절의 스님들이 그렇게 하지 못하도록 막아야 했습니다.

종이로 만든 꽃들로 절이 장식되었고, 수많은 등이 안마당에 걸렸고, 안마당으로 의자 하나를 가져왔는데, 죽은 "양반"의 혼이 거기 모셔졌습니다. 하루 종일 그들은 마당을 돌고 북을 치고 기도하고 잠을 잤습니다. 저희는 레이놀즈 씨 집에서 머물며 밖에 나가지 않았습니다. 그런데 저녁 식사 후에는 소음이 점점 더 심해졌습니다. 그래서 유진과 저는 도대체 무엇들을 하고 있나 보려고 "마당mardon"으로 나갔습니다. 저희는 나가서 드루 씨 집 문 앞에 올라가서 보았는데[113] 그때 저희들 눈앞에 들어온 광경을 저는 결코 잊지 못할 것이지만, 그것을 묘사할 능력이 제게 없습니다. 큰 절[114]은 활짝 열려있고, 희미하게 켜진 촛불에 금도금한 부처의 상이 비추이고, 절 건물 뒤로는 큰 산이 어둡게 서 있는데, 앞에는 흰 옷을 입은 사람들이 등불에 비쳐 유령처럼 보이는 한가운데에서 두 스님들이 바라를 치며 춤을 추고 다른 스님들은 주문을 외우고, 끔찍한 소리로 피리를 불고 북을 치며 장단을 맞추었습니다. 너무도 괴이했고 말로 설명하기가 힘든 장면이었습니다. 저는 이런 일은 아프리카에서나 일어나는 줄 알았었습니다. 곧 자해를 시작할 것 같은 생각이 들었습니다. 이런 일이 밤새

---

113 남편 유진이 1895년 6월 26일에 삼막사를 그린 도면에 의하면, 로티네 방은 건물 맨 뒤로 대웅전과 마당과 신당들이 다 가려져서 볼 수가 없고, 드루 씨네가 쓰고 있는 작은 신당문 끝에서 보면 대웅전의 세 문이 다 활짝 열려 있을 때는 그 안의 모습을 거의 대충 다 볼 수 있는 각도에 있음.

114 원문 "the large temple", 대웅전을 일컫는 듯.

계속 될 것이라고 하는 말을 저희가 들었을 때 저희 마음이 어땠을지 상상해보세요. 그러나 저희는 다른 동료들보다 이 행사 장소에서 조금 더 떨어져 있었기 때문에 잠을 잘 잤습니다. 다음 날 이른 아침에 저희 집 문 앞 근처에서 나는 왁자지껄하는 소리 때문에 잠을 깼는데, 알고 보니 스님들 여럿이 <u>만취가</u> 된 채 돈을 걸고 노름을 하고 있었습니다. 그러나 한국에서는 늘 그렇듯이 아무도 다치지 않았습니다. 저희가 이곳에 머무는 동안 더 이상 이런 행사가 없기를 바랍니다.

이곳에 저희 외국인들이 온 이후, 구경꾼 여자들이 매일 모여들었지요. 그리고 지금은 미스 데이비스가 이곳에 와 있어서 그가 매일 구경꾼 여자들과 이야기를 합니다. 미스 데이비스가 가을에 저희 집 한쪽에서 함께 살게 될 가능성이 있는데, 저는 그렇게 되면 좋겠습니다. 그는 사랑스런 여인이며 일을 잘하고 그에게서 배울 것이 많고, 저희가 사는 집은 다른 가족이 들어와서 살 수 있을 만큼 크기 때문입니다.

친구들이 오늘 하루 이곳에 올라왔기 때문에 저도 곧 편지쓰기를 마감하고 그들을 만나러 가야 합니다. 감리교 선교사인 아펜젤러 가족이 그들인데, 이 편지를 그들에게 부탁할 것입니다.

다음 겨울을 위해 모직 속옷이 몇 벌 필요합니다. 그래서 에바가 될수록 빨리 <u>여자 큰 사이즈</u>의 순모로 아래 위가 붙은 속옷 세 벌을 부쳐줄 수 있기 바랍니다. 그것을 샌프란시스코, 프란트 가(街) 416번지, 스미스 캐시 상점, 한국, 서울, 유진 벨 앞의 주소로 소포의 내용물과 그 값을 적어서 보내면 됩니다. 아마도 10월 전에는 모직 속옷을 살 수가 없을 테니 저희가 상점에 주문한 다른 물건들과 함께 올 수는 없겠지만, 스미스 상점에서는 할 수 있는 한 빨리 저희에게 보내줄 것입니다. 드루 부인이 에바한테 하는 부탁인데 진파랑색의 밀짚모자를, 뒤를 올리고 테두리는 리본과 꽃으로 장식한 큰 것으로 사달라고 합니다. 드루 부인이 빨간 장미로 장식된 오래된 제 모자를 부러워하니까 그것과 비슷한 것을 사서 보내 주세요. 드루 부인은 사이즈가 에바와 비슷합니다. 그가 그 모자를 금화 3불 정도로 늦여름에 구할 수 있기를 바랍니다. 저도 역시 소소한 물건들이 약간 필요합니다. 소포를 부치실 때 속달이 좋을지 아니면 화물로 부치는 것이 어머니께 가장 편리하실지 말씀을 드릴 수가 없어요. 제가 할 수만 있다면 비용을 들이고 싶지 않지만, 그 판단은 어머니께 맡기겠습니다. 유진에게 크리스마스 선물로 줄 <u>체스</u>에 관한 좋은 책이 필요한데, 유진이 원하는 책의 이름을 잊어버렸기 때문에 그것은 나중에 우편으로 보내셔도 됩니다.

* 모직으로 된 아래 위 붙은 속옷 세 벌 – 한 벌에 2불이나 그 이상
* ¾야드의 노란 고무줄 대님 (한 쌍)
* 무명이나 면포에 물결무늬를 놓는데 쓸 <u>흰색</u> 무명타래 한 타스
* 고운 마돈나 솜 한 덩어리
* 거친 마돈나 솜 한 덩어리
* 시계를 고정할 까만색 꼬은 비단 1야드
* 접이식 사냥용 컵 하나
* 손수건 3개 내지 4개를 만들 린넨 천
* 세 아기의 크리스마스 선물용 린넨으로 만든 컬러 그림책 세 권
   – 너무 비싼 것은 보내지 마세요.

위의 품목을 사서 부치는 데 드는 가격을 알려주시면 제가 수표를 보내드리겠습니다.

남편의 가족이 원한다면 유진에게 물건을 보낼 수 있도록, 그들에게 짐을 부치는 것에 대해 알려주시는 것도 좋겠습니다.

모두들 안녕하시기 바라요. 잠시만이라도 어머니를 뵙고 싶어요. 그래도 여기서도 고향에서 사는 만큼 행복하니까 아주 살려고 집에 돌아가지는 않을 것입니다.

저희 두 사람 다 아버지께서 교회를 위한 모금을 성공적으로 하신 것이 기쁩니다. 바라기는 "델라De La"가 거기서 좋은 시간을 보내기 바라요.

저희 두 사람의 사랑을 전해드리며,
어머니의 헌신적인 딸
로티

추신. 어머니로부터 소식 듣는 것이 정말 즐거웠어요.
모자를 위해서 4불 이상은 쓰지 마세요.

1895년 8월 1일[115]
한국, 관악산

사랑하는 어머니

장마철이 이제 본격적으로 시작되었습니다. 편지를 쓰기에는 공기가 너무 축축합니다. 그래도 편지 세 개를 썼는데 하나는 매기 에이치에게 보내는 것이었습니다.

어제(오늘)[116] 저희 선교부에 식구가 하나 늘었습니다. 드루 씨 부부의 아기가 태어났는데 잘 생긴 사내 아이, 몸무게가 9파운드 4온스입니다. 레이놀즈 부인은 약간 차도가 있어 보이지만 병이 어떻게 진행될지 모두 불안해합니다. 서울에서는 콜레라가 심하게 퍼지고 있기는 하지만 저희가 취할 수 있는 모든 조처를 취하고 있습니다. 저희가 콜레라를 크게 두렵게 생각하지 않는 것이, 저희는 매우 조심스럽게 대처하고 있고 또 지금 머물고 있는 곳은 지역이 매우 높은 곳이기 때문입니다. 메이블에게 며칠 내로 편지를 해서, 이곳 한국에서 비가 온다는 것이 어떤 뜻인지 설명해 주겠습니다. 우리 두 사람 다 잘 있습니다. 유진의 얼굴과 손에 생겼던 발진은 완전히 나았습니다.

---

115 인돈학술원 데이터에 2통의 엽서가 하나로 분류되어있다. 전반은 로티가 제 어머니께 8월 1일자로 쓴 엽서, 후반은 유진 벨이 8월 2일 자로 자기 어머니께 쓴 엽서이다. 로티 분만 여기 변역하여 싣고 유진 벨 분은 유진 벨 편에 싣는다.

116 원문엔 yesterday라 적고 그 위에 괄호 안에 손글씨로 today라고 되어 있다. 바로 밑에 유진이 자신의 어머니께 하루 뒤 8월 2일 쓴 엽서엔, 아기가 어제 태어났다고 적고 있다. 아기가 8월 1일 (오늘) 태어난 것이 맞는 듯하다.

최고의 사랑을 모두에게 전하며,

사랑하는

로티

1895년 8월 6일
한국, 관악산

사랑하는 에바

심부름꾼이 내일 아침 일찍 서울로 내려간다는 사실을 알고, 지금 이 오후에 서둘러서 네게 편지를 쓰면서 어머니께 열흘 전에 부탁한 물품에 몇 개를 더하려고 한다. 이번 주 중으로 메이블에게 편지를 하려고 했는데, 아마도 그렇게 할 수 있을지도 모르겠다. 심부름꾼이 오늘 밤에 이곳에 올라올 때 7일 전에 왔어야 했을 우편물들을 가져올 수 있기 바란다. 그러나 열흘 내내 계속 비가 내려서 제물포에서 오는 육로가 물에 잠겼고, 강으로도 우편물이 배달될 수 있는지는 우리가 모른다.

이곳의 장마철이 장난이 아니라는 것을 절감한다. 그래도 이곳이 서울보다 낫다. 서울은 온도가 이곳보다 많이 높다. 지난 열흘 동안 계속 비가 내렸는데, 어떤 때는 비가 쏟아지듯 내려서 비가 방 안에 들지 않게 하기가 몹시 힘들었고, 우리 방 위의 지붕이 새서 고무로 된 덮개를 침대 위에 씌워 놓아야 했다. 비가 세게 내리지 않을 때에는 문을 열고 조금이라도 환기를 하고 싶으나, 구름이 방으로 밀려 들어 와서 비가 오는 것과 별 다를 바 없다. 나는 매일 밤 내 옷들을 베개 밑에 넣어 두는데, 그래야 그 이튿날 입을 수 있을 만큼 말라 있게 된다. 단 한 가지 할 수 있는 일은, 매일 일정 시간 동안 방문을 꽉 닫아 놓고 안에다 화롯불을 피워 방의 습기를 말리는 것이다. 그러나 지금이 가장 더울 때인데 방에다 화롯불을 핀다는 것이 즐거운 일이 아닌 것을 너도 짐작할 수 있을 것이다. 지난 사흘 동안은 그래도 햇볕이 약간 들었고 날씨도 덜 더워서 이제 축축했던 기분도 다시 말라가는 듯싶다. 직접 경험해본 사람으로서, 나는 이곳의 장마철은 절대로 쉽게 여겨서는 안 된다고 말할 수 있다. 그런가 하면 이런 비가 9월 초까지는 계속할 터이니, 한편으로는 이곳의 쌀농사에 그만한 강우가 필요하고, 셀러리가 잘 자랄지 네가 궁금해 하지 않아도 된다.

여름 동안에 대개의 사람들이 심한 설사병을 피해가지 못하는데, 유진과 나는 무사히 잘 지내고 있는 것이 너무 감사하게 느껴진다. 레이놀즈 부인은 차도가 없어 보이고, 레이놀즈 씨가 병간호 외에는 아무 일도 못하고 있으므로 조만간 그를 본국으로 데려가야 할 것 같아서 두렵다. 이곳에 하인 둘이 와 있지만 그는 전적으로 남편에게 의존하고 있고, 남편도 거의 한순간도 부인의 곁을 떠나는 경우가 없다. 그러니 하산 후에 그가 항상 침대에 누워 있으면서 어떻게 겨울 살림을 할 수 있을지 모르겠다.

드루 부인과 갓난아기는 잘 있다. 아기가 착한 것 같고, 몸무게가 9.25 파운드 나간다. 루시가 이제 13개월 되었으니, 그들 부부는 실상 아기가 둘이 있는 것과 같다. 그래도 여자 아기는 아주 사랑스럽고 통통하고 깜찍하다. 드루 의사가 "주인Chween"(주지스님head priest)에게 돈 5불을 주고 아기가 무사히 태어난 것을 축하하는 잔치를 가족과 하인들을 위해 준비해 달라고 부탁했는데, 승려들이 쌀을 빻는 등 잔치 준비를 하느라고 바쁘다. 나는 드루 의사가 한국의 관습을 따라서 이렇게 잔치를 하는 것이 기쁘다.

이번 주는 내가 이곳의 살림 담당 차례이다. 네가 짐작할 수 있듯이 매우 바쁘다. 드루 부인에게 여분의 음식을 보내고, 식사시간 사이사이에 레이놀즈 부인을 위한 음식을 마련해야 한다. 만일 맹세계가 늘 익살기 있는 훌륭한 성미로 일을 하지 않았다면 내가 어떻게 모든 살림을 관리했을지 모르겠다. 그러나 그는 언제나 사람이 좋고, 같이 일하기가 쉽다. 나는 우리가 훌륭한 하인들을 두게 된 것이 감사하다. 그들이 있음으로 우리의 삶이 전혀 다른 것처럼 되었다. 우리가 남쪽으로 이사 갈 때 나는 맹세계가 적어도 얼마 동안만이라도 함께 가서 새 조리사와 보이를 훈련시켜 주면 좋겠다. 그는 "보이"로도 일한 경험이 있어서 "보이들"의 일도 알고 있기 때문이다. 그렇게 하기 위해서 (한국 기준으로는) 꽤 큰 급료를 그에게 주어야 할 것이다.

너희들이 이곳의 들꽃들을 나와 함께 즐길 수 있다면 얼마나 좋을까. 며칠 전에는 노란 원추리, 화려한 참나리, 자주색 백합, 자주색 들국화, 노란 들국화 그리고 흰 으아리꽃clematis 등 더할 수 없이 정교하게 아름다운 꽃들을 한아름 꺾어서 집에 가져왔다. 이 모든 꽃들이 길 따라 야생으로 피어있는 것을 생각해 보아라. 패랭이꽃도 많은데 그것을 잊어 먹었구나. 그런데 패랭이꽃은 향기가 없다.

그만하고 이젠 내가 원하는 물품의 목록을 적어야겠는데 다른 종이에다가 써야 할 것 같다. 내가 너에게 말을 했는지 기억이 나지 않는데, 『수도에서 본 한국Korea from Its Capital』이라는 책에 우리 집 사진이 있다는 말을 했는지? 204쪽에 있는 사진이 언더우드 씨 집의 뜰 쪽에서 그 집에 테라스를 만들 때 찍은 것인데, 그 사진에 언더우드네 집과 우리 집 사이에 있는 담과 대문, 그리고 사당이었던 방을 잘 보여준다. 언더우드네 집 쪽으로 끝에 창문이 하나 있는데 그건 잘 보이지 않는다.

인터넷 아카이브의 조지 길모어의 저서
『수도에서 본 한국』, 222쪽

나는 오늘 "실뜨기Cat's Cradle" 놀이를 작은 스님, 그리고 다른 작은 사내아이와 함께 놀았는데, 그들은 매우 재미있어 했고 하인들도 즐거워하고, 나 같은 "외국 부인uekuk pween"(외국 여인)이 자기네 놀이를 알고 있는 것에 대해 아마들이 놀라워했다. 또, 미스 데이비스와 내가 "William A Thimble Toe"[117] 게임을 그들과 함께 놓았는데, 우리가 영어를 썼지만 그들이 괜찮아 했다.

내 생각에는 내가 "작은 스님"에 대해 말을 한 것 같은 데, 만일에 안 했다면 내가 메이블에게 편지할 때 해줄게.

식구들이 모두 내 편지를 받는 게 즐겁다고 했는데, 나는 그 말을 믿어. 하지만 편지에 무엇이 특별히 즐겁고 좋은지 알려주면 내가 집에 편지를 할 때 많은 도움이 될 것 같다. 식구들이 특별히 무엇에 관심이 있는지 알고 싶기 때문이야. 어머니의 민스 파이 레시피를 정말 알고 싶고, 그리고 스테이크를 끓이기 전에 고기를 잘 두드려주

---

117 여러 가지 다른 이름으로 불리고, 유아들을 위한 여러 가지 노래에 부쳐서, 유아들과 노는 놀이. 한국에도 비슷한 것이 있으나 특별히 놀이의 이름이 있는 것 같지는 않음.

어야 하는지 알고 싶고, 만일에 그렇다면 어머니가 가지고 계신 것처럼 잘 두드려지는 교반기를 하나 갖고 싶다.

내가 그동안 유진이 원하는 체스에 대한 책 이름을 찾아냈어. 『체스에 관한 뒷말 Gossip about Chess』이란다. 내가 그 책을 유진에게 크리스마스 선물로 줄 수 있도록 한번 구해 보아주렴.

최고의 사랑을 모두에게 전하며,

사랑하는

로티

추신. 지난 번 편지에 내가 다음의 목록을 보냈고 그 다음 것이 내가 보내지 않은 것들의 목록이다.

- 염색하지 않은 모직으로 아래 위가 붙은 속옷 세 벌
- 고무줄 대님
- 마돈나 솜: 고운 것과 거친 것
- 어린이를 위한 린넨 책 3권
- 흰 면포에 물결무늬 장식을 만들 때 쓸 흰 무명 실12타래
- 손수건을 서너 개 만들 수 있는 린넨 천
- 접이식 양철 컵

————————

- 어머니의 누룩 레시피
- 어머니의 민스 고기 레시피
- 감자 으깨는 기구
- 스테이크 고기 교반기
- 끝이 톱니처럼 된 정사각형의 비스킷 자르는 것 – 비스킷 만드는 기계에 달린 것 같은 – 정사각형이 없으면 둥그런 것도 괜찮음
- 작은 상아 머리핀 6개: 10센트
- 손톱 솔 두개: 10센트
- 레이놀즈 부인을 위한 탈쿤 4박스: 1불
- 페어스표 비누 3개: 둘에 25센트를 한다면, 향이 없는 것으로 50센트
- 칫솔 2개
- 7번짜리 바늘 세 묶음 (7개 들은 것)
- 8번 바늘 한 묶음
- 크기가 다른 바늘들 묶음 하나 (한국 여자들에게 줄 것)

추추신. 한국 여자들은 미국의 바늘과 핀과 실을 선망한단다. 드루 부인의 모자도 잊지 말아다오.

1895년 8월 11일
한국, 관악산

사랑하는 아버지

아버지께서 저희의 결혼기념일에 쓰신 편지를 어머니와 메이블 그리고 폴린의 편지와 함께 드디어 며칠 전에 받았습니다. 왜 그렇게 늦게 도착했는지는 모르겠으나, 일단 받고 보니 너무도 반가웠습니다. 어머니께 이번 달 8일쯤 편지를 쓸 수 있을 거라고 생각했는데, 부엌일로 바빴고 편지를 쓰기에는 너무 피곤했었습니다. 제가 이곳의 살림을 담당할 차례가 되었는데 저는 준비가 거의 안 되어 있음을 알게 되었습니다. 그래서 서울의 저희 집에 필요한 비품을 점검하고, 고국을 통해서나 아니면 최근 중국에서 돌아온 중국 상인 안청An Cheong의 상점에서 주문해야 할 품목의 명세를 새로 만드는 일은 뒤로 미루어야 했습니다. 안청은 저희가 샌프란시스코를 통해서 주문하는 품목들을 거의 다 구비하고 있고 직물도 취급하는데, 그래도 대량의 주문은 샌프란시스코로 하고 모자라는 것들을 안청이나 일본인 상점에서 보충하는 것이 낫다는 것이 일반적인 의견입니다. 이번 주는 그 일 외에도 오랜만에 날이 맑은 기회를 타서 부엌청소를 해야 해서 아주 바빴습니다.

이번 주에 한 이삼일 해가 나고 따뜻했기에, 모든 방에 환기를 충분히 하고 빨래를 할 수 있어서 큰 위안이 되었습니다. 지난주에는 옷들이 모두 젖어 있었고, 언제 그것들을 말릴 수 있을지 몰랐습니다. 곰팡이가 슨 것은 수건 한 장뿐이었지만, 거의 매일 책들이 상하지 않게 닦아 주어야 했습니다. 어쨌든 지겨운 장마가 이제는 끝난 것 같고, 제가 들어서 상상했던 것만큼은 장마가 나쁘지 않았는데, 그건 이곳 산 위에서의 이야기이고, 서울은 무덥고 불쾌하고 "냄새"가 심했습니다. 유진은 일요일 오후에 열리는 연합예배를 인도할 차례이기 때문에 지금 서울에 있습니다. 그가 잠은 저희 집의 침실 소파에서 자고, 문지기의 돌봄을 받고, 식사는 밀러 씨네서 그들과 함께하기 때문에 충분히 편안할 것이지만 그래도 저는 유진이 내일 아침엔 이곳으로 돌아왔으면 좋겠습니다. 밀러 씨는 언더우드네 집의 다른 쪽에 사는데, 저희 집에서 언더우드네 집 마당을 통해서 그의 집으로 갈 수 있습니다.

저희는 『옵저버』에 실린 아버지의 편지들, 또 방문객들과 아버지께서 그들에게 할애해야 하는 시간들에 대해 제게 말씀하신 것에 관심이 갑니다. 그 이야기가 저희들이 이곳에서 하는 일과 아주 비슷합니다. 한국인들은 시간의 가치를 몰라서 한번 방문을 오면 가려하지 않습니다. 아버지는 방문자의 언어를 아시니까 그게 큰 위안이 되시겠지요. 무슨 말을 하려고 애를 쓰고 또 쓰다가 결국 포기해야 하는 것은 참으로 힘든 일입니다. 서울 저희 집에 다시 가게 되면 여러 이유로 기쁠 것이라고 생각하지만, 그래도 한국 사람들이 그리워지게 될 것이라고 생각합니다.

이곳에서는 저희들과 알고 지내는 한국 사람들이 많고, 또 기도회에 오거나 저희들의 책을 읽으러 오는 사람들과 계속 함께 지내게 됩니다. 그러다가 외국인들 주거지로 다시 돌아가면 이런 한국인들과의 만남이 그리울 것입니다. 이곳에는 저와 친구가 된 어린 아이들도 꽤 있습니다. 외국인 정착지로 돌아가면 사방으로 외국인들뿐이고 이런 어린 아이들은 없을 것이기에 제가 그들을 그리워할 것입니다. 만일 서울이 저희들에게 정해신 선교 지역이 된다면, 지희는 미스 데이비스나 미스 도티가 했듯이 모든 외국인들로부터 떠나서 새로운 동네로 옮겨가고 싶습니다.

저는 특별히 이곳의 "작은 스님Little Priest"에게 관심이 있는데 그는 매우 정이 많은 아이이고, 미스 데이비스와 제가 베푸는 작은 관심에 일일이 진심으로 고마워합니다. 저는 이 아이가 무지하게 자라는 것을 감당할 수 없어요. 그래서 저는 이 아이에게 한글 읽는 법을 가르치려고 합니다. 물론 저는 한글을 잘 모르지만, 적어도 한글 글자들을 가르쳐주고 찬송가에 있는 글자들을 저한테 읽어보게 할 수 있습니다. 언젠가 동생들에게 이 아이에 대해 더 자세히 쓸 수 있게 되기를 원합니다.

저는 원했던 바와는 달리 닥터 컨버스에게 편지를 쓰지 못했습니다. 제가 경험하는 것에 대한 제 생각을 표현하는 것이 너무 어려워 차일피일 미루고 있습니다.

이 편지가 아버지께 도착할 때쯤이면 아버지께서는 맨 씨 댁에 가 계시겠지요. 저희가 매일 사용하는 은제 포크가 그분의 선물이라고, 그분이 제게 보내 주신 수표로 구입한 것이라고 말씀해 주시기 바랍니다. 한국의 사진들을 아버지께서 그곳에 가실 때 지참하실 수 있도록 미리 보내드렸으면 얼마나 좋았을까요. 그분들이 그런 사진들을 보고 싶어 한다는 것을 의심치 않습니다.

지난 번 아버지께 편지를 드린 후 이곳에서 또 한 번의 큰 행사가 있었습니다. 두 아들이 그들의 아버지의 기일을 맞아서 그의 신주를 숭배하러[118] 왔습니다. 이번에는 행사에 온 손님들이 많지 않았고 운

좋게도 행사가 길지 않았으나, 행사 자체는 지난번과 같았습니다. 절에 각종 음식이 차려져 있었고 기도를 하고 징을 울리고, 부처 앞에서 춤을 추고 바라를 치고 피리를 불었습니다. 그런 다음 제사상에 차려진 음식을 다 먹고 술을 지나치도록 마셨습니다. 신주는 상의 한가운데 놓이고 그 앞에 촛불들이 켜 있었습니다. 그 이튿날 아침에는 그들 모두가(아니면 거의 모두가) 저희의 기도 모임에 참석했습니다. 레이놀즈 씨가 그들에게 좋은 메시지를 전했습니다.

행사에 참석할 손님들이 처음에 도착했을 때, 주지스님이 손님들에게 예수교 교리에 대하여 말하고, 예수가 얼마나 세상에 좋은 일을 했으며, 그들 스님들이 선교사들이 이곳에서 여름을 지내는 것을 얼마나 만족하게 여기고 있으며, 행사가 끝난 이튿날 아침에 모두들 선교사들이 마루에서 드리는 기도 모임에 참석하여 그들 손님들도 선교사들의 말하는 것을 직접 들어보라고 이야기하는 것을 미스 데이비스가 우연히 들었습니다. 저희 기도회에 어떤 때는 저희들과 하인들을 포함해서 30명까지도 모이는데, 오늘 오후에는 작은 예배 모임에 온 한국인 수가, 저희 하인들을 포함해서 26명이었습니다. 주지스님이 저희 모임에 자주 참석합니다. 오늘 오후에는 그의 노모가 저희에게 말하기를, 그가 저희들의 책(마태복음과 찬송가)을 읽어봤다고 하고, 그가 젊기만 했더라면 "크리스천"이 되기를 원했을 것이라고 했습니다.

제가 맹세계에게 많은 희망을 걸고 있는데, 그는 이곳에 오는 모든 사람들에게 친절하고, 그들이 앉을 자리를 마련해주고, 책을 나누어

---

118 원문 "…. to worship their father's tablet…."

주는 등 다른 하인들은 절대 하지 않는 일을 합니다. 소남메So Namme (전킨 씨 부인의 요리사)와 맹세계는 기독교인입니다. 이 서방은 기도회에 빠지는 법이 없고 모든 일에 적극적입니다. 전킨 씨는 이 서방의 두 아내만이 그가 세례받기를 요청하지 못하는 이유라고 생각합니다. 그는 선교사들과 오래 지냈기 때문에 복음을 잘 알고, 중국어 사도행전을 언문으로 두 번이나 번역했습니다. 그가 바로 얼마 전에 전킨 씨에게 "파리도 말꼬리에 붙으면 천리를 간다"는 한국 속담이 있는데, 그 속담이 좋은 설교의 재료가 될 것이라고 생각한다고, 왜냐하면 사람이 아무리 가난하고 죄를 많이 지었다 하더라도 그가 예수를 의지하면 하늘나라에 갈 것이기 때문이라고 했답니다. 그가 2주 전에 저희들과 함께 점심을 먹었는데, 식탁에서 그가 물었어요. 이탈리아가 사도바울이 감옥에 갇혀 있었던 나라가 아니냐고요. 레이놀즈 씨가 "그렇다"고 대답하자 그가, 일주일 전에 이탈리아 왕의 조카 하나가 관광 차 서울에 사흘 동안 머물렀었다고 말했습니다.

지난 번 우편으로 온 신문들에서 전쟁에 대한 여러 소문들을 접했는데, 저희가 이곳에서 듣는 것은 아주 적고, 또 전쟁에 대한 두려움도 없습니다. 저희가 듣기로는 일본이 조약을 통해서 가장 유리한 조건을 차지했다고 유럽의 강대국들이 느낀다는데, 저희는 그 조약의 내용을 모릅니다. 저희가 듣는 것은, 강대국들이 일본의 만주 지배를 용납하지 않을 것을 알기 때문에, 일본이 만주를 포기하고 그 대신 보상금을 요구한다는 것입니다. 그렇게 함으로써 일본은 더 많은 돈을 얻어서, 러시아의 세력 확대를 저지할 수 있는 곳에 중국의 돈으로 군대를 주둔시키면서 앞으로 한 20년 간 만주를 실질적으로 소유하게 될 것이라는 것입니다. 『리터러리 다이제스트』에 더 많은 소문들이 실려 있는데, 저는 다만 러시아와 일본이 전쟁하는 날이 오지 않기를 바랍니다.

월요일

유진이 아버지께 이곳에서의 콜레라에 대해 편지에 썼으니 저는 그에 대해 부연할 것이 없습니다. 오늘은 매우 덥지만 모든 것이 건조하게 되어서 좋았습니다. 선건아Sun Gunna가 손수 빤 유진의 옷을 가지고 올라왔으니, 마침 날씨가 더울 때에 올라온 그를 시켜서 내일 방 청소를 하게 해서 눈에 띄지 않는 곰팡이를 없앨 생각입니다.

맨 씨를 만나러 가는 여행이 그 어느 때보다 즐거우시기를 바랍니다.

저희 두 사람의 사랑을 아버지와 모든 식구들에게 보내며,
로티

추신. 유진이 남쪽으로 가 있는 것을 말씀드리지 않았는데, 식구들이 염려하는 것을 원하지 않았고, 그가 잘 돌아왔다고 말할 수 있을 때까지 기다릴 생각이었습니다.

1895년 8월 19일
한국, 관악산

사랑하는 메이블

지난주에 내가 아버지께 편지를 드린 후에 우편물이 두 번이나 왔다. 지난 목요일에는 갈라틴에서 보낸 플로렌스의 편지, 7월 6일 자로 에바가 보낸 편지, 그리고 어머니께서 보내신 엽서를 받았다. 그리고 오늘 또 우편이 왔는데 『미스 팔바Miss Parlva』[119]가 왔고, 플로렌스가 보낸 『퍽Puck』[120]도 오고, 7월 8일 자 아버지 편지, 그리고 남아프리카 발간의 신문이 하나 왔다. 너희들 중에 누가 보낸 것인지? 어머님께 『미스 팔바』"를 보내주어서 고맙다고 전해주기 바란다. 내가 꼭 필요한 것이었다. 집에서도 식구들이 우리의 편지를 반갑게 읽겠지만, 식구들은 떨어져 있는 우리와는 달리 모두 함께 있기 때문에, 우리가 식구들의 편지를 기쁘게 받아 읽는 것에 비할 바는 못 될 것이라고 생각한다. 내가 이런 말을 한다고 내가 집이 그리워서 향수병에 걸렸을까 봐 걱정하지는 말아라. 다행스럽게 나는 향수병은 없다만, 언젠가 식구들 모두를 보고 싶어 할 뿐이다. 식구들이 모두 이곳으로 우리를 방문할 수 있다면 그것이 나 한 사람이 고향에 가는 것보다 훨씬 낫다고 생각한다. 리 씨 부인의 모친이 이곳에 리 씨 부인[121]과

---

119 미스 팔바의 요리책으로 1895년 9월 5일 폴린에게 보낸 편지에 "미스 팔바"의 요리책에 있는 어머니의 샐러드드레싱 이야기가 나온다.

120 『PUCK』: 1871년부터 1918년까지 독일어와 영어로 발간된 미국의 정치 및 사회현안 주간 풍자 잡지.

함께 있고, 게일 씨의 모친도 그렇다. 그러니 어머님께 내가 언젠가 어머니가 이곳을 방문하실 것을 기대한다고 말해다오. 나는 편지가 올 때마다 식구들의 사진들도 함께 오기를 바랐단다. 메이블 네가 얼마나 살이 쪘는지, 그리고 폴린이 얼마나 자랐는지 보고 싶다.

일주일 째 이곳은 정말 여름다운 날씨가 계속되고 있다. 그러나 오늘 밤에는 꽤 선선한 바람이 부는 것을 보니, 오늘 밤에는 자다가 일어나서 고무 덮개를 문에 걸어서 비가 들이치지 않게 해야 할 것 같다. 물이 새서 침대를 적시지 않도록, 이미 우리는 고무 덮개 하나를 침대 위에 덮어 놓았단다. 어떤 때는 그렇게 비가 올 때에, 날씨가 너무 더워서 마치 우리 몸이 녹아들 듯한데, 그래도 비가 들어올까 봐 문 말고는 아무 것도 열어 놓을 수가 없단다. 내 바늘 통 속에 있는 아직 포장지에 쌓인 새 바늘까지도 녹슬었다!

지난 주 토요일 오후에 이곳에서는 커다란 소란이 있었다. 첫 번째는 마부 하나가 공사 씰 씨가 드루 의사에게 보내는 메모를 가지고 올라 왔다. 메모의 내용은 부산의 어빈 의사가 전보를 보내서, 드루 의사 본인이나 아니면 에비슨 의사가 즉시 부산으로 와서 호주 선교회에 속한 아담슨 부인의 수술을 하는 것을 도와 달라고 한다는 것이었다. 그래서 드루 의사는 필요한 물품들을 갖추어서 즉시 떠날 준비를 하고 있을 때, 또 다른 마부 하나가 말을 끌고 올라와서 말하기를, 그가 감리교 선교사인 미스 루이스와 함께 아침에 서울에서부터 길을 떠났는데 미스 루이스가 길에서 없어졌다고 했다. 이 말을 듣고 레이

---

121 "Lee"라는 성을 가진 한국주재 미국 선교사. 1895년 9월 10일에 로티가 어머니께 드린 편지를 참조. Lee는 미국에서 이름이나 성으로 드물지 않게 쓰인다.

놀즈 씨가 마부로 하여금 미스 루이스의 안장을 다시 말에 채우게 하고 그와 함께 찾으러 떠났다. 레이놀즈 씨가 그 젊은 망나니[122] 마부에게 말하기를 자기가 만일 "조선의 양반"이었다면 흠씬 매를 때렸을 것이라고 했는데, 그럴 마음이 반은 있었다고 했다. 이 말에 그 어린 마부는 약간 두려워하는 것 같았다. 길을 되짚어 가는 중에 그들은 미스 루이스와 우리 한국어 선생님 이 서방을 만났다. 이 서방은 일요일에 집에 가는 중이었는데 길에서 많이 벗어난 곳에 미스 루이스가 있는 것을 알아보고, 그의 길가는 것을 도와주고 있었다. 미스 루이스는 그녀가 양녀로 들인 어린 한국 소녀와 함께 있었다. 레이놀즈 씨는 그 아이를 등에 업고, 미스 루이스는 말에 타게 했다. 그렇게 해서 길을 떠난 지 9시간 만에 이곳에 무사히 도착했다. 다행히 전킨 씨가 미스 루이스가 타고 온 말을 타고 드루 의사와 동행할 것을 결정했다. 그러지 않았더라면 미스 루이스가 여기 머물지 않았을 수도 있는 것이, 이미 미스 스트롱이 미스 데이비스와 함께 머물고 있기 때문에 우리에게 여분의 방이 없었다.

나는 미스 루이스가 어떻게 혼자서 아이를 데리고 말을 타고 이곳에 올 생각을 했는지 모르겠다. 나는 그가 그런 식의 여행길에 이젠 쉽게 나서지 않을 것이라고 생각한다. 그 못된 말잡이 소년이 미스 루이스를 내버려 두고 가려고 했고, 한두 번 말에서 내려서 잠시 쉴 동안 혼자 말을 데리고 가버리려 했기 때문이다. 그러다가 그들이 길을 잃어버렸고, 결국 말잡이가 미스 루이스를 그냥 내버려 둔 채 앞에 말한 것처럼 말을 데리고 산으로 혼자 올라왔던 것이다. 만일에

---

122 원문: young rascal.

이 서방이 그녀를 발견하지 못했었다면, 아니면 레이놀즈 씨가 여성용 곁안장을 얹은 말을 끌고 오는 말잡이 소년을 보지 못하였다면 미스 루이스가 어떻게 대처했을는지 모르겠다. 미스 루이스는 레이놀즈 부인의 병이 더 심해졌다는 소식을 듣고 한번 그를 만나보고 시골에서 며칠 쉬어갈 생각을 하고 여행길에 올랐던 것 같다. 집에 돌아갈 때는 네 사람이 지는 남여를 타고 갈 텐데, 올 때보다 쉬운 여행이 되기를 바란다. 어린 여자 아이는 썩 착한 아이이다. 한국 옷을 입었으나 여느 미국 아이들 만큼 깨끗하다. 미스 루이스는 아이에게 영어를 가르치고 아이가 자라서 전도사[123]가 되기를 원한다.

내 생각에 우리가 "작은 스님"이라고 부르는 절의 소년에 대하여 몇 번 이야기를 한 것 같은데, 그의 이름은 "원준이Won junie"(?)이다. 그의 부모는 죽었고, 그를 양아들로 삼은 늙은 여인이 그와 함께 이 절에 같이 살고 있다. 정이 깊은 어린 친구로 열 살쯤 되었다. 지금 나이에 데려다가 훈련을 시키다 보면 그는 누군가의 아주 훌륭한 하인이 될 것이다. 전킨 씨가 어느 날 그 아이에게 왜 스님이 되었냐고 물었는데, 절에서 먹여주어서 그렇다고 했다. 불쌍한 것, 그에겐 그게 전부였다. 머리를 깎은 것 외에는 옷은 다른 아이들과 같은 식으로 입었고, 목에는 묵주를 걸었다.

아이에게 나이가 얼마인지 한국말로 어떻게 묻는지 내가 전에 말했었는지 기억이 나지 않는데, 내가 얘기 했었니? "케이크를 몇 번 먹었니?" 하고 묻는데 생일 케이크를 뜻한다. 그 "작은 스님"은 "열하나 yul hanna" 그러니까 열한 개를 먹었다고 하니 실제론 10살 정도 되었

---

[123] 원문: a Bible Woman.

다. 미스 데이비스가 그에게 예수님과 하늘나라에 대해 가르쳐 왔는데, 그렇게 그가 미스 데이비스에게서 많은 것을 배웠다. 이곳에 또 다른 소년이 있는데, 절에서 일하는 한 하인의 아들이고 8살쯤 되었는데 이름은 "보위Bowie", 성질이 안 좋은 아이이지만 아주 쾌활하고 명석하고 잘 생겼다. 오늘은 이 아이가 다리에 종기가 나서 아주 아픈 듯 절룩거리며 걷기에 미스 데이비스가 그 아이에게 무슨 치료를 받았는지 물었더니, 아이가 종기 바로 위 다리에 한자로 "물러가라 Go away"라고 적은 것을 보여 주어서, 미스 데이비스가 그렇게 하면 좋아질 거라고 믿느냐고 물었더니 "작은 스님"이 자기도 그렇게 해서 종기가 나은 적이 있다고 대답했다. 미스 데이비스가 '종기가 곧바로 나았느냐'고 물으니 작은 스님이, "아니요, 차츰 차츰이요"라고 대답했다. 그래서 미스 데이비스가 그것은 어차피 "차츰 차츰" 나아질 것이었다고 말했다. 이 이야기는 한국 사람들이 콜레라를 치유하려고 하는 방식과 상통한다. 그들은 환자에게 생기는 혹bumps이 그 사람 안에 있는 쥐 때문에 생긴다고 믿어서, 다리 위 아래로 구멍을 내고 쥐를 쫓아내기 위해 고양이 그림들을 여기저기 방에 붙여 놓는다. 선교사들이 라임 등을 사용해서 집 안을 소독하는 법을 가르쳐주려 하면, 그들은 오로지, 콜레라를 가져오는 악귀와 통증the pain을 초래하는 쥐가 집안으로 못 들어오게 하기 위해, 문 앞과 문설주만 소독하기를 원한다. 서울에 콜레라가 수그러든다는 소식이 들리니 다행이다. 9월 중순쯤에는 다시 집으로 갈 수 있기를 바란다.

네가 더 이상 문제없이 고등학교에 입학하게 되었다니 너무 기쁘다. 방학 잘 보내고 새 학년이 되면 열심히 공부할 준비가 되어서 언니들의 체면을 살려 주어라.

우리 결혼기념일에 얼린 푸딩을 먹을 수 있었다면 얼마나 좋았을까. 내년엔 내가 손수 만들어 볼 수 있기를 바란다.

최고의 사랑을 보내며
로티

1895년 8월 22일
한국, 관악산

사랑하는 어머니

미스 루이스가 오늘 오후에 서울로 돌아가므로, 어머니께 보내는 이 편지를 서둘러서 끝내고 폴린에게는 다음에 쓰도록 하겠습니다. 버넷 부인을 위해서 우표 몇 장을 동봉합니다만, 몇 개 안 되어서 죄송합니다. 이젠 한국 우표도 조금 발매를 하니, 다음 편지에는 한국 우표를 붙일 수 있기를 바랍니다. 서울로 돌아가는 대로 발로우 씨를 위해서도 세트 하나를 구해 놓겠습니다.

지금은 날씨가 많이 서늘해졌고 콜레라도 많이 수그러졌으니, 두 주 안에 서울로 내려가려고 합니다. 복숭아 철이 다 지나기 전에 갈 수 있기를 간절히 바라고 있는데, 복숭아 잼과 단 피클을 만들고 싶기 때문입니다. 고향에서는 오이 값이 어떤지요? 저는 오이 300개를 소금물에 담가 놓았는데 은화 25센트를 주었습니다.

미스 데이비스가 부탁하는데 식구들 중에 누가 작고 뚜껑이 없는 니켈 시계 하나를 마련해서 제게 보내는 짐에 넣어 달라고 합니다. 미스 데이비스는 금화 4불 정도면 그런 시계를 살 수 있을 것이라고 생각하는데, 금화 5불까지 지불할 용의가 있다고 합니다. 그녀의 금 시계가 고장이 나서 하나가 곧 필요합니다. 전킨 씨가 그녀를 위해 수표를 만들어 주는 대로 곧 돈을 보내겠다고 합니다. 그는 이곳 산에서는 미국 수표를 가지고 있지 않습니다. 줄은 검은색으로 된 걸 원합니다.

제가 아버지께 새로 나온 책들에 관해 알려 달라고 부탁했었나요? 드루 부인이 남편의 크리스마스 선물로 무엇을 주문해야 할 지 모르겠다고 하면서, 제가 아버지께 선교사나 또는 다른 사람들의 새로 발간된 책 이름 몇 개를 추천해 줄 것을 부탁하라고 합니다. 제가 식구들에게 너무 많은 것을 부탁드리는 것이 아니기를 바랍니다만, 고향에 연고가 없는 사람들의 고충이 이해가 됩니다.

여동생들이 나이아가라 여행을 계획대로 했기를 바랍니다. 어머니께서는 저희가 연료로 무엇을 쓰는지, 일본 석탄을 쓰는지, 그리고 그것이 얼마나 지저분한지 알기를 원하셨지요. 한국엔 질이 좋은 석탄이 있지만 한국인들은 그것을 캐낼 능력이 없으면서도 다른 사람들이 광산 개발하기를 원하지 않습니다. 그래서 저희는 일본산 석탄을 1톤에 은화 15불을 주고 쓸 도리밖에 없습니다. 저희들이 이곳 산으로 오기 전 두 달 동안 맹세계가 몇 번이나 석탄이 잘 타게 하기 위해 부엌의 굴뚝을 떼 내어 청소를 해야 했는지 모르나, 제가 본 것만 두 번입니다. 일본산 석탄은 주변의 모든 것을 더럽게 만듭니다. 곧 한국산 석탄을 쓸 수 있게 되기를 바라고 있습니다. 한국산 석탄은 질이 좋은 역청탄인데, 화력이 좋고 무연탄만큼 깨끗하게 탑니다.

오늘 오후에 더 길게 편지를 쓰고 싶지만 그럴 수가 없어서, 우리 여동생들이 얼마나 재봉에 탁월한지, 어머니께서 셔츠 웨이스트 드레스 몇 벌이 생기셔서 좋다는 말씀을 드립니다.

제가 궁궐 앞마당에서 열린 연회에 대해 쓴 편지와 출입증을 보낸 것을 받으셨는지요?

레이놀즈 부인은 매주 좋아지고 있고, 그 아기들도 잘 있습니다. 작은 아이는 점점 더 잘 생겨져 가고, 루시는 매일 잘 웃고 ___ 합니다.[124] 저희가 이곳을 떠나면 그들이 그리울 것입니다.

저희 두 사람을 담아서
로티

추신. 아버지께 부탁드려서, 닥터 어빈에게 저희 결혼 증명서에 대해 편지를 쓰시라고 해 주세요. 그가 아직 결혼 증명서를 보내지 않았어요.

---

124 원문에 비어있음.

1895년 9월 5일, 목요일 저녁
한국, 서울

사랑하는 폴린

내가 메이블에게 편지를 쓴 지 꽤 오래된 듯싶다. 산에서는 편지를 서울로 가져가 줄 사람이 있을 때를 기다려 너에게 편지를 쓰려고 했었는데, 결국은 우리가 산에서 내려올 때까지 편지를 전해 줄 인편이 없었다. 이제 네가 보다시피 우리가 서울로 돌아왔단다. 관악산에 10주 동안 머물렀었다. 산에서의 피서 생활이 즐거웠지만, 집에 돌아오니 좋다. "모기mogys"(mosquitoes)가 너무 많고 우리 모기장은 촘촘하게 짜이지 않아서 모기가 들어오곤 하지만 말이다.

최근 들어서 집으로부터 편지가 많이 왔다. 식구들 모두와 많은 대화를 나눈 듯한 느낌이 든다. 편지들 모두 말로 표현할 수 없을 만큼 너무 반가웠다. 메이블에게서 온 첫 번째 편지를 받은 것이 내가 메이블에게 답장을 하라는 메세지를 보낸 이틀 후이다. 그리고 2주 전에는 어머님께 보내는 메모 외에는 "온전히 메이블에게만" 쓴 편지를 보냈다. 너와 메이블이 멋진 편지를 쓰는 것이 너무 자랑스럽다. 내 생각에는 메이블의 글씨가 멋스럽고, 네 글씨는 에바의 글씨, 아니, 드와이트의 글씨를 똑 닮았고, 메이블의 글씨체가 에바의 글씨를 닮았다. 메이블이 글씨체가 좀 더 멋스럽다면, 너는 이야기할 것을 더 많이 가지고 있고, 네 글씨체는 읽기가 아주 쉽다.

화요일, 우리가 산에서 내려온 날 미국에서 오는 우편물이 배달되었는데 정말 많이, 한 보따리가 배달되었다. 정기적으로 배달되는 신문과 잡지들, 그리고 버논이 내게 쓴 편지, 플로렌스가 미스터 벨에게 쓴 편지를 포함해서 그에게 온 편지 몇 개 등등이었다. 어제는 그에게 편지 두 개가 더 왔고, 너에게서 내게 온 편지 하나가 있었다. 네 편지에 어머니와 메이블의 편지가 동봉되어 있었다. 아버지와 플로렌스가 돌아왔고, 동생들이 보울네와 함께 나이아가라에 간다는 소식이더구나. 동생들이 거기 간 게 기쁘다. 스콧과 애니도 나이아가라 여행을 아주 즐겁게 했다고 한다. 너희들 자매가 "L L"과 또 다른 남친들과 재미있게 지내는 것이 틀림없다만, 이번 겨울 동안에 해야 할 공부에 방해가 되지 않도록 해야 한다. 학창시절 남자 친구들이 없더라도 젊은 숙녀가 되었을 때 "당연히" 좋은 남자들이 생길 것이다. 방학 동안에 사귀는 것만으로 충분하다. 나도 남자친구가 늘 있었고, 그것이 내 삶에 해가 되었다고 생각하지 않는다.

나는 어머님께서 그렇게 장티푸스가 유행인 이웃에서 옮겨가시려고 하는 것을 이상하게 생각하지 않는다. 셰나한 가족(?)도 옮겨가야 할 것이라고 나는 생각한다.

몇 주 전에 온 편지에서 네가 꽃에 대해서 물어보았지? 네가 지금 이곳 시골 경치를 볼 수 있다면 얼마나 좋을까. 나는 이곳의 들꽃들보다 더 아름다운 들꽃들을 어디에서도 본 적이 없다. 화요일에 산을 내려올 때 꽃들이 어찌도 예쁜지 마냥 즐겁게 구경했다. 논들은 아주 싱그러운 초록색으로 아름답다. 길가의 들판은 붉은 고추로 물들고, 목화밭은 노란 꽃으로 뒤덮였다. 오는 길 내내 흙벽의 초가집들이 있는 작은 마을들이 있고, 그 초가지붕에 커다란 박이나 조롱박 넝쿨들이 자라고 햇볕 아래 커다란 박이나 조롱박이 매달려 있는 모습이 얼마나 기이해 보이는지 너는 상상하기 힘들 것이다.

우리가 집에 도착해서 대문을 통해 바깥뜰로부터 안마당으로 들어섰을 때 보이던 경치가, 그보다 더 아름다운 것을 어디서 보았을까 싶을 만큼 너무 아름다웠다. 문하인이 웃음으로 우리를 맞았고, 모든 문과 유리창들이 열려 있었고, 이 서방은 식당 문 앞에 서 있었고, 금방 깎은 잔디는 아주 파랬고, 담에 넝쿨들과 사원 쪽의 등나무가 너무 시원해 보였고, 그리고 아, 폴리 페탈리스(Polly Petalies), 그 꽃들! 담 옆으로 해바라기 꽃들이 있고, 오래된 커다란 바위 위로 자라는 나팔꽃, 넓게 자리 잡은 금잔화, 보라색 과꽃, 분홍색과 보라색이 섞인 과꽃, 그리고 화려한 맨드라미꽃들. 한국 과꽃은 그 아름다움이 절대적이다. 내가 잘라서 꽃병에 꽂을 수 있는 것보다 훨씬 더 많으니 그냥 꽃밭에 놓고 보아야겠다. 씨가 잘 맺히면 집에 씨를 보내 볼 생각을 해 보겠다. 산에서 고사리를 많이 가져왔고 내가 너무 좋아하는 참나리 구근을 많이 가져왔다. 이들은 어디에서나 야생으로 잘 자란다.

　이번 겨울에 중국 상인 안청으로부터 중국 백합 구근을 얻을 수 있을 것이다. 그리고 고베에 사는 맥알파인 부인에게 바이올렛 뿌리를 더 보내 달라고 부탁했다. 그것들은 겨울동안 언더우드 박사 댁의 온실에 보관할 수 있기를 바라고 있다. 그런 냉상이 우리에겐 없기 때문이다. 늦기 전에 버피에게 완두콩 씨를 보내달라고 부탁하려 한다. 그리고 네가 정말 내게 꽃씨를 보내기를 원한다면 기생초나 코스모스 씨앗을 조금 보내주면 너무 좋겠다. 국화는 제대로 자라지 않는다. 마음이 안 좋다. 내가 전에 말한 것 같은데, 이곳의 등나무꽃은 고향의 그것보다 훨씬 아름답고, 능소화도 그렇다. 내가 무슨 꽃을 말하는지 알지? 고향의 능소화도 예쁘지만, 이곳에서는 꽃이 더 크게 벌어져서 마치 커다란 양귀비같이 보인다. 우리가 남쪽으로 옮겨서 우리의 집이 생기면 반드시 능소화 넝쿨을 심겠다.

산에는 지금 낮은 관목에 무리지어 피는 정교한 꽃으로 가득하다. 이 꽃은 수국을 많이 연상케 하지만, 작은 꽃 하나하나는 분홍 인동초 꽃과 비슷하다. 그리고 달콤한 향기가 아주 진하다. 우리 마당에 있는 밤나무에 밤이 가득 달렸고, "감Kam"나무도 마찬가지이다. 감은 아직 익지 않았는데 맛이 정말 좋다고들 한다. 오렌지만큼 크고 색깔도 오렌지 같다. 산에서 너무 늦게 내려왔으므로 유감스럽게도 복숭아 는 철이 늦었으나, 승도 복숭아는 아주 많고 맛도 좋다. 다음 주에 그걸로 프리저브[125]를 만들고 설탕조림sweet pickle[126]도 만들려고 한 다. 너는 승도 복숭아가 무엇인지 알고 있는지? 그것은 작은 복숭아 처럼 생겼지만 겉에 "솜털"이 없어서 자두처럼 매끄러운데 속은 복숭 아이다.

내일 토마토케첩을 만들려고 하는데 어머니의 레시피가 마침 때맞 추어 도착했다. 토마토가 많이 열렸고, 좋은 감자도 아주 많이 달렸 다. 너는 감자 샐러드를 어떻게 만드는지 알고 있니? 우리는 그걸 꽤 자주 만들어 먹는다. 어머님께서 『미스 팔바』 요리책에서 얻은 레시피로 샐러드 드레싱을 만들어서 토막 낸 삶은 감자 위에 붓고, 삶은 계란을 얇게 썰어서 그 위에 얹는다. 맹세계는 이 감자 샐러드를

---

125 Preserve: 잼은 과일을 잘 으깨어서 건더기가 없게 만든 것이고, 프리저브는 과일을 대강 으깨어서 과일 건더기가 남아 있게 만든 것이다.

126 "[peach] sweet pickle"[=단 피클=설탕 조림=설탕절임] 이라고 할 때 복숭아를 그냥 설탕에 절여서 "절임"을 만든 것인지, 설탕을 넣고 불에 조려서 "조림"을 만든 것인지 알 수 없다. 그러나 로티가 그 어머니의 레시피대로 설탕"조림"을 한 것이 이 다음 편지, 1895년 9월 10일 자로 어머니에게 쓴 편지에 나온다.

아주 잘 만든다. 오늘 너와 메이블이 우리와 함께 저녁 식사를 할 수 있다면 얼마나 좋겠니? 우리는 아이스 티(얼음을 매일 공급받는다.), 식은 닭고기, 토마토 날것, 감자 샐러드와 함께 차가운 "설탕 빵"을 먹었다. 설탕 빵은 맹세계가 만드는, 비스킷과 비슷한 것이다. 어떻게 만드는지 아직 모르는데 나중에 알아서 네게 가르쳐줄게. 그러면 너와 메이블이 그것을 만들어서 어느 날 저녁에 형제자매들을 놀래줄 수 있을 것이다. 차게 먹거나 덥게 먹거나 다 맛있는데 만드는데 시간이 좀 걸린다.

콜레라가 이곳에서는 거의 다 끝나 가고 있는데, 일본에서는 아직도 아주 심하다고 한다. 그래도 우리는 먹는 것에 조심하고 물은 끓여서 마신다. 나는 물을 끓여서 그릇에 담아서 식힌 다음 병에 담았다가 얼음에 부어서 마시는데 아주 괜찮다. 우리가 날로 먹는 음식은 토마토와 양배추 샐러드뿐이다. 토마토는 껍질을 벗기고 양배추는 여러 겹을 벗겨 버리고 먹는다. 선건아가 아프고 오한이 난다고 하나, 그래도 할 일을 한다. 오늘 오후에 그를 드루 의사에게 데려가서 보이고 약을 받아 왔다. 드루 의사는 장마철에 무너져 내린 방의 벽을 고치려 내려왔었다. 미스 데이비스는 어제 내려왔고, 전킨 씨는 오늘 내려왔다. 레이놀즈와 드루 가족들은 다음 주에 내려올 것 같다. 레이놀즈 부인은 쾌차하지는 않으나 조금 나아졌다. 부인은 아마 안락의자나 간이침대로 데려와야 할 것이다.

우리는 산의 절에서 화요일 아침 7시 반쯤 떠나서 집에 11시 반에 도착했다. 나는 네 사람이 나르는 남여를 타고 왔고 유진은 말을 타고 왔다. 그리고 일곱 명의 짐꾼이 짐을 날랐다.

지난 번 메이블에게 한 편지에 "작은 스님"에 대한 이야기를 했었다. 유진과 나는 그 아이를 많이 좋아하고, 그가 우리의 관심 써줌에 대해 진심으로 고마워하는 것 같아서, 부모가 없는 아이이니 우리가 그 아이를 데리고 내려가서 우리와 함께 살 수 있을지 알아보았다. 여름 내내 한 번도 그 아이가 잘못된 행실을 하는 것을 보지 못했다. 그런 아이를 무지한 환경에서 자라도록 그곳에 남겨둘 수가 없었다. 우리는 그 아이가 문지기와 함께 자고, 아침에는 밀러 씨네 학교에 가고 오후에는 집안일을 배울 수 있을 거라고 생각했다. 그 아이의 옷과 음식에 드는 비용이 일 년에 금화 15불 정도면 된다고 했다. 아이는 우리와 함께 가기를 원했지만 그 아이를 맡은 노 스님이 아이를 데려가지 못하게 했다. 아이는 예수님과 하느님과 하늘나라에 대해 미스 데이비스가 가르쳐 준 것을 평생 잊지 않겠다고 약속했다. 불쌍한 아이! 한국에서는 절의 중이라는 신분은 백정을 제외하고는 가장 낮은 신분이다. 그들이 서울의 도성 안에 들어올 수 있도록 허락된 것이 겨우 최근일 뿐이다. 오늘 아침 우리는 그들 스님 세 사람의 방문을 받았다. "구경"을 하고 싶다는 것이었다.

네 셔츠 웨이스트 블라우스[127]가 내겐 아주 예쁘게 생각된다. 나는 내 군청색 블라우스를 아주 좋아한다. 너와, 메이블, 그리고 다른 여동생들의 이번 여름옷들이 아주 예쁘다. 너와 메이블이 블라우스에 파랑 스커트를 받쳐 입고 있는 모습을 볼 수 있으면 얼마나 좋을까! 그래도 너희들이 하얀 드레스를 입은 모습의 사진을 원한다. 너와 메이블이 나를 위해 만들고 있는 앞치마가 너무 고맙다. 잘 입을게.

---

[127] 그 당시 블라우스의 디자인이 셔츠 웨이스트 스타일이었으므로 편안하게 이름을 바꿔서 번역하기도 함. (https://fidmmuseum.org/2010/09/1890s-shirtwaist.)

금요일 아침

어젯밤에 졸려서 편지를 끝내지 못했다. 이 서방이 아침에 오기 전에 이 편지를 끝내 보도록 하겠다. 비가 심하게 와서 이 서방이 오늘 아침에는 늦을 것이다. 이 서방에겐 우산이 없고 기름종이로 만든 모자만으로 옷을 가릴 뿐이다. 우산을 하나 그에게 크리스마스 때 선물로 줄 생각을 하고 있다. 일본인 상점에 가면 살 수 있다. 비가 올 때 하인들에게 심부름 시키려면 우리 우산을 빌려 준다. 그들이 옷을 다시 깨끗하게 세탁하는 것이 결코 쉬운 일이 아니기 때문이다. 우리 침실과 식당은 비가 새지 않지만 부엌과 식당 사이는 비가 샌다. 그래서 나는 지금 부엌에서 만드는 케첩이 어떻게 되어 가는지 보러 가려면 우산과 덧신발이 필요하다. 하인들은 나무로 된 신을 신으니까 괜찮은데, 식당 밖과 부엌 문 밖에 신발을 벗어 놓는다.

이곳 서울 집에 도착한 이후로 집안 청소를 하느라고 몹시 바빴으나 이제 거의 끝나 간다. 가사를 돌보고 한글 공부를 하고 나면 나는 아침에 다른 것을 할 시간이 없으나, 내가 시키는 대로 하는 하인들이 있으니 곧 끝날 것이다.

우리가 산에서 여름을 보내는데 든 경비가 얼마인지 아마 너희들이 궁금해 할지도 모르겠다. 하루에 은화 50센트 정도 들었는데 엄청 싸다고 생각하지 않니? 그러나 많은 채소들이 우리 채소밭에서 수확한 것이어서 따로 돈이 들지 않았다.

우리가 산에서 내려올 때 많이 서둘렀는데, 그 이유는 유진과 전킨 씨가 5일에 남쪽 지방으로 선교여행을 떠날 것이라고 생각했기 때문이었다. 허나 실제로 그날에 떠나려면 너무 서둘러야 했었기 때문에 지금은 9월 26일 떠나는 다음 배까지 기다리기로 한 것이 나로서는 고마울 뿐이다. 드루 의사도 함께 가게 될 가능성이 있는데, 그렇게 되면 그가 없는 동안 그의 부인과 아이들이 나와 함께 지내게 될 것이다. 나는 드루 의사 부인을 많이 좋아하고 루시에게도 잘 하고 싶다. 루시는 내가 본 아기 중 제일 귀여운 아기들 중에 하나로, 통통하게 살이 찌고 앙증맞다. 루시는 한국말을 한두 마디 하는데, 그 애가 정말로 한국말을 할 수 있을 때를 고대하고 있다. 루시는 한국인 아마와 많은 시간을 보내니까, 영어를 배우는 만큼 빨리 한국말을 배울 것이다. 만일에 드루 부인이 우리 집으로 못 오면 미스 제이콥슨이 올 것이기 때문에 나는 유진이 없는 동안 무사히 잘 지낼 것이다.

어머니께서 7월에 내 편지가 늦도록 오지 않다가 한꺼번에 많이 왔다고 하셨다. 왜 그렇게 됐는지 모르겠다만, 어떤 때는, 집에서 나에게 오는 편지들이 그랬던 것처럼, 상하이로 먼저 잘못 보내진다. 우리는 매 주일 편지를 쓰려고 노력하는데, 증기선이 언제 여기서 출발하는지 알 수 없기 때문에 쓴 편지를 제때에 보내지 못할 때가 많다.

내 드레스를 위해 5불이 생긴 것이 참 기쁘다고 어머니께 말씀드리고, 그 돈을 나를 위해 그냥 은행에 넣어 주시기를 원한다고 말씀드려라. 미스터 벨이 내가 주문한 모든 물품 값을 계산해서 어머니께 수표를 끊어드릴 것이다. 내 예쁜 램프를 가져오지 못한 것이 후회가 된다고 내가 언젠가 말한 것을 기억한다. 그것이 있으면 좋긴 하겠지만 굳이 그것을 여기까지 보내 주기를 원치 않고, 또 그것을 응접실에서 옮기는 것이나 화물 운송비를 지불하는 것도 원치 않는다. 내가 이렇게 말하는 것은 동생 누군가가 나에게 그것을 보내려고 할지도 모르기 때문인데, 나는 그것이 <u>필요하지</u> 않다.

에바가 내 몸에 이가 있는 것에 대해서 아주 무섭게 이야기했는데, 만일 에바가 그런 "벌레들"이 우글거리는 여기서 살게 되면 어떻게 할지 궁금하다. 전킨 부인과 드루 부인이 이번 여름에 빈대 때문에 고생한 이야기를 내가 했던 것으로 생각한다. 그리고 우리 모두 이번 여름에 벼룩 때문에 얼마나 고생했는지 아무도 쉽게 이해할 수 없을 것이다. 불쌍한 레이놀즈 부인은 자기 몸에서 이틀 새에 이 네다섯 마리를 잡았다. 아기가 아마로부터 이를 옮았고 아기로부터 부인에게 이가 옮은 것이었다. 여러 면으로 이곳에서의 삶은 매우 즐겁다, 특별히 지금처럼 좋은 하인들이 있을 때는 그렇다. 그러나 우리가 누리는 호사함을 벌충하는 사소하지만 힘든 일들이 적잖이 있다.

오늘 아침 처음으로 여기서 하인들과 함께 한국말 기도회를 가졌다. 유진이 마가복음 1장에서 다섯 절을 읽고, 우리는 "깊이 회개하라Kipi hagay hara"와 "주께서 주시리라The Lord will provide"라는 찬송가를 불렀다. 그런 다음 유진이 자기가 배운 짧은 한국말 기도를 드렸고, 다함께 주기도문을 외웠다. 맹세계는 목소리가 좋고 듣는 귀도 좋아서 노래할 때 그의 도움에 의지한다.

편지가 길어졌다. 곧 "그만두시오comuntuchio" 해야겠다. 내 긴 편지에 너희들이 어떤 때는 지루해 질까 봐 걱정이 된다. 지루하니?

모두에게 사랑을 전하며,
로티가

1895년 9월 10일, 화요일 저녁, 7시 30분
한국, 서울

사랑하는 어머니

어머니, 저는 오늘 저녁 꽤 피곤하고 졸리네요. 그러나 목욕물이 데워질 때까지 어머니께 편지를 쓰기 시작하겠습니다. 오늘 오후 내내, 그리고 오전의 일부분을 저는 전킨 부인이 지난 토요일 보내 준 복숭아로 설탕조림을 만드느라고 몹시 바빴습니다. 여기 복숭아는 반쯤 익었을 때 저희 고향의 복숭아 모습과 같고 맛도 고향의 잘 익은 복숭아 맛인데 껍질이 매끈합니다. 어제 오후 하인 셋을 시켜서 껍질을 벗기게 했고, 어머니의 레시피대로 설탕으로 절여놓고 오늘 그것을 끓였습니다. 복숭아가 10파운드였는데 조리를 하니 한국식 큰 병으로 둘이 채워졌습니다. 메이슨 통조림 병을 쓸 수 없어서 한국에서 쓰는 병을 사야 했습니다. 맹세계가 병 2개를 은화 42센트 주고 사왔습니다. 이 병들은 미국에서 쓰는 생강 항아리[128]와 흡사하고, 파랑색과 흰색인데, 단지 이 병들은 목이 좁습니다 – 이런 식으로.[129] 신 피클을 만들기에 좋은 아주 멋진 병들을 한국인들은 잘 만듭니다. 나중에 그것들을 사야겠지요. 전킨 부부가 저희에게 줄 복숭아가 더 있다고 하니, 내일이나 모레쯤 복숭아 프리저브를 만들고 싶습니다.

---

128 Ginger jars: 중국에서 사용하던 향료 등을 보관하는 뚜껑이 있는 작은 항아리. 19세기에 유럽과 미국으로 전파되었다. 보관하는 입이 넓은 단지를 일컫는다.

129 원 편지에 그림이 있었던 것으로 추정되지만 데이터에는 그림은 없고 빈 공간만 남겨져 있다.

오늘은 또한 미스 제니의 레시피로 칠리소스chilli sauce를 조금 만들었습니다. 복숭아 설탕조림 피클과 칠리소스를 차 마실 때 곁들였더니 가장이 둘 다 <u>아주 맛있다고</u> 했습니다.

　지난 금요일과 토요일에는 어머니 레시피대로 케첩을 만들었는데 그것도 아주 잘 됐어요. 그리고 토요일 맹세계에게 어머니 방식대로 스펀지케이크 만드는 법을 가르쳐 주었는데 아주 맛있게 잘 되었습니다. 그 케이크를 토요일과 일요일 이틀 간 우유와 복숭아를 곁들여 먹었는데 유진이 아주 맛있어 했습니다. 오늘 조리사가 후식으로 어머니 레시피대로 계란 커스터드를 만들었는데, 제가 그와 함께 만들었던 그 어떤 것에 비교해도 뒤지지 않을 만큼 잘 만들었습니다. 이제 저는 조리사에게 재료와 기구 등만 제공하는 것이 아니라 어떻게 음식을 만드는지를 잘 설명할 수 있는 것이 너무 기쁩니다. 이제껏 음식이 잘못되어 나온 것이 몇 가지 밖에 안 되서 그런지, 이젠 포켓북[130]이 제대로 만들어지지 않는 것까지 속상해집니다. 그것을 오늘 밤 차를 마실 때에 조금 먹었는데 잘 부풀지 않아서 별로였습니다. 아마 미리 만들어 놓지 않아서 그랬는지, 아니면 너무 따뜻했는지 잘 모르겠습니다. 그러나 이렇게 "해보고 또 해보아야지요."

130　원문엔 "pocket books"로 되어 있다. Pocketbook roll을 일컫는 것으로 생각된다. 원형 반죽을 반으로 접어서 만드는 빵의 일종.

9월 15일, 일요일 저녁

지난 주 내내 저녁이면 너무 피곤해져서 편지를 끝내지 못했는데, 할 수 있으면 이 편지를 내일 아침에 우편국으로 보내고 싶습니다. 유진과 저는 산에서 내려온 이후로 또 졸음병이 생겨서 요즘에는 매일 밤, 저녁 8시 반에 잠들어서 아침 7시가 가까워서야 일어납니다. 그러니 아침 식사를 저희가 원하는 것보다 늦은 시각에 하게 되어서, 이번 주부터는 다시 7시에 아침 식사를 하는 것으로 하려고 합니다. 그렇게 일찍 아침 식사를 하지 않으면 아홉시 조금 넘어서 이 서방이 올 때까지 해야 할 일들을 다 마칠 수가 없습니다. 하인들과 한국말로 기도회를 가지기 시작한 지금은 더 시간에 쫓기게 됩니다. 그들이 기도회에 대해서 속으로 어떻게 생각하는지 모르지만 겉으로는 좋아하는 것 같고, 특별히 찬송 부르는 것을 좋아하는 것 같습니다. 오늘 아침에 그들이 아침 일을 끝내고 집에 갈 때 유진이 맹세계와 손건아를 불러서 그들이 "노래를 좀 부를 마음이 있는지" 알고 싶다고 했습니다. 유진의 그 생각이 "그들의 마음을" 즐겁게 한 것 같고, 그래서 그들이 다시 들어와서 거의 한 시간 가까이 찬송을 했습니다. 찬송가를 저희가 몇 개 고르고 그들도 몇 개 골랐습니다. 그들 둘 다 노래를 매우 잘 하고 저희의 옛 찬송가 20여 곡을 알고 있습니다. 유진이 자기는 영어로 보다 한국어로 찬송을 더 잘 할 수 있다고 합니다. 한국말이 우리의 곡조에 너무 잘 어울리기 때문이랍니다. 오늘 밤 문지기가 와서 자기가 읽게 "찬송 책chanson chaik" 하나를 빌려 달라고 했습니다. 그가 오늘 아침 유진과 함께 전킨 씨 댁에서 열리는 예배에 참석했습니다. 저는 비가 와서 가지 않았습니다.

제가 이 말씀을 드린 것 같지 않은데, 관악산에서 내려올 때 저희들의 조리사가 저희들을 실망시켰습니다. 그가 아침 기도회에 열심히 참석하고 기독교 가르침을 오래 받았는데, 그런 그가 불교예식에 참석한 것이 가능한 일이라고 믿어지지가 않았던 것입니다. 저희가 관악산을 떠나기 전날 아침에 그가 아들을 낳게 해달라는 불공을 드리기 위해 절의 스님들에게 7,500푼(2.50불)을 지불했습니다. 저희가 그를 절에서 직접 보지는 못했으나 그가 절에 들어가서 불공을 드렸다고 들었습니다. 이런 일은 저희 선교사들이 이교도들 사이에서 끊임없이 겪는 시험의 한 예일 뿐입니다.

최근에 나온 『다이제스트』에 한 영국 여자가 "여자들"에 대해 쓴 글이 있는데, 그 여자는 그 글에서 여성들에게 자유가 없고 남녀가 평등하지 않은 것은 기독교 때문이라고 했습니다. 저는 그런 여자들이 한국에 와서 잠시만이라도 한국 양반의 부인이 되어서, 기독교의 영향이 미치지 않은 곳의 가정에서 여자들이 누리는 자유를 좋아하게 될 수 있을지 시험해 보기를 바랄 뿐입니다. 오늘 들었는데 저희 집에서 멀지 않은 곳에 사는 한 양반이 자신의 본처에게 싫증이 나서 어리고 예쁜 여자를 데리고 들어왔고, 본처에게 집을 나가라고 했다고 합니다. 그 본처가 어디로 갈 곳이 없다고 말했더니 남편이 그를 때리고 어쨌든 나가야 한다고 했답니다. 그래서 그가 친정에 편지를 해서 돌아가서 살 수 없냐고 했더니, 친정에서는 받아들일 수 없으니 그냥 남편 집에서 견디라고 했답니다. 본처가 집을 나가지 않은 것을 안 남편이 본처를 때려서 내쫓았고 갈 곳 없이 어둠속으로 갑자기 쫓겨난 이 불쌍한 여인은 우물 속으로 몸을 던졌고, 그 이튿날 그 시체가 우물 속에서 발견되었다고 합니다. 그 남편에게는 아무 일도 일어나지 않았고, 앞으로도 일어나지 않을 것이, 아무도 그런 <u>사소한</u> 소동을 문젯거리로 생각하지 않고, 첩을 집으로 데려오는 것에 대해서 본처가 소란을 피울 일이 아니기 때문입니다!

오늘 밤엔 비가 심하게 내리고 불을 좀 피워야 할 만큼 쌀쌀합니다. 화로 하나 있던 것을 관악산에 있을 때 깨뜨렸으니 지금은 화로가 없습니다만, 내일 하나를 구할 수 있을 것입니다. 지금은 냉차를 마실 철은 지났고, 저녁 식사 때 곁들일 코코아나 차를 만드는 데 화로가 필요합니다. 식사 후에는 화롯가에 둘러앉을 수 있겠지요.

이제 드디어 선교부의 모든 사람들이 집으로 왔고, 오늘 오후 외국인들의 예배 때 모두들 모여 악수를 했습니다. 그러나 곧 다시 흩어지게 될 것입니다. 기포드 씨와 빈톤 박사가 며칠 전에 시골로 내려갔으니 사실 흩어짐은 벌써 시작되었습니다. 모펫 씨와 리 씨 그리고 웰즈 박사는 이번 주에 평양으로 가고, 저희 선교부 사람들은 다음 주에 떠날 것입니다. 물론 유진이 시골로 내려가는 것이, 이번에 가면 7주 정도 머물게 될지도 모르고, 아마 그동안은 그로부터 아무 소식도 못 듣게 될 터이니 신경이 쓰이지만, 밤에 저와 함께 지내 줄 사람이 있고 한국 사람들을 대하는데 도움을 줄 이 서방과 함께 있으면 ------그 보다는 저를 위해서-----[131].

유진은 이 서방을 제 한국말 교육을 위해 이곳에 남겨두고, 자기는 기독교인 도우미를 구할 것입니다. 이런 계획이 있었기에 저는 전의 제 선생님을 다시 부르지 않았습니다. 그는 또한 너무 젊기도 했습니다. 이 서방은 거의 아버지 연세 또래이고 정말로 품위가 있는 한국 신사이며, 저를 위해서 무엇이든 할 만큼 친절합니다. 그는 저희를

---

131 원문에 공백이 있다.

돕는 일이라면 그 어느 것도 문제가 되지 않는다고 생각하는 것 같습니다. 최근에 저희는 이 서방과 함께 매일 마가복음의 몇 구절을, 유진이 이튿날 아침 기도회에서 그것을 한국말로 읽을 수 있도록, 공부해 왔습니다. 저희가 영어성경을 늘 손에 가지고 있긴 하지만, 그래도 이 서방이 성경 구절에 나오는 많은 단어들의 뜻을 저희에게 설명해주어야 하는데, 그럴 때 이 서방이 그 성경 구절의 의미를 완전히 이해하고 있는 것이 확연히 드러납니다. 실상은 그가 많은 부분을 저희들보다 더 잘 이해하고 있습니다. 등장인물들이 동양인이니까요. 이 서방은 확실히 진리에 대한 지식을 가지고 있지만 그 지식이 "구원에 이르게 하는 지식"인지는 지금으로선 알 수가 없습니다.

저희는 겨울 동안 작은 한국 소년 하나를 데리고 있으려고 합니다. 9살 난 아이인데 이름이 우승이Oo-seng-y[132]입니다. 미스 데이비스가 좋아하는 아이인데 그의 부모가 너무 가난해서 최근에는 거의 굶어죽을 지경이었습니다. 그것이 그의 어머니가 그를 포기하는 유일한 이유입니다. 그들은 중상류층의 신분을 가졌는데 그의 아버지가, 실제로는 계부가, 가지고 있던 정부의 말단직을 전쟁 이후로 잃어버렸고, 그들은 가난할 대로 가난하게 되었습니다. 저희는 겨울동안 그 아이에게 먹을 것과 입을 것을 공급해주고 밀러 씨의 학교에 보내려고 합니다. 학교는 네 시가 되어서 끝나는데, 제 생각에는 방과 후 취침

---

132 아이의 이름이 여기서만 Oo-seng-y로 표기되고, 이후 편지에서는 "보승이"를 음차한 것으로 생각되는 Poh-seng-y, Pohseungyi, Pohsegy 등으로 표기된다. (간혹 Poksengy로 표기된 곳도 있다. 손편지를 타이핑으로 옮기는 과정에서 "h"를 "k"로 혼동한 경우로 생각된다. 여기의 첫 글자 "O"도 "P"와 혼동한 경우일 수도 있다.) 그러다가 뒤로 가면서 "부승이Pusengy"(간혹 "Pusengie")로 일관되게 변한다. 여기서만 "우승이"로 번역하고 이후에는 영어표기에 관계없이 "부승이"로 번역한다.

시간까지 그가 할 수 있는 일이 충분히 있을 것입니다. 현재로선 식당 바닥에서 요를 깔고 자게 할 것입니다. 한국인들은 언제나 방바닥에서 자는 것을 어머니도 알고 계시지요? 아이는 요와 이불만 있으면 될 것이고, 식사는 학교에서 학생들과 함께 먹으면 됩니다. 일본식 후톤을 사줄 생각도 하는데 그것이 이 아이의 침대가 되는 것이지요. 미스 데이비스 말로는 이 아이의 엄마가 바느질을 잘 한다고 합니다. 그래서 이번 주에 저희 집에 와서 아이의 옷을 만들도록 했습니다. 이 일을 미리 알았다면 저희가 스미스 가게에 주문할 때 그의 속옷용으로 캔톤 플라넬 천을 주문했을 것입니다. 그렇게 하면 솜을 넣은 옷을 따로 만들게 할 필요가 없었을 것입니다. 솜옷은 세탁하기가 어려운데, 이제는 할 수 없이 솜옷을 만들게 되었습니다. 책임이 큰일이라고 느끼지만, 이 일이 저희 앞에 주어졌으니, 이제는 저희에게 맡겨진 실제적 선교 사역이라고 생각하고 맡을 것입니다. 바라기는 이 아이가 유용한 기독교인으로 성장하게 되는 것입니다.

이 편지 서두에 제가 케첩과 [복숭아] 설탕 조림 만든 것을 말씀드렸지요. 그 이후 저는 복숭아 프리저브와 마말레이드도 만들었는데 둘 다 아주 잘 되었습니다. 다음에는 포도 젤리를 만들고, 그 다음에는 피클을 만들 것입니다. 이번 주에 제가 케첩을 더 만들었다는 것을 잊어먹고 말씀드리지 않았네요. 토마토가 익는 대로 케첩을 만들어야 합니다. 이번 주에 맹세계가 어머니의 레시피로 스펀지케이크를 두 번 만들었습니다. 제가 재료를 내어 준 것 외에는 어떤 도움도 받지 않고 혼자 만들었는데 어머니 것처럼 잘 만들어졌습니다. 첫 번째 케이크는 드루 부인을 위해서 만들게 했습니다.

테이트 남매가 금요일에 돌아왔습니다. 그들이 제게 존슨 씨가 보내는 아름다운 반짇고리를 가져다주었습니다. 제가 키 큰 바구니를 별로 좋아하지 않는 것을 어머니도 아시지요? 그런데 이 바구니는 정말 제가 본 중에 가장 예쁜 바구니입니다. 큰 바구니는 팔각형으로, 뚜껑이 있고, 밑에 두 개가 [더] 있습니다. 또한 조각조각으로 떨어지게 되어 있어서 쉽게 트렁크에 넣어 가지고 다닐 수 있습니다. 저희는 곧 있을 존슨 씨의 방문을 기다리고 있습니다. 그가 미국으로 돌아갈 때는 영국을 거쳐서 갑니다. 어머니께서 그를 보실 기회가 있을 때 부디 그가 말하는 것처럼 모든 일본인들이 나쁘다거나 서울의 선교사들이 사치스럽다고 생각하지 마십시오.

조만간 어머니가 저를 위해서 "W. 애트리 버피"에게 편지를 해서 완두콩 씨앗을 한 15내지 20센트 어치, 아니면 25센트 어치를, 1월이나 12월 말에 저에게 보내달라고 말씀해 주시면 고맙겠습니다. 제가 되도록 일찍 그것들을 심을 수 있도록이요. 헨더슨 카탈로그를 보내달라고 해서 그를 통해 주문하는 방법도 알아보겠습니다.

어머니의 턴오버 레시피에 이스트에 대해서는 언급하지 않으셨는데, 감자와 설탕으로 만든 스펀지가 거기에 필요한 전부라는 뜻인지요? 저는 감자를 팬에서 소고기와 함께 꺼내서 갈색이 될 때까지 볶았는데 아주 잘 되었습니다.

플로렌스가 취직이 되었다는 소식과 드와이트가 대학에 가게 된다는 소식을 곧 저희가 듣게 되기를 바랍니다. 미스 멜빌이 고맙기는 하지만 드와이트가 그에게서 돈을 빌리지 않는 것이 최상이라고 저는 생각합니다. 저의 여러 친구들에게 제 안부를 전해주십시오. 사람들이 저희들의 안부를 묻고 있다는 것이 저희를 기쁘게 합니다. 식구들의 편지에서 에스콧 부인의 걱정거리가 이제는 해결되었고 헨리가 집에 있다는 소식을 듣게 되기를 바랍니다. E. 씨는 어떻게 하려고 하는지요?

저는 식구들 <u>모두가</u> 찍힌 가족사진을 무척 갖고 싶습니다. 유진은 자기 식구들의 멋진 가족사진이 있어서 한국 사람들이 그 사진을 보는 것을 즐겨합니다. 언젠가 저를 위해서 가족사진을 하나 찍어서 보내 주시지 않겠습니까? 이 서방은 우리 쌍둥이[133]에 대해 아주 관심이 많습니다. 그 아이들 사진이 도착하게 되면 저는 너무 반가울 것입니다.

이제 보니 유진이 샌프란시스코에서 그의 어머니께 엽서 한 장 보낸 것 외에 다른 편지를 쓸 시간이 없었습니다. 그래서 유진의 어머님께서는 샌프란시스코에서 저희에게 있었던 일들에 대해 아무것도 모르고 있습니다. 그래서 유진이 그의 어머님께, 제가 어머니와 식구들께 썼던 긴 편지를 구해서 읽으시라고, 편지를 썼습니다. 어머님께서 아직 그 편지를 가지고 계시리라고 믿습니다.

이 편지에 클라라 숙Clara Sook에게 보내는, 사진에 대한 짧은 메모를 동봉합니다.

최고의 사랑을 모두에게 전하며 식구들 모두가 저희들처럼 안녕하시기를 바랍니다.

가장 사랑하는 마음으로
로티

---

133 1881년생인 로티의 쌍둥이 막내 동생들-메이블과 폴린-을 말함.

1895년 9월 22일
한국, 서울

사랑하는 버논

네가 7월에 쓴 멋있고도 긴 편지를 우리가 산에서 내려오기 전에 받았지만, 이제서야 내가 너에게 답장을 할 순서가 되었구나. 나는 될수록 식구마다 한 사람씩 돌려가며 편지를 쓰고 싶지만 그게 잘 되지 않는 것 같다. 지난주에 어머니께 편지를 쓴 이후로 우편물을 받았는데, 거기에 플로렌스가 나이아가라 여행에 대하여 쓴 편지와 8월 15일 자 에바의 편지가 있었다. 그리고 스미스 상점에서 보낸 편지에, 우리 화물을 편지와 같은 증기선 편으로 보내겠다고 했는데, 화물이 아직 제물포에 도착하지 않았다. 물론 일본에서 화물을 보낼 때 편지처럼 그렇게 빨리 올 리가 없을 것이다.

거의 한 주 내내, 우리는, 아니 유진은 여행에 필요한 짐을 넣어 가져갈 상자들을 만드느라고 바빴다. 그러나 일단 한번 만들어 놓으면 다음번에도 사용할 수 있을 것이고, 여기서 하게 될 어느 여행에서든 편리하게 사용될 것이다. "스미스" 상점에서 보내온 상자들 중에 가장 좋은 것들을 골라서 더 견고하도록 보강하고 경첩을 사용해서 뚜껑을 만들었다. 그 상자들은 이미 쇠로 둘려져 있어서 거기에 한국식 걸쇠만 걸어 잠그면 된다. 아마도 그런 짐상자가 5개는 필요할 것인데, 침구, 옷, 책(팔기도 하고 주기도 할 것들), 그리고 6주 동안 먹을 양식들과 조리기구들을 가져가야 하기 때문이다. 선건아가 그와 동행하고 테이트 씨의 옛 선생님, 그리고 활발한 기독교인인 또 다른 이 서방과 함께 갈 것이다. 이 이 서방은 선생의 직책으로 한 달에 은화 8불을 받는데, 이 월급에서 은화 12불을 한국인들이 짓고 있는 새 교회에 헌금할 것을 약정했다. 미국의 기독교인 중 얼마나 많은 사람이 십일조 이상을 헌금을 하겠니? 이 서방이 그렇게 한 것을 알고 그가 우리에게 큰 교훈이 된다고 생각했다. 그에게는 부양할 부인과 자녀들이 있는데도 말이다.

우리는 "존"이라는 중국 목수를 시켜서 견목으로 2인치 두께의 비스킷 판을 만들게 했는데 유진이 여행에 그것을 가지고 가서 비스킷을 만들 것이다. 선건아가 그 판을 사용해서 비스킷을 잘 만든다. 둥글리는 막대기로 그 위에서 반죽을 하는 것이다. 우리는 화로나 석유스토브 위에 놓고 쓸 오븐을 고안했는데, 무쇠로 된 후라이팬 위에 비스킷 반죽을 놓고 그 뚜껑 위에 숯을 올려놓고 굽는 구식 화덕의 원리를 사용했다. 유진이 화로 하나를 가지고 가고 어머님께서 내게 주신 작은 석유스토브를 가져갈 텐데, 불을 피우지 않는 요즘, 하인들은 그 스토브를 사용해서 저녁 때 코코아를 만들기를 좋아한다. 아침과 저녁에는 서늘하지만 날씨가 아직은 매우 좋다. 그들이 여행을 떠난 후에도 그랬으면 좋겠다.

말 듣기로는 배가 26일 떠난다고 했지만, 아직 아무 소식도 들리지 않으니 그날 떠난다는 보장이 없다. 그렇다고 오래 기다릴 것 같지는 않다. 나는 그들이 속히 여행을 시작해서 무사히 <u>돌아오기</u>를 마음 졸이며 바라고 있다. 특히 이번 선교여행이 우리가 남쪽에서 거주할 곳을 결정하는데 도움이 될 것이기 때문이다. 나는 어서 빨리 남쪽 선교지에 가서 우리가 함께 일해야 할 한국 사람들과 함께 살게 되기를 간절히 바라고 있다. 이곳 외국인 거주지에서는 한국인들을 많이

볼 수가 없다.[134]

오늘이 학교 개학일이라서 우리는 오늘 아침 부승이[135]를 기다리고 있다. 그 아이가 내게 좋은 동무가 될 것으로 기대하지만, 그렇다고 내가 외로워지지는 않을 것이 드루 부인과 루시가 나와 같이 있을 것이다.

유진이 짐 싸는 것을 말하는 김에 우리의 트렁크들이 얼마나 큰 도움이 되었는지 어머니께 말해 달라고 너에게 부탁할 참이었다. 양탄자 말고는 모든 것을 트렁크에 넣어서 왔는데 어느 것도 곰팡이가 슬거나 나방이 슬지 않았고 짐을 풀기가 여간 쉽지 않았다. 나는 이런 트렁크들이 커다란 짐 상자 하나보다 훨씬 좋다.

요코하마에서 샌프란시스코로 가는 국제 전보가 없다고 플로렌스에게 말해 주기 바란다. 톰 사촌의 말이 맞는다. 전보가 요코하마에서 상하이로 보내지고, 거기서 런던으로 가고, 런던에서 뉴욕으로 가게 되어 있다. 여기서 미국으로 전보를 쳐서 다시 그 답신을 받기까지 7시간이 걸린다고 들었다. 서울서 제물포로 가는 선이 있고 또 부산으로 가는 선도 있고, 부산에서 일본으로 건너가는 선이 있다. 그래서 우리가 혹시라도 전보를 보내기를 원할 때는 그렇게 할 수 있다. 문제는 비용이다 – 거의 단어 당 10불 가까이 들고, 주소도 요금 계산에 포함된다. 국제 전보가 필요한 경우가 많이 생길 거라고는 생각되지

---

134 원문에 "…we do see much of them – 우리가 그들을 (한국인을) 많이 본다"로 되어 있다. 원래는 we do not see much of them이었는데 타자로 옮기는 과정에서 not을 빠뜨린 것으로 생각된다.

135 9월 10일 자 어머니에게 쓴 편지에서 이야기한 아이임이 확실하다. 그 편지에서는 아이 이름을 우승이(Oo-seng-y)라고 했다. 1895. 9. 10. 어머니께 쓴 편지 관련 각주 참조.

않는다. 일반적으로 편지가 훨씬 유효하게 기능을 한다. 미국의 전킨 씨 가족이 전킨 판사가 죽었을 때 전보로 이곳에 그 소식을 알렸는데, 5주 후에 자세한 소식을 전하는 편지가 도착했다. 부음을 두 번 듣는 것과 같았다. 그때 내 생각이 그런 소식은 아마 편지로 한 번만 접하는 게 더 좋을 것 같았다. 지난 봄 드루 부인의 모친이 돌아가셨을 때처럼 말이다. 하지만 어느 쪽이 더 나을지는 판단하기 어렵다.

네가 수금원으로 취직했다고 에바가 편지에 적었다. 네가 이제 네 스스로 돈을 번다는 것이 나는 기쁘다. 얼마를 벌었고 그 돈으로 무엇을 했는지 알려주기 바란다. 드와이트도 내게 편지를 해 주기를 바라는데, 내가 집을 떠난 지 8개월이 되도록 드와이트한테서는 소식이 하나도 없다. 아직 아무도 아버지께서 쓰신 인디안 두개골에 관한 기사를 내게 보내주지 않았는데, 기사가 나오면 잊어버리지 말고 보내다오. 나는 켄터키주의 인디안 전설 수집에 아버지께서 기여하고 계신 것이 너무도 자랑스럽다. 나는 신문 스크랩을 받아 읽는 게 너무 즐겁다. 어머니께서 자주 그렇게 해주셨으면 좋겠다. 그 설리반이라는 사람이 작년 가을에 우리 옆집에 살던 헨리 설리반 씨 아니니? 자살이라고 확실히 판명은 된 거니? 지금쯤 너와 쌍둥이는 학교에 있고, 아치 벨은 리치몬드에, 그리고 마샬은 스턴톤에 있겠구나. 플로렌스의 편지에 이번 겨울에는 [선생으로] 자리를 얻기가 힘들 거라고 했다. 만일에 그렇다면 플로렌스를 위해서 좋은 일이 있으려고 그럴 것이라고 믿는다. 드와이트도 마찬가지고.

내가 이런 말을 전에 했는지 모르겠다만 이곳에서는 남자가 여자의 코를 베어버려서 다른 남자가 자기의 부인을 사랑하게 되지 않도록 한다는 이야기가 있다. 전에 그런 이야기를 들었었는데, 어제인지 그제인지 코가 없는 여자들을 몇 명 보았단다. 코가 없어진 것이 그런 비슷한 일 때문일 텐데, 물론 그것이 사실이라고 내가 네게 단정해서 말하는 것은 아니고, 내가 그런 이야기를 여러 번 들었다는 것이다. 이곳의 남자들은, 기독교 국가들의 많은 남자들이 그들의 부인들을 배려해 주듯이 그런 식으로 그들의 부인들을 대하지 않는다. 일본에서는 같은 이유로 직업이 있는 여자들의 치아가 거의 다 검게 만들어졌다.

거의 모든 선교 학교에서 아이들에게 영어를 가르치는데, 나는 가끔 거기에 대해 심각하게 의구심이 생긴다. 영어지식이 그들에게 새로운 가능성을 열어 준다는 것이 영어를 가르치는 이유인데, 많은 경우 나쁜 행동으로 나아갈 가능성을 열어준다. 한국 아이들에게 그런 새로운 가능성은 절대 필요치 않다. 동시에, 아이들은 영어가 매우 유용한 것임을 알고, 기회만 있으면 기꺼이 배우고 싶어 한다. 모든 중국 상인들이 어느 정도 영어를 하는데, 그 중 많은 사람들이 "존"처럼 "피진" 영어[136]를 쓰고 그나마도 아주 조금밖에는 모른다. 그 보다 더 많은 사람들이 안청과 그의 부인처럼 영어 구사력이 능할 뿐 아니라 회계사의 손글씨체도 잘 쓴다. 일본 상인 10명 중의 9명 정도가 장사에 필요한 영어를 충분히 구사한다.

그러나 이런 사실들이 나에게 상기시키는 것은 이것이다. 내가 서울까지 와서야 내 생전에 들어본 저주 중에 최악의 저주를 들었는데, 그것을 사탕을 파는 한 한국 아이가 하는 영어에서 들은 것이다. 그 한국 아이와 같은 또래의 한 중국 아이 옆을 우리가 지나가는데 그

---

136 "pidgin" English, 영어에 토착어를 혼합하여 쓰는 구어체 영어를 일컫는다. 외국어와 토착어를 섞어 쓰는 것을 통상 pidgin이라 부른다.

중국 아이가 영어로 사탕장사 아이한테 "노 굿, 노 굿" 하면서 말하니까 한국인 아이가, "유 배드 보이, 유 배드 보이"라고 응답했다. 중국 아이가 다시 "노 굿"이라고 반복하자 한국 아이가 "유 배드 보이"라고 말하고 거기에 그 끔찍한 저주를 더했던 것이다. 물론 이 아이들이 선교사들만 만났었고 그들에게서만 영어를 배웠더라면 사정이 달랐을 것이다. 그러나 이곳에는 온갖 종류의 사람들이 있고, 그들 중 많은 이들이 선교사들이 되돌리기에는 역부족으로 한국인들에게 사악함을 가르치는 것이다.

나이아가라 폭포의 작은 사진을 보내 준 플로렌스에게 너무 고맙다. 그 사진이 그곳에 가고 싶었던 나의 오랜 욕망을 일깨웠다. 그들이 그렇게 즐거운 여행을 할 수 있어서 기쁘다. 내가 아직 한국에서의 사진을 하나도 보내지 못했는데 꼭 보내 보겠다. 사진을 찍기 위해 "진고개"라는 일본인 마을에 갈 시간이 생기는 대로 말이다.

"조 맹세계Jo Meng Segge"[137]가 조리사의 이름이다. 유진의 이름이 "배유진Pear Eugene" 아니면 "배 서방Pear Sa Bang"인 것처럼 말이다. 한국인들은 유진은 잘 발음할 수 있는데, 벨 발음은 못 한다. 그들에겐 벨 소리가 그렇게 "배pear"로 들린다. 거기에다 유진이 여권에 기재할 한자 이름이 있어야 했는데, 한국에 한자 성이 200여 개 밖에 없었으므로 배가 그에게 주어진 성이었다. 한국인 중에 똑같은 이름을 가진 사람이 많은 이유는 그 때문이다.

---

137 조리사의 이름을 처음엔 문세계Meun Segge로 적었다가 (1895. 4. 14. 아버지께) 그 후엔 줄곧 맹세계Meng Segge로 적었는데 여기선 그의 성이 "조"라고 한다. 그의 이름이 "명석"이나 "맹석"이가 아니었을까?

사랑하는

로티

모두에게 사랑을!

1895년 10월 2일, 수요일 오후, 1시 40분
서울, 한국

나의 사랑하는 플로렌스

우편이 지난 월요일 배달되었는데 신문 등과 함께 네가 8월 23일 자로 쓴 편지를 받았다. 여태까지 나는 내가 집에 보낸 편지에 대해서 메모를 해놓지 않았지만, 이 편지로 시작해서 기록을 해놓아야겠다. 그래야 어떤 편지가 가지 않았는지 쉽게 알 수 있기 때문이다. 월요일은 비가 음산하게 내렸는데, 그런 날 고향에서 편지를 받아서 정말 즐거웠다. 날씨가 축축하고 서늘해서 나는 난로를 들여오게 해서 불을 피우고 오후를 거의 모두 그 불 곁에서 보냈다. 아버지의 글이 실린 『커리어』와 정기적으로 오는 『옵저버』, 『다이제스트』 등도 왔다.

어제와 마찬가지로 오늘도 날씨가 좋다. 잠시 후 나는 미스 아버클과 함께 러시아 공사관으로 베버 부인을 방문하려고 한다. 그때까지, 아니면 "존"이 내 남여를 보러 올 때까지 편지를 계속 쓰기로 한다. 존은 아름다운 가구를 만들고 기이한 영어와 한국어를 구사하는 그 익살스러운 중국 사람이다. 그에게는 사물이 "꼭대기사이드와 바닥 사이드"이고 그것들이 "상하이사이드"에서 온다. 우리가 그를 처음 만났을 때 나는 그의 영어 구사의 흐름이 아주 훌륭한 것으로 생각했다. 말을 빨리, 많이 했는데, 나는 곧 그가 아무것도 말하지 않고 있다는 것을 알게 되었다. 나는 전에 한번 그에게 이 남여를 보아 달라고 했었는데, 그가 하는 말의 뜻을 전혀 이해할 수 없었다. 지금은 내가 그가 고친 의자 하나를 보았으니, 전보다는 그를 좀 더 잘 이해할 수 있기를 바란다. 도성의 다른 쪽으로 방문을 해야만 할 일이 있는데 내가 걷기에는 너무 멀어서 반드시 이 남여가 필요하다.

내가 방금 먹은 아이스크림을 너와 나눠 먹을 수 있었다면 얼마나 좋을까. 나는 오늘 아이스크림이 너무 먹고 싶어서 어머니가 『미스 팔바』요리책에 표시해 준 레시피를 양을 반으로 해서 만들었는데 양동이 둘에다 얼렸다. 맹세계는 내가 준비하는 것을 보며 매우 의심쩍어 했지만, 그가 더할 수 없이 잘 얼렸고, 아주 맛있어서 너무 많이 먹었다. 아이스크림을 얼리는 데 내가 필요했던 것보다 더 많은 양의 얼음을 은화 7센트 주고 샀다. 아주 상냥한 작은 소년이 매일 얼음을 가져다준다.

지난 목요일 유진은 적어도 5주나 그 이상 걸리는 여행을 떠났고, 그래서 나는 혼자 있다. 혼자 있다는 그 말이 말 그대로라고 내가 말하더라도, 너희들이 걱정하거나 공포에 빠지지 않기를 바란다. 유진 일행이 떠나기 전날, 드루 의사가 언더우드 박사의 문하에 사는 아이들이 백일해를 앓고 있다는 소식을 듣고 걱정이 되었고, 그래서 드루 의사가 자기 부인에게 계획을 바꾸라고 했다. 헌데 내 생각엔 그가 부인에게 계획을 바꾸라는 것은 드루 부인이 나와 함께 지내기 위해 우리 집으로 옮겨 오는 번거로움을 겪지 않게 하기 위한 핑계에 불과하다. 드루 부인은 상당히 오고 싶어 했다고 나는 생각하는데, 드루 의사는 부인이 온갖 번거로움을 감수해 가며 우리 집으로 옮겨 오는 것이 불필요한 일이라고 생각하던 차에 [옆집에서] 백일해가 돈다는 좋은 핑계거리가 생긴 것이다. 내가 루시를 아주 사랑하고 또 드루 부인을 너무 좋아하기 때문에 몹시 유감스러웠지만, 나도 혼자 사는 법을 배워야 할 것 같다.

미스 제이콥슨이 하루 밤을 와서 잤고, 그 다음 날은 내가 그 집에 가서 보냈고, 토요일 밤엔 미스 데이비스가 와서 함께 지냈고, 그 후로는 계속 혼자 지냈는데 혼자 있는 것이 훨씬 낫다. 나는 전혀 불안해하지 않았고, 잠자리에 들면, 나무토막처럼 밤새 꼼짝 않고 잔다. 모든 방의 문을 낮 동안에는 열어놓고 밤에는 아무도 들어올 수 없도록 안전하게 모두 닫는다. 유리창 세 개는 환기를 위해 열어놓는데, 안전하다고 신뢰한다. 내가 우리 집 사진을 보낼 텐데 그 사진을 보면, 문의 생김새가 유리창을 열어놓아도 아무도 들어오지 못하도록 되어 있는 것을 알 수 있을 것이다. 여기에서 많은 여자들이 혼자 지내는데 아무도 그것이 특별한 일이라고 생각하지 않는다. 드루 부인은 지난봄에 남편이 여행 중일 때 대부분 혼자 지냈고, 미스 데이비스는 작년에 6개월을 도시 건너편 쪽 외국인이 아무도 없는데서 혼자 살았고, 결혼한 여자들도 지금은 대부분 혼자 지내고 있다. 언제든 필요하면 언더우드 씨 집의 침실 창문이 우리 집과 아주 가까우므로 그들에게 부탁하면 된다. 지금은 혼자 있으며 밤새 잘 쉬는 것이 밤마다 나와 함께 있어줄 사람을 찾고, 이야기를 들어주느라 밤새 깨어 있다가 이튿날 공부를 할 수 없게 되는 것보다 훨씬 낫다. 내가 남의 집에 가서 자는 것은 더욱 불편한 것이, 그 이튿날 항상 두통이 생긴다.

월요일 밤에 다른 데서 잤는데 휴식이 되지 않았고 이튿날 하루 종일 아무 일도 할 수 없었다. 본래는 월요일 밤에 우리 집에서 화이팅 의사와 함께 보내기로 되어 있었는데, 화이팅 의사와 내가 둘 다 감리교 여학교에서 있는 저녁 식사에 초대받았다. 월요일 오후에 내가 그곳으로 갈 때 집의 문을 모두 잠그고 그 열쇠뭉치를 내 겉옷의 주머니에 넣고 갔다. 감리교 학교로 갈 때도 그랬고, 미스 해리스에게 내 겉옷을 그의 방에 놓아두도록 건네면서 나는 거기에 열쇠뭉치가 있다는 것을 뚜렷하게 감지했다. 그런데, 문하인이 우리를 데리러 와서 막 출발하기 시작했을 때 나는 열쇠뭉치가 없어진 것을 알았다. 그래서 다시 되돌아가서 미스 해리스가 자기 방을 뒤졌지만 열쇠는 "없소upso"였다. 우리 문하인과 감리교 학교의 사람 하나가 우리 집에서 그곳까지 오가면서 열쇠를 찾았지만 찾지 못한 채 돌아왔다. 열쇠가 없으면 우리의 침실로 들어갈 수 없다는 뜻이니 우리는 그냥 그 집에 밤새 머무를 수밖에 없었다. 그때 내 심정을 상상할 수 있겠니? 모든 열쇠가 – 트렁크, … 등등의 열쇠가 – 모두 없어졌다. 문하인에게 아침 일찍부터 다시 열쇠를 찾아보라고 이른 후, 나는 미스 류이스 Lewis와 함께 병원 건물로 가서 미스 커틀러 의사의 방에서 자고(미스 커틀러는 일본에 있다.), 미스 화이팅은 학교 건물에서 간이침대 위에서 잤다. 내가 집에 도착할 때까지 만약 열쇠가 찾아지지 않으면 존에게 사람을 보내서 우리 방 안에 있는 벽장을 열어 보도록 하겠다고, 거기에 열쇠들 복사한 게 몇 개 있으니 그걸로 우선 대처를 하기로 마음먹고, 나는 잠을 잘 잤다. 염려도 안했다.

그러나 아침에 우리가 아침 식사를 하러 갔더니 없어졌던 열쇠들이 있었다. 미스 해리스가 그때까지 줄곧 자기 주머니에 그 열쇠들을 가지고 있었고 그는 그것이 자기 열쇠라고 생각했다. 짐작컨대 그가 내 겉옷을 받아서 내려놓았을 때 열쇠가 바닥에 떨어졌고, 그는 자기가 떨어뜨린 열쇠뭉치려니 생각하고, 보지도 않고 자기 주머니에 넣었던 것 같다. 우리가 잠이 든 후에 열쇠를 보았기 때문에 그냥 아침까지 그것을 보관하고 있었다고 말했다. 그리고 아침 식사 전에 하인에게 더 이상 열쇠를 찾지 않아도 된다고 말했다. 그 집 하인들이 말하기를, 한국 관습에 누가 떠나기를 원치 않는 손님이 있을 때 그렇게 손님의 열쇠나 신발을 숨겨서 그들이 조금 더 머물게 한다고 하는데, 그것은 변명으로 하는 말 같았다.

너와 에바가 나를 위해 물품 구입을 해주어서 너무 고맙다. 그리고 그 짐을 그때 당장 보내지 않은 것이 기쁘다. 왜냐하면 그때는 미스 데이비스를 위한 시계를 아직 구하지 못한 때였고, 또 모든 물건을 되도록 한 짐에 보내는 것이 훨씬 나으니까. 나는 올해는 크리스마스 선물을 기대하지 않았다. 하지만, 고향으로부터 선물을 받는 것은 분명히 기쁜 일이다. 이 편지에 시계 값으로 수표를 동봉하고 다른 것들은 내가 전체 가격을 알게 되는대로 다시 수표를 보내주겠다.

이 편지에 아버지께 보내는 『코리안 리포지터리Korean Repository』를 동봉하는데 나는 아버지께서 특별히 "일부다처제"에 관한 기사를 읽어 보시기를 원한다 – 일부다처제는 이곳의 교회들에게 매우 신중한 문제이다. 유진이 여행을 떠나기 전에 그 신문을 아버지께 보내면서 그 일에 관한 메모를 써 보내려 했는데 시간이 없었다. 그것에 대한 아버지의 견해를 꼭 듣고 싶다. 내 생각에는 남자가 후처를 포기하도록 요구하는 게 최상인 것 같다. 그가 원한다면 후처와 그에 달린 아이들을 돌보는 책임을 질 수 있도록, 아니, 꼭 그렇게 하게 해야 한다. 일반적으로, 아이들이 후처에게서 태어나고 남편이 그를 더 아끼는 경우가 많은 것이 사실인데, 그렇다고 그것이 그런 남자를 교회에서 받아들이고 계속 그런, 내게는 죄악이라고 생각되는, 삶을 살도록 허용하는 이유가 될 수는 없는 것이다. 덧붙일 것은 한국 사람도, 그들이 이교도임에도 불구하고, 누구도 그것이 옳다고 생각하지 않는다고 나는 믿는다. 한국에서, 그리고 아프리카와 인도에서, 지금 이 문제는 화급한 사안이다. 이번 10월에 열릴 장로교 공회Presb. Council에서 이 문제가 토론될 것인데, 이런 보고를 하는 게 안됐지만, 이 공회에 우리 쪽에서는 단 한 사람, 레이놀즈 씨만이 대표로 참석하게 된다. 나는 벨 씨가 이곳에 있어서 양쪽 의견도 듣고 투표도 할 수 있었으면 좋겠다. 이 문제는 내년으로 미루어질 수도 있고 아니면 한국 장로교의 정책이 어떻게 될 건지 이번에 결정이 될 수도 있는데, 여행 중인 남자 선교사 누구도 이 일을 위해 돌아오지 않는 것이 나는 극도로 안타깝다.

새로 나온 한국 우표 두 개를 동봉한다 – 다른 두개도 생기는 대로 보낼 것이다. 언젠가는 가치 있는 것이 될 터이니 잘 간직해 주기 바란다. 발로우 씨의 [우표] 세트도 내가 가지고 있는데, 그것도 곧 보내주겠다.

나는 지난주에 이곳에서 유명한 감을 먹어봤는데 – 맛이 확실히 좋았지만, 고향의 감 맛과 아주 흡사했고, 단지 더 크고, 곱고, 서리가 오기 전에 익는다. 감이 많이 나오기 시작하는 대로 나는 아침마다 식사 때 먹으려고 한다. 포도 바구니가 얼마나 그리운지! 우리 포도를 여기서도 재배할 수 있다, 아주 좋은 것들로, 그래서 언젠가는 풍성히 포도가 많이 나기를 바란다.

미스 웹의 결혼이 얼마나 놀라웠을까! 나는 네가 그녀의 주소가 있는지 애타게 기다리고 있다. 나는 우리의 "미스터Mister"가 산에서 목수 노릇하는 것을 즐거워하는 것을 의심하지 않지만, 이번 겨울에는 집에 와서 조금 더 돈이 되는 직업을 찾기를 바란다. 나는 1가First

Street에 있는 집이, 페인트칠도 되어 있고 천연가스를 쓰고, 특히 아래층에 도서관도 있는 그 집이 왜 너희들에게 일급 주택이 아닌지 모르겠다. 내가 모르는 집으로 식구들이 이사 가는 것이 내게 싫지만 말이다. 지금은 우리의 가구들이 어디에 어떻게 배치되어 있고, 너희들이 어디에 앉아 있는지 상상해 볼 수 있다. 그런 게 좋다.

신학교에서 『리포지터리』를 정기구독하고 있는지? 내 생각엔 그것이 좋은 일 같은데, 일 년 구독료가 은화 1.50불밖에 안 된다.

언더우드 부부 댁에 사는 미스 레드패스가 지금 막 담으로 와서, 사람들이 집에 없고 자기만 혼자 있는데 오늘 밤에 우리 집에서 잘 수 있냐고 물었다. 그래서 오늘 밤에는 우리 집에서 나와 밤을 같이 지내게 될 사람이 있을 것이다. 나는 혼자 있는 것이 더 좋지만, 내가 그렇게 혼자 있게 되는 날이 그다지 많을 것 같지 않다. 물론 문하인이 문 옆에 있는 그의 집에 있고 대문은 잠겨 있다. 모두가 말하듯이, 외국인 여자가 고향의 집에서 느꼈던 것보다 이곳에서 훨씬 더 안전하게 느낀다. 한국인들은 외국 사람들의 집 근처를 배회하지 않는다. 그들은 총을 아주 무서워한다. 며칠 전 밤에 레이놀즈 씨가 그의 집 뜰에서 그의 병든 개를 쏘았다. 그 다음 날엔가 며칠 후엔가 공사관에서 통지가 왔는데, 미국인들이 집 뜰에서 총을 쏘는데 그것을 "그만둬 come unto('중단stop')"라는 항의가 들어왔다고 했다. 그러니 레이놀즈 형제는 다음부터는 그의 병든 개들을 개 정육점에 팔아야 하게 되었다. 내가 한국인들은 개를 먹는다고 전에 말했던 것으로 생각된다.

식구들 누구도 내 재봉틀에 대해 언급하지 않은 것을 알고 있는지? 아무 말 안하는 것이 내 재봉틀이 좋은 게 아닐 것 같아서니? 언젠가 내가 봉제한 샘플을 보내줄게. 나는 재봉틀을 많이 사용하지는 않지만, 사용할 때는 엄청 편리하다. 그러고 보니 사실상 식구들이 내가 쓴 편지 내용에 대해 거의 언급을 하지 않았었네. 그러니 내 편지 내용이 식구들에게 흥미 없는 것이 아닐까 하는 생각이 자주 든다.

보승이Pohsengy가 지난 열흘 동안 학교에 다니며 우리와 함께 있었다. 나는 우리가 부승이[=보승이][138]를 데리고 있는 것이 기쁘다. 그 애 엄마가 오늘 그 애가 입을 새 옷을 지어왔다. 그 옷을 입으니 아이가 정말 멋있어 보인다. 하얀 바지에 빨간 코트. 한국인의 수준으로는 그 옷이 꽤 비싼 것이므로 나는 그 아이가 그 옷을 잘 간수하기를 바란다. 신발은 98센트, 옷은 1불32센트 들었다. 신발값은 내 생각보다 가격이 높았지만 나는 그 아이가 좋고 단단한 겨울 신발을 갖기를 바랐다. 여름 신발은 좋은 것이 10센트면 된다!

내가 피곤해진다, 그러니 굿나잇! 지난주에는 버논에게 편지를 했다.

최고의 사랑을 모두에게 보내며,

사랑하는

로티

---

138 이후로는 부승이로 통일한다. 일러두기 8번 참조.

1895년 10월 7일, 월요일 저녁
한국, 서울

사랑하는 아버지

오늘 편지에는 지난주에 유진에게 온 회람의 사본을 동봉합니다. 유진을 위해서 제가 사본을 따로 보관 중이니 이것은 아버지께서 가지고 계셔도 됩니다. 회람은 일부다처제에 관한, 제가 지난 번 편지에 표시해서 아버지께 보냈던 기사에 관련된 것입니다. 이 회람에 실린 견해를 호의적으로 볼 수 있는 면이 꽤 많기는 하지만, 그래도 저는 두 아내를 거느린 남자를 교회에서 받아들여서는 안 된다고 생각합니다. 물론 구약에 나오는 많은 훌륭한 남자들이 아내가 둘이거나 그 이상 있는 경우가 있기는 해도, 그 이야기들은 교회 초기 단계의 이야기들이고, 오늘날 한국인들을 가르치고 있는 저희들은 더 큰 빛 안에서 진리에 대한 포괄적인 계시를 알고 있습니다.

이번 수요일과 목요일에 이곳 한국 선교 10주년[139] 행사가 있어서 목요일 밤에 만찬회로 끝나게 됩니다. 이 만찬회에 미스 에스콧의 드레스를 입고 가고 싶은데, 제기 비튼 비스킷을 만들이 가야 합니다. 결혼 이후 유진과 동행하지 않고 어디를 다녀본 적이 없는 저로서는 유진과 함께 가지 못하는 것이 싫지만, 이번에는 할 수 없게 되었습니다. 저는 지금 다섯 밤 째 혼자 지내고 있는데 조금도 불안해하지 않고 잠을 밤새 깊이 잤습니다. 오히려 이렇게 혼자 지내는 것이 매일

---

139 1884년 9월 15일에 최초의 미 북장로교 선교사 호레이스 알렌이 한국에 도착하였다.

밤 함께 잘 사람을 찾는 것보다 훨씬 편합니다.

지난 금요일과 토요일 맹세계가 많이 아팠을 때 저는 처음으로 실 감나게 살림하는 것의 어려움을 겪었는데, 그가 일요일 점심 때 돌아와서 너무 반가웠습니다. 헌데, 맹세계의 부재가 문하인이 자신의 존재의 귀함을 증명하는 기회가 되었습니다. 그가 혼자서 괜찮은 식사 몇 끼를 만들었고, 일요일 아침에 비스킷과 커피도 만들었습니다. 토요일, 아침 식사가 막 끝났을 때 부승이가 와서 울면서 목구멍이 너무 아프다고 했습니다. 그 아이가 무슨 전염병에 걸린 것이 아닐까 염려되어서 우선 식당 바닥에 뉘여 놓고 학교의 밀러 씨에게 연락을 했고, 그가 와서 보고는 제게 당장 사람을 보내서 빈톤 의사를 불러와서 진단을 받게 하라고 했습니다. 몇 시간 후에 의사가 왔는데 아이가 열이 높고 인후염이 있지만 다른 심한 병은 아니라고 했습니다. 저는 그 아이를 당장 남여에 태워서 아이의 엄마에게 보내고 싶었는데, 빈톤 의사가 이곳에 두고 약을 잘 챙겨먹도록 하라고 저를 설득했습니다. 그래서 그 아이를 하루 종일 데리고 있으면서 식당 바닥에 누울 자리를 마련해 주었는데, 밤이 되어서 아이가 많이 나아져서 학교로 돌아갈 수 있었고, 이튿날 일요일 아침에는 아주 좋아졌습니다. 빈톤 의사가 와서 보고는 이젠 집에 가도 좋다고 허락했습니다. 제가 병에 대해 너무 아는 것이 없고, 또 맹세계도 없는 때에 제가 할 일이 많아서 될수록 아픈 아이를 집에 데리고 있기를 원하지 않았기 때문에, 아이가 집으로 갈 수 있게 된 것이 기뻤습니다. 아이의 엄마가 일요일 아침에 와서 아이가 엄마와 같이 집으로 갔고, 곧 완쾌될 것입니다. 미스 데이비스와 빈톤 의사 두 사람에 의하면 아이가 오랫동안 반 기아 상태에 있었기 때문에 학교에서 하루에 세 번씩 먹는 식사가 그에게 무리가 되었을 것이라고 합니다! 아이가 지금은 새 옷을 입고 있어서 전과는 거의 다른 아이로 보입니다.

제가 지금 편지를 쓰고 있는 테이블 위에 그릇bowl 가득히 장미가 담겨 있는데, 이것을 아버지께서 볼 수 있으시다면 얼마나 좋을까 싶습니다. 저녁 식사 바로 전에 감리교 병원에 있는 미스 루이스가 제게 가져온 것입니다. 분홍색 한국 장미인데 두 번째로 꽃이 핀 것입니다. 작지만 봉오리가 절묘하게 생겼고 색깔이 곱습니다. 지금 제가 가지고 있는 장미는 연분홍과 진분홍 두 가지입니다. 생명력이 강한 장미인 것 같아서 언젠가는 저도 많이 키우고 싶습니다.

저는 오늘 오후 드루 부인과 3마일 되는 동대문까지 여학교의 리씨네 가족과 미스 도티를 방문하러 즐거운 나들이를 했습니다. 제가 루시를 데리고, 드루 부인은 아기를 데리고 남여를 타고 갔습니다. 드루 씨네 보이와 제 문하인도 동행했습니다. 저의 하인 없이 모르는 남여꾼 두 사람과만 이 큰 도시에서 어디를 다닌다는 것이 두렵습니다. 어딘가 다른 곳으로 저를 데려갈 수도 있기 때문입니다. 하지만, 그런 문제가 있었다는 말은 아직 듣지 못했습니다. 제 남여는 지난주에 중국 상인에게서 은화 5.5불을 주고 샀는데 아주 좋은 것입니다. 이 의자는 상하이에서 왔는데 다른 손볼 데가 없이 곧 쓸 수 있게 되었고, 의자 밑에 작은 짐들을 넣을 수 있는 함이 있습니다. 아주 편안해서 오늘 여행길이 즐거웠습니다. 인부들을 2시 반부터 6시까지 고용했는데, 남여 당 두 사람씩 해서 54센트를 지불했습니다. 그들은 왕복 6마일을 빠른 걸음으로 데려다 주었습니다. 루시가 얼마나 재미있어 했는지요! 웃고 노래하며 왕복 길을 아주 재미있게 놀았습니다. 루시가 한국말을 하려고 하는 모습이 얼마나 귀여운지 아버지께서는 상상하시기 힘들 겁니다. 그 아이는 영어로는 말을 하지 않으려고 해요. 제 생각에 어린아이들에게는 한국말이 더 쉬운 것 같은 것이, 볼링 레이놀즈는 아직 이가 나지 않았는데 벌써 한국말 여러 개를 아주 또렷이 말합니다. 그래서 그 아이들에게, 심지어 저까지도, 자연스럽게 한국말을 하게 됩니다.

동대문의 그 가족들은 최근에 그곳으로 이사해서 살기 시작했는데 그새 한옥 몇 채를 아주 멋진 집으로 꾸며 놓았습니다. 그리고 미스 도티는 여학교를 놀랍게 만들어 놓았습니다. 그가 명철한 판단력으로, 여학교를 전에 있던 곳에서 그쪽으로 옮기게 해달라고 선교회를 설득시켰습니다. 그 지역에서 사역한 사람들이 전에는 없었는데 이젠 여러 방면에서의 사역 가능성이 열렸습니다. 기포드 씨가 남자들과, 기포드 부인이 여자들과 일하고 미스 도티는 학교에서 일할 것입니다. 봄이 되면 리 부부, 닥터 웰즈, 모펫 씨 등 다른 사람들은 평양으로 갑니다.

신학교는 이미 개학했겠지요? 벌써 집을 떠난 지 8개월이 되었고 한국으로 온 지 6개월이 되었다는 것이 믿어지지 않습니다. 바쁘면 시간이 빨리 흘러가나 봅니다.

저는 유진이 제물포(액센트가 첫째와 마지막 음절에 있습니다.)를 떠난 후 아직 소식을 듣지 못했습니다. 아마도 목적지에 닿으면 거기서 전보를 보내겠지요. 제가 그에게 편지를 했지만 그 편지가 유진에게 전달될지는 알 수 없습니다. 편지를 제물포에 있는 S.S. 회사의 대리인에게 보내서 다음 배편으로 보내달라고 했습니다. 유진이 편지로 말하기를, 모든 하인들과 선생님들을 제물포에 정박 중인 우리 군함 '모노카시Monocacy'호를 구경시키려 데려갔는데, 깜짝 놀라는 그들

자체가 "구경"거리였다고 했습니다. 선건아Sun Gunna는 모펫 씨, 테이트 씨와 함께 평양에 가 본 적이 있고 또 테이트 남매와 함께 전주까지 가본 적이 있으나 항상 육로로 다녔기에, 유진의 말로는 그가 제물포까지 배를 타고 가는 것을 매우 즐거워했다고 합니다. 전킨 씨는 보이와 함께 갔고, 테이트 씨도, 그리고 드루 의사도 그들의 보이를 데리고 갔습니다. 보이 네 명이 거의 나이가 같으므로 여행을 함께하면서 즐거운 시간을 보낼 것으로 기대합니다.

저는 지금도 아침마다 조금씩 한국말 공부에 매달려 있는데, 때론 지겨워지기도 해서 어떤 때는 이 서방이 아프기라도 해서 못 오고 제가 아침 시간을 혼자 보낼 수 있기를 바라기도 합니다. 유진과 제가 함께 공부를 하는 것이 훨씬 더 즐겁고 공부가 더 잘 되는 것 같습니다. 그래도 매일 배우는 것이 있기는 합니다. 연차회의 때 사람들이 저희들을 많이 칭찬해 준 것이 큰 힘이 되었습니다.

제가 졸려져서 아침까지 미루겠습니다.

사랑으로,
로티 드림

추신. 제가 인디안의 두개골에 관한 아버지의 글에 관심이 많았다는 것을 아버지께 말씀드리려고 했습니다. 저는 아버지의 과학적 발견이 몹시 자랑스럽습니다. 드와이트의 사진들이 아주 잘 나왔네요. 우리 가족의 휴가가 얼마나 만족스러웠을까요! 다만 아버지께 무리가 갔을까 봐 걱정됩니다. 유진의 어머님께서 유진에게 쓴 것처럼, 아버지 연세의 남자들이 한 번의 휴가 내내 그렇게 산에서 캠핑을 하는 것을 들어보지 못했다고 합니다. 며칠 전에 레이놀즈 부인이 – 에바 말대로 – "당연히" 루더포드 더글러스에게 일어난 "jiners"[140] 때문에 웃었습니다.

아버지께서 관심이 가실 것 같아서, 지금 방금 나온 10년 선교운동 Decennial Exercise 프로그램을 동봉합니다.

---

[140] 무슨 뜻인지 알 수 없음.

1895년 10월 8일, 화요일, 8시 반
한국, 서울

사랑하는 어머니

아침 식사 후 하인들과 기도회를 마치고 나서 이제 이 서방이 오기까지 어머니께 편지를 쓸 시간이 약간 생겼습니다. 산에서 내려와서 곧 벨 씨가 한국말 기도회를 시작했다고 제가 말씀드렸지요. 이제 그가 여행 가고 없는 동안 제가 하고 있습니다. 제가 영어로도 노래를 못 한다고 생각하는 메이블이, 제가 한국말로 노래를 한다는 것을 알면 웃을 테지만 그래도 제 생각에 제가 아주 잘 하고 있습니다. 저의 음을 듣는 귀가 아주 정확하고, 또 제가 계속 목을 많이 써왔기 때문에 남에게 의존하지 않고도 하인들의 찬송을 인도할 수 있다는 것을 알게 되었습니다 – 여하튼 그들은 노래하는 것을 좋아합니다.

드루 부인이 며칠 전에 저에게 준 루시의 작은 사진을 보내 드립니다. 사진에 아이가 잘 나왔고 아마가 어떻게 루시를 업고 다니는지 아주 잘 보여 줍니다. 한번 그렇게 등에 업힌 후에는 아이들이 다른 방법은 별로 좋아하지 않습니다. 볼링은 아마가 그를 데리러 올 때는 아주 확실하게 "어부바a boo ba"라고 말을 합니다. 그 말의 정확한 뜻이 무엇인지 제가 모르나 아이들에게 등에 업히라고 할 때 아마가 그렇게 말합니다. 이 사진을 찍을 때 루시가 14개월이었고, 사진 뒤에 제가 적어 놓은 것은 아이의 생일입니다. 최근에 드루 부인이 산동주천으로 루시의 예쁜 정장 드레스 두 벌을 만들었습니다. 1야드 당 30센트밖에 안 들었습니다. 아주 질이 좋은 것입니다. 지금 금화로

치면 18센트 정도입니다. 플로렌스나 에바가 그 옷감으로 만든 블라우스를 입고 싶어 하지 않을까 하는 생각을 해보았습니다. 5야드만 가지면 에바를 위한 아름다운 블라우스를 만드는 데 충분할 것입니다. 아름다운 황갈색에 아주 부드러운 감입니다. 언제라도 아이들이 원하면 제가 옷감을 쉽게 보낼 수 있습니다. 아시다시피 옷감 무게가 별로 나가지 않습니다. 이렇게 고운 산동주를 루이빌에서 구하려면 아마 60센트나 그 이상 주어야 할 것으로 생각합니다.

어머니께서 보내주신 턴오버 레시피에 이스트를 얼마나 넣어야 하는지 적혀 있지 않습니다. 밀가루, 라드 기름, 소금 등에 대해서는 적혀 있는데 이스트에 대해서는 적혀 있지 않고, 그냥 감자와 물로 스펀지를 만들라고만 적으셨어요. 더 상세하게 어떻게 그것을 만드는지 알려주시면 고맙겠습니다. 이번 겨울에 턴오버를 맛있게 만들어 먹고 싶기 때문입니다. 벨 씨가 아침에는 늘 비스킷을 원하니까 턴오버는 저녁에 먹을 생각입니다. 남편은 저만 그렇게 한다면 매일 아침마다 비스킷에 스캘롭 아이리시 감자를 먹는 것을 마다하지 않을 테지만 저는 조금 다양하게 식단을 꾸미고 싶고, 그가 한 가지 음식에 물리게 되는 것을 원치 않기 때문에 고기와 감자의 종류는 바꾸지만 비스킷은 항상 준비합니다. 스미스 상점으로 메밀을, 그리고 요코하마로 곡물가루를 주문했는데 그것들이 오면 몹시 반가울 것입니다.

어머니께서는 통조림 옥수수로 크림스프를 만들어 보신 적이 있는지요? 맹세계는 그 스프를 농축 크림을 이용한 요리책에 있는 레시피대로 만드는데 그렇게 맛있을 수가 없습니다. 그리고 통조림 옥수수로 맛있는 푸딩도 만듭니다. 이곳에서는 통조림으로 무엇이 가능한지 배워야 합니다.

요즘엔 한 한국인으로부터 맛있는 우유를 조달 받는데, 제가 얼마나 그것을 좋아하는지요. 한 병에 10센트 하는데 마시는 컵으로 네 컵이 나옵니다. 그는 아직 우유에서 기름을 빼거나 물을 타는 것을 배우지 않아서 저에게는 좋습니다. 그리고 조리에 쓸 농축 크림이 다 떨어졌기 때문에 우유를 써야 했는데, 썩 훌륭한 것을 알았습니다. 저녁 식사 때마다 이 우유를 마십니다.

제가 이것저것 너무 많이 적고 있습니다. 이만 끝내야 되겠습니다.

사랑으로,
로티

1895년 10월 14일, 월요일 저녁
한국, 서울

사랑하는 플로렌스

지난 목요일의 우편물에 네가 8월 31일 자와 9월 5일 자로 보낸 편지와, 아버지가 포트 스프링에서 보내신 편지를 받았다. 항상 그렇듯이 편지는 늘 반갑다. 그때 네가 할 일이 무척 많았는데 같은 시간에 나의 일까지도 돌봐야 하게 되어서 미안하다. 벨 씨네서 올해 겨울 사과가 많이 열렸다고 소식을 보냈다. 우리에게 보내지는 상자가 그것들로 가득 채워 질 수 있었으면 하고 바란다. 그것들보다 더 맛있는 것이 우리에게 있을까 싶다. 유진이(이제 집에 돌아왔다.) 사과와 바나나를 제물포에서 가져왔는데 제푸Cheefoo에서 온 것이라고 한다. 돈이 많이 든 것은 알지만 나는 개의치 않는다. 너무 맛있게 먹었다.

나는 유진이 3주 내에는 돌아오지 않을 것이라고 기대했었기에, 그가 일요일 새벽 2시에 나를 깨웠을 때 정말 놀랐다. 다행히 우리 집에 머물고 있는 사람이 아무도 없었다. 그가 아파졌기 때문에 일찍 돌아왔는데, 이제는 내가 그의 음식을 만들고, 깨끗한 식수가 있으니 괜찮아졌기를 바란다. 유진은 이곳을 떠난 후로 면도를 하지 않았다. 너는 그가 얼마나 아름다운지 상상이 가겠지! 언젠가는 턱수염이 그에게 어울리게 될 것으로 내가 믿지만, 지금은 내가 원하지 않는다. 하루 이틀 내에 수염을 깎기로 그도 결정한 것 같다.

지난 번 아버지께 편지를 쓴 이후 이곳에 굉장한 사건이 있었다. 물론 너는 오래 전에 신문에서 보아서 알겠지. 실상 너희가 나보다 아는 것이 더 많을 것을 의심치 않는다. 지난 전쟁 중에, [일본 정부가] 혹시 자기네가 원하지 않는 비판적 글이 밖으로 전해지는지 검사하기 위해 편지들을 열어서 읽어 보았다고 내가 들었다. 다시 그런 일이 있을 수 있으니, 지금은 내가 하고 싶은 말을 자제하겠다. 우리가 지난 수요일 아침 선교 10주년 행사를 위해 모였을 때, 왕이 다시 포로가 되어 궁궐에 갇히고 왕비가 살해되었다는 소식을 알렌 의사가 전했다. 이 일 때문에 당연히 우리들의 만찬회는 무기한 연기되었고, 저녁 모임은 모두 포기해야 했다. 어두워진 후에 외출하는 것이 안전하지 않아서가 아니라, 아무도 자기 집에서 나가기를 원하지 않았기 때문이다. 누구도 외국인들을 불안하게 만들기를 원하지 않았고, 나는 이 일로 전혀 불안하지 않았는데, 그들이 의도했던 것은 단지 한국 정부를 그들이 원하는 대로 바꾸는 것이었기 때문이다.

그 일이 있었던 날 밤과 그 이후, 왕의 요청으로 두 명의 선교사가 궁궐에서 밤을 지냈다. 왕을 지키는 경비로서인지 정신적 지원을 위해서인지 나로서는 알 수가 없다. 왕비가 죽지 않았다고 믿는 사람이 많고, 또 많은 사람이 죽었다고 믿으니 어떻게 생각을 해야 할지 나는 모르겠다. 왕비는 매우 명석한 여인이었고, 내가 그에 대해 들은 것들로 미루어 볼 때 성경의 이사벨 왕비[141] 같은 사람인데, 알렌 부인과 언더우드 부인은 왕이, 비록 왕비가 그의 두 아들을 죽였어도,[142] 왕비

---

141 Jezebel, 성경의 「열왕기 상」에 등장하는 아합왕의 이교도 부인. 엘리야 선지자와의 대결로 유명하다. 흔히 포악하고 권력욕이 강한 여성의 상징으로 사용된다.

142 원문은 "… .. the king really loved her, although she has killed two of his sons." 민비가 고종의 아들 중 둘을 죽였다는 것을 로티는 사실로 단정하여 말하고 있다. 1871년 고종과의 사이에서 태어난 민비의 첫 아들이 생후 5일 만에 항문이 막혀 죽는다. 그 이전에 1868년에 귀인 이 씨에게서 태어난 고종의 첫 아들 완화군 (사후에

를 진정 사랑했다고 믿고 있다. 왕실의 승계가 1864년에 끊어지고 지금의 왕은 태후의 양자일 뿐이라는 것을 나도 지난 목요일에야 알았으니 너도 아마 모르고 있을 것이다. 왕의 아버지는 대원군Tai Won Kun으로 알려져 있는데, 내가 들은 바로 판단하면 늙은 폭군임이 분명하다. 늘 무슨 못된 일을 꾸미는데, 아마 이번 일에 어떤 식으로든 관련되었을 것이다. 왕비와 왕비의 일가인 민 씨들은 일본에 적대적인 반면, 대원군과 일본인들은 서로 우호적이다.

나는 우리들의 개인적 안전에 대하여는 두려움이 없지만, 이 사태가 이 불행한 한국에 무엇을 의미하는지 의구심을 품게 된다. 유진이 돌아왔을 때 나는 혹시 알렌 의사가 불러서 온 것인가 생각했는데, 유진은 제물포에 와서야 그 사건에 대해 들었다고 했다. 러시아 함대가 제푸Cheefoo에서 이곳을 향해 오고 있고 러시아 군대도 오고 있다는 소식이 들리는데, 그것이 무슨 의미를 갖는지 우리는 모른다. 우리가 할 수 있는 일은 단지 우리의 일상에 충실하면서 이 나라와 우리 자신을 위해 기도하는 것뿐이다.

캔자스시티의 헨드릭스 감독과 상하이의 리드 의사가 남감리교회 선교부를 개설하려는 계획을 가지고 지금 이곳에 와 있다. 그 계획이 성공하기를 바란다. 다른 남부 사람들이 오면 우리가 매우 반가울 것이다. 헨드릭스 감독이 루이빌에 매년 봄에 가고, 또 아버지를 안다고 한다. 허니 그를 꼭 찾아보아라. 직접 우리로부터 듣는 것과 같을 것이다. 내일 우리와 함께 점심 식사를 한다.

완친왕)이 1880년에 병으로 죽는다. 그 죽음에 민비가 관여되었다는 풍문이 돌았지만 확실한 근거는 없다. 로티가 단정하여 말하는 것이 무엇에 근거한 것인지 알 수 없다.

북장로교 선교부의 닥터 웰즈가 우리에게 말하기를, 그의 자매 한 명이 이번 겨울에 벨우드[143]에서 음악을 가르친다고 한다. 플로렌스 웰즈가 그 이름이다. 그의 자매가 꼭 우리 식구를 만나 보게 되기를 그가 바란다. 닥터 웰즈를 닮았다면 그도 유쾌한 여인일 것이다. 그들은 버지니아 출신으로 오리건주 포틀랜드에서 자라난 것으로 알고 있다. 닥터 웰즈의 약혼녀가 버지니아주 로노크에 살고 있다. 그는 늘상 약혼녀에 대한 이야기를 한다. 2년 내에 결혼할 계획이라고 한다.

레이놀즈 부인은 위에 말한 정치적 소동이 있기 전까지는 조금 나아졌었는데, 전킨 부인 말로는 그 소동 때문에 극도로 불안해하고 잠도 들지 못한다고 한다. 레이놀즈 씨가 함께 있고, 또 미국인들은 아무런 위험에 처해 있지 않고, 게다가 요크타운 함에서 파견된 경비병이 다시 공사관을 보호하고 있기 때문에 두려워 할 필요가 없는데도 말이다. 나는 불안해하지 않고 혼자서 잘 지냈는데, 레이놀즈 부인은 불쌍하게도 어떻게 할 수가 없나 보다. 딱하게도 건강하다고 할 때 그 정도이다. 레이놀즈 씨는 이제 해오던 사역에 적극적으로 종사할 수 있게 되었고 사뭇 다른 사람으로 보인다.

10주년 기념 모임은 정말 좋은 시간이었다. 모임의 내용이 하나의 책자로 출간될 계획이어서 기쁘다. 고향의 많은 사람들이 그것을 즐겨 읽을 것을 안다. 한국의 개신교 선교회 전체의 교인 수가 800명이 넘는다. 일본에서는 선교 시작 12년 후에 교인이 6명, 버마에서는 15년 후에 1명이었다(이 숫자가 맞는다고 생각한다). 누군가 선교 역사상

---

143 Bellewood School, 켄터키주의 루이빌시에 있는 학교.

유례가 없는 일이라고 말했다. 여성 모임에서 부산의 베어드 부인이 "선교사의 부인들"에 관하여 훌륭한 강의를 했다. 충분히 읽어 볼 가치가 있고, 베어드 부인이야말로 그런 강의를 할 자격이 있는 사람이다. 모두가 알고 있듯이 그녀는 이곳에 온 지 4년밖에 안 되고 돌보는 아기들이 둘이 있지만, 한국말을 <u>유창하게</u> 하고, 찬송가를 여러 장 번역했고, 부산의 여신도들 간에 훌륭한 사역을 이루었다.

네가 "아마ahmah"에 대해서 물었지? 이건 내가 일본에 있을 때 들은 건데, "아마"는 인도에서 들어온 말로, 일본, 중국, 한국에서 여자 하인을 말하는 단어이다. 보통은 유모를 그렇게 부르는데 다른 모든 일들은 남자를 시켜서 하기를 원하기 때문이지만, 조리사 또는 바느질하는 사람일 수도 있다. "보이boy"라는 말은 세 나라 모두에서 집안의 하인을 일컫는 말로 쓰이고, 조리사는 "쿡산cooksan"(조리사 Mr. Cook)으로 부른다. 물론 일반 한국인들은 이런 말들을 배워야겠지만 동양 어디에 가든지 일반적으로 사용된다. 한국에서는 결혼한 여자에 대한 호칭이 따로 없이 "누구의 엄마 somebody's mother"라고 하든지 "누구누구의 동생 아니면 언니/누나"라고 부르고 "___씨의 부인 Mr.___'s wife"라고 부르는 일이 <u>절대로 없다.</u> 여기서는 여자들이 남편에 대해서 말을 하지 않고 남자들이 아내에 대해서도 말하지 않는다. 남자에게 아내나 딸의 안부를 묻는 것은 무례한 일이다. 그러니, "아마"란 명칭이 가장 유용한 명칭이다. 일본에서는 "아마산ahmah san" 아니면 "미세스 아마Mrs. Ahmah"라고 하는데 여기서는 그냥 "아마ahmah"라고 한다.

"화로wharo"는 일본의 "히바치hibachi"와 거의 흡사하다. 실상 우리가 지금 쓰고 있는 화로는 일본인 마을에서 산 히바치이다. 한국의 화로는 잘 구워지지 않은 진흙으로 만들어져서 쉽게 깨어지지만 값이 5센트밖에 안하기 때문에 그것은 사치품이 아니다. 부자들은 놋으로 만든 화로를 쓰는데 값이 4불 정도 된다. 내가 보낸 일본 사진들 중에 히바치가 없었니?

이곳에서 장마철은 여름에만 있는데 7월에 시작해서 어떤 때는 6주 간이나 계속된다. 그럴 경우, 며칠 동안 비가 오고 며칠 동안 맑기를 반복한다. 올해는 장맛비가 두 주 정도 사이에 집중적으로 내려서, 낮이건 밤이건 계속해서 퍼부었다. 아주 심한 장마였지만 우리가 장마에 대하여 미리 들은 정도에는 미치지 않았다. 곰팡이로 인한 피해는 별로 겪지 않았다. 이곳의 계절은 고향의 그것과 거의 비슷하다고 말할 수 있다. 지금 가을이 켄터키에서 경험하던 가을과 비슷하다. 내 생각에 켄터키보다 좀 더 변화가 덜한 기후인 것 같다. 추울 때는 추운 날씨가 계속된다. 루이빌만큼 추워지지는 않는 것으로 생각되지만, 한결같은 추위가 계속되어 표토가 4~5개월 얼어 있다. 지난여름 서울은 무척 더웠으나 산에서는 결코 그렇지 않았다. 서울에서는 모기가 극성을 떨어서 우리가 가져온 모기장이 쓸모가 없을 정도였다. 지난여름 유진이 콜레라 환자들을 돌보기 위해 서울에 와 있을 때, 그는 잠을 자기 위해서 모기장을 두 겹으로 쳤다. 그리고 차를 마시고 밖에서 시원한 바람을 쐬려고 할 때는 모기를 쫓기 위해 모깃불smoke-smudge을, 그걸 그렇게 부른다, 피워야 했다.

네가 이사를 가지 않아도 된다니 잘됐구나. 나는 그게 현명한 결정이라고 생각한다. 열병이 다시 돌지 않는다는 전제하에서 말이다. 너의 최근 편지에 어머니께서 차도가 있으시다니 기쁘다. 어머니께서 조리를 하셔야 하는 것이 그 어느 때보다 더 나쁜 영향을 준 것 같다. 식구들이 모두 그렇게 해야 할 일이 많을 때 나는 성인 하인 셋이 상시로 있어서 편안히 지내고 있다는 생각에 민망해진다. 우리가 하인 셋을 항상 바쁘게 돌아가도록 하는 시도를 포기했다고 아버지께 말씀드려 달라고 내가 네게 잊지 않고 부탁했는지? 우리가 그런 시도를 했다면 하인들은 매우 기분 나쁘게 받아들이고 얼마 안 가서 그들이 다 그만두었을 것이다. 한국인들은 우리처럼 바쁘게 산다는 것의 의미를 모른다. 우리는 다만 우리가 원하는 것을 원하는 시간에 그들에게 하도록 하고, 나머지 시간에 그들은 문지기 집에서 빈둥거린다.

폴린이 고등학교에 입학하도록 네가 애써 주어서 고맙다. 하지만 네가 폴린을 위해 청을 할 때 어떤 느낌이었을지 내가 안다. 폴린이 잘해서 너의 신용이 지켜지기를 바란다. 허나, 폴린이 너와 나의 신용만으로 고등학교를 무사히 마칠 수 있다고는 생각지 않는다. 동생들이 센터 앤드 월넛[144]에서 너와 에바의 덕으로 그랬던 것처럼 말이다. 물론 막내가 시험에 통과하기는 했었지. 맞지?

나는 어젯밤 편지를 쓰다가 졸려서 그만두고 잤다. 지금 화요일 밤에 이 편지를 마무리 짓고 있는 중이다. 오늘 감독과 리드 의사와 함께 점심 만찬을 같이했다. 그들과 함께하는 시간이 즐거웠다. 선건아가 테이블 접대를, 우리가 손님과 식사할 때 보통 그가 하던 것보다 훨씬 잘했고, 맹세계의 음식 차림은 모든 게 다 훌륭했다. 『미스 팔바』의 레시피를 사용해서 맹세계한테 토마토 스프 만드는 것을 가르쳐주

---

144 "Center & Walnut"은 켄터키 주에 있던 교육기관이었던 것 같다. 지금은 Walnut Steet에 Centre College가 있는데 그 학교의 전신인 듯하다.

었는데, 오늘 그 스프에다가 닭구이, 토마토 구이, 그리고 스캘롭 아이리시 감자, 삶은 양파에 크림소스를 부은 것, 복숭아 설탕 절임, 그 다음에 아이스크림과 스펀지케이크, 그리고 커피를 마셨다. 손님들은 음식이 맛있었던 듯 잘 먹었고, 그들 만나는 것이 너무 좋아서 나는 우리가 우리 집에서 만나고 있다는 것도 잊어버릴 뻔했다. 감독은 귀국할 때 흥미로운 물건들을 많이 가져가는데, 루이빌에 갈 때도 가지고 갈 것이니, 우리 식구가 그를 만날 때 그것들을 볼 수 있을 것이다.

감독이 어제 왕과 만났다. 그가 궁궐에 들어갈 수 있었던 것은 단지 그가 왕이 대단히 존경하는 클리블랜드 대통령의 편지를 지참하고 왔기 때문인 것으로 생각한다. 남감리교 선교회에서는 지금 대지 구입을 추진하고 있고, 봄에 선교 사역을 시작하게 되기를 희망하고 있다. 일요일에 감독이 설교를 했는데, 내가 들어본 최고의 설교 중 하나였다. 나는 그가 설교를 할 수 있을 것으로 생각하지 않았는데, 젊지도 않고 몸집도 큰 사람이 그 전날 밤 20마일을 걸어 왔기 때문이다. 토요일 그와 리드 의사가 유진과 전킨 씨와 함께 제물포에서 증기선을 타고 강을 올라오다가 배가 모래톱에 걸렸다. 선장이 자정쯤 조수가 바뀔 때까지 기다려야 한다고 했는데, 날씨가 추웠고 배 위에는 몸을 따뜻이 할 곳이 없었기 때문에 배에서 내려서 걷기로 결정했다. 전킨 씨는 그곳이 서울에서 6마일 되는 지점이라고 생각했던 것이다. 얼마동안 걷다가 한국인들에게 서울까지 거리가 얼마나 되느냐고 물었는데 거기서 15마일 내지 20마일이 된다고 해서 그들은 아연실색할 수밖에 없었다. 그래도 그들은 계속 걸었고 8시간 후에 감독이 거의 지쳐 쓰러질 때쯤 전킨 씨네 도착해서 다른 일행은 거기서 일요일 아침까지 머물고 유진은 집으로 왔다. 전킨 부인이 레이놀즈 부인 집에 머물고 있었기 때문에 전킨 씨는 대문뿐만이 아니라 먹을 것과 덮고 잘 것을 찾느라고 모든 것을 부수어야 했다. 그러는 동안, 윤 씨(내가 전에 이야기했던 밴더빌트에서 공부한 훌륭한 한국 관리)와 아펜젤러는 밤새 강가에서 감독과 의사를 기다렸다. 그들의 그런 고생이 너무 송구스러웠지만, 우리네 선교사들이 여기서 겪는 일을 감독이 손수 경험해 본 것은 좋은 일이다. 그가 말했듯이 "미국에서는 우리가 주위 환경을 지배하는데 동양에서는 환경이 우리를 지배한다." 이곳에서는 고향에서처럼 환경을 우리에게 유리하게 바꾸는 것이 불가능하다.

에바가 바즈타운[145]에서 좋은 시간을 가진 것으로 안다. 에바가 그곳에 갈 수 있어서 매우 기쁘다. 에바가 이젠 건강이 좋아졌기를 바란다. 네가 생각하는 것처럼 교사 자리를 얻으려면 "후원자"가 필요할 것이라고 나도 생각한다. 그렇다 해도 애니 마운트나 그런 여자들이 어떻게 교사가 될 수 있었는지 모르겠다. 앞으로 편지가 올 때마다 네가 교사가 되었다는 소식이 있기를 기다리겠다. 유진이 이 서방으로 하여금 나를 위해서 노란 국화를 은화 48센트를 주고 사오게 했다고 폴린에게 말해 주기 바란다. 국화 네 송이가 달릴 것인데, 한 송이의 크기가 차접시만큼 클 것이라고 한다. 한국인들은 국화 재배를 잘 한다고, 한국의 국화는 세계 제일이라고 들었다. 올해는 내가 호기심으로 국화를 원했으나, 내년에는 그것으로부터 뿌리를 내려 여러

---

145 원문에 Bardsturn(?)로 되어 있는데 오타이다. 이 다음 에바에게 보내는 편지에는 Bardstown으로 옳게 표기되어 있다. Bardstown은 켄터키주 루이빌의 남쪽에 있는 도시이다.

개를 만들려 하는데, 이 서방이 커다란 국화꽃을 피우는 방법을 알고 있지 않는 한, 지금 것처럼 좋은 꽃은 못 피울 것이다. 어젯밤에 이 서방이 친절하게도 소의 골을 얻어다 주었다. 오늘 아침에는 베이컨과 계란으로 아침식사를 했는데, 이곳에서 베이컨이 비싸기 때문에 훌륭한 호사였다. 베이컨은 미국에서 온다. 그래도 매일 소고기와 닭고기만 먹는 것이 식상했었다. 스미스 상점에 햄을 주문했는데 그것이 오면 맛있게 먹을 것이다. 그러나 나는 벨 씨의 가족이 우리에게 돼지 갈비와 소시지를 보내주면 좋겠다. 너희들이 우리에게 짐을 보내 주려고 하는데 무엇으로 박스를 100파운드까지 채울지 고민스러우면 그냥 못으로 채워라. 못이 많이 필요하니까. 그리고 자물쇠와 나사못들도 넣어라.

내일 아침에 북장로교 선교회 연차회의가 시작되는데 우리 모두 즐겁게 참석할 것이다. 내일 밤에는 감리교 선교 여학교에서 감독과 리드 의사를 위한 만찬이 열린다. 목요일 밤에는 기도회가 있고, 금요일 밤에는『리터러리 유니온』에 실린 미스터 윤의 유교에 대한 논문 발표가 있고, 아침마다 회의가 있으니 이번 주는 매우 바쁠 것 같다.

모두에게 사랑으로,
로티

1895년 10월 23일, 수요일 오후, 7시 30분
한국, 서울

사랑하는 에바

지난 토요일에 또 우편물을 받게 되어 반가웠다. G.A.R.행사가 루이빌에서 있은 직후에 쓴 너의 편지와 거기에 대한 기사가 실린 신문들이 있었다. 주 방위군 루이빌 지대의 요원들에게 사고가 있었던 것 외에는 그 행사가 매우 성공적이었던 것 같다. 내가 그 희생자들 중에 한 사람의 이름이 맥브라이드라는 것을 보고서는 그가 우리 친척이 아닌가 해서 걱정되었는데, 알아보니 아니었다.[146] 같은 우편물에 댄빌에서 홈즈 부인이 보낸 편지도 있었는데, 우리 아버지를 알고 있다고, 10월 둘째 월요일에 있을 자기네 선교회에서 읽을 수 있도록 내가 편지를 써 보내줄 수 있느냐고 물었다. 그런데 그 편지가 나에게 배달된 것이 10월 19일이었으니, 가능하지가 않았다. 내 짐작에 그가 서울이 런던 정도 떨어져 있다고 생각했던 것 같다. 유진이 자기 어머

---

146 G.A.R.은 Grand Army of the Republic의 약자. 남북전쟁 종전 후 북쪽의 유니온 군대로 참전했던 군인들의 조직이었다. 켄터키주는 남부 연합의 반란군 편이었지만 거기에도 G.A.R. 지부가 여러 곳 있었다. G.A.R. 29차 대회가 1895년 9월 11~13일, 켄터키주 루이빌에서 열렸는데, 참석 참전 군인이 150,000명이었다고 켄터키주 역사 자료에 기록되어있다. 주제는 구 적대 진영 간의 화해였고, 남북을 가르는 메이슨-딕슨 선의 남쪽에서 열린 최초의 대회였다고 한다. 대회의 백미였던 퍼레이드 중 축포를 쏠 때 폭발사고가 생겨서 주방위군 루이빌 지대의 요원 5명이 죽었다. 자세한 것은 다음 켄터키주 역사 사이트 참조:
   https://kynghistory.ky.gov/Our-History/History-of-the-Guard/Pages/A-Distressing-Accident-in-1895.aspx

님께서 스턴톤에서 보내신 편지를 받았는데 그곳의 모든 상황이 크게 만족하다고 하셨다. 마샬이 레티 그린의 여동생과 방을 같이 쓰게 되었다. 부모와 함께 여행하는 그 룸메이트를 기차 안에서 만났다고 한다.

네가 동생들의 옷을 만들기 위해 미스 줄리아의 도움이 필요할 때 그가 떠났다니 안됐다. 바느질을 하느라고 지금 내 "손이 아주 감각이 없어져서" 더 이상은 못할 것 같은데, 다행스러운 것은 해야 할 것이 많지는 않다. 아침마다 연차회의 관련 모임이 시작된 이후로 나는 내 일감을 회의가 열리는 무어 씨네로 가져갔고, 블랜톤 부인이 준 센터피스를 거의 끝냈다. 린넨 천이 도착하면 나는 반가울 것이다. 손수건 만들기를 시작할 수 있기 때문이다. 그 손수건들을 우리 선교회의 여자들에게 크리스마스 선물로 주고 싶었다.

토요일에 우리는 반가운 소식을 들었는데, 우리 물건을 싣고 8월 24일 출항한 "벨직"호가 요코하마 외곽에서 좌초되었다가 막 벗어났다고 한다. 우리 물건들이 어디 있는지 우리는 모른다. 알렌 의사와 레이놀즈 씨가 주문한 것도 그 배에 있었다. 물건들이 무사히 오기를 바라는데, 그렇지 못해서 다시 주문을 해야 한다면 그 불편함이 크기 때문이다. 물론 주문한 물건들은 보험에 들어 있어서 금전적 피해는 입지 않는다고 해도 말이다.

한 주일 내내 우리는 바빴다. 연차회의와 선교위원회로 아침 시간이 다 가고, 거의 매일 저녁 어디론가로 가야 할 일이 있었다. 수요일 저녁에는 감리교 학교에서 열리는 헨드릭스 감독과 리드 의사 환영 만찬에 갔었고, 목요일 밤에는 헨드릭스 감독이 윤 씨의 아기 "로라"에게 세례를 주는 기도회에 갔었고, 금요일 밤에는 윤 씨가 쓴 유교에 관한 논문 발표회에 갔었는데 그 논문은 『리포지터리』에 실릴 것이다. 그것을 너에게 보내주겠다. 그리고 토요일 밤에는 알렌 부부와 저녁 식사를 같이했다. 알렌 부인의 만찬이 모두 늘 그랬듯이 그 식사도 멋진 것이었다. 내가 가장 즐겼던 코스는 셀러리로 드레싱을 한 꿩 가슴살 요리였다.

어젯밤 유진은 궁궐에 들어가야 했기에 미스 제이콥슨이 나와 함께 지냈다. 유진은 왕은 보지 못했지만, 이런 말을 해서 미안하기는 하지만, 어쨌든 그가 "구경"을 잘했다고 한다. 궁궐에서 저녁과 아침을 먹었는데 서양식이었다고 한다. 그들이 미국인을 신뢰할 수 있고, 또 다이 장군에게 믿을만한 통역이 필요하다는 것이, 궁궐에서 미국인을 원하는 이유의 전부라고 나는 믿는다. 다이 장군은 미국인으로, 왕의 근위대 조련사로 이곳에 8년을 살았는데 아직도 한국말을 못한다. 물론 유진이 통역사로서는 쓸모가 없으니까 어젯밤에는 에비슨 의사가 동행을 했다. 유진은 사람들에게 용기를 북돋워주는 일로 도울 뿐이었다. 한국은 지금 더없이 혼돈스러운 상황에 처해 있다. 우리 선교사들이 신변에 위험을 느끼지는 않는다 해도, 언제 무슨 일이 일어날지 알 수가 없다.

오늘 밤에는 장로교인들 모두 에비슨 의사의 집에서 하는 일종의 사교모임에 초청받았는데 우리는 갈 마음이 나지 않았다. 언더우드 부부가 비슷한 모임을 금요일 밤에 하는데, 거기가 우리에게서 훨씬 가깝고, 요즘 너무 많이 돌아다녔기도 하다.

연차회의가 시작된 이후로 한국말 공부를 전혀 하지 못했으나, 모임에서 선교 사역에 대해서 많이 배웠다고 느끼므로 한국말 공부를 조금 쉬어도 될 것 같다. 일부다처제에 대한 토론은 길고 다양했다.

결국, 1년 간 아내가 둘인 남자에게는 세례를 주지 않는다는 임시 조건하에 최종 결정이 1년 뒤로 미뤄졌다. 많은 남자들과 심지어는 여자들까지 아내를 여럿 가진 남자들을 교인으로 받아들이자고 하는 일이 나에게는 흥미롭고 놀랍기도 했다. 그들은 성경이 그런 입장을 뒷받침한다고 생각한다. 그러나 유진과 같이 젊은 남자들은 물론이고 언더우드 박사, 모펫 씨, 리 씨, 베어드 씨, 전킨 씨 등이 아주 강하게 반대하기 때문에 그들의 주장이 받아들여지리라고는 절대로 생각지 않는다. 놀랍게도 레이놀즈 씨가 두 의견 사이에서 주저하고 있는 것을 알게 됐다. 내년까지는 그의 눈이 더 열리기를 바란다. 스튜어트 씨, 듀보스 의사, 허드슨 테일러 등도 그들을 받아들여야 한다고 믿는 것을 알게 됐다. 그들은 포기해야 될 후처들에 대해서는 매우 안타깝게 생각하지만, 학대받는 본처에 대해서는 아무 말도 하지 않는데, 그들이 바로 둘 이상 아내를 가진 남자들과 그들의 부인 모두를 교인으로 받아들이자는 쪽이다. 본 부인이 자녀를 낳지 못하고 둘째나 셋째 부인에게 아이가 있는 경우가 있는 것이 사실이지만, 본 부인에게 자녀가 있어도 그 부인과 자녀들이 철저히 무시당하고 있는 경우도 먼저 경우만큼 흔하다. 내가 보기에 올바른 해결책은 단 하나 – 후처를 포기하되 후처와 그 자녀들의 생계를 지원해야 한다. 이것이 어려울지 모르나, 주님이 말씀하시기를 "너의 눈이 너를 실족케 하거든 그 눈을 뽑아버리라"[147]고 했다.

너의 편지에 어머니께서 어떠신지 언급이 없었는데, 메리가 돌아오고 어머니도 건강하시기를 바란다. 네가 바즈타운에 다녀 온 것이

---

[147] 마태복음 5:29

좋았겠구나.

목요일 오후

어젯밤에는 내가 멍청이가 된 듯한 느낌이어서 편지 쓰기를 멈추고 잠을 자는 게 좋겠다고 느꼈다. 오늘은 아주 좋은 날씨이지만 오후에 내 머리가 어제보다 더 맑아진 것은 아닌 것이, 오전 내내 회의에서 보내고, 배가 많이 고파져 집에 와서 점심을 잔뜩 먹고 나서, 난롯불 옆에 앉아서 있으니 내가 별로 총명한 사람으로 느껴지지 않는다.

짐작컨대 아버지께서 드와이트와 집에 도착하신 지 오래 되었겠고, 아이들은 모두 학교에 있겠구나. 메리나 누가 너와 함께 있기를 바라고 가스가 제대로 작동하기를 바란다. 메리 토마스의 건강이 안 좋은 것이 걱정스럽다. 허나, 그를 대신해서 만족할만한 사람을 구할 수 있게 되기를 진정 바란다.

내가 전부터 제안하려던 것인데, 우리에게 편지를 쓰는데 내가 사용하는 이 종이와 같은 것을 구입하기 바란다. 우리는 이 종이를 스미스 상점에서 샀는데 - 큰 종이로 나오는 것을 우리는 접어서 쓴다. 500장에 금화 1불을 지불했다. 더 싼 것이 있을지도 모르지만 어쨌든 도매상점에서 다량으로 사면 절약이 될 것이다.

네가 좋을 때 될수록 빨리 내 물건 값을 청구해주기 바란다. 그걸 정산하고 싶다. 미스 데이비스의 손목시계 값으로 보낸 수표는 받았는지? 5불을 몇 주 전에 보냈다.

유진은 이제 완전히 나았다만, 아직은 너무 일찍 또 다른 여행을 시도하지 않기를 바라고 있다.

최고의 사랑을 모두에게 보내며,

사랑하는

로티

1895년 10월 30일, 수요일 아침
한국, 서울

사랑하는 플로렌스

지난주에 또 다시 우편물을 받게 되어서 반가웠다. 그 중에 네가, 샐리 사촌이 자주 집에서 사라진다는 말을 한 편지가 있었다. 그가 나중에라도 너와 함께 흡족한 시간을 보내주기를 바란다. 그런 식으로 대우받는 것은 분명 자극받을 만한 일이다. 집에 가스가 들어온다는 생각을 하니 아주 좋다. 겨울 내내 쓸 만큼 충분하게 가스가 공급되기를 바란다. 나는 난로가 너무 싫다. 난로를 피우기 시작한 후 줄곧 그것이 나를 불안하게 하는 것을 알게 됐다. 항상 문을 열어놓고 싶고, 밖에 나가서 시원한 공기를 마시고 싶어진다. 아침에 한국어 공부를 위해서 마음을 정비해야 할 때는 더욱 더 그렇다. 그렇게 난로가 나에게 영향을 준다. 유진은 내가 공부하기 싫어서 그런 것이라고 나를 놀리는데, 그 말이 한편으로는 진실인 것이, 유진은 난로의 열에 전혀 영향을 받지 않는 듯하다. 내가 의심의 여지없이 하루 중에 가장 좋은 시간을 공부로 보내야 하는 것에 반대하지만, 그것은 해야 하는 일이므로 최선을 다하고 있다. 한국말은 동양에서 가장 힘든 언어라고 쉽게 믿어진다. 나는 단어들은 쉽게 기억하나 문장을 만드는 것이 매우 어렵다.

목요일 오후

여기서 나는 내가 졸고 있는 것을 깨달았고, 그래서 잠시 편지 쓰는 것을 중단했다. 얼마 전에 네가 편지에서 말했듯이 우리는 하루하루 그날에 어떤 일이 벌어질지 모르는 채 살아간다. 다음 주 쯤에 옮길 생각으로, 어제는 다른 방 몇을 겨울 동안 편안하게 지낼 수 있도록 손을 보느라 바쁜 중에, 미스터 리가 알렌 의사의 메모를 가지고 찾아왔다. 그 메모에는 우리 집을 사겠다는 제안이 있으니, 우리가 이 집을 포기하고 프랑스 공사가 최근까지 살고 있던 집으로 옮길 수 있겠냐고 문의하는 것이었다. 물론 우리는 거기에 동의할 수밖에 없었고 그 길로 그 집을 보러 갔었다. 집은 아주 잘 지어졌지만, 원래 그 집이 클럽용으로 지어진 것이었기 때문에 클럽 하우스로서만 적합했다. 방들은 모두 아주 넓었지만 바닥과 유리창이 잘 되어 있었고, 공사관 사람들이 우리를 위해서 넓은 방에 칸막이를 만들어 주겠다고 동의한 만큼, 우리 생각에 거기도 좋을 것 같다. 유진은 그곳이 지금 이 집보다 훨씬 더 나을 것이라고 생각한다. 나는 지금 사는 곳의 예쁜 뜰과 가까운 이웃들을 떠나는 것이 싫지만, 그곳으로 가면 레이놀즈 씨네와 드루 씨네가 여기보다 훨씬 가까워지고, 건조하고 건강에 좋은 집인 것 같다. 그 집이 지금 집보다 조건이 나빴다고 해도 우리는 이사할 수밖에 없었던 것이, 북장로교 선교회에서 이 집을 될수록 빨리 팔기를 원하기 때문이다.

유진과 드루 의사는 지금 칸막이를 만들어 줄 목수를 구하러 갔다. 우리는 폭이 16피트에 길이가 40피트짜리 방을 나누어 거실과 침실, 그리고 옷장을 만들고, 24피트 정방형의 방을 나누어 부엌과 식당으로 만들려고 한다. 이렇게 하면 추운 날씨에도 따뜻하게 지낼 수 있을 것이다. 주문했던 난로가 어제 왔다 – [또 스미스에 주문한] 짐이 어제 6개가 왔고 오늘 11개가 왔다. 우리가 이사를 해야 한다는 것을 알기 전에 어제 온 것 몇 개를 열어보았고, 나머지 짐들은 풀지 않고 그냥 가지고 있을 생각이다. 주문한 물건들 중 어떤 것들은 당장 필요해지기 시작했던 참에 짐들이 마침내 도착한 것이 기쁘다. 다음 주에 우리가 이사할 때 우리가 말과 마차로 옮길 것이라고 생각해서는 안 된다. 짐들은 모두 사람의 등으로 날라야 한다.

일요일 저녁

이런 식으로 가다가는 이 편지를 영 끝낼 수 있을 것 같지가 않다만, 이번 주는 바빴다. 어젯밤에는 웰즈 의사와 모펫 씨가 차를 마시러 와서 즐거운 시간을 보냈다. 그들은 우리가 준비한 저녁 식사를 아주 맛있는 듯 잘 먹었고, 아주 좋았다. 일본인 상점에 돼지 갈빗살 좋은 것이 있었는데, 돼지는 중국에서 온 것이 분명하다. 그래서 돼지 갈빗살과, 양념을 한 닭고기, 비스킷과 워플, 스캘롭 감자와 닭고기 샐러드, 그리고 복숭아와 케이크를 먹었다. 맹세계가 지난여름 전킨 부인으로부터 워플 만드는 법을 배웠는데 전킨 부인 어머니의 레시피를 따른 것으로 쌀, 밀가루 그리고 이스트를 사용해서 만든다. 점심 만찬 후의 저녁 식사용으로 하면 좋다.

주문한 물건 중에 밀가루 한 포대 외에는 모든 것이 다 도착했으니 이제 석탄만 빼고는 겨울 준비가 완료되었다. 석탄은 아직 배달되지 않았는데, 석탄이 오면 여분의 석탄 창고로 들여 놓기만 하면 된다. 석탄은 일본 은행을 통해서 주문했는데, 모두들 질이 훨씬 좋다고 말하는 한국산 석탄을 얻게 될 전망도 있다. 우리는 새 난로를 이달

말에 제물포에 있는 타운센드 회사에서 구입할 것이다. 그래서 새 집에서는 난로가 식당에 하나, 그리고 우리 방에 하나 놓이게 된다. 내 생각에 그 집이 이 집보다 훨씬 더 편안할 것 같다.

아마도 이번 주에 우편물이 올 것 같긴 한데, 우편이 매우 불규칙해서 확실하게 말하지 못하겠다. 네가 우리 일로 걱정하지 않기를 바란다. 요즈음 주위는 조용하고 이노우에 백작이 일본에서 돌아왔다. 일본은 한국을 확고하게 자기들 손안에 쥐고 있다. 결과가 어떨지 나는 모른다. 영국이 간섭을 할 준비가 되어 있다는 말이 들리고, 미국도 그렇다고 하지만, 우리 정부는 자제하고 있다. 한국인들은 미국이 사태를 주도해 주기를 간절히 바라왔는데 유감스럽게도 미국이 그렇게 할 수 없었거나, 아니면 적어도 미국이 영국과 러시아와 협력하여 모종의 계획을 세웠을 수도 있다.

이번에는 제대로 편지 쓰기가 불가능한 것 같다. 이 부실한 시도를 네가 이해해 주기를 바란다. 다음 편지에는 잘 해볼게. 네가 다음에 보낼 편지에 내게 보내는 박스를 발송했다는 말이 있으면 좋겠다. 그렇지 못할 경우에는 그 박스가 크리스마스 전에 이곳에 도착하지 못할까 봐 염려된다.

우리 두 사람 모두 잘 있고 유진이 나와 함께 모두에게 사랑을 전한다.

사랑하는
로티

1895년 11월 10일
한국, 서울, 서소문안[148]

사랑하는 플로렌스

두 주 동안 우편물이 없다가 어제 우편이 왔는데, 거기에 에바가 9월 30일에 보낸 편지, 네가 10월 7일에 보낸 편지와 동생들의 사진들도 오고, 제2 장로교회의 맥고완 부인으로부터 그들에게 편지를 써달라는 부탁이 왔다. 그는 내가 아무 것도 할 일이 없는 사람으로 생각하는 것이 틀림없다. 그런 종류의 편지를 쓰는 일이란 가장 따분한 일 중의 하나라고 생각한다. 내가 알기로는 다른 사람들은 그런 편지를 그냥 무시하는데 그래도 나는 이런 면에서도 나의 임무를 할 수 있을 만큼 하려고 한다. 체스터 박사께 편지를 좀 더 자주 쓰도록 노력해 보겠다. 우리가 그 방면에 조금 태만해 온 것을 알고 있다.

동생들의 사진이 아주 좋다. 내가 이 사진을 갖게 되어서 너무 기쁘다. 이것을 우리 스스로가 액자를 만들어 끼우든지 "존"에게 하나를 만들어 달라고 할 것이다. 존은 나무로 작은 액자를 아주 잘 만든다. 그것에 하얀 페인트칠을 한다. 언젠가 나의 제비꽃을 넣을 나무 액자를 초록색을 칠해서 만들게 하려고 한다. 내 생각에 메이블은 더 자랐거나 바뀐 것 같지는 않은데 폴린은 변한 것 같다. 아마도 폴린의 머리가 짧아져서 그런 것 같다. 드루 부인이 오늘 오후에 왔었는데

---

148 "Sai Saw Moon An"이라 음차해서 적고 그 밑에 "Inside the Little West Gate"라고 영어로 그 뜻을 설명했다.

사진을 보고 메이블이 나와 너무 닮았다고 감탄을 했다. 나는 통통하고, 장밋빛 색깔에 회색 눈을 가진 루시가 오히려 메이블을 닮았다고 생각한다. 몇 주 전 루시의 엄마가 루시를 데리고 교회에 왔는데 예배 후 내가 루시를 잠시 안고 루시에게 말을 걸고 있을 때였다. 상하이에서 온 한 신사가 우리를 보고, "누구라도 당신이 아기 엄마인 것을 알겠습니다. 아기가 당신을 꼭 빼닮았습니다"라고 했다. 그래서 내가 "아니에요, 이 아기는 루시 드루입니다"라고 말해주었더니 그가 사뭇 놀라워했다. 내가 보낸 루시의 작은 사진을 어머니께서 받으셨기를 바란다.

한국의 어린이들에 대해서 기사를 쓰라는 너의 제안은 매우 좋은 것으로 생각된다. 그러나 나는 『유쓰 컴패니온』[149]이나 『하퍼즈 영 피플』[150]이 『세인트 니콜라스』[151]보다는 더 일찍 반응을 해 줄 것 같다. 그런 일처리를 네가 해 줄 수 있다면 너에게 사진들과 그에 관련한 사실들을 보내는 것은 어렵지 않다. 부승이 사진을 곧 찍을 수 있기를 바라고, 그렇게 되면 『칠드런즈 미셔너리』지에 실리도록 그 아이에 대해 몇 자 적어 보내겠다. 지난 여름에 한국의 어린이들에 대해서 글을 써보려고 하다가 시도조차 못 했다. 나는 작은 스님에 대해서, 그리고 행복한 기독교인인 레이놀즈 부인의 작은 절름발이 일모니Il Monie에 대해서 쓰기를 원했던 것이다.

---

149 The Youth's Companion: 1827년에서 1929년까지, 보스턴에서 발간되던 어린이 잡지. 1929년에 The American Boy와 합병되었다.

150 Harper's Young People: 1879년에서 1899년까지 Harper & Brothers가 발간하던 미국의 어린이 잡지.

151 St. Nicholas Magazine: 1873년부터 Scribner's가 발간하던 월간 어린이 잡지. 1940년에 폐간되었다가 1943년에 부활시키려는 시도가 있었지만 곧 다시 폐간되었다.

내가 너희들에게 크리스마스 선물로 한국 사진 몇 장을 보내려고 하는데, 이번 주에 보낼 수 있을지도 모르겠다. 문제는 그 사진들과 함께 동봉할 편지를 내가 쓸 수 있느냐에 달려있다. 만일에 사진들이 크리스마스 전에 도착하면 네가 그것을 크리스마스 때까지 어딘가에 보관해 두기를 바란다. 사진들을 안전하게 보관하기 위해서 스크랩북에 넣어두는 것이 좋겠구나. 본래는 사진들과 함께 일본제 사진 앨범을 보내려고 했는데, 나중에 결론 맺기를 너라면, 사진 보관은 아무 스크랩북이나 충분할 테니, 앨범에 드는 돈으로 사진들을 더 많이 보내주기를 바랄 것이라고 생각했다.

집에서 보내는 우리의 짐이 크리스마스까지는 도착하기를 바란다. 크리스마스 날 선물을 푸는 기쁨을 맛보면 좋겠고, 내 두꺼운 속옷도 필요하다. 허나 라이온 부인이 보내는 위스키가 짐에 포함되어 있으니 그 짐이 내년 봄에나 도착하게 되지 않을까 봐 걱정이 된다. 왜냐하면 스미스 상점에서는 약으로 쓸 것이라고 해도 그런 종류의 물건은 절대 화물로 보내주지 않기 때문이다. 그러니 그가 위스키에 대해서 우리에게 연락하는 일을 제때에 하지 않게 되면, 언제 우리가 그 짐을 받게 될지 짐작할 수 없다. 바라기는, 그가 너의 물품 목록을 보는 대로 곧바로 너에게 위스키에 대해서 써 보내고, 네가 즉시 그것을 빼고 보내라고 답장을 해주었으면 한다. 라이온 부인에게 고맙기는 하지만, 우리에게 위스키가 필요 없는 것이, 몇 년 동안 필요할 때 쓸 수 있을 만큼 충분히 가지고 있다. 드루 의사는 완전한 금주가이며 환자 치료에도 술은 사용하지 않기 때문에 우리는 스스로 책임지고 마실 수 있는 약간의 술 정도만 필요하다.

이 박스 때문에 네가 너무 수고했다. 그 일로 내가 너에게 진 빚이 많다. 이 편지에 수표를 동봉할 수 있으면 좋았을 텐데, 전킨 씨가 지금 지방에 내려가 있어서 그가 돌아올 때까지는 어떻게 할 수가 없다. 미국 수표가 모두 그에 의해서 발행되고 다른 누구도 할 수 없다. 미스 데이비스에게서 연락이 왔기를 바란다. 그리고 박스 안에 들어 있는 물품의 목록과 가격을 스미스 상점으로 보내야만 한다. 그래야 스미스에서 보험을 들어주고, 이곳에서 문제없이 세관을 통과할 수 있도록 조치를 취한다. 스미스에서는 짐 속의 박스 하나하나에 번호를 매기고 그 품목과 가격을 적은 청구서를 우리에게 보낸다. 우리는 그 청구서를 제물포에 있는 모어셀Moresel에 보내고, 거기서 우리 짐에 대한 관세를 지불하고 짐을 우리에게 보내 준다.

네가 "언문Ernmoon"으로 "번역"하는 것에 대해 물었다. 아마 내가 중국어 또는 "한문Hanmoun"에서 "언문"으로, 혹은 구어체 한국말로 번역하는 것에 대해 언급했던 모양이다. 이곳의 선교사들은 성경과 종교서적을 번역하는 작업이 비교적 수월한데, 왜냐하면 그 서적들을 중국어로 된 것을 구하면, 학식이 있는 한국인은 모두 한문을 이해하기 때문에, 선교사들이 자신의 선생님으로 하여금 한문으로 된 것을 평범한 백성들의 언어로 번역하는 것을 도와주도록 하면 된다. 선교사들이 한국에서 하는 일은 영국에서 존 드 위클리프가 라틴어 성경을 앵글로 색슨어로 번역했던 것과 같은 일이다. 언문이 한국의 앵글로 색슨어이다. 이제까지는 아무도 한국어로 된 글을 쓰는 것이 가능하다고 생각하지 않은 듯하다. 영어에 라틴어에서 파생된 말이 많은 것과 같이, 이곳의 상류층에서 사용하는 어휘 중에 한자말 Chinese-Korean이 많이 있다. 각 교단 선교회가 공동으로 임명한 번역위원회의 목표는, 되도록 이런 한자말의 사용을 줄여서 순수 한국어를 이 나라의 언어로 확립시키는 것이다. 한국어가 한국인들이 필요한 언어의 전부이다. 한국어는 사물의 묘사에 뛰어나고, 생각을 드러내는 것에 부족함이 없다.

네가 나의 한국 이름을 어떻게 발음하는지 물어보았었지. 그 발음은 "Pai" 혹은 아버지를 뜻하는 프랑스어의 "Pere"처럼 발음한다. 지금 내가 생각할 수 있는 영어의 어떤 단어보다 그것이 가장 가까운데 다만 "r"은 발음되지 않는다.

베=Pin
비인=pween
그래서 나는 Pen Pween,
벨 부인(Bell lady)이다.

우리는 킨 씨의 계속되는 추락의 소식을 듣고 안타까웠다. 드루 의사는 그에게 온전히 헌신적이고, 모든 것이 그가 "체이스 시티"에서 겪었던 증상 때문이라고 하지만, 나는 그가 항상 비정상적인 사람이었다고 믿는다. 불쌍한 – 릴리 – 아이들에게서나 무슨 희망을 찾을 수 있을지? 그리고 수지가 아들이 생겼다고 하는데 – 매리온이 그것에 대해 어떻게 생각하는지? 보이드 씨에 대해서는 신문에서 읽었다. 나는 그것에 대해 헨리 씨의 입장과 같다. 헨리 씨가 말하기를 그는 보이드 씨가 기회가 생기는 대로 북장로교로 갈 사람이라는 것을 알고 있었다고 하며, 우리 교회로서는 그런 사람들이 모두 나가는 것이 더 좋다고 생각한다고 했다. 나는 집을 떠나온 후 엘리에게 편지를 쓸 기회가 전혀 없었기에 그의 갓난아기에 대해서 듣지 못했다. 라이온 부인이 심히 아프다니 안타깝구나. 이젠 나았기를 바란다. 샐리 린덴버거가 회복을 했는지? 그리고 에스코테 식구들Escotes 은 무엇을 하고 있는지?

나는 네가 아직 직장이 없는 것이 안타깝다. 너는 지금 단지 돈을 벌어야 하는 것 때문에 불안한 것이니, 아니면 네가 [경제적으로] 평소보다 더 힘든 시간을 보내고 있는 거니? 최근 들어서 나는 우리가 식구들의 이러한 부담을 덜어주기 위해서 우리가 보험을 떠맡아야 할 것 같다는 생각이 들었다. 드와이트가 닥터 케네디가 말하는 그 자리를 얻었기를 바란다. 드와이트에게는 그곳이 과학학교보다 훨씬 낫다고 확신한다. 그는 벌써 실용적인 능력을 많이 가지고 있어서, 노력만 한다면 그곳에서 없어서는 안 될 사람이 될 수 있다.

자! 드디어 우리가 이사를 했다! 역시 쉽지 않은 일이었다. 좋은 거래는 아니었지만 모든 짐을 옮기는데 78명의 짐꾼이 필요했고, 한 사람당 은화로 5센트를 지불했으니 전부 4불밖에 들지 않았다! 이사 전날 방 두 개에 돗자리를 깔아놓았기 때문에 목요일에는 아침 7시 반부터 짐을 실어내기 시작했고 점심시간이 가까워서는 (밖에서) 모든 가구의 먼지를 털고 제자리에 옮겨 놓았고, 부엌의 그릇들을 풀고, 커튼도 몇 개는 달아놓고, 그래서 어느 정도 편안해지기 시작했다. 날이 좋아서 다행이었던 것이, 그렇지 않았다면 우리는 추위로 고생깨나 했을 것이다. 식당의 스토브 연통을 설치해야 했는데 일본인 수리공이 늦게야 설치를 마쳤기 때문이다. 우리에게 여유가 생겼을 때, 유진이 내 결혼기념일 겸 크리스마스 선물로 벽에 놓을 장을 선물했는데 아주 편한, 내가 늘 갖기를 원했던, 낮고 긴 장이다. 유진이 단지 19불을 주었는데, "상하이 사이드"에서 온 중고품으로, 존이 훌륭하게 니스 칠을 했다.

이 그림이 충분하지는 않지만 대강 어떤 것인지 알 수 있을 것이다. 서랍이 세 개 있고 선반들이 놓인 칸이 셋, 그리고 뒤쪽으로는 선반 두 개가 있다.[왼쪽 그림]. 내 예쁜 장식품들을 선반 위에 놓으니 잘 어울린다.

유진도 면도대와 의자, 그리고 서랍장을 구했는데 다 합해서 은화로 15불이었다.

이 가구들도 상하이에서 왔는데 아주 편하다. 옆에 보이는 그림과 같다[오른쪽 그림]. 위는 편편하고, 무겁고 깊은 서랍들이 있는데 모자를 넣을 수 있을 만큼 깊다.

방 사이에 문이 있어서 그것을 열면 방들이 통할 수 있게 되는 것이 좋다. 난로를 하나만 피우면 두 방 다 편안하게 덥힐 수 있기 때문이다. 방 사이에 한국식 미닫이문을 해 놓았는데, 문들이 아름답다. 같은 목적을 위해서 이런 문들을 고향에서도 따라할 수 있으면 좋겠다. 우리 집에 이런 문이 4개가 있는데 원할 때는 말끔히 떼어낼 수도 있다. 방들이 너무 예뻐서 네가 지금 볼 수 있으면 얼마나 좋을까 상상해 본다.

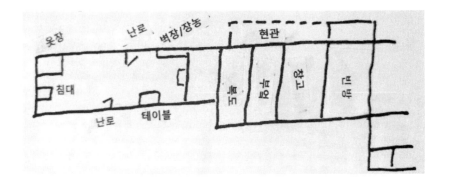

이것은 <u>아주</u> 형편없이 그려진 도면이다. 창문들은 그려 넣지 않았는데, 하루 종일 햇볕이 드는 아주 멋있는 창문들이다. 이 집으로 이사 오게 되어서 너무 좋다. 그리고 이사하는 데 비교적 문제가 적었다. 우리가 이 집으로 이사 온 지 나흘이 되었고 이 집을 아주 좋아한다. 단지 먼저 집보다 좋지 않은 것은 뜰이 그것보다 예쁘지 않고 물이 좋지 않다는 것인데, 가까이 사는 헐버트 집에서 좋은 물을 길어 오게 하면 되니까 별 문제가 없다.

11월 11일, 저녁 7시 20분

오늘 일꾼들이 와서 방들 사이에 있는 나무 문틀에 페인트를 칠하고, 미닫이문들을 마무리하고 있는데 냄새가 지독하다. 또한 부엌 바닥에 장판도 깔았는데 식당 바닥으로서는 최고로 좋고 또 따뜻하기도 하다. 먼저 두꺼운 종이를 깔고 그 위에 기름 장판으로 덧씌우는데 보기도 좋고 깨끗하게 관리하기 좋다. 물론 하인들은 장판이나 돗자리 위에서 신발을 신을 수가 없다. 이 미닫이문들은 길고 가느다란 나무 조각들로 칸을 만들고 그 위에 니스 칠을 한 다음 뒤에다 튼튼하고 윤택이 나는 종이를 바른다. 물론 문을 통해 빛이 들어오고 소리도 약간 들리지만, 네가 생각하는 것보다는 훨씬 훌륭하게 소리와 찬 공기를 차단한다.

이삿짐 옮기는 것과 집수리, 담을 쌓는 일 일체를 유진이 아무 도움도 받지 않고 혼자 해결했는데 모든 것이 제대로 잘 되었다. 유진의 한국말 실력이 그만큼 좋아졌다는 증거이다. 네가 만일 가스를 설치하는 사람들이 일을 더디게 한다고 생각한다면, 이곳의 한국인 일꾼 몇 명과 얼마간 어울려 보아야 한다. 그들은 일을 하지 않고 잡담만 계속하는데, 그러다가 일을 하게 되면 느려 터지게 하지만, 돈을 요구하는 일에는 아주 재빠르다. 유진이 담을 쌓는 일에 인부 몇을 강 kang(8피트)당 40센트를 주기로 하고 고용해서, 그들이 일을 시작할 거라고 기대했다. 그런데 그들이 돌과 흙을 날라 올 사람을 따로 고용하기를 원했다. 그것들까지 협상된 가격에 포함된 것임을 뻔히 알면서도 말이다. 그러나 확고하게 우리의 입장을 지키면 그들은 결국은 우기기를 멈추고 대부분 계약한 대로 일을 한다.

그 당시에는 이런 말을 하기가 두려웠었는데 지금 말한다. 왕비가 살해되었을 때(왕비가 한국의 남자들 누구보다도 똑똑하였기 때문에), 의화군[후에 의친왕]이 언더우드 박사의 집으로 도피를 해서 일주일 동안 머물렀다. 나는 그것을 알고 있었고, 또 만일에 언더우드 박사의 집이 공격을 당하면 공사관의 해병대원들이 우리 집 뜰을 통해서 왕자를 구하러 갈 계획임도 알고 있었다. 유진이 지방에 가 있었을 때였는데, 한번은 밤에 그 일로 내가 좀 불안해하기도 했다. 마침내는 왕자가 다시 궁궐로 돌아갔고 지금은 일본에 가 있다. 관리들 몇 사람도 우리 공사관으로 도피를 했고 씰 씨가 일본에서 돌아올 때까지 그곳에서 머물렀다. 그리고 그들 중 한 사람이 우리가 살던 집을 샀을 때였는데, 아직 우리가 그 집에 살고 있을 때, 그들이 앞뜰에 강kang으로 바닥이 된 방들로 옮겨 왔다. 도피하고 있던 관리들 중의 한 사람이 우리가 지금 살고 있는 집의 소유주이다. 우리를 이 집으로 이사 오게 한 것은 그들이 결정한 것으로, 55불을 우리에게 주어 집을 수리하고 담을 쌓게 한 것이다. 그런데, 그들은 우리가 이사한 후에 하룻밤만 그 집에서 머물렀다. 극심한 두려움 때문에 그들은 다시 공사관으로 돌아갔다. 그렇게 되기 전에 우리가 이사 온 것이 기쁘다. 이 집이 먼저 집보다 훨씬 좋다.

나는 오렌지 박스 한 상자를 놓고 즐거워하고 있다. 유진이 일본인 마을에서 은화 64센트를 주고 한 박스를 사왔다. 작고 윤이 나는 오렌지인데 나중에는 맛이 좋아지겠지만 지금은 약간 시다. 한 박스에 100개는 들은 것 같으니 값이 아주 저렴하지 않니? 나는 과일이 너무 먹고 싶어서 이렇게 신 오렌지조차도 맛있다. 오늘 5센트를 주고 고구마 한 파운드를 샀는데 아주 좋아 보인다.

유진이 지금 이 집의 도면을 그리고 있는데 네게 아이디어를 주기에 충분할 것 같으니 너는 내가 그린 것은 볼 필요가 없다.

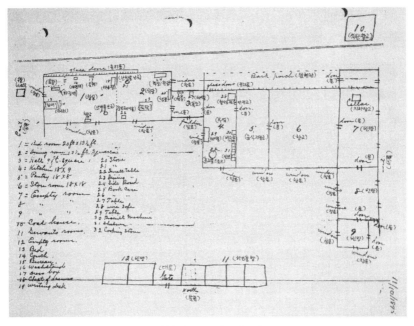

1895.11.10 로티 - 집도면

도면 왼쪽 하단 설명

**우물: 동쪽 맨 왼쪽 상단

1 = 침실 20피트 x 13.5피트
2 = 식당과 부엌 사이 통로
3 = 복도 9피트 정방형
4 = 부엌 18x9
5 = 음식 저장고 18x8
6 = 창고 18x18
7 = 빈 방
8 = 빈 방
9 = 빈 방
10 = 석탄 창고
11 = 하인들 방

12 = 빈 방: 대문 왼쪽
13 = 침대
14 = 카우치
15 = 화장대
16 = 세면대
17 = 옷궤 (옷 넣는 궤)
18 = 서랍장
19 = 책상
20 = 난로
21 = 난로
22 = 작은 테이블
23 = 식탁

24 = 벽장/찬장	30 = 비스킷 기계
25 = 책장	31 = 선반들
26 = 책장	32 = 조리용 스토브
27 = 테이블	
28 = 철사로 만든 안전고[=금고]	
29 = 테이블	

어머니께서 차도가 있으시고 다른 식구들도 괜찮다고 하니 안심이 된다. 애니의 말로는 리지 리드 사촌이 매우 심각한 상태라고 들었다. 너는 요새 매티를 본 적이 있는지? 네 생각에 그가 정말로 나아진 것 같으니? 내 생각에 레이놀즈 부인이 차도가 있는 것 같다. 오늘 그가 남여를 타고 잠시 나들이를 했는데 – 연차회의 때 미스테이트 집으로 간 것 외에는 산에서 내려온 후 처음으로 집 밖으로 나간 것이다.

노옴Nome(?)과 도드 씨가 파리에서 겨울을 보낸다니 멋진 일이다. 에바에게 오늘 밤 내가 짙은 청색 플란넬 실내용 겉옷을 입고 있다고 말해 주어. 그것을 저녁 먹은 후에 곧 입었는데, 하루 종일 페인트 냄새로 내가 거의 아파있는 상태였기 때문이다. 내일 아침에 환기를 잘 시켜서 내일은 냄새가 없어지기를 바란다.

동생들에게 이 서방이 그들 사진을 좋아한다고 전해 주어라. 처음엔 나와 너희 중 한 명이 찍은 사진이라고 그가 생각했었다.

모두에게 최고의 사랑을 보내며 모두 건강하기를 빈다.

나도 건강해.

사랑하는

로티

추신. 며칠 전 유진은 <u>154</u>파운드가 됐는데, 아마도 저울이 잘못된 것
으로 믿는다.

1895년 11월 20일, 수요일 저녁
한국, 서울

사랑하는 어머니

오늘 보내는 편지에 한국 사진들이 들은 봉투와 그 사진들에 대한 설명을 동봉합니다. 이 편지와 같은 우편으로 가게 됩니다. 사진들과 설명 둘 다 크리스마스까지는 열지 마십시오. 가족 모두에게 저의 사랑과, 즐거운 크리스마스와 행복한 새해를 맞기를 바라는 저의 소망을 담아서 보내드리는 것이기 때문입니다. 크리스마스 날 제가 식구들을 몹시 그리워하게 될 것을 압니다. 그리고 저희 두 사람은 작년 크리스마스 때 함께 모여 즐거웠던 시간을 기억하며 상념에 젖겠지요. 어머니께서 저의 스타킹도 채우셨다고 하시니 고맙습니다. 박스를 크리스마스 전에 받을 수 있기 바랍니다. 저희는 부승이에게 자기 스타킹도 걸어 놓게 할 생각입니다.

이제 집수리가 모두 끝나고 일꾼들도 다 떠나고 나니, 저희가 벌써 이곳에 오랫동안 살고 있었던 것처럼 느껴집니다. 이 집이 먼저 집보다 훨씬 좋은 것은 확실하지만, 유진은 이제 절대로 밤에 제가 집에 혼자 있도록 하지 않으려 할 것입니다. 먼저 집에서는 소리치면 들릴 수 있는 거리에 외국인들이 살고 있었지만 여기서는 그렇지 않으니까요.

저희가 소시지와 돼지 갈비를 얼마나 먹고 싶어 했는지 얼마 전에 편지에 쓴 기억이 나는데, 그 이후 둘 다 먹을 기회가 있었습니다. 유진은 제가 고기를 가는 기계 없이도 제대로 소시지를 만들 수 있다고 믿지 않았지만, 저는 그래도 한번 소시지를 만들어 볼 결심을 하고, 맹세계에게 고기를 할 수 있는 데까지 잘게 다지라고 해서, 소금과 후추와 세이지로 양념을 했더니 그럴 수 없이 맛있는 소시지가 되었습니다. 대부분의 파는 소시지보다 훨씬 더 맛있습니다. 기회가 되는대로 빨리 고기를 더 구해서 겨울 동안 먹을 소시지를 만들려고 합니다. 고기를 일 파운드당 은화 12센트에 구입합니다. 또한 지난주에 저는 라드 5파운드를 만들었습니다. 라드를 조금 오래 조리했더니 하얗지가 않지만, 그래도 모든 튀김요리를 그것으로 할 수 있기에 미국으로부터 새로 오는 라드를 절약할 수 있습니다. 맹세계는 돼지기름과 비계를 알뜰하게 모아 놓습니다. 그가 몇 번이나, 우유통을 반이나 채운 자기가 만든 하얀 라드를 자랑스러운 듯 제게 보여 주었습니다.

제가 만일 하루 중 가장 좋은 시간을, 따분하고 지겨운 한국말 공부에 보내지 않고, 살림하는 일에 조금 더 시간을 보낼 수 있었다면 저는 아마도 훌륭한 조리사와 가정관리사가 되는 것을 배웠을 것입니다. 지금으로서는, 제게 가장 즐거운 시간은 부엌에서, 유진의 표현으로, "빈둥거리며" 보내는 것입니다. 그러나 선교지에서 여자가 희생해야 하는 것들 중 하나가 가사나 재봉에 할 수 있는 한 시간을 적게 할애해야 한다는 것입니다. 왜냐하면 언어에 능통하려고 하는 한, 처음 몇 년은 언어 공부가 우선적이어야 하기 때문입니다.

저희가 때때로 여기서 보는 엄청나게 큰 굴에 대해서 이야기를 한 적이 있는지요? 오늘 껍데기 채로 얼마를 샀는데 껍데기가 9내지 10인치 정도로 깁니다. 그러나 제가 몹시 놀라웠던 것은 그 속에 들은 굴 자체는 보통 굴의 크기였다는 것입니다. 저희가 고향에서 튀김으로 먹는 좋은 굴보다 크지가 않습니다. 그리고 개당 은화 4센트로 가격이 만만치 않습니다. 오늘 6개를 튀겨서 점심 때 먹었는데 양에 차지 않았습니다.

미스 데이비스가 오늘 오후에 집에 들렀다가 저와 함께 러시아 공사관의 웨버 부인을 방문하러 갔습니다. 방문이 아주 즐거웠습니다. 웨버 부인은 매우 흥미로운 사람입니다. 영어를 매우 쉽게, 그리고 정확하게 구사합니다. 또한 독일어와 불어, 그리고 한국어도 조금 합니다. 그러한 언어 능력이 있는 사람들이 저에게는 경이롭습니다. 웨버 부부는 1월에 한국을 떠납니다. 유럽에 들렀다가 멕시코 공사로 가게 됩니다. 그들은 한국에 10년, 동양에 22년 있었습니다. 아주 좋은 사람들이기 때문에 우리 모두 그들이 떠나는 것을 아쉬워합니다. 이상하게 들릴지 몰라도 그들은, 적어도 부인은, 루터교인입니다.

저희는 내일 우편물이 오기를 바랍니다. 우편국장 말로 올 때가 되었다고 합니다. 식구들의 편지와 모두가 안녕하다는 소식을 기다립니다.

지금은 아주 기분 좋은 가을 날씨입니다. 낮엔 선선하나 많이 춥지는 않습니다. 방 두 개를 칸막이 문을 열어 놓고 난로 하나로 잘 지내고 있어요.

며칠 간 겨울옷들을 준비해 놓느라고 매우 바빴어요. 철 따라 옷을 꺼내 놓을 때 항상 할 일이 생기네요. 스커트에 고무줄을 새로 달았고, 일상 입는 청색 플란넬 블라우스를 수리했습니다. 이 플란넬 옷이 저에게 아주 편해요. 언젠가는 하나 더 있었으면 좋겠습니다.

제가 잊고 말씀드리지 않은 것이 있는데, 어린이용 작은 스타킹 한 켤레도 보냅니다. 겨울에 여자들과 아이들이 신는 것입니다. 보시는 그 모양이 신었을 때의 모양 그대로이고, 밖에 나갈 때 그 위에 신발을 신습니다.[152] 이 스타킹들은 여학교 학생들이 새 교회에 헌금하기 위해 파는 것인데, 기포드 부인에게서 샀습니다. 스타킹과 함께 신발도 보낼 수 있었으면 하고 생각해 봅니다.

목요일

유감스럽게도 우편물이 아직 오지 않았습니다. 내일엔 오기를 바랍니다.

저희 두 사람 다 잘 있고, 식구들도 모두 안녕하시기 바랍니다.

최고의 사랑을 보내며
로티

---

152 한국식 버선을 이야기하는 듯하다.

1895년 11월 27일
한국, 서울

사랑하는 아버지

제가 지금 고기를 다지느라고 바빠서 짧은 엽서를 쓸 시간 밖에 없습니다. 내일이 추수감사절입니다. 저희는 점심 만찬을 어머니께서 주신 자두 푸딩과 꿩고기로 하려 합니다. 아침에는 예배가 있고, 밤에는 공사관에서 커다란 만찬이 있습니다. 유진은 월요일 밤을 궁궐에서 보냈는데, 왕을 만나고 왕과 이야기를 했다고 합니다. 저희는 고향에 있을 때나 마찬가지로 안전하다고 느낍니다만, 이 불쌍한 나라의 미래가 어떻게 되는지 알 길이 없습니다. 유진이 신학교 이름으로 『리포지터리』 구독신청을 해서 아버지께 우송되도록 했으니, 모두들 그것을 읽을 수 있을 것입니다.

모두에게 사랑을 보내며, 헌신적인 아버지의 딸
로티

추신. 지난주에 우편물이 많이 왔습니다.

1895년 12월 2일, 월요일 저녁
한국, 서울

사랑하는 에바

10월 14일 자 네 편지를 11월 23일 토요일에 받았다. 거기 동봉한 어머니의 메모도 반가웠다. 집으로부터 편지를 못 받은 지가 꽤 오래 된 듯한 느낌이지만, 실은 집에서 너희가 우리 편지를 받는 만큼 우리도 편지를 받고 있는 것이라고 믿는다. 우리가 편지를 정기적으로 쓰는데 고향에서는 우리 편지를 어떻게 그렇게 한참씩 있다가 받게 되는지 이해가 안 된다. 나는 집에서 우리 편지를 매 주일 받아보는 것으로 처음엔 생각했었다. 식구들이 모두 무사하고, 바느질 일도 다 끝냈고, 네가 편지를 쓸 때는 가스도 들어오게 되었다니 기쁘다. 가스가 들어오게 되어서 정말 좋을 것이라고 생각된다. 특별히 부엌에 있는 작은 스토브는 더욱 더. 아버지께서 글을 쓰시고 돈을 받으신다니 정말 잘 되었다. 식구들 삶에 큰 도움이 되리라 믿는다.

플로렌스가 선생 자리 구하는 것을 포기하고 내년 가을에 이곳으로 오도록 신청을 하면 좋겠다. 플로렌스가 이곳에 오면 유진이 나를 혼자 집에 두고 지방으로 여행가는 것을 내가 두려워하지 않게 될 것이니 훨씬 더 편안할 것이다. 지금도 나는 두렵지 않지만, 유진은 내가 두려워한다고 생각하고, 또 혼자 있는 것이 최상의 일이 아니라는 그의 생각에는 나도 전적으로 동의한다. 유진이 전킨 씨와 함께 (전킨 씨는 여행에서 돌아왔다.) 10일에 짧은 선교여행을 다녀올 생각을 하고 있다. 그럴 경우 유진이 크리스마스에 이곳에 없게 된다. 물론 나는 그것이 싫지만, 드루 의사, 전킨 씨 그리고 테이트 씨까지도 모두 떠나 있을 것이므로 나로서는 거기에 대해 말을 많이 할 형편이 아니다. 만일 유진이 떠나게 되면, 나는 여학교로 가서 미스 도티와 함께 지낼 텐데, 내게 많이 도움이 될 것이다. 하지만 유진이 안 떠나게 될 수도 있다. 지금은 그 여행이 별 소용이 없을 것으로 생각되기 때문이다.

레이놀즈 부인의 병세가 요즘 들어 많이 악화되었다는 소식을 듣는 것에 너도 마음이 좋지 않을 것으로 안다. 에비슨 의사가 레이놀즈 부인의 병세가 심상치 않다고 생각해. 심장에까지 영향이 가고 붓기가 다시 생겼다. 지난봄에 아팠던 것보다는 덜하지만 말이다. 레이놀즈 씨가 어제 예배에 메모를 보내어 그 부인을 위해서 기도해 달라고 부탁했다. 아주 슬픈 일이다. 레이놀즈 부인은 고향에 갈 수가 없고, 자기 아버지나 레이놀즈 씨의 자매 가운데 한 사람이 이곳으로 와서 함께 있어 주기를 원한다. 그가 죽지 않게 된다면 꼭 그렇게 되기를 내가 바란다. 나는 그의 병이 무엇인지 정확히 알지 못하지만, 브라이트 씨 병의 일종으로 생각된다. 붓기가 지금처럼 심해져서 압통을 느낄 때 외에는 괴로워하지 않는다. 볼링까지 이가 나느라고 아프고 자주 짜증을 부려서 레이놀즈 씨가 힘들어 하는 것이 딱하다.

집에서 우리 편지들을 벌써 받아 보았기를, 그래서 우리들의 안전에 대한 걱정이 이미 덜어졌기를 바란다. 내가 11월 26일 자 아버지께 보내드린 엽서에서처럼, 유진이 다시 하룻밤을 궁궐에서 보냈고, 언더우드 박사, 우리 씰 씨(미국 공사)와 함께 왕을 뵈었다. 요즘엔 공사관에 신뢰할 만한 통역관이 없기 때문에 언더우드 박사가 공사관의 통역을 거의 도맡아서 하고 있다. 조금씩 조금씩, 한국인들이 말하는 대로 "차차, 차차 cha cha, cha cha" 우리 선교사들이 이 사태에 연루되어 버려서, 이젠 언제 그것이 끝나게 될지 모를 지경까지 왔다. 처음엔 연로한 다이 장군이 자기 혼자 너무 외로우니까 와서 밤에 같이 있어 달라고 한 요청에 응해서 두 선교사가 궁궐에 간 것으로 시작되었다. 선교사들이 궁 안에 함께 있는 것을 알면 더 안전함을 느끼게 된 왕이 계속해서 선교사들이 와 주기를 바랐고, 그래서 계속 가게 된 것이다. 몇 번은 왕이 밤중에 두려워져서 자기가 있는 곳으로 선교사들이 와 달라고 했다. 지난 수요일 밤에도 그랬기에 에비슨 의사, 언더우드 박사, 헐버트 씨 세 사람이 왕과 함께 있었다. 그날 밤엔 정말 궁에서 소란이 있었고, 왕이 세 선교사들이 몇 시간이나 자기와 있도록 했는데, 그들을 자기 곁 마루 위에 앉아 있도록 하고 에비슨 의사의 손을 잡고 있기도 했다. 그날 밤의 소란은 궁에 들어가서 왕을 구해 내려는 왕의 편 사람들과 왕을 손아귀에 넣고 권력을 유지하려는 사람들 간에 일어난 소란이었다. 현재의 내각은 당연히 선교사들이 자기들을 반대한다고 느끼고 있는데, 우리는 모두 그것 때문에 우리의 선교 사역에 지장이 있게 되지 않기를 바란다.

어제부터 왕비의 죽음을 위한 애도 기간이 시작되었다. 7일 동안 계속되는데, 애도가 끝나기 전까지는 모든 남자들은 애도의 표시로 흰 신발과 흰 모자를 착용해야 하고, 그렇게 하지 않으면 역적으로 체포되게 된다. 이것은 곧 가난한 사람들에게 커다란 경제적인 부담을 의미한다. 김 서방의 말로는 그것을 장만하는 데 4불이 든다고 하니 그의 월급의 반이 드는 셈이다. 하인들이나 일꾼들이 어떻게 그렇게 할 수 있을지 이해가 안 된다. 이런 면에서, 한국인들이 오래전에 흰 옷을 입기 시작해서 계속 그렇게 하고 있는 것이 현명한 일이라고 생각한다.

나의 중국 백합을 폴린이 볼 수 있으면 얼마나 좋을까 하고 생각한다고 폴린에게 말해 줘. 안청에게서 구근 두 개를 얻어서 그가 시키는 대로 심었다. 중국인들은 구근을 싹이 있는 부분마다 잘라서, 처음엔 매일 물을 주고, 절대 어두운 곳에 놓지 않는다. 어제 보니 8개의 꽃줄기가 올라왔다. 폴린이라면 이런 백합을 하나당 은화 5센트씩 주고 몇 개 사고 싶어할 것을 내가 안다. 유진이 남쪽 유리문에 긴 선반을 놓아 주어서 거기에 내 화분들을 올려놓았다. 구문초 둘과 제비꽃 화분 몇 개이다. 하루 종일 햇볕을 받아서 아주 잘 자란다.

나는 이번 주에 다진 고기를 벙커 부인의 레시피를 따라서 16파인트를 만들었다. 이 레시피는 미스 팔바의 레시피와 거의 똑같지만, 적은 양으로 되어 있어서 내가 따라 하기에 쉬웠다. 아직 시식하지는 않았지만 냄새가 좋다. 맹세계는 이런 것을 전에 해보지 않았던 것 같다. 내가 그들이 일해 놓은 재료를 모아 섞는 것을 보고 그와 선건아가 매우 흥미로워 했다. 드디어 맹세계가 나에게 무엇을 하는 거냐고 물었고, 내가 이곳의 숙어 그대로, "파이 만들 때 쓰는 것it is a pie-making article"이라고 했더니, 그가 큰 소리로, "아이고 I go!"(오마이 Oh my) "부인pween, 그것은 아주 큰 파이가 될 것이오!"라고 했다. 그래서 내가 말하기를 파이 하나를 만드는 것이 아니고 16개를 만드는 것이라고 했더니, 그가 그 파이를 "어디에다가 보낼 거냐"고 묻기에, 마침내는 내가 겨울 동안 보관해 두었다가 하나씩 먹을 것이라고 했더니 그들이 그때서야 만족한 듯했지만, 맹세계는 겨울 동안 괜찮을 것인지 의심스러운 표정이었다.

최근 들어서 우리는 꿩고기를 아주 맛있게 먹고 있다. 맹세계가 꿩을 좋은 것으로 잘 고른다는 말을 우리가 들었는데, 아직까지는 살찌고 연한 아주 좋은 것들을 구했다. 한 마리에 28센트를 주면 두 번의 점심과 두세 번의 저녁으로 먹을 수 있다. 가슴, 날개, 다리 등 모든 부분이 다 좋다. 어제는 내가 고향집에 크리스마스 만찬용으로 두 마리를 보내고 싶다는 생각을 했다. 이 꿩들은 <u>야</u>생은 아니고, 맛이 칠면조와 아주 흡사하고, 가슴살이 전부 하얗기는 해도 좋은 기니[153]를 연상케 하기도 한다. 일본산 오렌지가 맛이 들기 시작했고 아침식사 때마다 그것을 즐기고 있다. 90개 내지 100개가 들은 박스를 50센트를 주고 사니, 우리가 너무 사치하지 않다는 것을 알 수 있을 것이다.

나의 일상은 같은 일의 반복이기 때문에 우리들에 대해서 너에게 쓸 것이 많지가 않다. 7시 반쯤 아침 식사를 하고, 9시나 9시 반부터 12시 반까지 한국말 공부를 하고, 한 시에 점심을 먹고, 그 후엔 우리가 해야 할 일이나 하고 싶은 일들을 하고, 늦은 오후에 긴 산책, 그리고 6시 반에 저녁 식사를 하고, 영어로 기도하고, 잔다.

아버지께서 복음전도자[154] 일을 다시 하시게 된 것이 기쁘다. 그 일이 아니라도 이미 충분히 바쁘신데, 거기다 일이 더 추가 되고 신경을 쓰셔야 하게 되는 것이지만 말이다. 버논에게 내가 그의 생일을 기억하고 있었지만 나이가 17살이 된 것을 착각한 것이 틀림없었다고 말을 해다오. 버논이 유진이 가진 것 같은 칼을 갖게 되고, 교회에서 안내원이 되었다니 기쁘다. "어린 동생the young one"의 편도선이 다

---

153 guinea: 기니피그(guinea pig)를 일컫는 것으로 짐작되는데, 중남미에서는 전통적으로 기니피그를 식용으로 사용해 왔지만 미국에서 그랬다는 기록은 찾지 못했다.
154 원문에 Evang로 되어있다. Evangelist를 줄여서 쓴 것으로 생각된다.

낫기를 바라는데, 보기에는 그 애가 너무 살찐 것처럼 보인다. 며칠 전 밤에 나도 방 한가득 한국 여자들과 아이들을 손님으로 맞았는데, 그들에게 어린 동생들 사진을 보여주었더니 너무 좋아했다.

전킨 씨가 돌아왔으니 이제 금화 수표를 네게 보내줄 수가 있겠고, 이 편지와 함께 동봉하겠다. 미스 데이비스의 수표 5불도 받았기를 바란다. 유진을 위한 책이 지난번 우편으로 왔는데 운 좋게 유진이 집에 없었기에 내가 그것을 감추어 둘 수가 있었다.

지금 이곳은 가장 아름다운 날씨이다. 서늘하면서 이른 아침에는 서리가 내리지만 낮 동안은 햇볕이 화창하다. 유진은 겨울 외투를 거의 입지 않은 채 다니고, 나는 아직 두꺼운 속옷을 입어야 할 필요를 느끼지 않는다. 나는 지금 네가 만든 청색 스커트에 내 플란넬 상의를 입고 있다. 모자와 드레스, 실내용 겉옷 등 나의 옷들이 아직 매우 멋지게 보이지만, 겨울이 다 가기 전에 신발이 다 닳을까 봐 걱정이다. 너는 내가 떠난 이후로 닐이나 클라라를 본 적이 있는지? 지니는 어디에서 살고 있니? 조이네는 어떻게 지내고?

오늘은 꼭 이른 봄 날씨 같다. 밖에 나가 보고 싶은데 이제 곧 이 서방이 올 때가 되었고 그것으로 내 시간은 끝, 공부의 시작이다. 이 서방이 내가 한국말에 "재주chaiju"가 있다고 레이놀즈 씨에게 말했다고 레이놀즈 씨가 내게 전했다. "감각"이라는 뜻의 말이다. 그가 그렇게 생각한다니 기쁘다.

사랑으로,
로티

1895년 12월 9일, 월요일 저녁
한국, 서울

사랑하는 어머니

오늘까지 지난 두 주 동안 우편물이 없었다가 오늘 우편물에 신문들과 편지들이 있었지만 집에서 오는 편지는 없었습니다. 저희가 마지막으로 집에서 편지를 받은 후로 우편물이 세 번 요코하마로 왔을 것이므로, 집에서 오는 편지들과 유진 네서 보낸 편지들이 며칠 내로 곧, 어쩌면 내일, 배달되기를 바라고 있습니다. 스미스 상점으로부터 집에서 보낸 박스가 저희가 주문한 것들과 함께 발송되었다는 편지가 왔습니다. 헐버트네도 매일 자기네로 오는 박스를 기다리고 있으니, 저희 박스도 함께, 크리스마스 전에 도착하게 되기를 바랍니다.

오늘은 몇 주 만에 처음 겪게 되는 추운 날, 진정 크리스마스다운 날씨입니다. 흰 옷에 애도의 흰 모자를 쓴 한국인들이 매우 추워 보입니다. 김 서방이 남자들이 흰 상복을 입지 않고 외출하면 역적으로 몰려 체포된다고 저희에게 한 말은 사실과 다르다는 것을 저희가 깨달았습니다. 저희가 이 사실을 전킨 씨에게도 해 주면서, 실상 자세히 생각해 보니, 그들이 다만 역적처럼 보일 뿐이다라는 것을 인정했습니다. 오늘 김 서방과 이 서방 둘 다 정식 상복 차림으로 왔지만 세 하인은 모두 아직까진 망건에 흰색 끈만 달았을 뿐입니다. 그래도 맹세계만은 할 수 있는 한 빨리 흰 모자를 구할 것으로 기대합니다. 왜냐하면 그가 의상에 민감한데다 저희가 그의 급료를 조금 올려 주었기 때문입니다. 그는 다른 조리사들보다 급료가 꽤 적은 편이었지만 한 번도 돈을 올려 달라고 하지 않았습니다. 그래서 저희는 그가 더 높은 급료를 찾아서 다른 데로 갈까 봐 두렵기도 하고 또한 그럴 자격이 있다고 생각하여 그의 급료를 약간 올려 주었습니다. 유진이 그에게 "그동안 일을 잘 했으므로" 급료를 올려 준다고 했을 때 그가 매우 기뻐했습니다. 이제부터는 한 달에 6.5불을 받게 됩니다.

그와 제가 방금 새로운 종류의 누룩을 만드는 법과, 빵과 롤을 맛있게 만드는 법을 배웠습니다. 저는 만일에 그를 잃게 될 때를 대비해서 빵과 이스트 만드는 법을 배우기를 원했고, 한번 미스 팔바[155]의 레시피대로 빵과 이스트를 만들어 보았는데 실패였습니다. 그래서 이곳에서 가장 조리와 살림을 잘하기로 알려지고, 그런 것들을 보스턴의 한 스승 밑에서 수업하기까지 한 벙커 부인에게 그 요리책을 가져가서 레시피를 읽어주었습니다. 벙커 부인은 생각이 미스 팔바와 좀 달랐고, 자기는 어떻게 만드는지 말해 주었을 뿐만 아니라, 자기의 조리사를 어느 하루 저희 집에 보내서 이스트를 만드는 것을 보여 주게 하고, 그 이튿날은 빵 만드는 것을 보여 주게 하였습니다. 오늘, 제가 곁에 서서 보고 있는 가운데, 맹세계가 혼자서 빵을 만들었습니다. 차와 함께 마실 맛있는 턴오버를 만들고, 내일 점심에 먹을 빵을 준비해 놓았습니다. 벙커 부인의 빵 만드는 법이 제가 알고 있었던 그 어느 것보다 좋은 것이, 10시에 빵을 만들기 시작하면 차를 마실 쯤에 빵이 준비가 되는 것입니다. 맹세계가 전에 배웠던 대로 하면,

---

155 원문에 Miss Parlve로 되어 있는데 Parlva가 맞는 스펠링이며 Miss Parlva는 요리책 『Miss Parlva』의 저자이다. 로티의 편지에 Parlva의 스펠링을 여러 형태로 썼으나 모두 같은 저자에 같은 책을 말함. 책 이름이 『Miss Parlva』이나 "Miss Parva's recipe"라고 할 때는 요리책이 아니라 사람인 Miss Parva로 번역하였다.

밤에 빵을 만들기 시작해서 그 이튿날 점심때나 완성되기 때문에, 아침 식사 때나 차를 마실 때 따뜻한 빵을 먹을 수가 없습니다.

벙커 부인은 저에게 친절하게 가르쳐 주고 레시피도 나누어 주었습니다. 그는 이곳에 정식 간호원으로 10년 전에 왔는데, 그 1년 후에 벙커 씨와 결혼했습니다. 벙커 씨는 10년 전에 정부 주도의 학교[156]를 설립하기 위해 온 세 젊은이 중 한 사람이었습니다. 『수도에서 본 한국Korea from Its Capital』을 쓴 길모어 씨가 그 한 사람이고, 헐버트 씨가 다른 한 사람입니다. 길모어 씨는 이곳에 단지 2년밖에 머물지 않았고, 다른 두 사람은 장로교인이긴 하지만 지금은 감리교 선교부에 속해 있습니다.

화요일 저녁

어젯밤에 방이 서늘해져서 저는 이 편지를 끝내지 않고 놓아두었습니다. 어젯밤에 날이 몹시 추워졌고 오늘 내내 계속 춥습니다. 저희들은 그동안 여분의 난로가 오기를 계속 기다려왔는데, 오늘 제물포로부터 이번에 겨우 몇 개만 도착했기 때문에 저희들 몫은 없다고 하는 실망스러운 소식을 듣게 되었습니다. 저희가 9월에 난로를 주문했는데 대리인이 그간 아무 말도 없다가 이제야 난로가 모두에게 돌아갈 만큼 충분하지 않다고 합니다. 일본인 상점에서 작은 난로를 사서 그냥 그런대로 지낼 수 있지만, 저희는 할 수 있는 한 제일 좋은 것을 구하고 싶었습니다. 또한 저희는 평양 석탄에 대해서도 실망했습니

---

156 1886년에 설립된 한국 최초의 근대식 공립교육기관인 육영공원(育英公院, Royal English School). 한국 정부가 미국 정부에 요청하여 벙커, 길모어, 헐버트 세 사람이 왔다.

다. 그동안 한국 석탄이 일본산보다 훨씬 좋다고 그토록 많이 들었기에(전혀 그렇지 않습니다.), 저희는 한 톤에 14불을 주고 3톤을 주문했어요. 그런데 보니 반 정도는 가루로 돼 있어서 그것을 진흙과 물을 섞어서 둥근 덩어리로 만들어야 했습니다. 그리고 한국인들만이 그것을 할 줄 알아요. 너무 춥지 않을 때는 이 석탄이 아주 잘 탑니다. 석탄가루를 작은 덩어리로 만드는데 1.6불이 들었는데, 어머니께서는 저희가 그런 석탄을 1톤에 14불씩 주고 산 것을 얼마나 속상해할지 짐작이 가실 겁니다. 모든 사람들이 다 같은 처지에 있기 때문에 저희들의 경우가 다른 이들에 비해서 더 심한 것은 아닙니다. 일본산 석탄도 어느 정도 있고 단단한 나무 땔감도 있어서 가루 일본 석탄을 섞어서 때기도 합니다. 일본 석탄은 덩어리로 잘 만들어지지 않습니다. 그래도 지금 있는 집이 전에 살던 집보다 훨씬 편안하고 저희 두 사람 다 건강해서 이런 일들이 큰 문제가 되지 않습니다.

지난번에 제가 편지를 쓴 이후로 어의(御醫)인 에비슨 의사를 제외하고 모든 서양인들의 궁궐 출입이 금지되었습니다. 왕비의 시신이 궁궐에 안치되어 있다고 하나 그것이 얼마나 진실성이 있는지 저는 모릅니다. 저는 선교사들이 이곳에서 일어나는 어떤 일에도 관련되지 않는 것이 훨씬 나을 거라고 생각합니다. 애초에 선교사들이 이 일에 대해 할 일이나 할 말이 있었다는 것이 유감스럽습니다만, 처음에는 그것이 옳게 생각되었습니다. 많은 관리들이 체포되었고 많은 사람들이 도피하고 있고, 지난번에 왕을 구하려는 시도에 연루되었다고 의심받는 다른 사람들이 체포되었습니다. 이들 가운데 저희들이 아는 사람도 있습니다. 미스 스트롱의 한국어 선생님인 미스터 이Mr. Yi입니다.

이 씨는 잘 생긴 용모에 예의도 바르나, 기독교인은 아닙니다. 저희가 듣기로는, 그가 지난주에 불안한 모습으로 언더우드 박사를 찾아와서 의논을 하고, 언더우드 박사가 그날 밤은 자기 집 사랑에 머물라고 조언을 했습니다. 그가 어느 정도 거기서 머물다가 자기 집으로 돌아갔을 때 체포되었다고 합니다. 그런 죄수들의 운명을 잘 알기에 미스 스트롱과 여러 사람들이 최선을 다해서 그의 석방을 꾀했으나, 허사였습니다. 만일 사형이 그들이 당할 형벌의 전부였다면 그가 너무 안 된 것으로 느끼지 않겠지만, 그는 이미 심한 매를 맞고, 아마도 처형당하기 전에 고문을 심하게 당할 것입니다. 저는 한국에서 아직도 죄수들을 고문하는 줄은 몰랐는데, 특히 역모에 가담한 사람들은 고문을 당하는 것 같습니다. 언더우드 박사가 모의에 가담한 사람들의 이름을 다 댈 때까지 고문을 받은 한 남자를 알고 있는데, 그가 언더우드 박사에게 말하기를 고문에서 벗어나기 위해서 어떤 말이든 하게 되는 것이 보통이라고 했습니다. 불쌍한 생명들!

전킨 씨는 어제 다시 지방으로 내려갔는데, 유진이 함께 가지 않았다고 말씀드릴 수 있는 것이 기쁩니다.

오늘 오후 남학교에서 제가 수업을 시작했어요. 제가 그것을 아주 좋아하게 될 것 같습니다. 일주일에 기초 산수 세 시간, 지리 두 시간을 가르치게 됩니다. 물론 수업은 한국말로 하지만, 그들에게 우리의 숫자 쓰는 법을 가르칠 것입니다. 지리 교과서는 기포드 부인이 여학교를 위해서 만든 작은 책인데 아주 간단합니다. 학교까지 오가기 위해 곧 많이 걷게 되겠지만, 걷는 것이 저에게 매일 필요한 일이기도 합니다. 아침엔 한국말 공부를 하고, 3시부터 4시까지 수업을 하니 이제는 바느질이나 사람들 방문할 시간이 많지 않을 것이지만, 바느질은 필요하면 한국인을 시켜서 할 수 있습니다.

저는 밤버거 앤드 블룸[157]이 실패한 것을 보고 많이 놀랐습니다. 저는 그 회사가 더 믿을 만하다고 생각했었습니다. 11월 6일에 보내주신 신문들에 감사합니다. 저희는 선거 결과가 많이 궁금했었습니다. 저희들의 친구인 이울트가 의회에 입성하였네요. 라이온 부인이 쾌차하기를 바라고 식구들도 모두 건강하시기 바랍니다. 저희는 우편물을 초조하게 기다리고 있습니다. 곧 도착하기를 바랍니다. 저희들의 박스도요.

모두에게 사랑을 보내며, 기쁜 새해를 맞이하기를,
사랑하는 딸
로티

---

157 원문에 "Bamberger & Bloom(?)"으로 되어있다. Bamberger, Bloom & Co.는 켄터키주 루이빌의 크고 가장 오래된 물류회사였는데 1895년 10월에 과도한 부채로 인해 파산하였다.

1895년 12월 18일
한국, 서울

사랑하는 어머니

이번 토요일이면 마지막으로 편지를 받은 지 4주가 되는데 아직 우편물이 아무 것도 오지 않고 있습니다. 무엇 때문인지 모르겠습니다. 매일 저희 박스를 기다리고 있습니다. 크리스마스 전에는 도착하게 되기를 희망합니다. 지금으로선 크리스마스 기분이 전혀 안 나지만, 다음 주에는 크리스마스 기분이 들겠지요. 크리스마스에 대해 많이 생각하기엔 너무 바빴습니다. 학교에서 가르치는 일을 제가 아주 좋아하는데, 시간이 많이 필요한 일입니다. 저희 둘 다 아주 편안히 잘 지냅니다. 드루 씨네서 난로 하나를 임시로 빌려왔기 때문인데, 그 난로를 저희가 사게 될지도 모르겠습니다. 레이놀즈 부인은 좀 차도가 있는 듯합니다. 일주일 동안 많이 추웠습니다.

모두들 안녕하기를 바랍니다.

사랑하는
로티

1895년 12월 26일, 목요일 저녁
한국, 서울

사랑하는 에바

지난 토요일은 우편물을 많이 받은 정말 기쁜 날이었다. 10월 21일 자 플로렌스의 편지, 10월 29일 자 네 편지, 그리고 플로렌스의 11월 7일 자 편지, 애니로부터 그가 너희를 방문한 것이 즐거웠다는 편지, 그리고 밸루 부인에게서도 편지 한 통을 받았다. 유진도 집으로부터 편지를 꽤 많이 받았다. 그리고 평소 때처럼 신문과 잡지들을 받아서 즐겁게 읽었다. 스미스 상점에서 보낸 크리스마스 박스에 대한 청구서도 왔는데, 그것을 월요일에 제물포로 보내면서 스튜워트에게 박스를 받는 즉시 보내 줄 것을 재촉했다. 그러나 아직 박스가 안 왔고 그로부터 응답도 못 받았다. 그런데 오늘은 그 박스가 안 온 것이 오히려 다행이라고 생각한 것이, 우리는 어제 크리스마스 날을 정말 잘 보냈으니 나중에 박스가 오면 그것을 받는 즐거움이 또 있을 것이다. 바라기는 새해에 도착했으면 좋겠다.

나는 크리스마스 준비를 월요일부터 시작했다. 공부에 쓰는 시간을 빼앗길 수 없다고 느꼈기 때문이다. 그래서 월요일에 맹세계와 내가, 항상 그랬던 것처럼 도웰 부인의 레시피대로, 건포도를 가운데 층에 넣고, 흰색 아이싱을 하고 그 위에 견과 빻은 것을 더했다. 내가 사용한 견과는 영국 햇호두로 이곳에서 자라는데 100개에 20~30센트를 주었다. 그리고 우리는 다른 케이크를 위해서 노란색 아이싱을 사용했는데, 일부는 우리가 먹을 초콜릿 케이크를 아이싱하는데 사용했고, 일부는 건포도를 섞어서 밀러 씨의 남학교 학생들에게 나눠 주게 했다. 땅콩과자와, 코코넛, 그리고 캐러멜도 만들었는데 모든 것이 다 잘 되었다.

화요일에는 계란 스펀지케이크 14개를 주로 남학생들에게 주기 위해 만들었고, 굴 파이를 만들기 위해서 파이 크러스트를 만들었다. 울프 씨의 그것처럼 되지는 않았지만 모두들 맛있게 먹었다. 화요일에 나는 점심 식사 직후 밀러 씨의 학교로 갔고, 조금 늦게 유진이 나를 위해서 참석했다. 남학생들은 안에서 미국식 게임을 하고, 마당으로 몰려 나가서 놀기도 했다. 그리고는 마루에 앉아서 빵과 식은 소고기, 내가 만든 케이크, 햄, 오렌지 등을 점심으로 먹고, 손수건, 비누, 케이크, 사탕, 오렌지 등을 담은 선물 봉지를 하나씩 받았다. 모두들 즐거워했다. 다 합해서 50명쯤 왔다.

화요일 밤은 여느 크리스마스이브 때처럼 바쁘게 돌아갔다. 레이놀즈 부인의 침실용 신발을 끝내야 했고, 다른 선물들을 포장해야 했고, 하인들에게 줄 선물봉지도 채우고, 부승이의 것도 채우고, 유진한테 줄 선물도 정리해 놓아야 했는데, 그래도 모든 것을 끝낼 수 있었다. 이튿날 아침, 너희들이 크리스마스이브 잠자리에 들 시간에 우리는 서로 선물들을 주고받았다.

유진은 나에게 『하퍼』 정기구독을 다시 해 주었고, 피클을 담는 유리 접시 2개, 백합 구근을 위한 일본 화분 두 개와 구근들을 조금 더 넣었다. 그리고 아주 작은 상자에 5불을 넣고, 그 상자를 조금 더 큰 것에 넣고, 그것을 또 더 큰 것에 넣고, 상자 하나 하나는 봉인을 하고, 그래서 마지막에는 6파운드짜리 전분 박스 크기였다. 내가 한참 동안 아무 것도 나오지 않는 상자들을 열고 또 열던 모습을 너도 짐작할 수 있겠지. 그는 내가 우리 방에 생사(生絲)로 만든 칸막이 커튼을 원하던 것을 알고 있었고, 또 내가 망토 속에 입을 한국 털조끼를 원했던 것을 알고 있었다. 그래서 무엇을 가질지를 내가 결정하도록 한 것이다. 헝겊 천으로 된 내 망토가 추운 날씨에는 충분히 따뜻하지 않으므로, 한국 털조끼를 하나 구할 수 있다면 분명히 그렇게 할 것이고, 만일에 그것을 구하지 못하면 그 돈으로 커튼을 사고, 망토 속에 입는 것은 내 파란색 재킷으로 대체하겠다.

나는 유진에게 체스에 관한 책과, 이곳 영어 선교 출판국에서 만든 우리식 날자와 한국식 날자가 둘 다 있는 달력을 주었다. 예를 들면 우리의 1월 1일이 한국 날짜로는 11월 17일이다. 나는 또 그에게 크리스마스 선물로 큰 팔걸이의자를 선물하려고 했는데 그는 벌써 한 달도 더 되게 그것을 사용하고 있다. 우리는 하인 각자에게 "남바위"[158]을 주었는데 그것은 두꺼운 천으로 만들고 가장자리엔 털을 댄 것으로, 추울 때 머리와 목 전체를 가릴 수 있다. 하나에 80센트가 들었다. 그리고 캔디, 견과류와 건포도, 오렌지, 그리고 조그만 케이크가 들은 선물 봉지도 하나씩 주었다. 부승이는 손수건 몇 장과 선물 봉지를 받았다. 유진은 이 서방에게 양모를 속에 바친 비단으로 만든 기다란 소매 끝동을 주었는데, 장갑 대신 손을 끌어서 그 속에 넣을 수 있고 벌어진 소매 속에 낄 수 있는 것이다. 그것도 80센트가 들었다. 그가 김 씨에게 하얀 모자를 선물했는데 1불이 들었다. 김 씨가 쓰고 있는 모자는 빌린 것이다.

---

158 원문은 "nam____"으로 되어있다. 뒤따르는 설명에 의하면 방한모인 남바위를 뜻하는 것이 확실하다.

크리스마스 박스가 오지 않아서 나는 전킨 부인과 드루 부인에게 각각 미스 수가 나에게 준 스퀘어[159]를 선물하고, 미스 데이비스에게는 내가 여름에 만들었던 사과 꽃이 수놓인 쟁반 덮개를 선물했다. 미스 테이트에게도 같은 것을 선물했다. 나는 그 물건들이 나를 떠나는 것이 좀 섭섭하기는 했지만, 그래도 내가 사용할 수 있는 이상으로 충분히 많이 가지고 있다. 내가 레이놀즈 부인을 위해서 침실용 신발을 떴는데 아주 멋지고, 그가 아주 좋아했다. 드루 부인은 나에게 대나무로 만든 예쁜 일본 차 쟁반을 주었고, 루시와 아기는 카드를 넣을 바구니를 주었는데 역시 일본 물건이다. 미스 데이비스가 나에게 한국 밥숟갈 두 개를 선물하고, 미스 테이트는 일본식 과자 쟁반을 선물했고, 벙커 부인은 하얀색과 황금색으로 된 수놓은 사진 액자를 선물했는데 역시 일제이다. 레이놀즈 부인과 전킨 부인은 집에서 만든 캔디를 일제 박스에 가득 담아서 주었다.

드루 부인과 미스 데이비스가 점심 만찬을 우리와 함께 했다. 맹세계의 음식은 이제껏 그가 한 것 중 최고였다. 우리는 토마토 스프("핑크 스프"), 그리고 꿩고기를 굴 파이, 고구마 구이, 사라토가 칩[160]과 마카로니 등과 같이 먹고, 그런 다음 민스 파이, 그 다음에 케이크와 커피, 그 다음 오렌지와 호도, 건포도를 먹었다. 모든 것이 아주 멋지게 잘 진행되었는데, 끝에 가서, 내가 공포에 질릴 일이 벌어졌다. 선건아가 빈 핑거볼[161]들을 갖다 놓고는 내 쿼트짜리 양철 컵을 들고

---

159 원문에 squares. 정사각형으로 된 냅킨을 일컫는 것으로 생각되지만 확실하지 않다.
160 원문에 saratonga chips로 되어있다. 감자를 아주 얇게 썰어 기름에 바싹 튀긴 Saratoga chips를 일컫는 것으로 생각된다.
161 finger bowl: 식사 중에 손가락을 씻을 수 있도록 물을 담아 놓은 작은 그릇.

와서 그것으로 핑거볼에다 물을 붓는 것이었다. 그는 우리가 손님을 맞을 때마다 식사가 끝나기 전에 항상 이런 엉뚱한 짓을 한다. 그가 핑거볼이 어디에 쓰이는 건지 모르는 것이 아니다. 왜냐하면 우리는 매일 아침 식사 때 오렌지와 함께 그걸 사용하기 때문이다. 그냥 그렇게 얼마 만에 한 번씩 일을 저지른다. 나는 내가 고향에서 알고 있던 조리사들 중 누구와도, 베티 리틀이나 조이네의 조시 외에는, 맹세계와 바꾸지 않을 것이다. 그가 정말로 모든 케이크와 아이싱을 혼자 만들었다. 나는 거기에 앉아서 뜨개질을 하면서 그에게 재료 하나하나의 양을 얼마나 해야 하는지 말해 주기만 했다. 나는 너와 식구들에게 메리보다 좀 더 일하기 편안한 조리사가 있었으면 하고 바란다. 나는 이곳에서 훌륭한 하인들이 없이는 살림을 꾸려갈 수가 없다. 이들 하인들을 내가 신뢰하지 못한다면, 아침마다 2시간 반을 한국말 공부에 쓰고, 점심 식사 후에 한 시간 반을 학교에서 가르치는 일에 쓰면서 또 다른 내가 해야 할 일들을 할 수가 없다.

오늘은 쉬면서 지내고 있고, 월요일까지는 수업을 쉬는데, 그것이 기쁘다. 오늘 저녁엔 하인들에게 식사를 대접했다. 그들이 그렇게 좋아하는 것을 네가 보았으면 얼마나 좋았겠니? 어제 그들에게 케이크를 조금 주었는데, 크리스마스 선물 봉지 외에는 그것이 다였다. 그래서 오늘 꿩을 한 마리 잡고 그들에게 저녁을 여기서 먹으라고 했다. 네가 알다시피 그들은 하루에 식사를 두 번만 한다. 첫 번은 10시쯤, 그리고는 밤에 집에 돌아가서 먹기 때문에.[162]

---

162 문장 계속됨 - 역자 주

금요일 아침 10시

우리가 베푼 저녁 식사가 그들의 두 번째 식사로 시간이 맞았다. 우리가 먼저 저녁 식사를 마친 후, 테이블을 부엌으로 옮겨 가게 해서, 우리가 하는 그대로 우리 은식기로 상을 차렸다. 그들은 꿩고기, 으깬 감자, 밥, 마카로니, 빵, 피클 두 종류, 커피, 민스 파이, 견과류, 케이크, 무화과, 건포도 그리고 캔디를 먹었다. 맹세계가 고기를 자르고, 선건아가 커피를 따르고, 문하인은 손님 대접을 받았다. 우리는 "잘 먹어라 chal megera" "잘 먹으라 eat well"고 말해 주고 어떻게 되어가는지 보기 위해 한번 부엌으로 가 보았다. 그들은 좋은 시간을 보내는 것 같았고 말 그대로 상을 깨끗이 비웠다.

나는 우리가 어젯밤에 그렇게 했던 것이 특별히 기뻤다. 보이가 점심 후에 지금까지의 월급을 계산해서 돈을 좀 주었으면 한다고, 그가 하루 종일 아무 것도 먹지 못했고 그의 부모도 그렇다고 말을 했었기 때문이다. 나는, 우리가 배불리 먹고 있을 때 그가 플란넬 빨래를 하는 날이라 바쁜 하루를 보내고 있는 것을 생각하니, 마음이 몹시 안 좋았다. 그때쯤에는 기운이 빠져 보이는 것이 역력했다. 그래서 그에게 돈을 주고, 언제고 먹을 것이 없을 때 나에게 말하면 내가 쌀을 좀 주겠다고 말했다. 물론 그가 나를 속일 수도 있겠으나, 우리는 이렇게 먹을 것이 많은데 그는 하루 종일 굶는 것보다 그가 거짓말을 하는 것이 나에게는 더 낫다. 그들이 어떻게 가난을 견디는지 모르겠고, 불쌍한 것들, 그들이 자주 나의 마음을 아프게 한다. 선건아는 식구 6명 중에 정기적으로 벌이를 하는 단 한 사람이기에 처지가 딱하다. 우리는 문하인에게도 땔나무를 사라고 매달 조금씩 돈을 더

준다. 왜냐하면 그는 여기서도 불을 때고 그의 어머니 집에도 땔감이 필요하기 때문이다.

하인들이 흰 옷을 입어야 하는 것은 확실히 어려운 일이다. 애도 기간이 시작된 이후로 조리사도, 보이도, 내가 아는 한, 한 번 밖에는 집 밖으로 나가지 않았는데, 흰 모자를 구할 수 없었기 때문이다. 문하인은 하나가 있었는데, 그렇지 않았다면 곤란에 빠졌을 것이다. 하인들이 모두 문하인 네서 잠을 자고 식사는 그곳으로 가져오게 한다. 며칠 있으면 월급을 받을 것이기에 조리사와 보이 둘 다 흰 모자를 곧 구할 수 있을 것으로 생각한다. 하인들이 머리를 잘라야 하는 일 때문에 무척 고민을 하고 있다. 우리 달력으로 새해 전에 단발을 해야 한다고 우리는 계속 듣고 있는데, 사실이 아니기를 바란다. 그들의 머리칼은 뻣뻣하고, 기름을 바르고 검게 염색을 하지 않는 한 보기 싫다. 머리를 자르게 되면 그들 모두가 일본인과 같아 보일 것이 두렵다.

우리는 매일 전쟁과 전쟁에 대한 소문을 듣는데, 나는 무엇을 믿어야 할지 모르겠다. 어제는 알렌 박사가 테이트 남매에게 1월에 떠나기로 했던 계획을 포기하라고, 무슨 일이 곧 터질 것이 두렵다고 말했다고 들었다. 1월에 멕시코로 갈 예정이었던 러시아 공사 웨버 씨도 새로 임명된 공사와 함께 이곳에 남아 있으라는 명을 받았다. 그러나 이렇게 혼란스러운 와중에도 우리는 평소와 마찬가지로 해야 할 일을 하고 있고, 특별히 안전에 대해 걱정하지 않는다. 다만 우리가 한동안은 서울에 머물러 있어야 할 것 같다.

플로렌스가 밀러 씨가 운영하는 학교에 대해 물었다. 그 학교는 남자 학교로 집에서 다니는 학생과 기숙하는 학생이 섞여 있는데,

북장로교 산하에 있다. 학생은 50여 명 정도인데 대부분은 집에서 다닌다. 한 학생당, 옷까지 포함해서, 한 달에 은화로 4불 정도 든다. 우리가 보승이를 보살피게 된 것이 미스 데이비스를 통해서인데, 그가 보승이를 오래 동안 아꼈다. 보승이를 우리가 데려올 때 그의 집은 절망적인 곤경에 빠져 있었지만, 지금은 보승이의 어머니가 밀러 부인의 아마로 일하고, 그의 아버지는 선교부가 소유하고 있는 빈 집을 돌보고 있기 때문에, 두 사람이 합해서 한 달에 8불을 번다. 그래서 이젠 보승이를 자기들이 돌보아야 할 것으로 생각한다. 그러면 우리가 다른 아이를 학교에 보낼 수가 있는데, 아직은 그들 스스로 그렇게 느끼고 있지 않는 것 같아서, 우리는 그것에 대해 많이 말하지 않는다.

내가 미스 스트롱의 선생 이 씨에 대해서 말한 것으로 믿는데, 그가 감옥에 갇힌 이후 심하게 고문을 당했고 – 아직 풀려나지 않았다. 우리는 이 불쌍한 사람이 천천히 죽어갈까 봐 두렵다. 여기서 실제로 살면서, 이 사람들이 견뎌내야 하는 것이 무엇인지 그리고 이들에게 앞날의 희망이 얼마나 적은지 알게 되기 전에는, 이런 나라에서 사는 것이 어떤지 누구도 짐작할 수 없다. 우리는 윤치호 씨 때문에 몹시 불안해 해왔다. 벤더빌트에서 오래 공부하고, 아름다운 중국인 아내를 가진 그 좋은 사람 말이다. 다행히 그의 아버지는 안전하나, 저들이 우리 윤치호 씨를 잡기만 한다면 아버지를 대신해서 그를 고문할 것이다. 그가 11월에 있었던 왕의 구출 시도 사건과 전혀 관련이 없는데도 말이다. 그러나 그 아버지도, 윤치호도 잡지 못한 저들이 지방에 사람을 보내어 윤치호의 사촌을 체포해서, 고문하고 감옥에 가두었다. 그것이 이곳에서의 정의이다.

메이블이 뜬 예쁜 화병 받침이 고맙다. 아주 예쁘게 잘 만들었다. 식구들 모두 행복한 크리스마스를 보냈기를 바란다. 우리는 식구들이 많이 그리웠고 무엇을 선물로 받았고 무엇을 선물했는지, 크리스마스 만찬 때는 무엇을 먹었는지 궁금하다.

모두에게 사랑을 보내며
로티

1895년 12월 29일, 일요일 저녁
한국, 서울

사랑하는 플로렌스

금요일에 내가 에바에게 쓴 편지를 부치려고 문지기moonjikke를 우편국으로 보냈는데 그가 돌아올 때 우편물을 한 보따리 가지고 왔다. 놀랍고도 기뻤다. 커다란 신문 뭉치와 11월 23일 자 너의 편지, 그리고 11월 17일 자 에바의 편지가 있었다. 이번 우편물은 빨리 도착했고, 너의 편지도 아주 빨리 도착했다. 크리스마스 박스는 도착하지 않았지만 스미스 상점에서 다른 박스가 왔는데 메밀 등이 들은 것이었다. 그래서 매일 다른 박스도 오게 되기를 기다린다. 지금으로선 새해까지만 도착해도 만족할 것이다.

유진이 메밀 음식을 내일 밤에 먹고 싶다니 너의 메밀 레시피가 마침 필요할 때 잘 도착했다. 그는 요즘 들어 따끈한 빵에 메이플 시럽을 얹어서 먹기를 좋아해 왔지만, 그래도 메밀빵을 먹고 싶어 했다. 메밀빵이 유진을 더 살찌게 하지 않기를 바란다. 그의 속옷을 더 크게 만들려고 애쓰고 싶지 않기 때문이다. 네가 우리 친구들에게 내가 소시지를 만들고 막 구워낸 턴오버와 메밀빵을 먹는다고 이야기 해주면 그들이 우리와 가까이 있는 것으로 느끼는 데 도움이 될 것 같다.

나는 메리에 대해서는 매우 유감이지만, 네가 퇴직금 명목으로 돈을 좀 주고 더 쓸모 있는 하인을 구할 수 있기를 바란다. 나는 이곳의 많은 서양 여자들이, 자녀가 여럿 있다고는 하나, 늘 공부할 시간이 전혀 없다고 불만을 토로하는 것을 이해할 수 없다. 나는 자녀가 있고 살림을 하는 여자들이 네 명의 하인들을 거느리지 않는 경우를 못 보았는데, 내가 보기에는 그래도 그들이 선교 사역에 할당할 시간이 있어야 할 것 같다. 아마 고향에서라면 우리가 하인을 한 사람만 둘 것 같다. 내가 하인들에 관해서는 특별히 운이 좋은 것이 사실이라 다른 선교사 부인들이 무엇을 할 수 있는지 판단할 자격은 없지만, 레이놀즈 부인과 전킨 부인은 항상 내게 말하기를, 자기네는 절대로 내가 공부에 쓰는 시간만큼 시간을 낼 수 없다고 한다. 나는 내가 스스로 하고 싶은 일이라도 어떤 것들은 하인들에게 맡겨야 하지만, "뜻이 있는 곳에 길이 있다"는 말이 맞고, 특히 선교 현장에서 결혼한 여자들이 감당해야 할 사역에 맞는 말이다. 결혼한 여자가 선교 현장 에서 사역도 많이 하고 언어에도 능통해지는 것은, 남편이 아내의 공부와 사역을 격려해 주고 또 그럴 시간을 낼 수 있도록 도와주기 때문인 것으로 나는 생각한다. 나의 경우에 그것이 사실인 것을 내가 안다. 유진은 내가 하인들로 하여금 자기 일에 책임을 지도록 하되 우리가 원하는 방식대로 일을 할 것을 요구해야 한다고 내게 줄곧 말해 왔다. 그래야 내가 공부나 다른 하고 싶은 일을 하는 데 더 자유 로워 질 수 있기 때문이다. 내가 이렇게 귀한 하인들 셋을 언제나 거느릴 수 없을는지 모르나, 지금 그럴 때, 이 기회를 최대한 살리고 싶다.

우리는 해리슨 씨가 우리에게 오고 또 의사 한 명이 더 임명되었다 는 소식을 듣고 매우 기쁘다. 금요일에 유진이 그 두 사람에게, 해리 슨 씨에겐 긴 편지를, 의사에겐 엽서를 써 보냈다. 두 사람 다 아내와 동반해 오기를 바란다. 그 편이 훨씬 낫다고 나는 생각한다.

어머니의 망토에 대해 듣고 반가웠다. 얼마나 예쁘고 편안할까 싶다. 그리고 너희들 모두 겨울옷 마련을 잘 한 것 같다. 에바에게 내가 오늘 오후에 두꺼운 드레스를 입고 그 위에 노포크Norfolk 재킷을 입고 교회에 갔었다고 이야기해 주어라. 우리는 지금 우리 침실에 앉아서 드루 씨네서 빌린 난로에 [한국산] 석탄을 때우고 있다. 덩어리로 만든 석탄이 아주 만족스럽다. 불길이 아주 좋은데, 고향에서 쓰는 석탄과 비슷해서 일본산 석탄처럼 금방 타버리지 않는다. 지난 봄에 내 빨간 드레스가 너무 꼭 껴서 편안하게 입을 수가 없었다. 지난주에 그것을 꺼내서 보니 옆에 천을 대어야 해서 그렇게 했고, 진동도 넓혀서 종종 오후나 저녁에 입었다. 네가 인형 바자회를 위해서 만든 인형들이 얼마나 예뻤을까? 집에 같이 있으면서 너를 도왔더라면 얼마나 좋았을까 싶다. 네 방, 가스난로 옆에 앉아서 바느질하는 것이 아주 즐거웠을 것이다. 스스로 이런 생각을 하는 것을 내가 거의 허락하지 않는다. 그런 생각은 나를 향수에 젖게 하는데 나는 그런 사치를 누릴 형편이 안 된다. 나는 매우 바쁘게 크리스마스를 보냈기에 고향을 그리며 향수에 젖을 기회가 없었다. 그것이 최상이었지. 내가 보낸 사진들과 스타킹들이 너희에게 배달되었기를 바란다.

유진은 턱수염을 아직까지 기르고 있는데 나는 오히려 그것이 좋다. 유진은 턱수염이 한국인들 눈에 그를 더 나이 들어 보이게 하고 더 위엄 있어 보이게 한다고 생각하는데, 의심할 여지없이 그것은 사실이다. 한국인들에게는 턱수염이 나는 일이 아주 드물고 그래서 턱수염이 난 사람을 아주 부러워한다. 로버트의 턱수염에 대해서는 유감이다. 나도 그의 턱수염을 좋아하지 않을 것이 확실하다.

톰이 결혼했다는 소식을, 여자가 누구이고 언제 결혼 했는지, 전혀 듣지 못했다. 유진은 지금 매티에게 편지를 쓰고 있다. 나는 그에게 작은 크리스마스 선물을 보냈다. 손으로 그려신 일본 부채인데 그가 받았기를 바란다. 우리는 그의 보고를 받고 몹시 안타까웠다. 정말 안된 경우이다.

신문 스크랩한 것들을 보내 주어서 정말 고맙다. 리치몬드에서 이뤄진 여러 결혼 건에 대해, 특히 H 부인의 결혼에 대해 많이 궁금했었다. 그들로부터 우리가 카드를 받지 못했는데 아마도 우리에 대해서 잊어버린 모양이다. 네가 "J.V."의 이야기가 헤롯보다도 더 헤롯다웠다고[163] 한 것이 아주 맞는 말이다. 아치 벨이 유진에게 편지를 했는데 우즈 씨가 협회 일에 전념하기 위해서 신문 일을 포기했다고 하는데, 나는 그의 글 솜씨가 유려한 것을 익히 안다. 특히 그가 쓴 미니와 그의 아기에 대한 기사가 그렇다. 리치몬드가 얼마나 많이 변했는지!! 유진이 말하는 것처럼, 만일 누군가 유진이 그 대학에 입학한 때부터 그 이후로 거기서 일어난 일들을 기록한다면 꼭 디킨스의 소설처럼 읽힐 것이다.

그렇게 말하고 보니 생각나는데, 우리가 『니콜라스 니클비』[164]를 재미있게 읽고 있다. 저녁 식사 후 내가 바느질을 할 때 유진이 읽어준다. 늙은 부부의 이야기처럼 들린다. 그렇지 않니? 그 책을 다 읽고나면 『로나 둔』[165]을 읽으려고 한다. 그런데, 식구들이 『센츄리』[166]를

---

163 "out Heroded Herod" 신약성서에 헤롯이 둘 나온다. 예수 탄생 후에 베들레헴과 그 주위의 2살 이하 사내아이들을 죽이게 한 헤롯 왕과, 예수의 공생애 때 갈릴리 분봉왕이었던, 세례요한을 처형하게 한 헤롯 왕이다. 둘 다 잔혹하고 사악했다.

164 『Nicholas Nickleby』: 영국 작가 찰스 디킨스의 소설(1838~1839).

165 『Lorna Doone』: 영국 작가 리처드 블랙모어의 소설(1869).

166 원문에 "the Century"로 적었다. 1881년부터 뉴욕의 The Century Company에서

다 읽은 후에, 말하자면 두 달 묵은 것들을 어머니께서 내게 보내주는 것을 어떻게 생각하실지? 그렇게 할 수 있다면 내가 기꺼이 우송료를 지불하겠다. 나는 어머니께서 『센츄리』를 항상 모아두고 계시는 것은 알고 있는데, 식구들이 근년에 발간된 지난 호들을 종종 참조하는지 궁금하다. 이것은 단지 제안일 뿐이다. 내가 원하는 대로가 아니라, 어머니께서 원하시는 대로 하시기를 바란다.

우리도 밀즈 씨네 모임에 참석할 수 있다면 얼마나 좋을까. 아름다운 모임임이 틀림없었겠구나. YMCA의 새 빌딩에 필요한 기금 전체를 곧 확보하게 되기를 바란다. 아치 힐이 아직 거기에서 일하고 있는지? 너는 요난(?) 부인에 대해서는 전혀 언급하지 않았는데, 그가 루이빌에 오지 않았니? 언젠가 네가 학생이 생길 때 너와 함께 차를 마시고 싶다. 나는 우리 집의 물건들이 참 좋았었다는 것을 자주 생각한다. 이곳 내 집의 물건들은 왠지 내게 우리 집의 물건들만큼 좋게 느껴지지 않는다. 아서 피터가 – 그리고 J. V. 도 – 결혼한다는 것이 정말 터무니없게 느껴진다. 세상에! 내가 얼마나 늙어가는 거니! 클라라가 내 편지를 받기나 했는지, 에바가 말하더니? 클라라에게 오래전에 편지를 보냈다. 너의 선교회를 위해 미스 스피드에게도 될수록 빨리 편지를 쓰려 한다. 그가 내게 편지를 써달라는 부탁을 우리가 고향을 떠나기 전에 했었다. 내 편지가 성공적이기를, 그래서 그 교회가 선교에 대한 <u>지성적인</u> 관심을 갖게 되기를 내가 얼마나 희망하고 있는지. 우리가 기도 일정표를 보내 달라고 한 적이 없는데, 네가

발간한 월간 잡지 『The Century Magazine』, 또는 『The Century Illustrated Monthly Magazine』을 일컫는 듯하다.

나에게 하나를 보내주고 "나에게 청구"해주면 좋겠다.

폴린이 한 이틀 전쯤에 핀 내 백합들을 볼 수 있었다면 얼마나 좋았을까. 줄기가 여섯 개쯤 나왔고 한 줄기에서 꽃이 세 개 내지 다섯 개가 피었다. 구근을 잘라서 물을 매일 주고 <u>적당히</u> 따뜻한 데다 두는 것이 확실히 효과를 보는 것 같다. 폴린이, 우리가 잠자는 것만 좋아하는 사람들이라는 것 외에 우리에 대한 다른 견해가 없다는 것이 유감이다. 아이들의 첫 성적표가 매우 좋았다고 하니 좋다. 그들이 학교생활을 잘 하기를 바란다. 버논이 레논의 수업에 들어가는지? 애니가 얼마나 그를 좋게 생각하고 있는지 편지에 썼다. 그의 나이가 "적당한 나이"로 생각된다고, 그래서 어머니께 그를 소개해 달라고 부탁했다고 애니가 말했다.

지난 금요일은 유진에게 뜻밖의 날이었다. 지난여름에 콜레라가 유행할 때 유진이 베풀었던 봉사에 대한 답례로 궁궐에서 선물이 온 것이다. 은으로 된 잉크 받침대와 "강화Kangwha" 화문석이었다. 이 아름다운 돗자리는 색채가 있는 짚으로 안에 문양을 넣어서 만든 것인데, 궁궐로 보내기 위해 제물포 근처의 강화도에서만 생산되는 돗자리이다. 일반인들은 가끔 왕에게서 선물로 받은 이런 돗자리를 팔려는 가난한 양반으로부터 살 수가 있다고 한다. 우리 것은 길이가 3야드에 폭이 1.5야드이고, 노란색 바탕에 붉은 색과 푸른색의 문양이 새겨져 있다. 잉크 받침대는 6각형이고 그 6면에, 왼쪽에서 오른쪽으로 가며, 십자가-벨-선생-태극기-정부-조선, 이라고 새겨져 있다. "기독교인 벨 선생께, 한국 정부로부터"라는 뜻이다. 이 잉크 받침대는 작은 나무 상자에 담겨 왔는데, 상자도 똑같은 6각형이고, 거기에도 똑같은 글자들이 새겨져 있다. 물론 둘 다 한국어로 되어 있다. 한문으로 된 편지도 함께 왔는데, 이 서방이 없어서 선건아가 우리를 위해 읽게 하였다. 선건아는 학교에 다녔기에 언문은 아주 잘 읽고 한문도 웬만큼 읽는다. 문하인도 그렇다.[167]

이것을 항상 잊어먹고 말을 하지 못했는데, 혹시 네가 혹은 누구라도 나의 편지나 편지의 어느 부분이 누구에게든 관심거리가 된다면, 언제든 사용해라. 특별히 네 모임에서.

내일 여기에다 몇 자를 더하기로 하고 지금은 여기서 그친다.

렉싱턴에서의 아버지의 일이 성공적이었다니 기쁘다.

"미스터 벨"도 나와 함께 모두에게 사랑을 전한다.

사랑하는

로티

추신. 스미스 상점에 주문할 것들을 오늘 안으로 작성해서 보내려고 노력하는 중이다. 지금 방금 언더우드네로부터 들은 이야기인데 그의 형이 이번 여름에 배 한 척에 석탄과 석유를 실어서 그들에게 보낸다고 한다. 그래서 그를 통해 우리도 주문할 수 있다. 그리고 가격이 싸게 먹힐 테니, 그 배로 우리가 원하는 어떤 물건이라도 보낼 수 있다. 언더우드 박사에게 그렇게 부유하고 마음이 넓은 형제가 있다는 것이 한국에 있는 선교사들에게 다행한 일이다.

---

167 이 시절 서양 선교사들의 "하인"들로 일을 했던 이들의 사회적 위치가, 적어도 그 시절 한국에서는 교육을 받을 수 있었던 부류임을 보여준다.

1896년

1896년 1월 21일, 화요일
한국, 서울

사랑하는 어머님[1]

제가 어머님께 저희들의 결혼 2주년이 되는 때쯤이면 어머님께서 할머니가 되실 전망이 있다고 말씀드리면 어머님께서는 무엇이라고 말씀하실지 궁금합니다. 어머님께서 매우 기뻐하시리라고 생각하는데, 저는 아마 그 두 배는 더 기쁘다고 말씀드릴 수 있습니다. 아이를 갖기를 늘 바랬으나, 첫 아기가 생기게 된다는 희망으로 제가 이렇게 한없이 기뻐하게 될 줄은 미처 몰랐습니다. 유진은 여자들이 모두 첫 아기에 대해서 아기가 태어나기도 전부터 저처럼 열광하는지 궁금하다고 합니다. 꼭 그렇지는 않겠지요. 왜냐하면 저희들이 이젠 아기를 진정 원할 만큼 결혼한 지가 충분히 오래되었으니까요.

저는 항상 매우 건강합니다. 소화불량으로 조금 고생하는 것과, 지금은 괜찮아졌지만 사소하게 몸이 불편했던 것을 제외하고는 실상 완벽하게 잘 지내고 있습니다. 그래서 지금은 누구라도 그렇기를 바랄 정도로 건강합니다. 살이 쪄서 일주일 전에 139파운드였습니다. 유진은 저의 얼굴이 이렇게 통통해 본 적이 없다고 말합니다. 앞으로도 계속 이렇게 건강하게 지내기를 바라요. 매일 산책도 하고 오렌지를 많이 먹는데 이런 것들이 많이 도움이 되는 것 같습니다.

---

1 원문에 Dear Mother로 되어 있다. 로티가 자기 어머님께 쓸 때는 평상 Dear Mamma로 쓴다. 그리고 이 편지 본문에 자기 어머니(Mamma)에게도 임신 소식을 알렸다는 내용이 있다. 유진의 어머님께 쓴 편지이다.

아기를 위한 작은 옷들을 만들며 바느질을 하는 시간이 아주 즐겁습니다. 제게 아마포가 조금 있었고, 여기서 아주 예쁜 플란넬 천을 구했고, 상하이로 다른 품목 몇몇을 주문했고, 제 어머니와 샐리 사촌에게도 부탁하고, 나머지는 스미스 상점으로 주문했습니다. 그래서 6월 전에는 모든 준비가 끝나기를 바라는데, 시간이 그리 많지 않다는 것을 어머님께서도 짐작하시겠지요.

저의 어머니께 편지를 하여, 이곳의 드루 의사가 이 분야에 전문적 기술이 있는데다 분만을 성공적으로 도운 경험들이 있고, 그 외에도 서울에 의사가 6명이 있고 두 명의 숙련된 간호사가 있어서 제게 필요한 모든 도움을 받을 수 있으므로 저에 대해서는 아무 것도 염려할 필요가 없다고 말씀드렸습니다.

드루 부인이 필요한 물품의 목록을 작성하는 것을 친절히 도와주었습니다. 아직은 드루 의사 외에 드루 부인이 저의 임신에 대해서 알고 있는 사람의 전부입니다. 제가 알고 있는 어떤 여자들처럼 너무 조심 없이 임신에 대해 이야기하는 것이 저는 마음에 걸립니다.

물론 다른 식구들도 알기를 바라요. 애니, 아버님, 그리고 나머지 식구들에게도 어머님께서 원하실 때 말씀해 주세요. 특별히 매티가 흥미 있어 할 것으로 압니다.

깊은 사랑으로,
어머님의 로티

1896년 2월 8일
한국, 서울

사랑하는 어머님[2]

유진의 편지에 동봉하여, 맛있는 케이크를 보내 주셔서 감사하다는 말씀을 어머님께 드립니다. 아직 그 케이크를 열지 않았습니다. 케이크가 도착했을 때는 크리스마스가 이미 지났을 때라 결혼기념일을 위하여 그것을 보관하는 것이 좋겠다고 생각했습니다. 케이크가 상하지 않도록 정성스럽게 만드셨으니 몇 달 더 보존될 것으로 확신합니다. 저희가 이곳에 올 때 저의 어머니께서 주신 케이크는 아주 완전히 밀봉되지 않았어도 아직 괜찮고, 아껴서 먹었기 때문에 아직도 조금 남아 있습니다. 그 케이크를 무슨 기념일이나, 공휴일에, 그리고 중간 중간에 가끔씩만 먹었습니다.

유진은 이제는 완전히 회복된 것 같습니다. (그것이 홍역이었다면) 아주 가볍게 앓은 것 같습니다. 그래서 저는 그가 내일 여행을 떠나는 것에 대한 두려움이 없습니다. 특히 드루 의사도 기꺼이 함께 가기 때문입니다. 저는 레이놀즈 부인에게 가서 그를 돌보려 하는데, 그는 제가 보아 온 어느 여자보다도 신경이 예민합니다. 유진이 가고 없는 동안 제가 밤잠을 편히 자게 될 것 같지는 않지만, 그래도 제가 레이놀즈 부인과 함께 지내는 것이 여기서 혼자 지내는 것보다 훨씬 낫겠다고 생각합니다. 레이놀즈 부인이 저를 필요로 하고, 특별히 저희 조리

---

2   앞 편지와 마찬가지로 Dear Mother, 유진의 어머님께 보내는 편지이다.

사가 유진과 함께 가니 더욱 그렇습니다. 저는 조리사가 유진과 함께 가는 것이 아주 기쁩니다. 맹세계는 매우 사려 깊고, 그런 여행에서 "제 남자 my old man"가 최대한 편안해질 수 있도록, 도울 수 있는 한 힘껏 도와줄 것을 확신합니다.

물론 유진이 돌아올 때까지는 그에게서 소식을 듣게 될 방도는 없지만, 그래도 유진이 떠나 있는 동안 제가 어머님께 일주일에 한 번씩 편지를 드리도록 노력하겠습니다. 이런 것이 이곳에서의 삶입니다. 그래도 전체적으로 볼 때 매우 행복한 삶이고, 집을 떠나서 처음 한 해가 매우 빠르고 행복하게 지나갔습니다. 저희가 받은 하나님의 크신 은혜가 감사합니다.

모든 식구들의 안녕을 빌며, 저희들의 사랑과 감사함을 전합니다.

사랑하는
로티

1896년 2월 25일
한국, 서울

사랑하는 애니

내가 너에게 오랫동안 답장을 못 해 왔는데, 다른 어떤 일보다 편지 쓸 시간을 내기가 가장 어려운 것 같다. 대개는 편지 쓰는 일을 밤 시간으로 미뤄 두는데, 저녁 티타임을 마치고 나면 피곤해져서 머리를 써서 편지를 쓸 형편이 못 되곤 한다.

올 겨울은 내게 바쁜 날들이었지만, 아주 행복한 계절이기도 했다. 우리 두 사람 모두 건강하고, 우리의 집이 매우 편안하고 예쁘고, 집에서 오는 소식도 항상 좋아서 아무리 감사를 해도 모자란다. 지난주에 우편물이 많이 왔다. 우편물이 아침에 도착했는데, 우리 집에서 내게 보낸 편지 세 통과 마샬이 자기 사진과 함께 유진에게 보낸 편지가 왔는데(아주 좋은 사진이었다.), 네게서 온 편지는 없었다. 그래서 내가, 유진이 너에게서 이렇게 오래 소식을 듣지 못하는 것이 얼마나 섭섭할까 하고 생각하던 차에 바로 그때 우편국으로부터 한 사람이 너의 편지를 가져왔는데 우표가 붙어있지 않았고, 메리 버남의 결혼식 초청장이 왔는데 그것에도 우표를 충분히 붙이지 않아서 요금을 더 내야 했다. 너에게서 오는 편지가 어떤 때는 왜 우표가 붙여지지 않은 채 오는지 모르겠다. 아마도 네가 편지를 부칠 때 바로 우표를 붙이지만 다른 것들에 문질러져 떨어져 나와 버린 것일지도 모르겠다. 나는 유진이 돌아올 때 그가 받을 우편물이 많아서 기쁘다. 편지를 읽으면서 매우 즐거워할 것이다. 우리는 금요일에 우편물을 기다린다.

어제까지 나는 참으로 잘 지냈는데, 오늘은 내 남자 my old man가 너무 오랫동안 떠나 있다고 느껴지기 시작했고, 그가 어서 빨리 집으로 돌아오기를 참을성 없이 기다리고 있다.

레이놀즈 부인은 함께 지내기에 매우 좋은 사람이어서, 내 일상에 생긴 변화, 그리고 그와 함께 있는 시간이 매우 즐겁다. 레이놀즈 부인은 매우 명석하고 흥미 있는 사람이다. 볼링은 내가 본 아기들 누구보다도 귀여운 아기이다. 이 아기가 어떻게 한국말과 영어를 다 알아 들으면서도 말은 꼭 한국말로만 하려 하는 것을 네가 본다면 너무 재미있어 할 것이다.

레이놀즈 부인은 꾸준히 나아지고 있다. 치료를 받으면서 지금처럼 계속 진전이 있기를 바란다. 우리 두 사람 다 남편들이 떠난 후 두 번 두려운 일을 겪었지만 그럼에도 불구하고 레이놀즈 씨가 없는 동안 부인이 자신의 중심을 잃지 않았다고 나는 믿는다.

고향에서도 물론 신문을 통해서 한국 국왕이 러시아 공사관으로 도피한 것과, 단발령에 분노한 폭도들이 퇴각하는 각료 두 사람에게 복수한[3] 기사를 읽었을 것이다. 그날 밤 우리는 폭도들이 통제가 되지 않아서 우리 외국인들까지도 공격을 할까 봐 두려웠었지만, 혹 그런 경우가 생긴다 하더라도 우리는 쉽게 뒷담을 넘어 독일 공사관 영내를 통해서 우리 공사관까지 도피할 수 있을 것으로 느꼈고, 또 같이 있는 의사가 총을 가지고 있었기에 나는 평소처럼 잠을 잘 잤지만 불쌍한 레이놀즈 부인은 힘든 밤을 보냈다. 그러나 우리에게 아무

---

3 1896년 2월 11일 김홍집이 군중에 의해 살해된 사건을 일컫는 것으로 추정된다.

일도 일어나지 않았고 모든 소동도 곧 잦아들었다.

지금 우리 공사관엔 대규모 경비병이 주둔하고 있다. 지휘관은 북 캐롤라이나 출신의 스케일즈 중위인데 물론 남장로교 교인이다.

공포였던 또 하나의 사건은 며칠 전 밤에 일어났는데, 레이놀즈 부인이 나를 깨워서 바깥 길거리에서 큰 소리가 많이 나는 것을 들었는데 무엇 때문인지 의아하다고 했다. 나도 그 소리를 들었고 근처의 술집에서 술 취한 남자들이 내는 소리가 확실하다고 느꼈지만, 그래도 한밤중 그 시간에 그런 소리가 들리는 것이 야릇했다. 그러나 그들은 곧 잠잠해졌고 우리는 다시 잠이 들었다. 나는 우리 외국인들이 위험에 처할 것이라고 생각하지 않는다. 그러나 서울 밖으로 나가면 한국인들이 일본인들을 위협적으로 대하고, 그들 몇 명이 살해되기도 했다.

다시 즐거운 소재로 이야기를 돌려서, 우리는 22일 토요일에 알렌 부인 집에서 멋진 차 모임을 가졌다. 알렌 박사는 우리 공사관의 비서관인 것을 네가 알고 있지? 그 부부는 참으로 아름다운 집에서 살고 있고, 알렌 부인은 아주 훌륭하고도 쉽게 사람들을 접대한다. 이곳의 외국인 여자들이 모두 초청되었고 거의 모두가 참석했는데, 몇몇은 옛 여인들처럼 의상을 잘 차려 입고 왔다. 워싱턴 부인, 레이디 워싱턴, 리디아 대로우, 베티 커스티스 등으로 말이다. 그리고 알렌의 두 아들은 흑인 사환처럼 얼굴을 검게 칠했다. 그것이 우리를 깜짝 놀라게 한 큰 즐거움이었다. 나중에 차와 케이크가 나왔다.

해리슨 씨가 목요일 갑자기 나타나서 깜짝 놀랐다. 그가 제물포에서 혼자 온 것이다. 지금 그는 잠은 우리 집에서 자고 식사는 이곳에서 [레이놀즈 네서] 한다. 아침 식사 때 그와 단둘이 마주 앉아 그에게 커피를 따라주는 것이 꽤 이상하게 느껴진다. 점심이나 저녁 식사에는 레이놀즈 부인이 대체로 함께 식탁에 앉지만, 부인이 먹는 것은 아직도 우유, 크래커, 소고기 육수, 그리고 오렌지뿐이다.

드루 의사와 전킨 씨가 월요일 군산으로 돌아간다. 해리슨 씨가 그들과 함께 가겠다고 하니, 그가 한국에서 하게 되는 첫 번째 지방 여행으로는 너무 이른 것 같지만, 그의 한국어 선생이 함께 간다면 아주 나쁘지는 않을 것도 같다. 방금 고국에서, 그것도 켄터키에서 온 누군가를 보게 되는 것이 매우 기쁘다. 허나 해리슨 씨는 우리의 친구들에 대해서는 많이 알지 못한다.

너는 『십자가의 동지 타이터스』[4]를 읽어보았는지? 나는 방금 아주 즐겁게 읽기를 마쳤는데, 우리 어머니로부터 온 전번 편지에 그 책을 보내주신다고 하셨으니, 유진과 내가 함께 그 책을 읽을 수 있게 되었다. 레이놀즈 부인이 그 책을 누군가로부터 빌려왔었다. 우리 아버지께서 크리스마스 선물로 『보니 브라이어 부시』[5]를 보내 주셨는데 너도 그것을 읽어보았으리라 짐작한다.

우리에게 보내준 선물 박스가 참으로 훌륭했다. 깜짝 선물들이 많이 들어 있었다. 나의 어머님께서 어린이용 장갑과 부엌에서 쓸 작은 부엌기구들을 보내주셨고, 내가 꼭 필요했던 무명천 8야드가 있었다. 남동생들이 내가 가지고 있는 사진을 담을 액자를 보냈고, 쌍둥이는 그들이 손수 만든 에이프런과 해바라기 씨를 보내주었고, 플로렌스

---

4 『Titus, A Comrade of the Cross』: 1894년에 발간된 Florence Morse Kingsley의 소설.

5 원래 제목은 『Beside the Bonnie Brier Bush』. 1894년 발간된 Ian Maclaren의 소설.

는 헴스티치한 쟁반보를 그리고 에바는 비단실로 수놓은 것을 보내주었다. 그리고 구석구석 끼어 넣은 작은 것들이 많이 있었는데, 어떤 것들은 내가 주문한 것들이고 어떤 것들은 그들이 그냥 넣어준 것이었다.

마샬이 내게 편지해서 그가 받은 선물상자가 아주 좋았다고 썼다. 내가 너의 어머님께 과일 케이크를 우리의 결혼기념일까지 열지 않겠다고 말했다. 해리슨 씨가 레이놀즈 부인을 위해서 녹스빌에 사는 사촌들이 보내는 멋진 박스를 가지고 왔다. 거기에 레이놀즈 씨를 위한 넥타이들이 있었고 레이놀즈 부인을 위해서 진주 단추, 후크 단추 등등 많은 것이 들어있었다. 작은 신발 상자였지만 거기 들은 모든 것이 유용한 것들이었다. 그들은 아기를 위해서 은수저도 거기에 넣어 보냈다.

이제 그만 쓰고 오렌지 두 개를 점심으로 먹을 시간이 되었으니 이만 안녕. 이번 주에도 다시 고향에서 소식이 오기를 바란다.

너의 사랑하는
로티 W. 벨

1896년 3월 23일
한국, 서울

사랑하는 마샬

내가 시간이 많지 않아서 그냥 짧게 메모만 할께. 네가 보낸 편지를 오래 전에 받았어. 그 편지 매우 고마웠고 자주 너에게 답장을 쓰고 싶었지만 아직 그러지 못하고 있었네.

미스 볼드윈 학교[6] 생활이 즐거울 것으로 믿는다. 나는 항상 그 학교를 다녔던 때를 즐겁게 회상한단다. 나는 미스 볼드윈을 개인적으로 알았고 그를 매우 좋아했으나, 나의 선생님 미스 라이트는 이젠 거기에 계시지 않다. 물론 나는 미스 스트릭클러도 매우 좋아했지만, 내가 만난 모든 선생님들 중에 미스 라이트가 내게 가장 소중했다. 미스 리더는 거의 몰랐었다.

학교 이름이 바뀐 것이 기쁘다. 꼭 맞는 이름이다. 그곳의 옛 교수들은 모두 그 학교를 "미스 볼드윈 학교"라고 불렀다. 미스 볼드윈에게 나의 사랑을 전해주고, 미스 스트릭클러에게도 그렇게 해 주어라.

네가 그렇게 많이 아팠다고 해서 마음이 아프다. 한번 하루의 일부를 의무실에서 보낸 적이 있는데, 더는 그렇게 되고 싶지 않았다.

---

6 버지니아주 스턴톤에 있는 대학교. Augusta Female Seminary란 이름으로 1842년 개교한 미국에서 제일 오래 된 여자 고등교육 기관으로 장로교회에서 설립했다. 메리 볼드윈(미스 볼드윈)은 1863년에 학장으로 임명되었고, 1895년에 학교이름도 Mary Baldwin Seminary로 바뀌었다. 1923년에 Mary Baldwin College로, 다시 2017년에 Mary Baldwin University로 바뀌었다. 1970년 중반 이후로 남녀 공학이다.

"서커스 벤치"에 앉아 있던 기억이 아직도 생생하다. 그 벤치들이 아직도 예배실에 있는지 궁금하구나. 나의 옛 방, "새 기숙사의 11번 방"은 없어졌다고 들었다.

이번 주에 집에서 소식이 있기를 기다린다. 집에서 소식이 실제로 오면, 그것이 우리에겐 더할 수 없는 큰 기쁨이란다.

할 수 있을 때 내게 편지를 써주렴.

사랑하는

로티 벨

1896년 4월 28일, 금요일 오전, 11시 20분
한국, 서울

사랑하는 드와이트

최근에 우리가 이용하는 항구인 제물포와 서울을 연결하는 철로를 놓자는 제안이 매우 우리의 관심을 끈다. 우리가 6개월 정기구독으로 아버지께 보내드리는, 이곳에서 발간되는 작은 신문인 『독립신문』에 그에 대한 기사들이 있고, 돌아오는 가을에 공사를 시작하게 될 가능성이 있다는 이야기도 있다. 내가 이것에 대해 쓰는 이유가 며칠 전에 유진이 갑자기, 네가 공사 담당업체에 취직되어 일이 년 이곳에 와 있게 된다면 얼마나 좋을까, 하는 생각을 하게 된 때문이다. 그래서 내가 여러 번 얘기했던, 『독립신문』의 편집자 제이슨Jaisohn 의사에 게 정부와의 공사 계약을 맺은 뉴욕 신디케이트의 주소를 얻을 수 있는지 알아보았고, 그가 협상차 이곳에 나와 있는 사람의 주소를 내게 보내 주며 그를 통하면 자세한 정보를 얻을 수 있다고 했다. 그 사람의 이름과 주소는, 뉴욕 아메리칸 트레이딩 컴퍼니 내, 레이 헌트이다.

헌트 씨에게 편지를 해서, 구체적인 계획과, 또 네가 그들을 위해 할 수 있는 일이 있을지 알아 볼 수 있을 것이라고 생각된다. 필요한 자재를 받아서 관리할 사람들이 필요할 것이고, 또 공사를 "감독"할 사람들도 필요할 지도 모르니, 네가 수행할 수 있는 무언가를 찾을 수 있게 될지도 모르지 않니. 헌트 씨는 이곳에 있다가 지금은 그를 이곳에 보낸 사람들에게 보고하기 위해 뉴욕으로 다시 돌아갔는데,

8월에 다시 돌아온다고 한다. 물론, 이 생각이, 혹 네가 이곳에 일자리를 얻게 되더라도, 우리들이 이 일에 대해서 흥분되는만큼 너에게도 흥미 있는 일이 아닐 수 있겠지만, 적어도 이쪽의 세상 구경은 하게 되는 것이다. 만약 <u>오게 되면</u>, 정구채, 총, 그리고 자전거를 가지고 와라. 서울에서 제물포까지 육로로 27마일밖에 안 된다. 자전거가 있으면, 언제든 네가 원할 때 서울에 올 수 있다. 유진은 네가 일자리를 얻는 데 자기가 할 수 있는 일이 있다면 무엇이든 기꺼이 도와주겠다고 말하는데, 그가 할 수 있는 일이 있을 것 같지는 않다. 아름다운 폭넓은 비단천을 1야드에 은화 3불만 주면 사는 것을 생각한다면 작은 봉급으로도 이곳에서 할 수 있는 일이 많다. 개인 집에서 하숙하는 것은 한 달에 은화 30불 정도 든다.

이곳까지 오는 여행과 이곳에서의 삶의 경험이 네가 일자리를 얻기 위해 겪을 수 있을 어려움에 대한 충분한 보상이 될 것이라고 나는 생각한다.

마지막 우편물을 받은 지 3주 만에 지난 토요일 우편물이 왔는데, 3월 11일 자로 어머니께서 보내신 엽서 하나와 신문 스크랩 봉투 하나뿐이었고, 유진의 집에서는 아무 것도 오지 않았다. 그래서 다른 증기선 하나가 내일 제물포에 도착할지 모른다는 소식에 반가와 하며, 그 배에 우편물이 실렸기를 기다린다. 지난주엔 집에 편지를 하나도 쓰지 못해서 미안하다. 그럴 마음은 아니었는데, 매우 바빴고 다른 편지들 여럿을 써 보내야 했기 때문에 집으로 보내는 편지는 못 쓰고 말았다. 얼마 전에 내 스스로가 아주 좋아 보인다는 생각이 들어서 식구들을 위해서 사진을 찍어 보내리라 생각했는데, 동봉하는 인증사진이 그 슬픈 결과이다. 내 사진은 언제나 이렇게 나오니, 좋은 사진을 찍으려는 노력 자체가 쓸모없는 짓인 것처럼 느껴진다.

우리의 정원이 아주 잘 된다. 비가 많이 오고 중간 중간엔 따뜻한 날이 계속 돼서 채소들이 잘 자란다. 유진은 정원과 거기에 사용하는 도구들을 아주 좋아하고, 정원 가꾸는 일, 도구 다루는 일 둘 다 아주 잘 한다. 어제는 나도 꽃밭에 나가서 일을 많이 했다. 그 결과가 좋기를 바란다. 조리사가 우리 정원에 꽤 관심을 보이고 자주 그 근처를 어슬렁거린다. 우리 문지기는 <u>매우 서투르고 미숙해서</u> 다른 하인을 시켜서, 그가 어떻게 무슨 일을 하기를 내가 원하는지 이해시켜야 한다. 그래서 어제는 조리사를 밖으로 나오라고 해서 내가 원하는 것을 말하고 그가 문지기한테 내 말을 전하게 했다. 이번 문지기는 시골로 떠난 문지기와 다른 것이 많아서 내가 맨날 "아 옛날 문지기 moonjikke가 있었다면" 하고 한탄한다. 하지만 그 때문에 좋은 일도 생겼는데, 전의 문지기가 떠나면서 지금의 "보이"를 문지기로 구해주었다는 것이다. 그가 정말 좋은 하인인 것을 우리가 알아보고 집 안으로 불러들인 것이다. 그가 일을 잘하고 우리에게 많은 위로가 되었다. 그리고 그와 그의 아내가 우리 집에서 일하게 된 것이 좋다. 그의 아내는 나를 위해 바느질을 하는데 아주 좋은 여자 같다.

내가 드루 씨네와 전킨 씨네가 4주도 더 전에 일본 정크선을 타고 떠났다고 너에게 편지에 썼었는데, 아직 그들로부터 한마디 소식도 듣지 못했다. 그래서 걱정이 되지만, 조만간 소식이 오기를 기대한다. 우편물을 해안을 오르내리는 작은 증기선이 나르는데 운행이 불규칙하다. 이곳에서 남쪽 지방으로 가서 산다는 것이 그런 것을 뜻한다.

유진과 나는 여느 때처럼 잘 있고, 매주 더 바빠져 간다. 그는 다른 할 일이 급속히 늘어가는 중에도 한국인들을 더 자주 만나고 한국어 공부도 더 오래 한다. 내가 해야 할 일도 매일 더 많아져 간다. 하지만 그것이 우리 두 사람에게 다 좋은 일인 것 같다.

로브 만이 웨스트버지니아로 가고 윌 크로우가 프랭크포트로 가고 비티 씨가 결혼했다는 소식을 들었다.

해리슨 씨는 전킨 씨의 옛날 집에서 혼자 사는데 잘 지내고 있는 것 같다. 그러나 유진과 레이놀즈 씨는 그가 안됐다고 느끼는 것 같다. 그는 필요하면 조리도 할 수 있는데, 그것만으로도 유진이나 레이놀즈 씨가 할 수 있는 그 이상이다.

레이놀즈 부인은 지금 많이 좋아진 것 같다. 그가 얼마 전에는 거의 우리 집까지, 1마일이나 그 이상을[7], 걸어서 올라 왔고, 또 매일 남여를 타고 외출도 한다. 그래서 우리는 그가 계속 치료를 받으면서 머지 않아 완전히 건강한 여자가 될 수 있기를 바란다.

많은 사랑을 모두에게 보내며,
로티

---

7 원문은 "several squares", square는 지금은 사용하지 않는 거리 단위. 1 square는 0.25마일.

1896년 8월 7일, 금요일
한국, 관악산

사랑하는 에바

내가 그동안 편지를 거의 하지 않았고,[8] 최근에 너희들 중 누구의 편지를 받았는지 기억이 나지 않으니 오늘 나는 누구에게 답장을 해야 할 차례인지 정말 모르겠다. 다음번에 집으로부터 받는 편지에는 모두들, 우리에게 사내 아기가 생겼다는 소식을 들었다고 말해주기를 바란다. 그래서 평소보다 더 초조하게 집에서 오는 편지를 기다린다. 아기는 지금, 우리가 식사를 하는 너른 마루 한쪽에, 유진이 며칠 전에 만들어 준 해먹에서 잠이 들려 하고 있는데, 매우 행복해 보인다. 그의 아빠는 편안하게 앉아서 『하퍼즈』를 읽으며 아기의 해먹을 밀어준다. 이 해먹은 커다란 기저귀 양쪽 끝에 밧줄을 넣어 꿰매고, 양쪽 끝에 막대기를 대고, 안에다 솜으로 만든 푹신한 요를 깔아서 만든 것이다. 낮에 아기가 잠자기에 가장 편안한 침대이다. 날씨가 좋아져서 요즘은 계속 밖에서 아기를 본다.

레이놀즈 부인이 며칠 동안 나 대신 이곳에서의 살림을 맡아주기로 동의했다. 그래서 나는 이곳 산에 올라온 즐거움을 진실로 누리고 있다. 이번 여름에는 레이놀즈 부인이 나보다 건강해진 것 같고, 나보

---

8 인돈학술원 데이터에 모아진 저자의 편지들이 몇 개월 비어있다. 편지를 자주 하지 않기도 했고, 또 어쩌다 한 것은 데이터에서 누락되어 있다. 1896년 12월 1일 로티가 시어머니께 쓴 편지에 의하면 "지난여름"을 힘들게 보냈고 "몇 달 동안 몸이 약해서 고생했던" 것 같다.

다 시간이 훨씬 많아서 살림을 돌볼 능력이 충분히 있게 되었다. 내가 해야 할 일들이 내게 지나친 부담이 되었던 것이 아니라, 못 한 채로 남겨두어야 했던 일들이 나를 염려하게 했다. 하인들 여럿이 열쇠를 갖고 있게 해야 하는 그런 것들 말이다. 지금은 아기가 목욕을 하고 잠이 들었다. 그러면 유진과 나는 작은 산신당이 있는 곳으로 올라가서, 거기 앉아서 한두 시간 정도 유진이 『크로포드 Crawford』를 소리 내어 읽는 동안 나는 아기의 웃옷을 뜨개질한다. 점심 식사 후에는 낮잠도 잔다.

　최근에 이곳에서 대단히 흥분할 일이 일어났다. 어제 아침에 우리는 하인들과 절의 스님들이 잠자는 커다란 방에서 들려오는 심한 소음에 일찍 깨어났는데, 레이놀즈 씨의 "보이"가 밤사이 3달러를 잃어버렸고, 주지승이 그 자리에 있던 모든 사람들의 상자, 가방, 스타킹 등을 뒤지고 있었다. 레이놀즈 씨가 주지승에게, 만일 돈을 못 찾으면 여름이 다 가서 나중에 정산할 때 그에게 지불할 돈에서 잃어버린 돈의 액수만큼 제할 것이라고 말을 했고, 또한 서울로 사람을 보내서 경찰이 와서 조사하도록 하겠다고 했다. 이 말에 스님들이 몹시 불안해졌고, 그들이 어떤 방법으로도 돈을 찾을 수 없게 되자, 위에 내가 말했던 산신당으로 올라가서 산신에게 제물을 드리고 도와 달라고 기도했다. 바로 그때쯤에, 그 돈, 지폐 3불이 하인들이 머무는 방 바깥 마루에서 발견되었는데, 재를 담아 두는 나무 상자 밑에 있었다. 그 돈이 누군가의 입 속에 있었던 것 같은 것이, 돈이 젖어 있었고 많이 헐어져 있었다. 누가 도둑이었는지 우리는 모른다.

　이 일이 이미 마무리 되었을 때인데, 주지승 – 그는 진짜 좋은 사람이다 – 이 유진과 레이놀즈 씨가 체스를 두고 있는, 그들이 "마루morrow"

라고 부르는 큰 현관으로 가서 그들에게, 우리 하인들과 스님들이 도박을 하고 있는 건물 뒤쪽으로 조용히 가보라고 부탁했다. 그들은 싫었지만 그리로 가 보았는데 거기에 맹세계와 김 서방, 그리고 해리슨 씨의 한국어 선생님, 그렇게 셋이서만 한국 장기를 두고 있는 것을 발견하고 크게 안심을 했다. 그들이 돌아와서 다시 체스 게임을 하고 있는데 주지승이 다시 와서 그들이 간 곳은 자기가 말한 건물 뒤가 아니었다고 하면서 그들을 다시 밀어냈다. 이곳엔 여덟 내지 열 채 정도의 집들이 서로 가까이 붙어 있다. 스님이 가라는 곳으로 다시 갔을 때 그들은 해리슨 씨의 보이와 세 명의 스님들이 도박을 하고 있는 것을 발견했다. 그들이 돈이나 주사위를 숨기기 전에 들이닥친 것이다. 해리슨 씨의 보이는 거짓말을 하면서 그는 단지 구경만 하고 있었다고 했는데, 오늘 그가 고백을 했고 해리슨 씨는 그를 해고했다. 해리슨 씨의 보이는 입교인으로 지금 여기에 있는 한국인들 중 유일한 기독교인이었기 때문에 우리 모두가 그 일을 애석해 했다. 오늘 미스터 벨이 우리 하인들을 모아놓고 그 일에 대해 말하면서, 우리 하인들이 도박에 끼지 않은 것이 기쁘다고, 그들 중 누구라도 도박을 하다 걸리면 그 자리에서 당장 내보내겠다고 말했다. 한국 법으로 도박은 사형에 처해질 중범죄이다. 그들은 도박이 도둑질의 한 형태라고 말한다. 잠자는 사람에게서 돈을 빼앗아 가는 것이나 바로 앞에 앉아 같이 놀면서 빼앗아 가는 것이나 빼앗는 것은 마찬가지라는 것이다! 고향에서 더 많은 사람들이 그런 식으로 도박을 보지 않는 것은 탄식할 일이다. 그렇다 하더라도 실제로 사기나 도박으로 처벌받는 사람들은 얼마 되지 않는다.

내가 어머니께 지난주에 아주 긴 편지를 쓰면서 50불짜리 수표를 동봉했다.[9] 이 편지가 네게 도착할 때쯤에는 어머니도 그것을 받으셨기를 바란다. 너에게 부탁할 때 잊었던 물품의 목록을 여기 적어 보낸다. 해리슨 씨가 자기 집에 부탁해서 물건들을 부쳐달라고 했는데 그 상자가 100파운드가 되지 않을 것이라고, 그래서 우리 식구들이 그의 짐에 무엇을 넣어 보내기를 원하면 그렇게 하고 수송료를 분담할 것을 제안했다. 만일 어머님께서 그렇게 하시기를 원하시면 아래 주소로 편지를 해서 알아보시면 된다:

미세스 R.C. 코드
레바논, 켄터키[10]

나는 내가 신을 굽 낮은 신발이 필요하다. 갈색 구두는 작년에 헐어서 버렸고 검정색 구두도 거의 다 닳아간다. 나는 보통 사이즈 5를 신고 플로렌스보다 볼이 넓다. 내가 굽 낮은 구두는 주로 5B를 신었지만 만일 5B가 플로렌스에게 맞는다면 5C로 보내 주기 바란다. 갈색이든 검은 색이든 상관없다. 코가 매우 뾰족한 것은 싫다. 네가 할 수 있는 이상의 돈은 들이지 마라. 그리고 9.5사이즈의 얇고 까만 스타킹 세 켤레를 부탁한다. 지금 내가 신는 것으로는 여름을 나기도 힘들 것 같다. 테두리 장식의 견본 둘을 동봉한다. 그것을 내게 보내는 편지에 넣어서 보내 주어라. 작게 꼬인 테두리는 견본 비슷한 것으로

---

9 로티는 지난 주에 아주 긴 편지를 어머님께 썼다고 했으니 그것이 7월 31일자 일텐데, 인돈학술원 데이터에는 4월 28일을 마지막으로 8월 7일까지 약 석 달 동안 아무 편지도 남아있지 않다.

10 원문에도 이렇게 따로 두 줄로 쓰여 있다.

5야드, 자수를 한 좁은 테두리 장식도 5야드를 부탁한다. 자수를 한 테두리가 비싸면 조금 싼 것도 괜찮다. 아기의 짧은 옷을 만드는 데 그것들이 필요하다. 만일 내게 보내는 짐을 해리슨 씨의 박스에 같이 넣게 된다면 옥양목 천 6개를, 7센트짜리면 충분하다, 보내주면 좋겠다. 아기가 내년 여름 걷게 될 때 입을 옷을 만들려고 그런다. 어머니께서 우리들 옷을 올이 가는 무명천으로 만들어 주셨던 것을 기억하는데, 그러나 아이의 것은 매일 입을 것이니 옥양목이면 충분하다. 옥양목 천이 폭이 <u>아주</u> 좁지 않은 한, 한 개당 2.5야드 길이가 좋고, 흰 바탕에 약간 빨강이나 파랑, 아니면 까망 문양이 있는 것이 좋다. 천의 폭이 아주 좁으면 3야드는 있어야 할 것이다.

유진과 나는 에비슨 의사와 그 부인에게 크리스마스 선물로 줄 새 책이 필요하다. 의사는 책을 큰 소리로 읽는 것을 좋아하고, 낭독을 아주 잘 한다. 그들이 우리 책을 많이 빌려갔는데 『그들의 황금 결혼식』을 매우 재미있게 읽었다고 한다. 그리고 또한 미스 제이콥슨에게 선물할 것도 필요한데 지금으로서는 무엇을 부탁해야 할지 모르겠다.

아기의 몸무게가 어제 11.5파운드가 되었고 보기에 아주 건강하다. 아기의 사진을 보낼 수 있게 되면 매우 기쁠 것이다.

어머니께서 스크랩해서 보내 주신 신문기사들을 우리만 즐겨 읽는 것이 아니라 해리슨씨도 그것들을 빌려 가는데 우리만큼 관심이 있는 듯 하다고 어머니께 말씀드려다오. 여러 번 내가 켄터키에 관한 기사들만 전부 골라서 연로한 그레이트하우스 부인에게 보내 주었는데 그가 정말 너무 고마워했다. 6월 10일 자로 그레이트하우스 부인이 보낸 길고 멋진 편지가 지난주에 왔는데 우리 두 사람은 그 편지를 얼마나 고맙게 읽었는지 모른다. 폴린의 실내용 겉옷, 플로렌스의 린넨 스커트, 그리고 쌍둥이의 하얗고 톡톡하게 짠 곰보천의 스커트 견본들이 정말 예쁘다. 너희들의 옷이 얼마나 사랑스러울까!!

빨간 터키모자의 가격을 어머니께서 알아보아 주시면 좋겠다. 내년 봄에 아기에게 하나 씌워주고 싶은데 그 모자와 함께 입힐 빨간 겉옷을 만들 것이다. 올 겨울에는 아기에게 컵처럼 생긴 하얀 모자를 떠 주려고 한다.

어머님께서 부승이에게 무엇을 선물로 해 주셔야 할지 나도 정말 모르겠다. 우리는 그 애의 크리스마스 선물로 장난감 시계를 주문했다. 지난겨울 그 아이가, 유리 조각과 양철 조각, 그리고 내가 그 애에게 준 시계 그림을 가지고 시계를 만들어 보려고 무진 애를 쓰던 것을 보았었다. 아마 겉옷이나 손수건을 만들 수 있는 1~2야드 정도의 빨간색 터키 면이 제일 좋을 것 같다.

이 편지를 여기서 마감해야겠다. 최고의 사랑으로
로티

추신. 내가 전에 말했던 작은 양말을 어머님께 보냈다. 아기의 스타킹들은 이것보다 훨씬 더 길어야 하겠지. 내가 캐시미어로 된 것, 아주 따뜻한 것으로 원한다고 어머님께 말씀드려라.

많은 식구들이 떠난 다음 겨울철 우리 집의 모습이 어떨까 생각할 수가 없구나. 최근 들어서 나는 집이 몹시 그립다. 어머니께서 혼자 계실 때 나와 아기가 가까이 있어서 함께 있을 수 있으면 얼마나 좋을까 하고 생각했다. 어제도 그런 생각을 했는데, 내일 8일이면 릴리안이 하늘나라로 간 지 10년이 되고,[11] 내가 집을 떠나온 지 19달이 된다. 지금 [에바] 네가 어머니와 함께 집에 있기를 바라고, 네가 한동안은 가까운 곳에 살게 되면 좋겠다. 만일 유진이 지금처럼 친절하고 사려가 깊고 희생적이지 않았다면, 때때로 나를 사로잡는 향수병을 내가 어떻게 극복했을지 모르겠다. 유진은 나의 관심을 다른 데로 돌리게 해서 집에 대한 그리움을 한동안 잊게 만든다. 그 자신도 때때로 향수에 젖는 일이 있지만, 대체로 우리는 아주 잘 견디는 편이다.

며칠 내로 우편물이 오기를 희망한다.

양말을 여러 번 빨래하다 보니 많이 늘어나는구나. 은으로 만든 내 기저귀용 옷핀과 그 외에 아기를 위해 필요한 품목이 다 있는데 머리빗은 없다. 그것이 내가 쓰던 트렁크에 있다.

---

11 릴리안은 1877년생으로 드와이트 다음으로 태어난 로티의 동생. 1886년에 죽었다.

1896년 8월 21일
한국, 관악산

사랑하는 플로렌스

너에게 쓰는 이 편지를 마지막으로 식구들에게 보내야 하는 편지를 끝내게 된다. 먼저 너와 에바가 아기에 대해서 멋진 편지를 보내 주어서 고맙구나. 나는 네가 아기에 대해서 기뻐하고 큰 관심을 가지는 것이 기쁘다. 이 아기를 너도 볼 수 있었으면 하고 진정 바란다. 나는 이제 아무 문제없이 아기의 목욕을 잘 시킬 수 있게 됐고, 우리 두 사람 다 아기 목욕시키는 것을 즐긴다. 목욕통에서 몸을 길게 뻗고 내가 몸에 물을 부어줄 때는 웃는다. 목욕 후에 옷을 입히고 나면 대개는 아기가 우유를 원하기 전에 잠시 아기를 데리고 논다. 이젠 자기 손을 들여다보기 시작했고 어떤 때는 침대에 누워서 자기 손을 쳐다보면서 옹알거리거나 웃기를 한 번에 한 시간씩 한다. 그리고 또 우리가 뻣뻣한 종잇조각을 주면 그것을 가지고 놀기도 하고, 무엇이든지 입에 넣는다. 먹을 때는 거의 언제나 우유병의 목을 자기가 붙잡고 먹고, 다 먹으면 우유병을 입에서 빼낸다.

아마는 나이가 든 좋은 여자인데 나는 날이 갈수록 그가 좋다. 내가 "나이가 든old"이라고 하는 이유는 그가 성장한 자녀가 있기 때문이나 실제로는 40을 좀 넘었을 뿐인데, 욥의 인내심을 가졌다. 그는 또한 바느질을 아주 잘하고 나의 속옷 드레스와 페티코트를 크게 늘려주었다. 내가 먼저 것을 보여주기만 했는데 나의 도움 없이 한 것이다. 지금은 나들이용 플란넬 천으로 아기의 겨울 가운을 만들고 있다.

너와 에바가 솔기를 할 수 있을 만큼 넓게 대어 크게 만들어준 나의 코르셋 커버를 지금은 겨드랑이 밑에 천을 내어서 입는다. 나는 아직 새 코르셋 상의를 입어보지 않았는데, 서울에 내려가면 입어야 할 것이다. 그것을 이번 여름에는 입을 필요가 없었던 것이, 나는 그냥 집에서 입는 겉옷을 입고, 모유가 나오기 시작했을 때 미스 제이콥슨이 나를 편하게 해주기 위해 나에게 입혀준 넓은 면으로 된 띠를 사용하면 거의 꼭 조이는 상의 코르셋을 입은 것처럼 보기에 좋다. 나는 이 띠를 옷핀으로 고정하고 작은 윗옷을 입고 그 위에 나의 빡빡한 속옷 드레스를 입는다. 네가 알듯이, 이것은 진짜 그리스 스타일이다.

엘리 헨리가 지난 우편에 멋있는 그림을 보냈다. 액자에 넣지 않은 마돈나와 아기의 사진인데 내 취향에 꼭 맞는, 마돈나 그림 중에 가장 예쁜 그림이다.

그런데, 미안하지만 내가 쓴 상투에 관한 편지의 사본을 보내 줄 것을 부탁한다. 그것을 오려서 보내라. 내가 가지고 있던 사본을 잃어버린 것 같다.[12] 그리고 유진의 편지가 『옵저버』에 게재되었으면 그것도 여벌 사본을 부탁해. 네가 하든지 아니면 에바에게 부탁해라.

어머니께 아기를 위한 작은 스타킹들을 될수록 빨리 보내달라고 말해 줘. 스미스 상점에 보내서 즉시 이곳으로 운송될 수 있게 하는 것이 좋겠다.

요즘 여기는 많이 서늘해져서 다음 주쯤에는 서울로 내려 갈 생각을 하고 있다. 유진과 해리슨 씨가 금명간 선교여행을 떠나기를 원하

---

12 로티가 고향의 어느 간행물에 편지 형식으로 상투에 관한 글을 보내어 그것이 간행물에 실렸던 것으로 짐작된다.

고 있고, 나는 드루 씨네가 연차회의를 위해 군산에서 돌아올 때까지 강가에 사는 밀러 씨네로 가서 지낼 계획이다.

다시 네게 긴 편지를 쓸 수 있기 바라나, 지금은 네가 나의 편지에 대한 답장에서 말한 모든 것에 우리 두 사람이 동의한다고만 말하겠다.

우리 모두로부터 많은 사랑을 담아서,
로티

추신. 어머님께서 허리가 잘록한 예쁜 블라우스를 교회에 입고 가신 것이 기쁘다.

1896년 8월 21일
삼막사

사랑하는 어머니

어머니께 몇 가지 질문이 있습니다. 시간이 되시는 대로 대답해 주십시오. 제가 아기에 대해 궁금한 것들이 아주 많아서, 이 편지를 우선 어머니께서 읽으시는 것이 좋을 듯합니다.

1. 아이에게 변기를 사용하는 법을 언제부터 가르쳐야 할까요? 그리고 그 방법은?
2. 이유식은 언제부터 하기 시작하셨고, 무엇을 주셨는지요?
3. 쌍둥이들이 처음으로 입었던 내리닫이 속옷의 그 작은 본이 아직 있으시면 저에게 보내 주시겠어요?
4. 플란넬 케이크의 레시피를 보내 주시는 것을 부디 잊지 말아주세요. 메밀빵이 너무 맛있었습니다. 플란넬 케이크도 성공적으로 만들어 보고 싶습니다.

제가 어머니께 이런 질문들을 드리는 것을 보고 제가 어떻게 육아의 일을 감당하는지 알고 싶으실 것 같습니다. 제가 이곳의 사람들을 잘 알고 또 그 자녀들을 보게 되는데, 그들이 이런 문제들로 고민을 합니다. 볼링이 두 살인데 아직까지 늘 기저귀를 차고 있으며, 아직 고형식은 전혀 먹지 않고, 멜린 이유식[13]과 우유로 사는데, 제겐 너무

---

13 원문에 Mullens Food이라고 되어있는데 Mellin's Food의 오기로 생각된다. Mellin's

뒤진 것 같은 생각이 듭니다.

저는 전보다 많이 건강해지고 입맛도 좋고 가끔 허리가 아픈 것 외에는 아주 잘 있습니다.

에비슨 의사가 이번 주에 하루 종일 그리고 밤에도 저희들과 함께 보냈는데, 아기가 잘 회복되었고 발육 상태가 좋다고 합니다. 요즘은 일주일에 반 파운드씩 늘어갑니다.

육아에 대해서 무엇이든지 제게 말씀해 주실 것이 있으시면 해주십시오. 저는 어머니로부터 소식 듣는 일이 너무 기쁩니다.

사랑으로

로티

Food은 보스턴의 멜린 식품회사 Mellin's Food Co. 에서 생산하던 분말 유아식. 1896년 7월 18일 유진이 어머님께 보낸 편지 참조.

1896년 9월 18일[14]

유진이 어머님께 부산에서 편지를 드렸을 것으로 알고, 그 편지를 통해서 유진이 긴 선교여행을 떠난 것을 알고 계실 것으로 짐작합니다. [저도 유진이] 제물포항을 떠난 이후로 그에게서 아무 소식도 듣지 못했습니다. 제가 조금 더 일찍 소식을 드렸어야 했지만 아기의 짧은 옷들을 만들고 피클과 프리저브를 만드느라고 늦었습니다.

아기는 아주 건강하고, 매일 매일 귀엽고 호기심 많은 아이로 커갑니다. 아기의 사진을 찍었으니 곧 보내드리겠습니다.

지금 이곳의 날씨가 아주 좋으니 [선교]여행 중인 사람들도 좋은 시간을 갖게 되기를 바랍니다.

저는 아주 편하게 잘 지내고 있지만 유진을 몹시 그리워합니다.

모두들 안녕하시기를 빕니다.
L.W.B. (로티 위더스푼 벨)

---

14 원문에 수신인이 특정되어 있지 않다. 내용상 유진의 어머님께 보내는 편지로 생각된다.

1896년 11월 12일
한국, 서울

사랑하는 아버지

지난주에는 우편물이 소량이었는데, 어머니의 안면통에 대한 (이제는 다 나으셨기를 바라요.) 소식이 담긴 아버지의 편지와 어머니께서 보내주신 신문 스크랩 봉투 하나가 있었습니다. 그 안에 벽지 샘플이 몇 개 있었는데 어머니 방의 벽지라고 짐작합니다. 벽지가 예뻐요.

지난번에 아버지께 소식 드린 후 저희는 연차 회의를 마쳤습니다. 지금은 선교사 일행 전체가 남쪽으로 여행을 떠날 차비를 하고 있습니다. 그 후에 군산에서 연기되었던 회의를 가질 계획입니다. 세 번째 선교 지부를 어디에 두어야 할지 결정짓지 못해서 한 번 더 지역을 살펴보고 결정지으려고 합니다. 그래서 배편이 생기는 대로 모두 함께 떠나려 합니다.

드루 가족은 전킨 가족과 테이트 남매와 더불어 서울로 오지 않았는데, 드루 의사 생각에 그의 부인과 아기가 6일간 정크선을 타고 와야 하는 여행을 견딜 수 없을 것이라고 생각했기 때문입니다. 그러나 며칠 후면 증기선편이 있을 것이라는 소식이 있으니 그들도 좀 늦게라도 돌아오겠지요. 테이트 남매, 미스 데이비스, 전킨 씨, 해리슨 씨, 레이놀즈 씨, 그리고 유진 모두 함께 다시 정크선을 타고 가서 거기서 내륙 지역으로 들어간다고 합니다.

이번에 저는 그냥 집에 머물러 있을 예정입니다. 유진이 제가 혼자 있어 보겠다고 한 것에 대해 동의한 것이 매우 기쁩니다. 제가 너무 외롭거나 헨리가 아파지면 그때는 벙커 부인의 작은 손님방으로 옮겨서 거기서 먹고 자고 할 것입니다. 사람 좋은 노인이 문하인으로 있고, 맹세계가 문하인 집에서 함께 잘 것입니다. 아마가 저와 함께 저의 방에서 지내고, 대문 옆 문하인 집에 남자 둘이 있을 테니 문제가 없을 것입니다.

아버지께서 아기의 사진들을 받아보셨기를 바라요. 사진들을 오래 전에 보냈는데, 그 이후로 아기가 많이 자랐고 제가 만든 짧은 옷을 입은 모습이 너무 예뻐서 사진을 찍어서 하나 더 보내드리고 싶습니다. 아기가 며칠째 짜증을 부리는데 이가 나오려고 잇몸이 아픈 것이 아닌가 싶습니다. 지금처럼 이가 없는 귀여운 대머리 아기로 있을 수 있다면 이 나오는 것은 몇 달 정도 더 기다려도 오히려 좋겠습니다.

여기에 아기의 세례증서와 이번 4분기 아기 적금을 위한 수표를 동봉합니다. 아기를 위해서 은행에 넣어 주세요.

미스 잉골드가 이곳으로 떠나오기 전에 모두들 그를 만나 보셨으리라고 생각합니다. 그랬으면 좋겠는 것이 최근에 우리 식구를 본 사람을 만나 보는 것이 제게 너무 기쁠 것이기 때문입니다.

미스 제이콥슨이 최근에 열이 나고, 저희는 장티푸스가 아닐까 싶어서 걱정했었는데, 그냥 말라리아로 생각됩니다. 이제 그를 방문하러 가려 하니 편지는 이것으로 끝맺겠습니다.

최고의 사랑으로,
로티

1896년 12월 1일
한국, 서울

사랑하는 어머님[15]

유진이 스콧에게 보내는 편지를 제게 보내서 부쳐 달라고 했습니다. 그래서, 그렇지 않았더라면 지난주에 썼어야 할 어머님께 드리는 편지를 쓰지 않았습니다. 유진이 떠난 이후로 저는 왠지 일이 많아서 주체하기가 힘듭니다. 이런 저런 이유로 월동준비를 미리 하지 못했기 때문에 유진이 떠난 후에는 모든 일이 제게 맡겨졌습니다. 석탄 넝어리를 만들어야 하고, 나무도 잘라야 하고, 채소도 보관해야 하고, 갈라진 벽을 보수하는 일 등등입니다.

매일 아침 2시간을 선생님과 보내려 노력하고 있습니다. 그러고 나면 하루가 해야 할 일들로 가득 차게 됩니다.

아기가 두 주를 보채더니 지난주에 이 하나가 잇몸을 뚫고 나온 것을 보았습니다. 태어난 지 여섯 달이 되기 꼭 한 주 전이었습니다. 그런 후로도 계속 똑같이 보채서 이가 다시 나오는지 매일 살펴보고 있습니다. 아기가 나날이 더 귀여워져 가고, 또, 제가 믿기에, 더 약아져 갑니다. 이제는 혼자 잘 앉아 있기도 하는데, 지쳐 쓰러지는 것에 대비해서 베개들을 주위에 잔뜩 깔아 놓아야 합니다. 아기가 목욕하는 것을 아주 좋아합니다. 저희 둘 다 그것을 즐깁니다. 이젠

---

15 Dear Mother. 유진의 어머님께 보내는 편지. 로티가 자기 어머님께 보내는 편지는 Dear Mamma라고 쓴다.

아기를 위한 목욕수건이 항상 따로 있어야 합니다. 제 것을 아기를 위해 쓸 수가 없습니다. 아기가 너무 통통해서 살이 겹쳐진 부분을 꼼꼼히 씻기고, 수건으로 닦고, 베이비파우더를 바르는 일이 제법 큰일이 되었습니다. 손목의 모양이 꼭 무슨 줄을 감아 놓은 것 같습니다. 눈동자가 점점 더 짙은 색으로 되어갑니다. 얼마 후에는 눈동자가 그의 아빠의 것과 똑같이 되겠지요. 이 귀여운 작은 아기가 저희 두 사람에게 말로 표현할 수 없을 만큼 항상 커다란 기쁨인데, 유진이 집을 떠나고 없는 지금, 아기가 저에게 얼마나 커다란 위안이 되는지 아무도 모르지요.

유진이 집을 떠나면 저는 끔찍이도 유진을 그리워합니다. 특히 지금처럼 혼자 지낼 때 그렇습니다. 그래서 제가 몹시 바쁜 것은 아주 좋은 일입니다. 제가 다른 사람에게 남편에 대해서 이야기하는 법이 전혀 없고, 다른 여자들이 자기들 남편에 대해 이야기하는 것을 좋아해 본 적이 없지만, 그래도 제가, 유진은 더할 바 없이 사랑스럽고 좋은 사람이며, 인내심이 아주 많고, 온화하고 분별력 있는 사람이라고 말씀드리는 것을 어머님께서는 마다하지 않으시리라고 믿습니다. 제가 위로와 충고와 도움이 필요할 때마다 찾아갈 수 있는 유진이 만약 제게 없었더라면, 제가 어떻게 이 토착민들과 하인들, 그리고 이곳에서 살면서 경험하는 기이한 많은 일들로 인해 생겨나는 시련들을 견뎠을지 짐작이 가지 않습니다. 저의 책임인 살림에 관한 일을 유진이 돕도록 제가 허락하는 것은 잘못된 일이라고 제가 자주 말하는데, 그러면 유진은 오히려 가사 일에서 절대로 배제되고 싶지 않다고 합니다. 저는 제가 너무 태만해질까 봐, 그래서 언제나 많은 것들을 그에게 의지해야 하게 될까 봐 걱정이 됩니다. 전반적으로 볼 때 저희 부부가 고국의 다른 젊은 부부들보다 여러 면에서 염려해야 할 일이 많지 않은 형편이지만 그래도 이 사람들과 살아가려면 저희는 매일, 매시간 기도로 지혜와 재치와 인내를 구해야 합니다.

어머님께서 편지를 쓰셨을 때는 이미 많이 나아지셨다니 매우 기쁩니다. 지금쯤은 다 나으셨을 테니, 어쩌면 수년 내 그 어느 때보다도 더 건강하게 느끼실 것으로 믿습니다. 저도 다시 찾은 건강과 강건함을 감사하며 즐기고 있습니다. 지난여름은 저희들 두 사람에게 몹시 힘든 날들이었습니다. 그러나 지금은 그 어느 때보다도 건강하고, 다시 찾은 건강을, 몇 달 동안 몸이 약해서 고생하던 사람만이 할 수 있는 그런 방식으로 만끽하고 있습니다.

유진이 어머님께 사진들을 보내드릴 것을 부탁했는데 제가 오늘에야 부쳤습니다. 사진 뒤에 번호를 적고, 따로 각 사진에 대해 간단한 설명을 적은 것을 보내드렸습니다. 유진이 있었다면 길게 설명을 적어 보냈을 텐데 죄송합니다.

유진이 크리스마스 때는 집에 올 것으로 기대하고 있습니다, 그래서 그때를 위해 준비하고 있고, 오늘은 다진 고기를 만들었습니다. 어머님의 블랙 케이크가 아직도 남아 있다고, 그것을 크리스마스에 쓸 계획이라고, 기쁜 마음으로 말씀드립니다. 벙커 부인을 통해서 얼마 전에 영국 공사관에서 세일을 할 때 서재용 의자 하나를 구입했어요. 유진에게 줄 크리스마스 선물입니다. 또한 어머님의 사진을 넣을 액자도 준비했습니다. 헨리를 위해서는 감리교 선교회 소속 여자 중에 한 사람이 썩 괜찮은 유아용 높은 의자[16]가 더 이상 필요하지

---

16 원문엔 hair chair라고 되어있다. high chair의 오타로 생각된다.

않다고 파는 것이 있어서 그걸 사려고 합니다.

어머님과 식구들 모두 즐거운 크리스마스와 행복한 새해를 맞으시기 바랍니다. 그리고 고국의 모든 상황이 좋아지기를 바라요. 비록 어머님과 식구들이 은화자유주조 쪽을 지지하는 것은 알지만 여기 있는 저희들은 모두 이번 선거에서 건전한 통화 정책 쪽이 승리한 것[17]을 기뻐합니다. 은본위제를 실시하고 있는 여기 동양의 나라들이 처한 상황에까지 저희의 사랑하는 고국이 추락하는 것을 보는 것은 너무 가슴 아픈 일이었을 것입니다.

지금 식사 시간이 되었으니 이만 줄이겠습니다.

서둘러 모두에게 사랑으로 전하며

로티

추신. 유진의 새 양복 샘플 - 한 벌에 은화 17불입니다!

---

17 1896년 11월의 미 대통령선거에서 은화자유주조 운동의 가장 강력한 정치인인 윌리엄 제닝스 브라이언(민주당)이 공화당의 윌리엄 맥킨리에게 패한다. 은화자유주조 운동(Free Silver Movement)은 은화를 통화에서 제외한 1873년의 통화법에서 촉발된, 은도 금과 같이 정부가 보장하여 자유롭게 주조하도록 하게 하자는, 금은 양본위제를 주장한 운동. 중서부와 남부의 농민들과 서부의 은광업자들의 지지를 받았으며 1896년 대통령선거 때에 절정을 이루었지만 선거에서 패배하고, 그 후 미국의 화폐는 금본위제로 굳어진다.

1896년 12월 20일, 일요일 오전, 11시
한국, 서울

사랑하는 에바

나의 조그만 아들이 혼자 놀고 있는 동안, 네게 편지를 쓴다. 조금 더 만족할 만한, 적어도 나한테 만이라도, 편지를 너에게 써 보낼 수 있는 기회가 되기를 바란다. 한동안 그런 기회가 내게 허락되지 않았다.

지난주는 크리스마스 준비를 하느라고 꽤 바빴다. 유진이 돌아오기 전에 커튼을 세탁하고, 집안 대청소도 하고, 다리에 예방주사를 맞아서 아픈지 극도로 성질부리고 짜증을 내는 아기를 돌보아야 했다. 어느 날 밤에는 고열이 있었는데 최악의 상태는 지나갔기를 바란다. 예방주사 효과가 확실히 있어서, 아직은 아기의 다리가 뜨겁고 부었으나, 오늘은 많이 좋아 보이는 것을 보니 확실히 아기가 괜찮아 가는 것 같다. 이제는 아기가 천연두에 걸릴 걱정을 하지 않아도 되니 많이 안심이 된다. 아기의 두 번째 이가 2~3주 전에 나왔다고 내가 이야기한 것으로 믿는다. 어떤 잡지에 실린 한 아기 사진이 우리 헨리가 목욕할 준비가 되었을 때의 모습과 너무 똑같아서 그걸 오려서 여기에 동봉한다.

버넷 부인을 위해서 우표들을 보낸다. 그것들을 웨버 부인이 내게 주었고 편지 봉투도 하나 주었다. 폴린과 메이블이 우표가 붙어있는 편지 봉투를 모으기 시작할 수 있으면 좋을 것 같다. 발루 씨 말로는 우표가 붙어 있는 편지 봉투가 그냥 우표보다 훨씬 더 가치가 있다고

한다. 내가 몇 개를 그에게 보냈는데 그가 얼마나 좋아하던지, 그리고
는 그 대가로 『하퍼스 바자』, 『레이디즈 홈 저널』 등 잡지와 신문
꾸러미를 한 달에 한 번 정도 보내 준다. 나는 헨리를 위해서도 우표와
편지봉투들을 챙겨두고 있다. 어머니께서 우리를 위해서 하셨듯이
나도 헨리가 자라는 동안 그를 가르치고 그의 관심을 촉발할 만한
것들을 될수록 많이 챙겨두고 싶다. 이번 주에 헨리에게 줄 크리스마
스 선물에다 생일 선물까지 구입했다. 미국의 몇몇 주일학교에서 여
기 감리교 여선교사들에게 한국인 학생들에게 나누어 주라고 크리스
마스 선물들을 보내왔다. 그들이 필요한 것보다 물건이 더 많아서
지난 주 어느 날 세일을 했는데 장난감, 펜, 골무, 인형 등등이 있었
다. 나는 헨리의 크리스마스 선물로 솜을 넣어 만든 커다란 고양이를
사고, 또 인형 하나를 생일 선물로 샀다. 그리고 나는 어머님께서
나에게 보내 주셨던 전통적 복장의 여인들의 예쁜 그림과 같은 크기
의 그림 하나를 내가 가지려고 5센트 주고 사서 그것을 내 다른 하얀
액자에 넣어 걸었다. 내가 산 그 그림은, 네가 보았을지도 모르는데,
초록색의 오목한 접시에 빨간 장미 하나가 꽂혀 있고 플랑드르 장미
들[18]이 고개를 내민 그림이다.

여기까지 써 놓고는 유진과 나는 거의 두 시간을 우리의 희망인
아기와 놀아주고, 먹이고, 잠재우는데 보냈다. 아마가 일요일 아침에
는 교회를 가고, 아기는 아마가 침대에서 그를 꺼내서 함께 놀아주는
것을 그리워한다. 우리는 차례로 아기와 놀아주는데, 아기가 너무

---

18 Flemish ones (roses). Flemish (=of Flanders) rose는 장미를 그리는 특수한 기법
을 일컫는다.

무거워서 나는 한 번에 몇 분 이상은 안거나 걸릴 수 없는데, 아마는 한 번에 한 시간씩 아기를 데리고 놀면서도 피곤하지 않다고 말한다. 지난 며칠간은 아기가 오렌지를 너무 먹고 싶어 했는데 드루 의사가 매일 아기에게 주스와 설탕을 얼마씩 주라고 한다. 어제는 유진이 오렌지 하나를 먹고 있는 것을 보고는 달라고 보채기를 결국 작은 조각을 하나 얻어먹을 때까지 했다.

유진과 전킨 씨가 떠난 지 30일 만인 금요일 오후에 도착했고, 드루 의사는 남은 물건들과 약을 옮겨가기 위해 어제 도착했다. 그는 지금 우리와 함께 우리 집에서 지내고 있다. 레이놀즈 씨는 자전거를 타고 수요일 오후에 왔다. 한국인들은 그가 그렇게 빨리 온 것이 상상이 되지 않는가 보다. 전주에서 이곳까지 말을 타고 오면 6일이 걸리는 길을 이틀 만에 온 것이다. 그들은 거듭해서 "한 날 이백 육십리 – 아이고 han nal epak yuk sim li – Igo!" "In one day 260li 하루에 260리!"를 반복하고 있다. (3리가 1마일이다.) 나도 당장 유진에게 자전거를 사주고 싶다. 우리 선교사 중에 자전거가 없는 사람은 유진 뿐이다.

저녁 7시 15분

점심식사 시간이 가까워 와서 오늘 오전에 편지를 끝낼 수 없었다. 점심식사 후에는 내가 가르치는 한국말 주일학교가 있었고 그 다음엔 영어 예배, 그리곤 헨리를 잠재우고 저녁 준비하는 것을 봐주어야 했다. 나는 할 일이 모자라는 사람이 아니다! 어린 사내아이들이 일요일 오후에 오기 시작한 지 몇 주가 되었는데, 오늘은 크리스마스 때 그 아이들을 위해서 무엇을 해야 할지 유진과 의논을 하면서, 그 아이들이 크리스마스가 무엇인지 알고 있을까 하는 의문이 생겼다. 나의 의문이 곧 풀어진 것이, 마룻바닥에 앉자마자 그들이, "부인Pween, 언제가 예수님의 생일인가요?" "우리를 초대하실 것인지요?" "작년에는 차 부인(미스 테이트)이 <u>아주</u> 커다란 나무에 등을 많이 달았는데 보기에 아름다웠어요." 그리고 "차 부인이 저희에게 주머니(내가 너희에게 보내준 담배주머니 같은 것인데 헝겊으로 만들어진 것)를 주었어요." 또 "차 부인이 저희에게 모자를 주었어요" 등등 말을 하고는 끝에는 "아이고, 아주 멋있었어요"라고 했기 때문이다. 나는 그들에게 크리스마스가 언제인지 알려 주고, 그날 그들을 초대할 것이지만 작년에 미스 테이트가 했던 것처럼 좋은 시간이 될지는 약속할 수 없다고 말했다. 몇몇 아이들은 새로 온 아이들이었는데, 미국의 아이들과 마찬가지로 세상 어디서건 크리스마스가 가까워 오면 아이들이 모여드는 것이다. 사람의 본성은 세계 어디서나 똑같다. 우리가 우리의 영어 예배에 가기 위해 대문을 나서는데, 주일학교에는 들어오지 않았던 사내아이 하나가 급히 달려와서, "예수님 생일이 언제 와요?"라고 물었다. 그 아이가 무언가를 받을 것을 기대하고 크리스마스 때 올 것이라고 생각한다. 이 일을 어떻게 처리해야 할지 모르겠다. 이웃에 있는 아이들 모두에게 선물을 줄 수는 없고, 그렇다고 크리스마스 때 오는 아이들을 실망시키는 것도 싫다. 금요일까지는 무언가 계획이 서있어야 한다. 주일학교에서는 그들이 아는 찬송가 몇 곡을 부르고, 새 찬송가를 가르친다. 그리고 십계명과 주기도문도 배운다. 몇 주 후부터는 그들에게 『피프 오브 더 데이 Peep of the Day』[19]를 읽어주기 시작하고 싶다. 나는 그 책을 조금씩, 전에 내 선생님이었다가 요즘 다시 매일 가르치게 된 김 서방과 함께 읽고 있는데, 그가 그것을 매우 좋아하면서 자주 "옳은 말씀이오 orun malsimio" – "yure words"[20]라고 말한다.

지금의 하우스 보이가 얼마나 좋은 하인인지 네가 알면 분명 기뻐할 것이다. 그는 세례는 받지 않았지만 마음으로는 신실한 기독교인인 것으로 나는 믿는다. 그가 온 이후로 맹세계도 교회에 정기적으로 나가는데, 우리 보이가 맹세계에게 좋은 영향을 주게 되기를 바란다.

유진이 떠나 있고 아마가 우리 집에 머무는 동안, 나는 아마의 글공부를 최대한 도와주려고 노력했는데, 아마는 이미 젊은 나이가 아닌 탓에 쉬운 일이 아니었다. 아마가 교회에서 찬송가를 찾기 위해 번호 읽는 법을 배우려 무진 애쓰고 있는데 아직까진 성공적이지 못하다. 한국 여자들은 그런 식으로 [교육에] 마음을 정진하는 훈련이 전혀 되어 있지 않다. 아마에게 그게 매우 힘들다. 아마는 정말 신뢰할 만한 여자이고 불평을 하는 법이 없어서 나에게 큰 힘과 위로가 된다. 우리는 그에게 크리스마스 때 이불을 만들 재료를 선물하려고 한다. 아마 집엔 이불이 하나밖에 없어서 모든 식구들이 그것을 함께 덮고 따뜻한 바닥에 누워서 잔다. 아마는 우리 집 소파에서 따뜻한 이불을 덮고 잠자는 것을 아주 좋아했던 것 같다. 그들에 비하면 우리는 얼마나 편하게 살고 있는 것인지.

부승이에게 크리스마스 선물로 줄 새 옷을 만들기 위한 옷감을 일

---

19 원제는 『The Peep of Day』, 저자 Favell Lee Mortimer. 1849년에 영국에서 발간된 유아 종교교육용 책.

20 원문에 "orun malsimio" 바로 이어서 그 한국말의 뜻을 설명하여 "yure words"라고 되어있는데 "yure"는 오타일 것이다. 원래 무슨 단어를 쓸 의도였는지 불분명하다. true words? pure words?

주일 전에 마련했다. 그와 우리 아기는 서로 좋은 친구가 되었다. 헨리는 우리 집 고양이 "타이거"를 빼고는 자기가 알고 있는 주변의 어떤 사람보다 그가 제일 흥미 있는 사람으로 생각하는 것 같다.

화요일

오늘 이 편지를 우편국으로 보낼 좋은 기회가 생겨서 여기서 끝내 겠다.

우리는 고향집에서와는 전혀 다른 방식이기는 해도 크리스마스 때문에 몹시 바쁘다. 식구들이 몹시 그립겠지만 그래도 크리스마스 를 즐겁게 보내고 싶다.

D가 보낸 A의 책이 도착했다.[21] 아주 재밌게 읽었다. 아버지께서 유진에게 보내주신 책은 도착했으나 내 책은 아직 안 왔고 "토미"[22]도 오지 않았다.

사랑으로,
로티

---

21 원문은 "D's A's book came." 'D(=동생 Dwight?)가 보낸 A 저작의 책'이란 뜻이 아닐까 생각된다.
22 원문 "Tommy". 책 제목인지 저자인지, 또는 보내는 사람의 이름인지 확실하지 않다. 로티의 동생 중에 Thomas Dwight가 있는데 통상 Dwight라 칭하고, Tommy= Thomas라 칭한 예는 아직 없다.

1896년 12월 29일, 화요일 오전, 11시 30분
한국, 서울

사랑하는 에바

토요일 오후에 너의 길고 멋진 편지를 받았다. "토미"도 같이 왔고 플로렌스의 편지 두 통도 왔다. 우리는 우편물이 와 있는 줄도 몰랐는데 이웃 중의 한 사람이 자기 우편에 섞여 배달된 것들을 우리에게 보내 주었을 때 너무나 기뻤다. 크리스마스를 다시 맞는 것 같은 기분이었다. 플로렌스가 보낸 소포나 어머니께서 스미스 상점으로 보낸 것들은 아직 도착하지 않아서 유감이기는 했으나, 여기서 살다 보니 그런 실망에 곧 익숙해진다. 그러다가 기다리던 것이 도착하면 즐거움이 더해지는 것이다. 벙커 부인은 이번 크리스마스에 소포를 받았는데 1년 전의 크리스마스를 위해 보낸 것이었다.

이번 크리스마스엔 처음으로 나를 위한 스타킹을 걸지 않았는데, 헨리의 스타킹을 그의 작은 침대 옆에 걸어 놓고 내 스타킹은 걸 마음이 전혀 없었다. 하지만 유진과 나는 서로의 선물들을 준비하느라고 아주 재미있었다. 이번에는 내가 그보다 한 수 위였다. 유진은 내가 무엇을 선물로 준비했는지 전혀 몰랐지만 나는 그가 나를 위해 준비한 것 하나를 미리 알아냈기 때문이다. 너에게 말했는지 모르겠는데, 나는 벙커 부인에게 부탁해서 영국 대사관에서 있었던 세일에 나온 힐리어 씨의 서재용 의자를 사달라고 부탁했었다. 그 이튿날 유진이 벙커 부인한테 가서 자신이 세일에 갈 수 없으니 자기를 위해서 바로 그 의자를 입찰해 달라고 했던 것이다. 그래서 벙커 부인이 유진에게

7불 이상은 올라가지 말라고 충고했고 유진이 그 말을 듣고 7불에 입찰해 달라고 했다. 벙커 부인과 나는 이미 그 의자가 9불 가치가 된다는 것에 동의한 상황이었다. 벙커 부인이 9불에 나를 위해 그 의자를 사주었고, 유진은 누가 그 의자를 샀는지 모르고 자기 책상에 꼭 어울리는 의자를 놓친 것을 못내 아쉬워했다. 아버지의 것과 거의 같은 의자인데 다만 용수철이 있어서 뒤로 젖힐 수 있고 가죽 쿠션으로 되어 있다. 유진이 여행을 떠날 때까지 벙커 부인이 그것을 자기 집에 보관하고 있었고, 유진이 떠나자 나는 의자를 중국인 존에게 보내서 니스 칠을 다시 하게 하고, [혹시나 싶어서] 내가 사람을 보낼 때까지 그 의자를 우리 집으로 가져오지 말라고 했다. 그런데 아니나 다를까, 목요일 아침에 그가 의자를 머리 위로 들고 우리 대문을 들어섰고, 나는 가까스로 유진이 눈치채지 못하게 그것을 드루 의사가 쓰는 방으로 들여보냈다. 내가 전킨 부인을 위해, 전킨 부인이 레이놀즈 부인에게 크리스마스 선물로 줄 의자를 존에게 부탁해 만들게 하고 있었는데, 유진은 그 일 때문에 존이 나를 보러 왔다고 생각했다. 그 의자를 크리스마스 아침에 유진이 아직 자고 있을 때 드루 의사의 방에서 유진의 서재로 옮겨 놓았고 유진이 그것을 보고는 완벽하게 기뻐했다. 나는 또 유진의 어머니 사진을 넣을 참나무 액자를 존에게 만들게 하여, 아기가 아빠에게 주는 선물로 했다. 서재의 (스토브 뚜껑을 열기 위한 두껍고 좋은) 집게와 연필, 그리고 내가 손수 만든 캐러멜과 땅콩 캔디가 든 박스도 주었다. 나는 존에게 유진에게 준 것과 똑같은 것으로 아버지의 사진을 넣을 액자도 만들게 했는데, 존은 액자 하나에 유리까지 껴서 50센트밖에 받지 않는다.

유진은 영국 공사관에서 있었던 같은 세일에서, 벙커 부인을 통해서 내 선물로 천정에 거는 식탁용 램프를 사주었다. 그러나 유진은 그것을 나 몰래 들여오는 데 나만큼 성공적이지 못했는데, 그 미련한 문하인이 내가 그를 심부름시킨 것도 아닌데 그 램프를 유진한테 가져가지 않고 일부러 나한테 가져온 것이었다. 그래도 램프가 식탁 위 천정에 걸릴 때까지는 내가 전혀 몰랐던 것처럼 기쁜 크리스마스 선물로 받았다. 식탁 위에 밝은 불이 있는 것이 참으로 편리하다. 유진은 또 새 메모지 한 박스, 백합을 담을 중국산 용기와 백합 구근 두 개, 내 이름이 적힌 멋있는 수첩 등의 선물을 주어 나를 완전히 놀라게 했다. 나는 나의 전용 수첩을 가질 생각을 해보지 못했으나, 이제는 이제까지 가지고 있었고 먼저 번 문하인이 도랑에 떨어뜨렸던 수첩을 기쁜 마음으로 유진에게 자기 것으로 쓰라고 주었다. 너희들처럼 우체국이 있고, 도로에 차가 다니고, 전화가 있는 나라에서 사는 사람은 문하인과 메모를 우리가 [둘 다] 얼마나 긴요하게 이용하는지 전혀 감이 잡히지 않을 것이다.

나는 전킨 씨네와 레이놀즈 씨네를 크리스마스 점심 만찬에 초대했지만 그들은 각자 자기 집에 머물겠다고 했다. 그래서 우리는 드루 의사와만 함께 식사를 하게 되었으나 즐거운 날이었다. 만찬으로 굴 스프, 꿩고기, 셀러리, 감자, 구운 호박과 양배추 무침, 냉동 푸딩, 초콜릿이 섞인 하얀 케이크, 커피, 견과류, 건포도, 곶감dried kams, 캔디를 먹었다. 드루 의사가 우리에게 맛있는 중국 캔디가 담긴 커다란 박스를 선물하였다. 나는 중국인들이 그런 훌륭한 것들을 만들 줄 몰랐다. 그가 또 아기에게 고무공을 주었고 드루 부인이 아기에게 브라우니 인형[23]을 보내 주었는데 헨리가 그것을 진짜 좋아한다. 헨리는 그 인형을 아무 데나 집히는 대로 머리나 다리를 이빨로 깨물고,

인형을 향해 "바아바아", "다아다아" 하고 반 시간씩 소리 지르고, 그 모습이 우리에게 재미있듯이 자기도 재미있다는 듯이 때때로 소리 내어 웃는다. 윌리 전킨이 아기에게 커다란 솜을 넣은 수탉 인형을 주었는데, 우리가 준 고양이 인형에 관심을 보이지 않는 것만큼도 관심을 보이지 않아서 우선은 두 인형 다 치워 놓았다. 미혼의 숙녀들 중에 한 사람이 아기에게 코코넛 캔디가 겉에 입혀진 오렌지 한 봉지를 보냈다! 받은 즉시 그것을 아마에게 주었다. 레이놀즈 부인이 아기에게 피케 모자를 선물했는데, 크라운 단추가 있는 종류로, 아기가 그것을 쓰면 아주 귀여워 보인다. 아기가 좀 자라서 그 모자를 쓸 수 있으면 좋을 것이다. 내년 여름에 그런 모자 몇 개를 만들어 줄 생각이었다. 레이놀즈 씨네서 우리에게 캔디 한 박스를 보냈고 전킨 부인이 핀볼을 보내 주었다. 나는 전킨 부인과 레이놀즈 부인을 위해서 빨래자루를 만들어 선물했고, 우리 아기가 볼링과 에드워드에게 각각 구슬이 들은 자루를 선물하고 아기에게는 섀미가죽 신발 한 켤레를 선물했다. 나는 미스 데이비스를 위해서 침실용 신발을 만들고 있고, 한 켤레는 드루 부인을 위해서 이미 만들어 놓았다. 클렘 드루를 위해서는 구슬 자루, 루시에게는 인형, 그리고 미스 테이트에게는 단추 바구니를 선물했다. 벙커 부인을 위해서는 예쁜 손수건을 만들

---

23 브라우니(Brownie)는 스코틀랜드 전설에서 밤에 나타나서 몰래 농가의 일을 도와준다는 작은 요정이다. 영국과 스코틀랜드의 민담에 나오는 작고 부지런한 요정 혹은 꼬마 도깨비. 해리포터에 나오는 집요정의 모델이다. 팔머 콕스(Palmer Cox)가 1879년부터 1920년대에 책과 삽화에서 그려낸 브라우니 이미지와 비슷한 인형이 나오기 시작하며 매우 유명해졌다고 함. (출처: Wikipedia.org/wiki/Brownie. 이 인형의 폭발적인 인기와 자세한 발달역사는 http://museumblog.winterthur.org/wp-login.php?privacy=2&re에서 찾아볼 수 있음.)

었다. 벙커 부인이 나에게 줄 선물이 제물포항에 도착한 짐 속에 있다고 했다.

식구들이 크리스마스 선물로 무엇을 받았는지 보고 싶고 잠시라도 식구들과 함께 지낼 수 있었으면 하고 바라본다. 네가 사진들을 좋아하니 기쁘다. 내 생각에는 아기가 나이에 어울리는 아름답고 밝은 표정을 하고 있고, 드루 의사도 그렇게 생각한다. 드루 의사가 여행에서 돌아온 이후로 아기를 많이 돌보아 주었다. 아기의 다리는 거의 다 나아가고 있고 이제는 정상으로 돌아온 듯 착하고 귀엽다.

우리 모두 건전한 통화정책의 성공에 기뻐했다. 자유은화 쪽이 이겼다면 우리가 아주 많이 힘들었을 것이다. 아니, 헨리의 음식비가 너무 많이 들고 우리의 보험료가 아주 비싼데, 우리가 그것을 어떻게 견뎌내었을지 자신이 없다. 거기다가, 동양에서 사는 외국인 누구라도 자기 나라가 은본위제를 쓰고 있는 동양의 나라들과 동등한 차원에 있다는 생각은 견디기 쉽지 않다. 유진은 금본위제를 선호하지만 자기 집으로부터는 은본위를 지지하는 의견밖에는 듣지 못한다. 그들은, 그들의 삶이 거의 굶어야 할 정도로 궁핍해질 것이라고 느끼고 있음이 확실하다. 무엇 때문에 대부분의 농부들은 가난하고, 그들이 왜 모두 남부에 있는지는[24] 언제나 나에겐 삶의 수수께끼 중 하나일 것이다.

우리 하인들의 크리스마스에 대해서 이야기해주는 것을 잊어버렸다. 우리는 1불씩 하인들에게 주고, 우리 만찬 후에 그들에게도 크리스마스 만찬을 베풀었다. 그들의 메뉴는, 로스트, 꿩 한 마리, 감자,

---

24 원문은 "…. all of them down in the mouth"로 되어 있다. mouth는 south의 오타로 생각된다.

양배추 무침, 빵(그들이 밥 대신 빵을 원했음), 아이스크림, 케이크, 견과류, 과일과 캔디였다. 우리는 그들이 가장 원하는 것이 고기임을 알았기 때문에, 고기를 충분히 준비했다. 그 이튿날 아마가 우리에게, 크리스마스 날 여기서 먹은 음식에 "기운strength"이 너무 많아서 그 날 저녁과 그 이튿날 아침을 먹지 않았다고 말했다. 내가 모르는 어린 아이들이 다른 아이들과 함께 우리 집에 왔는데 그들에게 줄 선물봉투가 있었기 때문에 문제가 되지 않았다.

폴린과 그리고 너희들 모두 우리 집의 꽃들을 볼 수 있다면 얼마나 좋을까 하고 줄곧 생각했다. 거실 한쪽 구석에 화분 받침대 하나를 놓았는데 거기는 따뜻하고 햇볕이 잘 드는 반 창문이 있어서 꽃들이 잘 자란다. 방은 이런 모양이다.

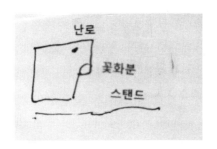

우리는 이 거실 옆에 있는 방에서 자고 아기도 거기서 잔다. 밤새도록 작은 난로를 피우기 때문에 물론 꽃들이 잘 자란다. 제라늄이 셋, 헬리오트로프 하나, 작은 센트리 플랜트가 둘, 큰 양치류 둘, 커다란 칼라 백합이 하나 있고 다른 하나는 거의 꽃이 피려하고 있다. 그리고 오목한 그릇에 담긴 중국 백합 두 개와 잉[25]이 하나 있다.

네가 보내준 체크무늬의 비단 샘플이 아름답다. 네 모자가 아름다울 것이 틀림없겠구나. 어머니의 모자도 그렇겠다. 웨버 부인과 알렌 부인이 옷을 그렇게 아름답게 입지 않았다면 고국에서 사람들이 어떤 모습일지 내가 전혀 짐작을 할 수 없었을 것이다. 그러나 두 부인이 옷과 모자를 파리에서 주문해 오니 그들이 의상에서 뒤지지 않을 것을 내가 안다.

발루의 아기에 대해서는 유감스럽다. 할 수 있는 대로 일찍 발루 부인에게 편지를 써야겠다. 편지를 쓸 시간을 내기가 너무 힘들다. 어젯밤에 이 편지를 쓰기를 원했지만 저녁 식사가 끝나자마자 헐버트 부부가 찾아왔다. 헐버트 부인은 나와 이야기하고 헐버트 씨는 유진과 체스 게임을 했다.

오늘 오후에는 다시 비숍 부인의 강의가 있다. 러시아에 속한 만주지방에 사는 한국인들에 대한 강의이다. 이 부인의 한국에 관한 책이 내년 여름에 출간될 것인데[26] 너희들 모두 그 책을 구해서 읽어야 한다.

『독립신문』에 실린, 한 미국인에 관한 책에 대한 기사를 [꼭 읽기를 바란다.][27] 저자가 더 이상 학부 대신이 아니라고 말할 수 있는 것이 기쁘다. 『독립신문』을 좀 더 오래 보내주고 싶으나, 내년에는 그 비용이 너무 많이 들어서 그럴 수가 없구나.

완두콩 씨앗을 될수록 빨리 보내줄 수 있기를 바란다. 많이는 필요 없다.

나의 사랑을 모든 친구들에게 전해주기 바란다. 사람들이 나를 기

---

25 원문 "an ing". ing가 식물명일 텐데 무언지 모르겠다.

26 Mrs. Isabellla Bird Bishop은 영국인 여행가로서, 1897년에 『조선과 그 이웃나라들 Korea and Her Neighbors』이라는 영문 여행기를 출판했다.

27 원문에 동사가 빠져있다. 짐작하여 번역했다.

억해준다는 것이 기쁘고, 네가 사무원 일을 좋아한다니 또한 기쁘다.

나의 사랑을 모두에게,
로티

추신. 너의 조카로부터 달콤하고 <u>촉촉한</u> 키스를 보내고 싶구나.

1897년

1897년 1월 7일
한국, 서울

사랑하는 어머니

모두들 저에 대해 많이 생각해 주네요. 어제 우편물이 또 왔는데 추수감사절 인사 편지들, 어머니의 카드, 아버지의 편지와 플로렌스의 것, 그리고 『센츄리』와 제가 언제나 반가워하는 신문 스크랩들이 있었습니다. 유진도 역시 집에서 편지 하나가 오고 그의 어머님께서 털실로 짠 슬리퍼를 받았습니다. 편지에 유진의 아버지가 스미스 상점에 10불을 이미 보냈거나 보낼 것이라고 하면서 무엇이든 헨리를 위해 쓰라고 했습니다. 그래서 저희는 드와이트가 가졌던 것 같은 양쪽에 말이 있는 의자를 주문하기로 했습니다. 남는 돈은 여기서 헨리의 큰 침대와 말 털로 만든 매트리스, 그리고 식탁용 높은 의자를 마련하는 데 쓰기로 했습니다. 중국인 목수가 헨리가 다섯 살 때까지 쓸 수 있는 큰 나무침대를 10불에 만들어주기로 했습니다.

동생들이 헨리를 위해 무엇을 주는 것이 좋을지 잘 모르겠습니다. 이 편지에 슬리퍼 견본들을 동봉하는데, 동생들이 그런 슬리퍼든지 아니면 빨간 터키모자를 주어도 괜찮을 것 같습니다. 저는 헨리의 터키모자 하나와 그것과 어울리는 빨간색 긴 겉옷을 꼭 갖고 싶습니다. 언젠가는 장난감 나무 블록이 필요할 거라고 생각하지만 지금 당장은 생각 나는 것이 없습니다. 우선 헨리가 제 은식기를 사용하도록 하고 아기가 더 생겨도 그렇게 할 생각입니다. 헨리의 은식기를 위해서 더 이상은 돈을 쓰기를 원하지 않는 것이 옷과 음식에 돈이 많이 들고 곧 책들도 필요하게 될 것이기 때문입니다. 전킨 부인이 헨리에게 알파벳이 적힌 작은 양철판을 주었는데, 아기가 그것을 매우 좋아합니다. 저희가 쓰던 알파벳 판이 생각나게 했습니다.

아기의 사진들이 어머니를 매우 기쁘게 했다니 저도 기쁩니다. 독사진에서 헨리는 저를 보고 있었는데, 아기가 사진에 그런 모습으로 보이게 될지 몰랐습니다. 아기의 눈이 점점 진한 갈색으로 변해가는 것이 나중에는 유진의 눈과 같아질 것 같습니다. 아기가 점점 개구쟁이가 되어 가고 틀림없는 사내아이입니다. 아기의 면역주사는 잘 되었고 그 부작용도 다 나아서 이젠 안심입니다. 그저께 밤에는 아기가 꽤 많이 시달렸고, 열이 나고 잠을 자지 못했으나, 기름 한 숟갈[1]이 그를 진정시킨 것 같습니다. 그래서 어젯밤에는 잠을 잘 잤고 오늘은 명랑할 대로 명랑합니다. 오래지 않아 이도 새로 나올 것 같습니다.

그런데 어머니, 아이에게 변비가 생기면 어떻게 해야 하는지 말씀해 주세요. 저는 나름대로 다른 아기들한테 잘 듣는다는 손쉬운 방법들을 다 써보았지만, 제 아기에게는 전혀 소용이 없습니다. 오렌지 쥬스를 매일 먹이면 될 것으로 기대했는데 그것도 듣지 않아요. 드루 의사와 에비슨 의사 둘 다 "아기에게 약은 주지 말라"고 하는데 그들이 해 보라고 한 방법이 하나도 듣지 않습니다. 변비가 매일 생기는 건 아니지만 확실히 그런 성향이 많습니다.

오늘 스미스 상점으로 주문 목록을 보내는데, 거기서 저희가 주문한 것들을 보낼 때, 지난 가을에 집에서 그곳으로 보내주신 소포도 함께 보내게 되기를 바랍니다. 제가 물건들을 곧바로 받지 못하더라

---

1 원문엔 "a dose of oil"로 되어 있다. 옛날에 피마자유를 변비에 쓰긴 했다지만 여기서는 무슨 기름인지는 모른다.

도 괘념치 마세요. 저희는 그걸 일찍부터 배웠습니다. 지금 이 편지에 적어 보내는 것들을 될수록 빨리 스미스 상점으로 보내주시면, 제가 스미스에 연락해서 될 수 있는 한 빨리 저희에게 보내달라고 부탁하겠습니다. 어차피 어머니께서 그 물건들을, 제가 지금 주문하는 물품과 함께 올 수 있도록, 그곳에 보내실 수는 없을 것입니다.

씨앗 주문은 버피의 사서함으로 1.50불과 보내주시고, 디어링 씨한테는 제『하퍼』와 여분의 우표 값으로 3.60불을 보내주시고 "97년 1월호"부터 보내라고 해주세요.

모든 보험서류를 저희들에게 넘겨주시면 더 좋을 거라고 생각하지 않으세요? 지금으로서는 보험료를 때맞추어서 보내는 것이 쉽지 않습니다. 언제 얼마나 지불해야 하는지 지금 같아선 알기 힘든데, 잘못될 위험을 피하고 싶습니다. 어떻게 하는 게 최선인지 어머니의 생각을 알려주세요.

어머니께서 말씀하셨던 작은 내리닫이 속옷drawers 12벌을 스미스 상점으로 보내주시면 좋겠습니다. 그 이상은 필요 없을 것 같고, 12벌이면 짐이 그리 크지 않을 것 같습니다. 그리고 사이즈 5 신발에 맞을 검은 면양말 세 켤레가 필요합니다. 더운 날씨에는 아기에게 양말과 슬리퍼를 신기려고 합니다. 검은 면 스타킹 세 켤레도 부탁합니다. 이곳에 보내는 것이라 해도 너무 비싼 것은 피해주세요. 사이즈 5짜리 까만 슬리퍼 한 켤레가 필요합니다. 30센트 이상은 들지 않을 것 같은데 잘 모르겠습니다. 그리고 한 살짜리 사이즈로 목이 파지고 거즈로 만든 반팔 셔츠 3벌이 필요합니다. 초여름에 목을 덮는 긴 소매 크레이프 플란넬 셔츠를 제가 직접 만들려고 합니다. 거즈 셔츠는 더울 때 입힐 것입니다.

아기의 셔츠에 띠를 하는데 하얀 비단 띠 한 볼트[2]가 필요합니다. 한 볼트에 11센트라고 알고 있습니다. 저는 새 블라우스 한 벌이 있으면 정말 좋겠습니다. 만일에 스미스 상점으로 소포로 부치는 값이 너무 비싸지 않다고 생각되시면 블라우스를 위한 옷감도 충분하게 보내주십시오. 보라색 계통이나 분홍색을 원합니다. 에바가 제게 그것을 어떻게 만드는지 가르쳐줄 수 있을 거예요. 그리고 타이를 세련된 것으로 50센트에 하나 구해주실 수 있으신지요? 결혼식 때 썼던 것이 이젠 많이 낡아졌습니다. 검정 비단으로 만든 벨트가 필요합니다. 제가 가진 버클에 맞는 폭을 샘플로 보냅니다. 새로 만드는 블라우스를 제 검정 비단 스커트에 맞추어서 한번 입어보고 싶습니다. 저의 금색 버클을 사용하는 사람이 없다면 그 버클과, 폭이 그것에 맞는 벨트를 가졌으면 정말 좋겠습니다. 에바가 그것을 쓰고 있다면 보내지 마세요. 제겐 은색 버클이 있으니까요.

봄꽃을 살 수 있는 대로 되도록 빨리, 비싸지 않은 것 몇 개를 보내주십시오. 크림색 짚으로 만든 억샌 제푸 모자chefoo hat에 꽂을 것입니다. 밀러 부인이 제게 사준 모자인데 간단하게 장식해서 더울 때 쓰려고 합니다. 초록색이면 제일 좋을 것 같은데, 목서초를 눈에 띄게 장식하고 그것과 어울릴 다른 것들이면 좋겠는데, 어머니께서 무엇을 구할수 있으실지 제가 모르겠습니다. 무엇이든지 50센트 정도에서 구입해주시면 될 것 같습니다. 모자가 은화로 50센트밖에 안하니까요.

동생들의 옷과 모자들이 분명 아름다울 것 같습니다. 예쁜 새 옷을 입고 있는 모습이 너무나 보고 싶습니다. 저는 제 오래된 옷들에 싫증

---

2 bolt: 두루마리 옷감의 단위. 1볼트=100야드.

이 나긴 하지만 아직은 입을 만합니다.

그런데, 작년에 보내주신 플란넬 옷은 너무 작아서 입을 수가 없습니다. 그리고 앞으로는 순모로 된 옷은 다시는 시도조차 하지 않기로 작정했습니다. 그래서 그 옷을 누구에게 팔 수 있을 지 알아보고 있는 중이고, 어머니께 다음 겨울에 입을 수 있도록 두꺼운 면으로 된 것 3벌을 구해주시기를 부탁드립니다. 그리고 <u>양모</u>로 된 검은 색 속바지 한 벌도 필요한데, 아직은 서두를 필요가 없으니 다음 편지에 사이즈를 알려드리겠습니다.

이제 이 장황한 편지를 매듭짓고 우편국으로 보내야 합니다. 모두들 안녕하시기 바라고 다시 연락드리겠습니다. 우리 모두의 사랑을 담아서,

로티

추신. 물품목록
- <u>검은</u> 양말 3켤레
- 헨리를 위한 <u>검은</u> 무명 스타킹 3켤레
- 검정색 슬리퍼 1켤레, 사이즈 5
- 1살짜리 거즈로 된 셔츠 3벌
- 하얀색 띠 1볼트
- 검정 벨트 1개, 허리 27인치
- 모자에 꽂을 꽃들
- 내 블라우스
- "넥타이" - 타이는 잊어버리세요.
- 헨리의 내리닫이 속옷

헨리의 옥양목 드레스는 염려하지 마세요. 제 옷들이 작은 이유는 전보다 제 몸무게가 많이 늘어났기 때문입니다. 2년 전에는 그 옷들이 아마 맞았을 거예요.

1897년 1월 8일[3]

어제 스미스 상점에 보낼 주문을 끝내고 이 편지도 써 보내기 위해 아주 애를 썼습니다. 그러나 이 편지를 어머니께서 때 맞춰 읽으시게 될지는 모르겠습니다.

제가 아기의 양말과 슬리퍼에 대해 마음을 바꾸었습니다. – 한국 사람들이 말하는 식으로 "다른 마음을 먹었습니다. eaten another mind." 어제 헐버트 부인이 제게, 신발을 한 켤레만 주문하면 충분하지 않다, 가을 주문이 지연될 경우에는 아이는 신발이 없게 될 것이고 어디 다른 데서 신발을 구하지도 못할 것이다라고 말했습니다. 그래서 스미스에 발목 위까지 오는 신발 두 켤레를 주문하고 슬리퍼는, 동생들이 슬리퍼 한 켤레를 아이에게 보내주지 않는 한 포기해야 할 것으로 생각됩니다. 그럴 경우 양말은 두 켤레면 되겠어요. 아마가 필요할 때마다 양말을 자주 빨 수 있으니까요. 날이 더울 때는 그 신발 신은 모습이 귀여워 보일 겁니다.

빨간 모자와 긴 겉옷은 가을까지 기다리겠습니다. 물건들 값과 보험료 명목으로 45불짜리 수표를 동봉합니다. 헨리의 속옷 12벌을 위해 우편료를 비싸게 지불할 의향이 제게 있습니다. 그것들이 꽤 비싸고 만들기도 힘들 거예요.

미스 제이콥슨이 죽음의 문턱에 있다는 것을 아시면 어머니도 슬프시겠지요. 간에 농양이 생겨서 내일 수술로 들어갑니다. 에비슨 의사

---

3 장소와 날짜가 적혀있지 않다. 내용상 전날 어머님께 쓴 편지의 연장이다.

는 거의, 또는 전혀 가망이 없다고 생각하는 것 같습니다. 어젯밤 미스 제이콥슨을 보았는데 아주 명랑했습니다. 그를 위해 더 많은 것을 하고 싶어요. 그러나 기도 외에는 어느 누구도 할 수 있는 일이 없습니다.

메이블이 나아지기를 바랍니다. 드루 의사 말로는 환경의 변화가 열을 떨어지게 할지도 모른다고 합니다.

사랑으로,
로티

1897년 1월 12일
한국, 서울

사랑하는 버논

네가 유진에게 보낸 긴 편지를, 거기에 아치의 편지도 동봉되어 있었는데, 받은 지는 오래되었지만, 시간을 내어서 너에게 따로 편지를 할 기회가 없었다. 오늘은 유진이 선교부의 재무 일을 보느라고 바쁜 사이, 유진이 선교회의 재무 담당자이다, 이 편지를 시작하는데, 끝마치려면 며칠이 걸릴지도 모르겠다.

최근에 나는 꼭 한바탕 병을 치르고 난 듯한 기분이다. 미스 제이콥슨의 일로 매우 불안한 시간을 보내 왔었기 때문이다. 그가 11주 간을 계속해서 고열이 있었고, 마침내는 의사들이 간에 농양이 생긴 것이 틀림없다고 동의했는데 그것이 사실로 입증되었다. 어제 아침에 수술을 했는데, 아주 위험한 수술이었고, 상황이 생각했던 것보다 훨씬 더 심각한 것을 알았다. 아주 오랜 수술이어서 그가 수술대 위에서 거의 죽을 상태까지 갔었는데 몇 시간 후 깨어났고 무사히 밤을 지냈다. 오늘은 그녀의 통증이 심한데, 우리 모두 최선을 바라고 있다. 숙련된 간호사인 벙커 부인이 미스 제이콥슨 곁에서 밤을 지내고, 낮에는 미스 화이팅 의사와 미스 웜볼드가 함께 있기로 했다. 미스 웜볼드는 의학 과정을 수강한 사람이다. 그래서 미스 제이콥슨은 그에게 필요한 돌봄을 모두 받고 있다. 에비슨 의사가 손수 수술 자리 처리를 모두 하고 어젯밤에도 밤새도록 환자와 함께 있었다.

나도 그를 위해서 무언가 하고 싶어서 수술 방 준비하는 것을 도왔다. 방 하나에서 가구를 모두 옮겨내고, 하인으로 하여금 석탄산수로 바닥을 소독하게 하고, 밀러 부인과 나는 나무로 된 부분과 테이블을 솔로 문질러 닦았다. 그녀가 누워서 죽어 우리를 떠날 지도 모르는 테이블을 닦아내는 내 마음이 섬뜩했다. 그렇게 수술 방을 준비하는 동안, 그 옆방에서, 미스 제이콥슨은 "내 주여 뜻대로 행하시옵소서"라는 찬송가를 부르고 있었고, 그러다가 우리를 모두 불러서 늘 그랬던 것처럼 침착하게 우리에게 이야기했다. 나는 실제로 환자보다도 에비슨 의사가 더 안됐다고 느꼈는데, 그가 짊어진 책임이 너무도 컸기 때문이었다. 그래도 그에게는 그를 도와줄 훌륭한 의사들이 있었다. 오늘, 몹시 쇠약해진 상태였지만, 미스 제이콥슨은 의사들에게 이후 무엇을 어떻게 해주기를 원하는지 이야기하고 있었다. 수술이 진행되는 동안 이곳의 선교사들이 모두 모여서 기도회를 가졌고, 토착인 기독교인들도 기도회를 가졌다. 오늘 아침 우리의 한국어 기도회에서, 너무 놀랍게도, 맹세계가 자기가 기도를 하도록 허락해 달라고 했고, 그는 그녀를 위해, 의사들 혼자 힘으로는 아무것도 할 수 없으니 도와 달라고 아주 간절히 기도했다. 맹세계는 기독교인인 티를 전혀 내지 않는다. 우리는 그가 왜 사람들 앞에서 기도하기를 원했는지 이해할 수가 없다. 한국인들에 대해서 내가 모르겠는 한 가지 일은, 그들은 누구든지 언제라도 사람들 앞에서 전혀 부끄러움 없이 기도를 한다. 나에게는, 하나님께 기도드리는 것이 얼마나 엄숙한 일인지 이해하지 못하기 때문인 것으로 생각된다.

아기는 계속 건강하고 날마다 귀엽게 잘 큰다. 이제 그 애는 말 몇 마디를 이해하는 것 같은데, 우리가 "키티, 키티kitty, kitty" 하고 부르면, 아기는 무엇이든 하고 있던 것을 멈추고 고양이를 본다. 고양이가 자기를 잡아보라고 아기를 아주 많이 유혹하기 때문에, 나는 헨리가 오래지 않아 기어 다니게 될 것으로 믿는다. 아직 이가 두 개밖에 안 났는데, 8개월 되기 전에 하나가 더 나오기를 바란다.

[뒷부분은 남아있지 않다.]

1897년 1월 25일
한국, 서울

사랑하는 어머니

지난주에 어머니께 편지를 드리지 않았는데 그것은 제가 플로렌스에게 긴 편지를 쓸 계획이었기 때문이었습니다. 그런데, 미스 제이콥슨이 일주일 전 일요일에 매우 상태가 악화되었고 수요일에 조용히 운명했기 때문에 그 편지도 쓰지 못했습니다. 그의 죽음은 저희에게는 거의 식구 한 사람을 잃는 것이나 마찬가지였습니다. 나중에 자세히 말씀드리겠습니다. 오늘은 제가 심한 감기 때문에 복용한 약의 부작용으로 몸의 상태가 좋지 않습니다. 감기 자체는 조금 나아졌지만 기운이 없고 아무 것도 할 수가 없네요. 헨리도 아주 지독한 감기에 걸렸었는데 지금은 훨씬 나아졌고, 1월 19일에 4번째 이가 나왔습니다. 어머니와 식구들 모두 안녕하시기를 바랍니다. 지난주에는 고향에서 온 우편이 아주 소량이었습니다. 플로렌스의 편지 한 통뿐이었어요.

로티

1897년 1월 28일
한국, 서울

사랑하는 플로렌스

네가 보낸 소포가 새해 첫날 오고 매번 우편물에 네 편지가 오는데
도 나는 네게 편지를 못 쓰고 있는 것이 마냥 똑같으니 정말 면목이
없다. 내가 그럴만한 이유가 많이 있었던 것이 사실이긴 해도, 그래도
내가 제대로 노력을 했더라면 조금 더 자주 편지를 쓸 수 있었을 것이
다. 새해 들어서 내가 성취해 놓은 것이 하나도 없는 것 같이 느끼고
있는데, 미스 제이콥슨의 두 번의 수술과, 마지막 열흘 동안의 고통이
지난 20일에 죽음으로 막을 내리는 일이 생겼다. 그의 죽음은 평화롭
고 조용했다. 이틀 후에 우리는 우리가 손수 만든 관에 그를 안치해서
한국인 기독교인들의 손에 의해 3마일 떨어진 외국인 묘지에 안장했
다. 그날은 추운 겨울 날씨였다. 해가 났지만 땅에는 눈이 깔려 있었
다. 나는 그 먼 곳까지 남여에 앉아서 가고 오느라고 감기에 걸린
것 같다. 내가 겪어 본 감기 중에서도 심한 경우였는데, 그 감기 때문
에, 아니면 오히려 드루 의사가 준 감기약 때문에, 이번 주 내내 집에
서 지냈다.

헨리도 같은 감기에 걸렸다. 불쌍한 것! 지금까지는 아무것도 듣지
않는 것 같은데 며칠 내에 감기 기운이 수그러들기 바란다. 1월 18일
3번째 이가 나왔고 19일 4번째가 나왔으니 아이가 8개월이 되기 전에
치아 4개가 나온 것이다. 아이는 이제 우리들을 붙잡고 일어나고,

아니면 침대 옆면을 붙잡고 일어나거나, 바닥에 놓으면 그를 넣어 놓는 큰 바구니[4]를 붙잡고 일어난다. 마룻바닥이 너무 차서 아이를 바닥에 앉히기가 두렵고, 그래서 바구니 안에 폭신한 담요를 충분히 깔아주면 아이가 그 속에서 앉아 있고 또 놀기도 한다. 그리고 고양이를 잡으려고 몸을 바구니 밖으로 뻗치기도 한다. 내가 "키티, 키티 kitty, kitty" 하고 말하면 알아듣고 고양이를 찾는다.

볼링 레이놀즈가 홍역을 앓고 있으니, 대체로 이곳의 서양 아이들이 홍역에 걸릴 것 같다. 나는 우리 아기가 홍역에 걸리지 않기를 바라지만, 드루 의사에 의하면 어릴 때가 홍역을 앓기에 가장 좋은 시기라고 한다. 볼링은 장난기가 아주 심하고 명석하며 잠시도 가만히 있지 않는다. 얼마 전 볼링의 엄마가 아기를 침대에 눕혀 낮잠을 재우고 잠시 부엌으로 갔다. 엄마가 나가자마자 아기가 자기 침대에서 나와서 침대 옆에 있던 테이블에 올라가 손에 잡히는 대로 모든 것을 내던지기 시작했는데, 그러는 내내 엄마가 들어오나 살피면서 영어와 한국말을 섞어서 "마마 톰, 볼링이 나쁜 아이 말해, 대디 주어, 볼링 아퍼, 구라러Mamma tome, say Bolling bad boy, daddy chewer, Bolling apper, kurarer" 하며 혼자 계속 중얼거렸다. 그 말의 뜻은 이렇다: "엄마가 오면, 볼링 나쁜 아이라고 말하고, 때려 주고, 볼링 아플 거야." 한번 누가 들어오는 기척을 듣자 다시 머리부터 침대 속으로 밀어 넣었지만 그것은 잘못된 경보였다. 그러다 실제로 엄마가 들어왔고, 아이의 짐작대로 되었다. 엄마는 "때려 주어" 했고 볼링은 매우

---

4 아기를 안전하게 넣는 그때의 유아 바구니는 무게가 꽤 있게 만들었고, 쇠나 나무로 만든 것도 있었다.

"아퍼"했다. 이 어린 아이가 엄마 말에 순종하기보다, 자기가 하고 싶은 대로 하고, 매 맞고 아픈 것을 택하는 것이다.

드루 의사가 다시 돌아왔고 짐을 싸느라고 바쁘다. 지금까지 같이 있으며 서로 잘 지내오긴 했지만, 그의 물건들이 모두 나가고 나면 지금보다 많이 편안해질 것이다. 이 편지에 우리 집 도면(1897.1.27. 자로 그린 도면이 편지 뒤에 첨부되어 있다.)을 동봉한다. 우리가 지금 어떻게 살고 있고 봄이 되면 어떤 구상을 하고 있는지 보여줄 것이다. 지금은 난방비를 아끼기 위해서 식사를 서재에서 한다. 그래서 서재와 거실 두 곳에만 난로를 피우면 된다.

어제 우편물을 받았는데 어머님께서 12월 14일 자로 쓰신 편지를 받았다. 어머님께서 어머니의 것과 에바의 드레스 샘플을 보내셨는데, 정말 예쁘다. 알렌 부인이 파리에서 드레스 두 벌을 구입했는데 어서 보고 싶다. 그러나 나머지 사람들은, 아니면 이곳의 대부분의 여자들은, 해가 바뀌어도 똑같은 옷을 입고 또 입는다. 그건 확실히 편리하다. 어머니께서 보내주시는 신문 스크랩을 우리가 즐겁게 읽는다. 쿠바 사태와, 그것을 둘러싼 미국민들의 열광이 어떻게 결론날지 관심이 많다.[5]

내가 말한 대로 새해 첫날에 소포가 왔는데 너무 좋다. 케이스도 예쁘고 겨울 코트도 예쁘다. 이 편지와 함께 종이 절단기와 밀러 부인에게 보내는 메모를 동봉한다. 부인이 보낸 겨울 코트는 헨리가 아직

---

5 스페인의 식민지였던 쿠바의 독립운동에 미국이 동조하면서 생기게 된 일련의 사태를 일컫는 듯하다. 그 결과 미국과 스페인이 전쟁을 하게 된다(1898년 4월 21일 – 8월 13일). 전쟁은 태평양으로 확대되는데, 미국이 승리하고 쿠바는 스페인에서 독립하면서 미국의 영향권에 놓이게 되고, 미국은 또한 스페인에게서 필리핀과 괌을 얻게 된다.

입을 수 없지만, 부인에게는 말을 하지 말아다오. 그것은 내가 본 중에 가장 앙증맞다. 헨리는 아직 입어보지 않은 겨울 코트 두 벌이 있다. 나는 코트를 일상 입히는 것을 좋아하지 않고, 속에 옷을 충분히 입혀서 아이가 따뜻하도록 하는 것이 좋은데, 그러면 아기가 항상 희고 _깨끗하게_ 보인다. 코트로는 결코 그렇게 보일 수가 없다. 이제 아이가 막 잠에서 깨었고 바구니 안에 앉아서 중얼거리는데 아주 밝고 사랑스런 모습이다. 지금은 몸무게가 20파운드 나간다.

　동봉하는 우리 집의 도면을 보면 알 수 있듯이 집이 크지만 편리하지는 않다. 출입구가 식당에만 있고, 거기를 통해서 거실과 부엌으로 가야 하는 구조가 불편하고, 침실은 아주 작아서 답답하다. 헨리는 거실에다 재우고, 거실과 다른 두 방 사이는 커튼만으로 가리어져 있다. 드루 의사가 큰 방에서 그의 약들을 모두 내가고 다른 두 방에서 가구들을 옮겨가면, 작은 나무 칸막이를 없애고 앞에 문이 있는 큰 방을, 아마도 식당과 거실로, 우리가 사용하고, 드루 네가 쓰던 방 하나를 부엌으로 사용할 계획이다. 그렇게 되면 아주 편안해질 것이다. 지금 우리가 있는 쪽이 집에서 햇볕이 가장 잘 들고 건조한 곳이다. 그래서 침실은 그냥 이쪽으로 둘 것이다. 유진의 서재가 편리하게 현관으로 열리고 실내로 통하기도 하지만 부엌이 너무 가깝다. 네가 보듯이 안마당을 중심으로 건물이 있고 빙 둘러서 툇마루가 있다.

　내가 해야 할 말은 여기까지라 이만 그친다. 내 생각에는 ___이[6] 분명히 사랑스러울 것 같다.

6　원문에도 비어있다.

사랑으로,

로티

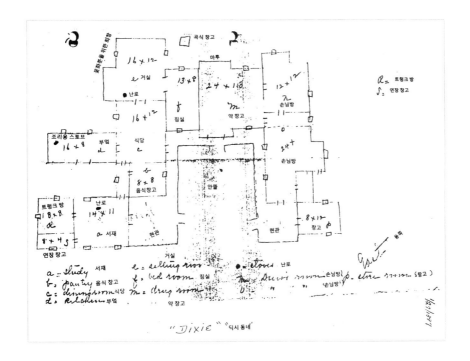

1897년 2월 1일, 저녁 7시 30분
한국, 서울

사랑하는 어머니

헨리는 잠이 들었고, 하인들은 모두 집으로 갔고, 유진은 헐버트 씨와 체스 게임을 하고 있으니, 저는 어머니께 편지를 쓰겠습니다. 1년 전 2월 1일, 홍역을 앓는 유진을 안전하게 자리에 뉘인 후 어머니께 편지를 썼던 것을 기억합니다. 그리곤 다시 일 년이 흘렀다는 사실이 믿기지 않습니다. 바쁜 동시에 행복한 것은 좋은 일이지 않은가요? 얼마 전 유진과, 벌써 2월 1일이 가까워 오는 것을 이야기하다가, 시간이 그렇게 빨리 가는 것이, 고국의 식구들로부터 이렇게 멀리 떨어져 있으면서도 제가 얼마나 행복하고 저희 두 사람이 얼마나 사이좋게 지내는지 깨닫게 해준다고 제가 유진에게 말했습니다. 그래도 사랑하는 사람들과 떨어져 사는 일에 이렇게 잘 적응을 하고 있는 것이 저희에게 최선의 일일 것이라고 생각합니다. 비록 제가 식구들이 저희들을 보러 오게 되었으면, 아니면 저희들이 고향의 식구들을 보러 가게 되었으면 하는 생각을 하지 않고 지나는 날이 하루도 없지만 말입니다. 어머니께서 저희 집과 아기와 그리고 이 낯선 땅을 방문하시게 되시기를 제가 얼마나 소원하는지요. 그리고 제가 얼마나 고향의 집이 어떤 모습일지, 동생들이 얼마나 자랐는지, 그런 것들을 보고 싶어 하는지요. 네, 2년이 이렇게 빨리 지나갔다면 다음 5~6년은 더 빨리 지나갈 것이라고 생각하니 기분이 좋습니다.

지난주에 어머니께는 엽서를, 플로렌스에게는 편지를 보냈습니다.

그리고 이번 주에는『옵저버』에 실릴 기사를 써 보려고 합니다. 그걸 아버지께 보내서 먼저 읽어보시도록 하겠습니다. 유진과 저는 저희들이 쓴 글 때문에 누구라도 선교 사역을 위해서 헌금하는 것을 중단하게 될까 봐 심하게 신경을 쓰게 되어서 더 이상 아무 것도 쓰지 않아야 할 것처럼 느껴지기까지 했는데, 그건 잘못된 태도인 줄 압니다. 그래서 제가 쓴 것을 먼저 아버지께 보내면 아버지께서 신중하게 고치고 다듬어 주실 수 있기를 바랍니다. 유진도 곧 시간을 내어, 최근에 서울에서 열렸던 총회에서 토의되었던 것들에 대한 글을 쓰게 되기를 희망하고 있습니다. 지난 10월에 있었던 총회에서 유진이 총회 회원으로 선출되었습니다. 총회 회원들은 지난 열흘 간 매일 세 시간씩 모여서 <u>60명</u>의 세례 후보자를 심사했고, <u>50명</u>의 후보자가 아직 심사를 기다리고 있습니다. 이 숫자는 서울에 있는 교회들만의 숫자입니다. 고국의 총회 중 몇이나 이렇게 많은 수의 신입 세례교인을 보고할 수 있을까요? 세례 후보자 심사를 신중하게 해야 하기 때문에 시간이 걸립니다. 이제까지 많은 수의 후보자가, 세례 심사와 교리문답 과정 심사를 통과했습니다.

유진은 곧 나주로 가서 집 지을 대지와 임시 거주할 집에 대해 알아보고 싶어 합니다. 그래서 의사가 한 명 우리에게 파견되면 다음 가을에 그리로 옮겨 갈 계획입니다. 전킨 씨 가족이 군산에서 나주로 이동해서 저희와 함께 일하게 될 가능성이 있는데, 그리 되면 아주 좋을 것입니다. 제가 전킨 부인을 좋아하고 우리 두 사람 모두 전킨 씨를 존경하기 때문에, 그들과 함께 같은 선교지부에서 일하는 것이 즐거울 것입니다.

아기의 감기가 많이 나아져서 안심이 됩니다. 홍역만 앓지 않기를 바랄 뿐입니다. 볼링 레이놀즈는 홍역이 거의 나아가고 있고, 아직 다른 아이들은 홍역 증상이 없습니다.

맹세계가 화가 나서 지난 토요일 그만두었다는 소식을 들으시면 어머니도 마음이 좋지 않으실 줄 압니다. 문제는 제가 그에게 가불을 허락하지 않은 것이었습니다. 저희가 가불은 안 된다고 말해왔던 것을 알고 있으면서도 저에게 가불을 해달라고 했고, 저는 거절했습니다. 그러자 그가 제게 한마디도 하지 않고 걸어 나갔고 다른 하인들에게 자기는 다시 돌아오지 않을 것이라고 말했습니다. 저는 그가 곧 다시 돌아와서 자기 자리를 원할 것으로 기대하는데 이번에는 저희들이 그를 다시 쓰기를 거절해야 할 것으로 생각합니다. 최근 들어서 저희가 그에게 많은 것을 예외로 넘어가 주었는데, 이번 일은 도를 넘었다는 판단입니다. 그가 없는 것이 몹시 아쉬울 것이라고 제가 말한다면 그건 유하게 표현하는 것입니다. 저는 그에게 많은 것을 가르쳤습니다. 그는 훌륭한 조리사일 뿐 아니라 빨래와 다림질도 아주 잘했고, 제가 이제껏 본 하인들 중에 가장 훌륭한 하인이었습니다. 러시아 공사관의 보이를 빼고는 서울에서 그 어느 하인들보다 훨씬 능숙하고 자연스런 스타일로 음식 접대를 했습니다. 저는 맹세계가 떠난 즉시 보이를 부엌으로 들여보냈는데, 그가 잘하고 있고 아주 많이 조리사가 되고 싶어 하지만, 경험이 없어서 기초부터 가르쳐야 하고, 저는 오랜 동안 많은 시간을 부엌에서 보내야 할 것입니다. 그런 불편함에 더해서, 저는 맹세계에 대한 실망감이 큽니다. 우리는 그에게 많은 기대를 가지고 있었습니다. 그가 앞으로 어떻게 생계를 꾸려갈지 저는 모르지만, 그의 아내와 아이, 그리고 연로하신 아버지에게는 많이 힘들 것입니다.

수요일

지금 서둘러서 편지를 마감해서 곧 우편국으로 보내야 합니다. 그 동안 너무 바빠서 편지를 마무리하지 못했습니다. 거기다가 부엌일을 하다가 다시 감기가 걸렸고 그 때문에 몸이 꽤 "쑤십니다". 아기의 감기는 많이 나아졌어요.

이곳에서 장례를 어떻게 치르는지 조금이나마 어머니께서 알고 싶어 하실 것 같아요. 한 한국인 남자가 나무판자로 미스 제이콥슨의 관을 만들고, 여자들이 그 관을 겉은 하얀 크레이프 플란넬 천으로 아름답게 싸고 안에는 하얀 한국 비단으로 장식했습니다. 관이 정말 아름다웠습니다. 미스 제이콥슨은 그가 원했던 대로 하얀 한국 비단 드레스를 입고, 관 내부는 양치류로 장식하고 밖은 칼라 백합꽃과 잎사귀로 꾸몄는데 아주 아름다웠습니다. 아담한 외국인 묘지가 3.5마일 떨어진 곳에, 강이 보이는 절벽 위에 있습니다. 보통은 관을 그곳까지 메고 갈 상여꾼들을 고용하는 것이 관례이지만, 이번에는 한국인 교인들이 자기들이 관을 메게 해줄 것을 요청했고, 그들이 그렇게 했습니다. 일꾼 중에서도 <u>가장 천한</u> 일꾼들이 메는 관을 그들은 사랑으로 메고 갔습니다. 2년 전, 서울에 거주한 적이 있는 그 어느 누구보다도 토착민과 외국인 모두에게서 더 많은 사랑을 받았었다고 알려진, 헐 의사의 장례 때, 상여꾼들이 반쯤 가서는 관을 내려놓고 임금을 더 달라고 요구했습니다! 켄뮤어 부부의 작은 아기가 죽어서 지난 1월 2일 묻혔는데, 켄뮤어 씨가 작은 관을 그의 무릎 위에 안고 4인이 메는 남여에 타고 묘지로 갔습니다. 비록 여기 선교사들이 서로 서로 친절하고 자애롭게 살고 있다고 할지라도, 죽음이 이곳에서는 더 애달파지는 면이 있는 것으로 생각됩니다. 작은 아기의 그 죽음은 저희들 모두에게 충격이었습니다. 아기가 단독증(丹毒症)으로 단지 며칠을 앓나가 죽었습니다. 아기는 4개월이 채 안 되었는데, 그들 부부에게 결혼 14년 만에 생긴 첫 아이였습니다.

아직 저는 순 양모 속옷을 팔지 못했습니다. 그러니 어머니께서

———

(편지의 나머지 부분이 없다.)

1897년 2월 10일, 목요일 아침
한국, 서울

사랑하는 에바

내가 식구들에게 자주 편지를 해야 한다고 생각하면서도 그렇게 하기가 요즘엔 아주 힘들다. 시간이 너무 없어서라기보다 쓸 내용이 없어서 그렇다. 식구들이 아기와 하인들에 대한 이야기를 계속 듣는 것이 지루해질 것 같은데 그것들 말고는 쓸 게 없다. 바로 지금, 아기가 이빨이 하나 더 나오고 있고, 감기는 잘 낫지 않고 있어서 우리가 많은 시간과 주의를 아기에게 쓰고 있다. 오늘은 아이를 유모차에 앉혔다. 바구니에 담요를 넣어서 춥지 않게 해준다 해도 아이를 바닥에 놓아두는 것이 마음에 걸리기 때문이다. 오늘은 너무 춥다. 작년 가을에 벽에 갈라진 틈새들을 전부 막았다고 생각했는데, 어디선가 찬 바람이 쌩쌩 들어오고 나는 펠트 슬리퍼와 침실용 신발을 신었는데도 발이 거의 언제나 얼음장 같다. 유진은 내게 속에 솜을 둔 한국 스타킹[7]을 내 양모 스타킹 위에 덧신으라고 한다. 그러면 좋을 것 같다. 미스 테이트의 전 한국어 선생이었다가 지금은 기포드 씨의 크리스찬 도우미인 이서방(나의 옛 선생인 이서방이 아니고)이 헨리에게 아주 예쁘게 생긴 버선 한 켤레를 주었는데 자주 아이에게 그것을 신겼고, 아이도 그것을 아주 좋아한다. 아기가 감기 기운에도 불구하고 오늘 아침 4시까지 내쳐 자서 우리도 그 때까지 잘 쉬었고 그

---

7 버선을 그렇게 부르는 것으로 짐작한다.

후에도 [아기가 다시 자는 동안] 우리도 조금 더 눈을 부칠 수 있었다. 아기가 다시 잠들었다가 7시에 깨어나서 다시 우유 한 병을 마셨다.

드루 의사가 돌아온 후 며칠 동안 알렌 의사와 동대문 밖 멀리까지 자전거를 타러 다녔는데, 돌아오는 길에 드루 의사가 "자전거"에서 넘어져서 오른쪽 다리를 아주 심하게 다쳐서 꼼짝 못하고 자기 방 소파에 누워 있다. 에비슨 의사가 그를 돌보고 있고 미스터 벨이 자주 그에게 가보는데, 드루 의사의 보이도 함께 있기 때문에 그런대로 잘 지내는 것 같다. 우리는 그에게 읽을 책을 많이 가져다주었고 내가 때맞춰 식사를 보내준다. 기다란 고무관을 다리에 감고 있어서 찬 물이 쉬지 않고 고무관 속을 돌도록 되어 있다. 족히 한 주는 밖에 나오지 못 할 것이다.

오후

바로 위까지 쓴 후에, 우편물이 와서 즐겁게 받았다. 유진의 집에서는 편지가 한 통도 오지 않았지만, 나는 어머니의 12월 21일 자 편지, 네가 1월 3일에 쓴 것, 그리고 아버지께서 1월 8일 자로 쓰신 편지, 그리고 신문 스크랩을 받았다. 스크랩은 우리들뿐 아니라 드루 의사에게도 커다란 즐거움을 준다. 엘리 헨리 보이드에게서 소포를 받았는데 헨리를 위한 귀여운 하얀색 벙어리장갑과 하얀색 모자가 있었다. 안타깝게도 모자는 헨리의 큰 머리에 너무 작다. 발루 부인이 『하퍼즈 바자』, 『라이프』, 『북바이어』와 『스크리브너』 12월 호를 보내주었다. 너무 친절하시다. 내 『하퍼』 외에는 우리가 정기적으로 받는 신문 등 정기 간행물은 다 왔다. 내가 보낸 사진이 크리스마스에 배달되어서 너무 기쁘다. 내가 사진처럼 쉽게 보낼 다른 것이 있었으면 좋았겠다. 메리 토마스의 메모가 우리를 아주 즐겁고 우쭐하게 했다. 나는 그가 세탁을 포기했다고 생각했었다.

어머니께 우리가 부승이를 자주 보지 못한다고 말씀드려라. 그가 학교생활에 무척 바쁘고, 작년보다 훨씬 잘 지내고 있다. 그 아이가 우리 아기를 아주 좋아하고 아기와 많이 놀아주곤 했다. 지난 주에 그가 세례 후보자로 심사 받았는데 아직 준비가 되지 않은 것으로 결정되었다. 그의 아버지도 세례 받기를 원했지만 그는 전혀 준비되어 있지 않았다. 바로 얼마 전에 부승이 엄마로 인해 일어났던 일에 대해 내가 너한테 말하지 않은 것 같다. 네가 알듯이 부승이 **엄마가** 밀러 부인의 아마이고, 별로 일을 잘하는 편은 아닌데, 근래 **들어**, 일을 제대로 하지 않았다는 말을 그가 전혀 받아드리려 하지 않는 것 같았다. 어느 날 아침, 미스 제콥슨이 밀러 부인 집에 머물고 있으면서 심하게 아플 때인데, 밀러 부인에게서 전갈이 오기를, 아마가 화가 나서 자기 집으로 가버렸는데 내가 어떻게라도 그를 다시 돌려보낼 수 있으면 고맙겠다고 했다.

얼마 후에 부승이 엄마가 크게 소리내어 울면서 내게로 왔다. 웬일로 일하러 가지 않고 여기 왔느냐고 내가 묻자, 그가 자신의 입장을 길게 늘어놓으며, 도저히 밀러 부인의 마음에 들게 일을 할 수가 없다, 더 이상 그 집으로 돌아 갈 마음이 없다고 했다. 그래서 내가 부승이 엄마에게, 밀러 씨가 평양에 가서 집에 없고, 미스 **제콥슨은** 심하게 아프고, 뉴톤은 팔이 부러졌고, 리제트도 아프고, 밀러 부인이 많이 지쳐 있을 때 이러는 것이 부끄럽지 않느냐, 그런 식으로 화를 내고 떠나 버리면 앞으론 다른 어떤 "부인들"도 그를 고용하지 않을 것이라고 말했는데, 그런 말이 효과가 없는 것 같았다. 그래서 한국인들이 말하듯이 "당신도 일을 안 하고 남편도 직장이 없으면 무엇을 먹고 살 것이오?"라고 질문했다. 이에 그가 재빨리 "하늘 아버지Hanel Arbigy" "The Heavenly Father"가 먹을 것을 줄 것이라고 대답했다. 내가 "아니요, 하늘 아버지는 일하려 <u>하지 않는</u> 사람에게는 먹을 것을 주지 않소,"라고 하고, "당신이 아무리 힘들더라도" 우리도 돕지 않을 것이니 우리한테 올 필요가 없다고 말했다. 이 말이 그에게 너무 타격이 됐는지 그가 집으로 갔다가 얼마 되지 않아서 그 날로 다시 일하러 갔다. 사정이 그렇지 않았었다면 밀러 부인이 어떤 경우라도 절대로 아마를 다시 받아드리지 않았겠지만, 그 때는 아마의 도움이 너무나 필요했다. 리제트가 태어난 지 2~3일밖에 되지 않았을 때도 아마가 똑같이 화를 내고 나갔다가 다시 돌아왔다. 밀러 부인의 보이가 말하는 것처럼 "아마는 마음이 애기 같다." 그들이 너무 어리석고 우리의 편의에 대해서는 전혀 신경을 쓰지 않는 것에 화가 나야 하겠지만, 그래도 우리는 그들을 안타깝게 여겨야 하는 것이다. 그들은 너무 어리석고 무지하다.

우리에게 아주 훌륭한 조리사가 생겼다는 소식을 네가 들으면 같이 기뻐해줄 것으로 안다. 그는 훈련을 잘 받았고 우리 식으로 음식 만드는 법을 쉽게 가르칠 수 있다. 그가 궁궐에서 일을 하기 위해서 빈톤 부인을 떠났었는데, 이제는 그 일이 끝나고, 다시 조리사로 돌아 온 것을 기쁘게 생각한다. 작년 가을에 맹세계가 없는 동안 그를 한 열흘간 데리고 있었었다. 그를 조리사로 얻게 된 것이 큰 행운이라고 생각한다. 맹세계가 우리를 떠난 후 며칠 간 나는 많은 시간을 부엌에서 보냈는데, 앓고 있던 감기가 심해져서 지난 수요일에는 모든 것을 포기하고 침대에 누워있어야 했다. 드루 의사가 즉시 나를 돌보기 시작했다. 신경 쇠약에 쓰는 약을 주고, 팔다리의 통증을 멈추게 하기 위해 뜨거운 생강차를 마시게 했다. 그리고 또 키니네 설사제를 다량 섭취하게 했고, 그 효과가 곧 있었는데, 목젖 아픈 것만은 오륙 일 계속되었다. 의사가 말하기를 그것이 모두 류마티스 탓이라고 했는데 나도 바로 그것이 문제였다는 것을 의심치 않는다. 내가 리치몬드에 있을 때 목젖이 심하게 아팠던 것을 네가 기억할지 모르는데, 그때 케네디 의사가 그것을 류마티스라고 했었다. 지금은 완전히 다 나은 것 같다. 새 조리사가 맛있는 스프를 만들고, 계란을 넣고 베이킹파우더 비스켓을 만드는데 아주 맛있다. 오늘은 당밀과 건포도와 다른 재료 몇 가지를 끓여서 맛있는 푸딩을 만든 다음 하드 소스[8]와 함께 내왔다. 이렇게 아름다운 빵을 만드는 사람을 나는 보지 못했다.

우리는 아버지께서, 당신이 하시는 일에 대하여 쓰시는 글에 아주 관심이 많다. 단지, 한 사람이 하기에는 너무도 많은 일 같이 느껴진다. 좀 쉬엄쉬엄 하시기를 바래본다. 모두들 즐거운 크리스마스를 보낸 것 같구나. 식구들이 우리들이 같이 있지 않은 것을 많이 아쉬워했고, 우리의 사진들을 장식하여 걸어 놓았다니 고맙구나. 네 조카가 만일에 크리스마스 날 너희와 함께 있었다면 그 애가 얼마나 좋아했을지 나는 알고 있다. 아기는 관심 받는 것을 좋아한다. 윗이빨 두 개가 아주 크고 이빨 사이가 틈이 벌어져서 나는 자주 아이의 "토끼 이빨"을 가지고 놀려댄다. 그 두 이빨이 늘 눈에 들어오는 것 같다. 너희들의 크리스마스 선물들이 모두 정말 좋았던 것 같다.

---

8 hard sauce: 버터와 설탕을 섞고 크림과 향료를 넣어 파이나 푸딩 등에 얹어 먹는 소스

나 역시 너희들이 지난 크리스마스 때 우리에게 선물 박스를 보내주었으면 좋았겠다고 생각한다. 우리 두 사람 다 많이 아쉬웠다. 내년에 너희들이 박스를 보내겠다고 하면 우리가 기꺼이 운송비를 지불하겠다, 너희들이 선물에 돈을 너무 많이 쓰지 않겠다고 약속한다면 말이다. 그 때쯤이면 우리는 아마도 나주에 내려가 있을 것이고, 그러면 선물 박스가 두 배로 반가울 것이다. 네가 전해주는 루이빌 소식, 그리고 베스 바버의 소식이 굉장히 흥미롭다. 로간 네에 대해서는 정말로 유감이구나. 릴리가 아이가 하나뿐이라니, 우리는 셋이라고 들었는데. 남동생들이 학교가 즐거웠고 성적도 좋았다니 기쁘다. 드와이트가 제 본령을 찾은 것을 의심치 않고, 버니간Vernigan[9]이 버릇처럼, 존 헨리의 방식으로, [늘] 익숙했듯이 지독하게 행복하리라는 것을 의심치 않는다.

내가 아는 이곳에서 전해줄만한 뉴스는 단 한 가지, 국왕이 궁궐로 돌아갈 것을 청원하는 사람들에 관한 것이다. 나는 그들을 몇 번 보았다. 그들은 러시아 공사관 건물에 다가갈 수 있을 만큼 가까이 가서, 경비원 가까운 곳에 멍석을 깔고 앉아 있다. 복장은 상을 당한 사람의 복장이고, 그들 앞에 조그만 상이 놓여 있는데 그 위에 붉은 비단으로 덮어 놓은 상소문이 놓여 있다. 그들은 그렇게 상소문을 바라보며 하루종일 앉아서 왕이 전갈을 보내오기를 기다린다. 그들은 왕을 직접 보려고 안으로 들어갈 수 없지만, 누군가가 왕에게 그들이 원하는 것이 무엇인지를 전해준다. 며칠 전에 두 사람이 그렇게 그곳에 있었는데, 왕이 그들에게 집으로 돌아가라고 했고, 그래서 그들은 더 이상

---

9 내용상으로 보아 버니간이 버논(Vernon)의 오타일 가능성도 있다.

정동 거리를 막으며 거기에 있지 않게 되었다. 불쌍한 것들! 나에게는 가련한 광경으로 보였다. 우리나라에서라면 그런 상황이 있을 수 없기 때문이다. 이처럼 추운 겨울날에 두 명의 미국인이, 그들의 글을 읽어주기를 기다리며 차가운 땅에 그렇게 앉아 있기 오래 전에, 벌써 누군가의 모가지가 날아갔을 것이다. 동양인의 인내심이 대단하다.[10] 『리포지터리』1월 호에 실린 게일의 짧은 시를 꼭 읽어 보기 바란다. 정말 멋진 시이다. 그리고 『리포지터리』를 아버지 이름으로 신학교 도사관에 다시 보내기로 했다. 그 잡지가 누군가의 마음을 움직여서 한국을 위해 헌금할 수 있는 계기가 되었으면 좋겠다. 지금 씨를 넓게 뿌리지 않는 한 다음 몇 년 동안은 그럴 수 없게 될까봐 두렵다.

고향 식구들이 무사히 잘 있기를 바라고 메이블과 플로렌스도 나아졌기를 바란다.

우리들 모두의 사랑을 담아서,
사랑하는
로티

---

10 원문은 "Forty(?) the Oriental patience is wonderful"로 되어 있다. 맨 앞의 Forty(?)는 번역에 고려하지 않았다.

1897년 2월 18일, 목요일 오후 5시
한국, 서울

사랑하는 어머니

오늘이 어머니 생신이네요. 먼저 어머니 생신 축하드리고 오래 오래 행복하게 사시기를 기원합니다. 보내드린 식탁 중앙장식품centerpiece 이 오늘 사용하실 수 있도록 잘 도착했기를 바랍니다.

저희 집 작은 사내는 많이 나아졌습니다. 사실 거의 완전히 감기 기운이 없어졌고 아주 좋아졌어요. 오늘은 큰 바구니에서 아기가 몇 시간을 놀았고, 먹을 시간이면 작은 돼지처럼 아주 배고파합니다. 심한 감기로 아기가 살이 많이 빠졌었지만 요 며칠 새로 살이 많이 올랐습니다. 아기가 그렇게 빨리 심한 병을 극복하는 것이 놀랍습니다. 앞으로 한동안은 이빨이 나올 것 같지 않지만 날이 더워지기 전에 이가 적어도 8개가 생기면 좋겠습니다. 이곳의 아기들한테 두 번째 여름이 얼마나 힘든지 많이 들어왔는데 저는 그것에 대해 생각도 하고 싶지 않습니다. 아이가 한 달쯤 전에 제 스스로 젖을 끊었다는 말씀을 어머님께 드린 것으로 믿습니다. 아기가 젖 빠느라 시간을 낭비하는 것에 싫증이 났었나 본데, 어쨌든 다시는 젖 먹기를 확실하게 거부하더니, 그것으로 젖을 끊었습니다. 어떤 때는 제가 날계란을 우유에 풀어서 주면 좋아하는데 닭고기 스프는 아주 좋아하지 않아요. 그러나 아기가 아직 9개월도 안 되었으니 아직 그런 음식을 좋아할 기회가 충분히 남아 있습니다. 지금은 감기에 걸리지 않게 밤에 목욕을 씻깁니다. 지금 목욕할 시간이 가까워 오니 편지를 여기서 중단하겠습니다. 헨리와 제가 어머니 생신 때 어머니를 찾아 뵐 수 있었다면 얼마나 좋았을까요.

일요일, 오전 11시

아기가 잠을 자는 동안 이 편지를 끝내보도록 하겠습니다. 일요일 아침에는 아마를 교회에 가게 하기 위해 제가 항상 집에 있다 보니, 이 시간의 일부를 집에 편지를 쓰는데 사용하는 것이 매우 좋다는 생각이 듭니다.

어제 우편물이 조금 왔는데 어머니께서 1월 14일 자로 보내신 엽서와 메이블과 플로렌스의 편지가 왔습니다. 그 애가 미들즈보로[11]에 있으며 얼마나 집을 그리워하는지 깨닫고는 그 애가 저와 함께 있다면 좋겠다고 생각했습니다. 그 애가 매일 헨리와 많은 시간을 보내면서 즐거워 할 것으로 생각합니다. 불쌍하네요! 그렇게 향수에 젖는다는 것이 어떤지 저는 너무도 잘 알고 있습니다. 그 아이가 나아질 때까지 잘 버티기를 바랄 뿐입니다.

어머니께서 저한테서 편지를 받으신 지가 왜 그렇게 오래 되었는지 이해가 안 됩니다. 제 기록으로는 매 주 무엇인가를 집으로 보냈습니다. 저는 무엇이든 매주, 엽서 한 장이라도, 집으로 보내도록 노력합니다. 유진은 어제 6주 만에 처음으로 집에서 오는 편지 하나를 받았습니다. 어머니와 식구들이 그렇게 자주 좋은 편지들을 보내주시는 것이 감사함을 제가 이루 다 말로 표현할 수 없습니다.

---

11 원문에 Middleboro로 되어 있는데, 뒤에 3월 4일 자 메이블에게 쓴 편지에는 Middlesboro로 되어 있다. Middlesboro가 맞는 지명으로, 켄터키 주 동남부 코너, 테네시 주 와의 경계에 위치한 도시이다.

오늘은 날씨가 아름답습니다. 기분 좋게 따뜻하고 햇살이 좋습니다. 이제 겨울이 진정 다 지나간 듯한 느낌입니다. 저희가 가진 한국산 석탄이 거의 다 없어져 가는 터에 그것은 반가운 일입니다. 한국산 석탄이 떨어지면 일본산을 사용해야 하는데 한국산만큼 좋지 않습니다. 올 겨울은 작년 겨울처럼 날씨가 좋지 않았습니다. 그래서 봄이 오는 것에 대해 모두들 기뻐하고 있습니다. 이번 겨울에 서울에서 700명이 추위와 굶주림으로 죽었다고 하는데, 왕은 자기를 위해서 궁궐을 새로 지었습니다. 게다가, 왕비의 첫 번째 묘지를 짓는데 이미 10만 불을 썼는데, 그 묘 자리가 나쁘다하여 다시 새로운 묘지를 짓는 데 10만 불을 지급하라고 탁지부에 명령했습니다. 이 나라의 가난한 백성들이 관리들에 의해서 어떻게 짓밟히는지 한국에서 살지 않는 사람은 아무도 짐작을 할 수 없을 것입니다.

왕은 어제 오후 러시아 공사관을 떠나서 새 궁궐로 들어갔습니다.[12] 환궁하기를 상소했던 사람들은 왕이 자기들의 상소를 받아들여 그렇게 한 것이라고 생각하겠지요. 왕이 왜 그렇게 했는지 아무도 모릅니다. 그리고 그 일이 한국을 위해서 유익한 일인지 아닌지, 어느 누가 확실히 말할 수 있겠습니까? 그에게 러시아 공사관으로 직접 연결되는 전화가 있고, 또 궁궐에서 러시아 공사관으로 통하는 비밀 통로가 있어서 언제고 원할 때면 그곳으로 달려갈 수 있다고 들었습니다.

이제부터 『독립신문』을 보내드리는 것을 중단하게 되어서 죄송합니다. 어머니께서 이 신문에 계속해서 관심 있어 하실 것을 제가 압니다.

---

12 1897년 2월 20일 고종이 러시아 공사관에서 나와 덕수궁으로 환궁한다. 새로 지은 것은 아니고 오래 방치되었던 경운궁을 증축하고 개조했다. 고종은 명성왕비가 시해된 경복궁으로 다시 돌아가기를 원하지 않았다고 한다.

지난주는 저희에게 매우 즐거운 주간이었습니다. 두 번이나 만찬에 갔었어요. 지난 일요일 아침에 유진이 드루 의사의 다리가 어떤지 알아보려고 갔을 때, 드루 의사의 버지니아 대학 시절의 옛 친구, 군함 "보스톤"호의 외과의사와 이야기하고 있는 것을 보았습니다. 그 의사가 쾌활한 사람인 것을 안 유진이 그를 한국말 예배에 함께 데리고 갔고, 월요일 점심에 초대했어요. 그래서 그가 월요일 저희 집에 왔고, 저희 모두가 좋은 시간을 가졌습니다. 그가 공사관에서 머물고 있었고, 월요일 아침 일찍 저희들 모두를 그날 저녁 만찬에 초대한다는 전갈이 와서 저희는 기꺼이 받아들였지만 드루 의사는 갈 수가 없었습니다. 저녁 7시 만찬이었고, 한껏 즐거운 시간이었습니다. 알렌 박사 부부가 있었고 "보스톤"호의 더톤 중위와 블레이클리 의사도 있었어요. 저녁 만찬을 아주 훌륭하게 차렸고 중국 하인들이 훌륭하게 접대를 했습니다. 그 중국 하인들은 공사관에 속했던 가족들 사이에 대를 물려온 사람들입니다.

화요일 저녁 7시 반에 저희는 언더우드 부부 댁에 초대받았습니다. 저희가 씰 공사 부부를, 그 다음엔 알렌 박사 부부를 도보로 동행해 주었는데 아주 즐거웠습니다. 씰 씨 말이 유진과 제가 자주 이런 만찬에 가기에는 너무 어리다고 했습니다. 그와 그 부인은 정말 좋은 사람이고 제 생각에 그들은 신실한 기독교인입니다. 씰 부인의 여동생인 그래함 부인이 그들과 함께 살고 있는데 그 만찬에 그와 그레이트하우스 대령이 있었습니다. 알렌 박사는 매우 쾌활하고 쉽게 대화할 수 있는 사람이라 그와 함께 한 만찬이 즐거웠습니다. 알렌 박사와 대화 중에 어떻게 하다가 제가 대학 2년 때 아버지께서 주신 손잡이가 크고 하얀 칼을 잃어버린 것이 유감스럽다는 이야기를 했어요. 아마

작년 가을 제 바느질 바구니에서 누가 훔쳐갔거나 아니면, 제가 가장 사랑하는 저의 남편이, 잃어버렸을 수도 있다고 말했습니다. 그러사 알렌 박사가 자기가 칼이 하나 있는데 제가 값을 쳐서 그에게 보내준다고 약속하면 그 칼을 제게 보내주겠다고 했습니다. 그래서 제가 동의했는데, 아마 그가 그 대화를 잊어 먹었을 거라고 생각하고 있었습니다. 그런데 그 이튿날 아침에 칼이 왔고, 저도 그 값으로 현금을 보냈습니다. 그렇게 하지 않았으면 흔히 하는 말대로 우정에 금이 갔었겠지요. 그 칼이 제게 소용될 일은 없을 것이라고 생각되지만 아주 호기심이 가는 물건입니다. 어느 작은 동물의 작은 발굽처럼 생겼는데 한 쪽에는 코르크 마개뽑이가, 다른 한쪽에는 아주 큰 칼날이 있습니다. 일단 칼날이 열리면 용수철을 눌러야만 닫혀지는 게 특이한데, 진짜로 싸움 용 칼입니다. 유진은 그런 칼은 집에서 함부로 들고 다니면 안 된다고 말합니다. 드루 의사가 그것을 매우 가지고 싶어 하고, 유진이 드루 의사가 시골로 갈 때 가져가도록 그에게 빌려주기를 원하지만, 도둑을 쫓는데 쓰기 위해 제가 가지고 있겠다고 했습니다. 알렌 박사가 어디서 그 칼을 구했는지 궁금합니다.

그 날 언더우드 씨네 보이를 도와서 접대를 도운 사람이 바로 맹세 계였습니다! 저희를 떠난 후 처음으로 그를 거기서 보았습니다.

그건 그렇고, 그 날 저녁은 제가 먹어본 중에 가장 맛있는 저녁이었습니다. 열 가지 코스가 나왔고 접대가 훌륭했습니다. 언더우드 박사는 알려진 조리사로 아마도 많은 부분을 그가 손수 준비했을 것입니다. 그들은 아름다운 자기 그릇들과 유리 세공품들, 아름다운 집을 소유하고 있고, 손님 접대를 자주 합니다. 언더우드 박사의 형이 매우 부유하고 부인의 아버지도 마찬가지로 부유해서, 그들은 자기들이 원하는 만큼 돈이 항상 있고, 사는 모습이나 씀씀이가 보통 선교사들과 다릅니다. 그들 부부 모두 선교 사역을 많이 하고 그들의 집은 한국인들에게 항상 열려 있습니다. 언더우드 부인은 작년 가을에 류마티스로 거의 불구 상태인데도, 언더우드 박사와 함께 황해도로 6주에 걸친 선교 여행을 다녀왔습니다. 어린 아들을 데리고 가마를 타고, 가는데 7일, 오는데 7일이 걸렸습니다. 유진은 종종, 언젠가 저희들도 그들만큼 선교 일을 많이 할 수 있기를 바라고, 저희 집을 그들의 집처럼 한국인들에게 개방하고 싶다고 말합니다. 하지만 언더우드 부인에겐 같이 사는 조카가 하나 있어서 집과 어린 아이를 돌보아주기 때문에, 아이들을 직접 돌봐야하는 저희들보다 선교 사역에 바칠 시간이 많고, 한국 여인들을 집에 초대할 수 있는 것이지요. 저는 헨리가 있는 저희 집에는, 한국 여인들이 아이한테 어떤 무서운 병을 옮길지 모르니까, 그들이 마음대로 드나들게 할 수 없습니다. 또한 아이를 유모에게 너무 오래 맡길 수가 없습니다. 그런 제약에도 불구하고 제가 할 수 있는 사역이 분명히 있을 것이라고 확신합니다.

밀러 부인의 아기와 메리 헨리의 아기에 대한 소식을 듣고 흥미 있었습니다. 넬리 에스콧의 아들은 어떻게 지내고 있는지요? 스키너 의사와 에델이 아직 오크街에 있는 그 집에서 사는지요? 에델의 나이가 19살이 넘지는 않았겠지요?

전킨 씨 댁이 이곳에 아직 있습니다. 그들은 지난 10월에 올라왔는데 전킨 부인의 이를 치료하기 위해 치과의사가 도착하기를 기다리고 있었습니다. 그 이후로 배편이 없어서 그들이 아직 여기 있어요. 언제 연안선이 다시 떠날지 아무도 모르는 상태에서, 그들은 지금 드루의사와 함께 정크선을 하나 고용해서 타고 가야 할 것으로 생각하고 있습니다. 목포가 조약항으로 개항이 되고 저희가 나주로 갈 때쯤이면 제물포와의 소통이 조금 더 규칙적이기를 소망합니다. 그렇지 못하면 전망이 좋지 않습니다. 하지만 그런 종류의 불편함이란, 대부분 사람들의 눈에는, 당연히 선교사들이 겪어야 하는 삶의 일부로 생각되지요. 만일에 언더우드 댁이 보일러로 난방을 하고, 지붕에 물탱크가 있고, 고향에서와 같은 욕실들이 있고, 강가에 여름 별장이 있고 개가 끄는 수레가 있는 것 등등을 안다면, 고향 사람들 중에 선교를 위해 헌금하기를 거부할 사람이 있을 것으로 생각됩니다.

제가 어머님께 쓰는 내용이 식구들 외에는 알려지지 않기를 바랍니다. 그 어느 것도 어머님께서 저와 먼저 의논하지 않은 채 공개되는 것을 원하지 않습니다. 한 선교사 부인의 가족이 그런 일로 해서 그를 심각한 곤란에 빠뜨렸습니다.

제 상관이 이제 잠에서 깨었으니 이 긴 편지를 마감해야겠네요. 아기가 사랑과 달콤한 키스를 많이많이 할머니와 할아버지께 그리고 이모와 삼촌들에게 보내드리며 "가kar"라고 말합니다. 새로 배운 말인데 한국말로 "가go"라는 뜻이지만, 아기는 자신한테 관심을 써주기를 원할 때마다 그 말을 하고, 누구라도 문을 열고 들어올 때면, 들어오는 사람을 쳐다보고 "가kar"라고 말합니다. 그가 이젠 바구니의 옆구리를 짚고 일어나서 바구니 밖으로 몸을 많이 내밀 수가 있어서 거의 머리부터 밖으로 기어 나가려고 합니다. 제가 얼마나 아이를 어머니께 보이고 싶은지요.

모두에게 사랑으로,
로티

1897년 2월 26일
한국, 서울

사랑하는 어머니

오늘 우편물이 도착했다고 들었어요, 그래서 그것을 가지러 사람을 보내면서 이 엽서를 부칩니다. 오늘 밤 제가 동생들에게 편지를 쓰기를 원합니다.

아기가 건강히 잘 있고 저희들도 잘 있고, 드루 의사는 다시 외출 중입니다.

날씨는 정말 완벽하게 아름답고 이제는 저희가 가꿀 정원에 대해 생각합니다. 헨리는 요즘 매일 오랫동안 밖에 나가 있는 것을 아주 좋아해요.

드루 의사와 유진이 곧, 아마 일 주일 내로, 남쪽 지방으로 갈 것 같습니다. 그래서 얼마 동안 저는 다시 혼자 지내야 할 것 같아요.

오늘 오는 우편에 메이블에 대한 좋은 소식이 있기를 바랍니다.

사랑으로,

로티

1897년 3월 4일
한국, 서울

사랑하는 메이블

지난 우편물에 네가 미들즈보로에서 보낸 반가운 편지를 받았다. 네가 심히 향수에 젖어 몹시 집에 가고 싶어할 때 보낸 것이었다. 그 후로 어느 정도 나아졌기를, 그래서 거기에 조금 더 오래 머물러 있으면서 그 여행이 네게 좋은 경험이 되었기를 바란다. 나는 네가 보내는 편지들이 아주 좋다. 네가 좀 더 자주 편지 해주었으면 하는 바람이 있지만, 네가 편지를 자주 하지 못하는 것을 나는 이해한다. 나도 내가 받는 편지들에 답장하기가 쉽지 않다. 내가 자주 편지를 못하는 이유 중 하나는 편지 쓰는 일이 팔을 아프게 하기 때문인데, 나의 앉는 자세나 내가 펜을 쥐는 방식 등 다 내 탓일수도 있지만, 이유야 어찌 됐던, 전에는 지금의 반보다도 아프지 않았다. 유진이 여행을 떠나 있을 때 나는 아기가 잠든 조용한 저녁 시간에 밀린 답장을 쓰곤 한다. 유진이 집에 있을 때는 바느질이나 뜨개질을 하면서 유진이 소리 내어 책 읽어주는 것을 듣든지 그와 함께 걷기를 좋아한다. 요즘은 저녁 시간만이 유진과 함께 있을 수 있는 유일한 시간이다. 그는 하루종일 서재에서 바쁘고, 나도 집 안팎의 일로 하루 종일 바쁘다.

지금 유진은 시골 여행을 위해서 상자에 경첩을 달아서 뚜껑을 만드느라 바쁘다. 짐을 다 싸고 나면 유진은 조랑말들과 사진사를 불러서, 그가 여행할 때의 모습처럼 하고 사진 찍기를 원한다고 했다.

나는 그가 계획대로 하기를 바라는데, 그렇게 찍은 사진은 확실히 흥미 있을 것이기 때문이다. 고향에서는 이곳에서 조랑말로 육로를 8일 간 여행한다는 것이 어떤 것인지 전혀 상상할 수 없을 것이다. 유진은 말 안장을 사용하지 않고 짐 위에 이불을 담은 자루를 덮고 그 위에 앉아서 가고, 그의 선생님과 보이는 번갈아서 두 번째 말을 타고, 셋 째 말은 짐만 싣고 간다. 6주가 걸리는 여행길이라 가져갈 짐이 많다. 옷, 책, 식품, 조리기구, 그리고 돈인데 이 돈이 중요하기도 하지만 아주 무겁다. 아마와 내가 지금 그의 총 주머니와, 질긴 캔버스로 돈 주머니 두 개를 만들고 있다. 돈 주머니는 밀가루를 담아 실어온 겉포장으로 만들고 있다. 우리는 스미스 상점에서 밀가루를 100파운드씩 사는데, 50파운드짜리 포대 두 개를 다시 커다란 캔버스 자루에 넣어서 배송된다. 그 겉 캔버스 자루가 여러모로 유용한 것을 발견했다. 유진의 침구를 담은 커다란 자루도 그걸로 만들었는데 침대보로 만든 것보다 훨씬 좋다.

3월 7일, 일요일 아침, 11시 30분

바로 위까지 쓰고 나서는 할 일이 있어서 잠시 중단했는데 그 후로 지금까지 다시 편지를 계속할 시간이 없었다. 그 날 목포행 증기선이 며칠 안으로 떠난다는 소식이 유진에게 왔고, 그 배를 타기 위해 그 날부터 엄청 서두르게 되었던 것이다. 목요일 밤에 아마와 내가 밤 9시까지 자루 등을 만들었고, 금요일 아침에는 유진의 마지막 짐 싸는 것을 도와주었고 12시30분에 일행이 출발했다. 제물포까지 8시간을 가야 하니 금요일 하루 종일 가야했을 것이고, 증기선은 어제 토요일 떠나게 되어 있었다. 드루 의사는 금요일 그의 짐들을 일본 정크선에 싣고 그걸 타고 떠났다. 정크선은 바람에 의존하기 때문에 그는 아마 일 주일 정도 걸려서 도착할 것이다. 오늘 나는 사랑스러운 아기 헨리 말고는 다시 혼자가 되었다. 유진의 선생님[13]이 유진과 동행했는데, 그의 아내와 세간살이 전부를 가지고 갔다. 그들은 이제부터 나주에 거주할 것이다. 유진은 한 달 후에 집으로 돌아와서 여기서 한 달을 보내고, 다시 한 달 정도 나주에 가 있는 식으로 되기를 바라고 있다. [언젠가 나도] 유진과 함께 남쪽으로 내려가게 될 때는 기쁠 것이다.

아기가 건강해 보이고 예뻐 보여서 이번 주에 사진을 찍을 수 있기를 바란다. 이제 이빨이 6개가 생겼다. 지난 주 어느 날 아침에 두 개가 더 나온 것을 발견했는데 아기가 별일 없이 평소처럼 잘 지냈다. 아기는 기어 다니지는 못하나 방바닥에서 어떻게든 자기식으로 방바닥을 미끄러지며 여기저기 다녀서 말썽을 많이 일으킨다. 우리가 모르는 사이에 어느 틈에 방바닥을 가로 질러 가서 스토브에 손을 대려고 하는데, 그게 아이가 제일 하고 싶어 하는 것이다. 아기가 유아 바구니 옆구리를 붙잡고 두 발로 일어설 줄 아는데 나는 아기가 그렇게 하도록 두는 것이 많이 두렵다. 볼링이 어떻게 해서인지 다리가 활처럼 굽었는데 나는 우리 헨리도 그렇게 될까 봐 두려운 것이다. 지난주에 아이를 데리고 씰 부인과 그래이엄 부인을 방문하러 갔었는데 아이가 아주 착하게 굴었다. 내가 뜬 하얀 모자와 연한 파랑색 망토가 잘

---

13 유진의 선생님: 이 당시 유진의 선생님은 미스 데이비스의 한국어 선생님이었던 변창연이다. 그에 대한 언급이 1897년까지의 편지에는 거의 없으나, 주명준 교수의 「유진벨 선교사의 목포선교」(『전북사학』 제21~22합집, 1999.12, 795~825쪽)라는 논문에는 유진의 1897년 이후의 편지를 근거로 변창연의 나주선교에 대한 언급이 있다.

어울리고 사랑스러웠다. (이 망토는 본래 편한 겉옷 wrapper으로 만들어진 것이나 나는 망토로 사용한다.) 그러나, 신발의 발가락 쪽을 물어뜯고 또 신발을 가지고 노는 행동으로 자기가 아주 좋은 세미 가죽 신발을 신고 있다는 것을 확실하게 보여주었다. 그 후에 나는 아기를 데리고 버스티드 부인의 7주 된 갓난아기를 보러 갔는데, 헨리가 자꾸만 원해서 갓난아기의 손을 잡게 했지만 헨리가 힘이 너무 세서 가까이 가지 못하게 했다. 아이를 안고 남여에 태워서 밖에 나가면 남여가 계속 움직이고 있는 한 완전하게 행복해 하는데, 남여가 멈출 때마다 빨리 가라고 의자에서 뛰며 보챈다. 헨리의 망토가 아주 따뜻한 것이 아니라서, 어디 나갈 때는 내 숄로 감싸준다. 그러면 아이의 손도 따뜻하다.

어제는 어느 정도 집을 청소해 놓느라고 종일 – 거의 – 바빴다. 미스터 벨이 지방 여행을 떠날 준비를 하고 난 다음에는 항상 집 청소를 잘 해야 한다. 그가 집을 엄청 흐트러 놓았고, 이번엔 드루 의사도 짐을 싸느라고, 그가 짐을 싸던 방들의 쓰레기는 말할 것도 없고, 마당을 짚과 쓰레기로 흩뿌려 놓았다.

올해 정원 일의 시작은 내 책임이 되었다고 말해야 되는 것이 슬프다. 나는 농사일에 관해서 거의 모르고, 밭의 일부는 우리 집에 있고 일부는 거의 1마일 떨어져 있는 곳에 있어서 내가 여간 힘들지 않을 것이다. 농사일을 아주 성공적으로 하는 밀러 씨와 언더우드 박사가 무엇을 언제 어떻게 심는지 가르쳐 줄 것으로 기대한다.

키가 작은 한국 장미꽃 나무가 요즘 계속해서 꽃을 피우고 있다. 아주 작고 예쁜 분홍색 꽃이다. 고향에서 내가 알고 있던 어떤 장미보다도 이 한국 장미들은 집안에서나 밖에서나 일 년 내내 꽃을 피우는 것 같다. 뜰의 잔디가 벌써 초록색을 보이기 시작한다. 머지않아 이른 봄꽃들이 피어날 것이다. 겨울이 거의 끝난 것이 너무 기쁘다. 이곳의 봄은 정말 사랑스럽고, 나는 집 안의 석탄 먼지에 지쳤다.

나는 이 집 전체를 우리가 쓰게 되기를 아주 많이 원했다. 그래서 지난 가을에 우리가 이사 들어올 때, 우리가 쓸 방들을 선택해서 벽지를 새로 하고 싶었다. 그런데 지금은 한 가지 이유로 그렇게 안 되었던 게 오히려 기쁘다. 그 한 가지 이유는 석탄먼지가 다 없어진 후에 벽지를 새로 할 수 있다는 것이다. 유진이 돌아오는 즉시 우리는 집을 어느 정도 수리하고 방 배분도 바꿀 것이다.

너는 웬만한 살림꾼에다 "조리사"로 알져져 있으니 우리가 여기서 차와 함께 즐기는 샐러드에 대해 이야기 해주겠다. 바닷가재 캔을 하나 사서 네 번에 나누어 사용한다. 점심에 감자 몇 개를 삶아 놓는다. 저녁 식사 30분 전쯤 삶은 감자를 썰어서 약간의 양파와 함께 어머니의 샐러드 드레싱과 섞어 놓는다. 가제는 저녁 식사 한 시간 전쯤에 잘게 썰어서 식초, 소금, 후춧가루로 양념을 해 놓는 것이 좋다. 저녁 식사 시간이 되면 감자 샐러드를 접시에 놓고 가재를 가운데 올려놓는다. 연어도 그런 식으로 한다. 때론 종종, 감자와 양파만 하고, 그 위에 소고기 얇게 썬 것이나 닭고기를 얹는다. 겨울에 꿩고기가 조금 남아 있었을 때 그것을 샐러리를 많이 해서 함께 잘게 썰어서 똑같이 어머니의 드레싱을 얹어서 먹기도 했는데 아주 맛있었다. 나는 샐러드를 별로 좋아하지 않았지만, 이제는 많이 좋아 하게 되었다. 심지어 올리브유가 들은 드레싱을 얹어 먹는 것까지 좋아하게 되었다. 일본에 있을 때 샐러드를 좋아하는 법을 배웠다고 생각한다. 중국 하인들이 샐러드 하나는 잘 만드는 것 같다. 내가 먹어 본 그들이 만든 샐러드는 모두 맛이 있었다.

에델이 스키너 부인이 된 후에 그를 보러 간 적이 있는지? 나의 사랑을 꼭 그에게 전해 다오. 행운을 비는 내 소망도. 그가 오래 전에 나의 주일학교 학생이었던 것을 네가 알겠지.

이제는 네가 완전히 나았기를 바란다. 오늘 우편물이 온다고 하는 기별을 들었으니 내일은 너에게서 좋은 소식을 듣게 되기를 바란다.

나의 사랑을 가족들에게 전해주고 폴린한테 내가 곧 편지를 쓰겠다고 전해다오.

사랑하는 언니,
로티가

추신. 3월 8일 – 에바에게 행복한 귀향이 앞으로도 많이 있기를!

1897년 3월 19일
한국, 서울

사랑하는 아버지

아버지께서 저를 위해서 저희들의 혼인증서를 하나 써서 어빈 씨한테 보내서 사인하도록 해 주실 수 없으신지요? 그렇게라도 해야 저의 혼인증서를 얻게 될지 모르겠습니다. 어빈 씨가 그것에 대해서 전혀 신경을 써 주지 않는다면 저는 이곳 공사관을 통해서 그로부터 혼인증서를 받아낼 수 있는지 알아보겠습니다. 그렇게까지 해야 하는 것이 싫은데, 그래도 혼인증서는 여기에서, 아니 세계 어느 곳에서나, 매우 귀중한 서류입니다.

감리교 여선교사 중 한 사람이 작년에 그의 자녀들을 데리고 유럽으로 갔습니다. 자녀들을 미국에서 학교에 입학시키기 전에 2년을 거기서 보내려고 했던 거였습니다. 그런데 그가 혼인증서가 없었고, 혼인증서를 써 줄 목사가 죽었든지 아니면 그런 종류의 일로 지금 혼인증서를 받을 수도 없어서, 정부에서 그가 아이들을 교육시키고 싶어 하는 도시에 거주하는 것을 허락하지 않았습니다. 제가 마지막으로 그것에 대해 들었을 때도 그 문제가 여전히 해결되지 않은 상태였습니다.

제가 꼭 확인해야 할 것 또 하나는, 어빈 씨가 자기가 그렇게 했어야 하는 바대로 혼인면허를 법원에 반환했는지 하는 것입니다.[14] 아버지

---

14 미국에서 혼인 할 때는 혼인 당사자가 혼인을 하려는 곳의 해당 법원이나 정부 부처

께서 저를 위해서 이 문제를 제대로 정리해주시면 저도 크게 안심할 것입니다. 아버지께서 얼마나 바쁘신지 제가 알기 때문에 아버지께 어떤 무엇도 써주시기를 부탁하기가 싫지만, 그래도 아버지께서 이 일을 기꺼이 해주실 것도 알고 있습니다.

사랑으로,
로티

에 가서 신고를 하고 혼인면허Marriage License와 혼인증서Marriage Certificate 두 가지를 받아온다. 혼인예식이 끝나면 주례자가 – 보통은 성직자 – 혼인증서에 세부사항을 기재한 후 서명하여, 대개는 그 자리에서, 혼인 당사자에게 주고, 혼인 면허는 서명하여 한 달 내에 법원이나 정부 부처로 보내야 한다.

1897년 3월 24일
한국, 서울

사랑하는 아버지

아버지께서 유진한테 보낸 편지와 거기에 동봉한 어머니의 편지가
며칠 전에 왔습니다. 그날 아버지께로부터 소식을 듣고 하루 종일
기뻤습니다. 그 날 헐버트 씨네 아기의 장례식에서 돌아왔을 때였는
데 마음을 달래 줄 무언가가 필요했었습니다. 그리고 플로렌스와 메
이블의 편지들도 받았습니다.

헨리는 이빨이 두 개가 더 거의 다 나왔고, 낮에는 약간 보채지만
밤에는 줄곧 잡니다. 일단 잠이 들면 아이가 집에 있는 지조차 모를
정도입니다.

저는 이제 감기가 다 나았고 지금 날씨가 좋아서 그것을 즐기고
있습니다. 스미스 상점에서 오는 물건들이 제물포에 도착했고 며칠
내로 집에 도착할 것입니다. 거기에 씨앗들과 어머니께서 보내 주시
는 아기를 위한 짐이 있어서 기쁩니다.

밀러 부인에게로 가서 함께 하루를 보낼 계획이라 그냥 엽서만 씁
니다.

사랑으로,
로티

1897년 3월 29일, 월요일
한국, 서울

사랑하는 어머니

저희가 주문한 것들이 토요일 도착했습니다. 제가 그것을 즐겁게 풀었던 것을 어머니께서 아시기 바랍니다. 크리스마스 소포들은 박스 하나에 함께 있었고, 제일 먼저 그것들부터 풀었습니다. 유진이 설교 모음집을 좋아할 것으로 확신합니다. 아버지의 설교와 다른 설교 몇 개를 제가 어제 읽었습니다. 아기의 모자와 신발이 예뻐요. 아기에게 모자를 씌어 놓으니 아주 귀엽습니다. 그러나 예쁜 신발은 통통한 저희 아기의 발에 들어가지가 않아요. 그래서 버스티드 부인에게 그의 아기를 위해 필요하면 가져가도 좋다고 했습니다. 여기서는 그렇게들 많이 해요. 다른 이가 사용할 수 있는 것을 안 쓰고 묻어둘 필요가 없으니까요. 제가 헨리를 위해서 스미스 상점에 주문한 신발이 너무 큰데, 밀러 부인이 자기가 필요없는 작은 신발이 있어서 그것을 제게 팔았습니다. 저도 버스티드 부인한테 제가 밀러 부인한테 지불한 만큼의 돈만 받고 제 것을 팔 것입니다. 신발이 너무 예쁜데 아기한테 맞지 않아서 너무 유감이에요. 몇몇 부인들이 그것을 원했는데 버스티드 부인이 가장 먼저 이야기를 했습니다. 아기 물건들을 챙겨 보내주셔서 감사해요. 그걸 받고 제가 너무 행복합니다. 작은 머리빗으로 아기 머리를 매일 빗겨주는데 어린 남자the young man가 그것을 매우 좋아해요. 아기가 페기인형[15]을 아주 좋아하는데 한국 사람들이 그걸 많이 부러워해요. "페기Peggy"는 한국말로 베개pillow

를 뜻합니다. 그래서 제가 인형을 "페기"라고 부르는 것을 아마가 아주 재미있어 합니다. 아마가 헨리에게 한국말로 짝짝꿍 놀이 하는 것을 가르쳐 주었는데 헨리가 확실히 알아들으면서도, 아마가 "짝짝꿍, 짝짝꿍 jock, jockum-jock, jockum"이라고 할 때 언제나 따라하지는 않지만, 따라할 때는, 아기 손이 아주 통통하고 보조개처럼 파인 것이, 너무 귀엽습니다.

제 스타킹과 장갑이 아주 맘에 듭니다. 신발도 좋은데 신발은 신을 수가 없어요. 볼이 아주 넓은 신발 한 켤레를 이번 겨울 내내 신었는데 미스 도티가 준 것입니다. 자기에겐 볼이 너무 좁아서 제게 주었습니다. 저는 전처럼 볼이 좁은 신발은 이제 신을 수가 없어요. 밀러 부인이 스미스 상점에서 갓 주문해 온 신발이 그가 신기에 볼이 너무 좁아서 그것을 제가 가져왔습니다. 사이즈가 D이고 제게는 볼이 약간 넓지만 상관없습니다. 제 신발을 벙커 부인이 좋아했으면 좋겠는데, 아니면 다른 누군가한테 맞을 것이니 걱정 없습니다.

저를 위해서 애써주신 것에 감사드립니다. 유진의 속옷도 아주 좋아 보이고, 부승이가 손수건을 받고 얼마나 좋아하는지요. 어머님께서 보내주신 책들 중 몇 권을 부승이에게 주고 다른 아이들에게도 나누어 주었습니다. 헨리의 책들은 잘 보관해 두었고, 교리문답서도 나중을 위해서 제가 잘 간직할 것을 확신하시기 바랍니다.

『센츄리』를 받게 되어서 너무 기쁩니다. 이곳에서 그것을 구해 읽

---

15 이름이 페기인 인형이다. 2015년에 제인 해리슨이라는 사람이 이 인형을 주제로 동영상을 찍은 후 영국에서는 페기인형이 저주의 인형으로 알려져 있다고 하지만 (출처: http://tioom.tistory.com), 130년 전의 페기인형은 후세의 페기인형과 연결성이 알려져 있지 않다. 그러므로 헨리가 저주의 페기인형을 가지고 놀았다고 생각하지 않는다.

을 도리가 없었기에 정말 즐겁게 읽습니다. 여분이 있으시면 좀 더 보내 주시기를 바랍니다. 우송료는 제가 지불하도록 해주세요.

보험 서류가 와서 유진을 위해서 잘 보관했습니다. 도표를 보내주셔서 감사해요. 아기 배를 살살 쓰다듬어 주려고 해 보았지만 아기가 너무 거부해서 성공적이지 못했습니다. 그러나 요즘은 변비가 아기에게 자주 일어나지 않아요. 아기의 음식을 할 수 있는 만큼 다양하게 주려고 노력합니다. 닭고기 스프가 있을 때는 하루에 한 번 그것을 주고 보리와 우유를 매일 한 번씩 줍니다. 어떤 때는 날계란을 우유에 풀어서 주고 어떤 때는 반숙을 해서 줍니다. 남감리교 선교회의 리드 부인은 여기서 아이 다섯을 길렀는데 조를 강력히 추천하네요. 그러니 저도 시도해 볼 생각입니다. 잘 끓여서 물을 뺀 후, 우유에 분말 이유식 대신 그걸 섞어서 먹여보려고 합니다. 며칠 전에 레이놀즈 부인이 말하기를 자기가 보아 온 이곳의 여느 아이들보다 헨리가 가장 잘 자라가고 있다고 했습니다. 헨리가 계속해서 그렇게 자라기를 바랍니다. 다가올 여름에 대한 제 두려움을 경험하지 못 해본 사람은 누구도 모르지요. 이곳에서 두 번째 여름에 아기를 잃은 이들이 너무 많습니다. 기후 때문일 것 같은데, 단정해서 말할 수 없습니다.

제가 리치몬드에 있을 때, L. I. W.라고 새겨진 수건을 제 방에 가지고 있던 것을 기억하시는지요? 저는 지금 그 수건을 헨리를 위해 사용합니다. 아기가 더 어렸을 때는 좀 색다른 다마스크 천으로 된 세트를 사용했는데 요즘은 유진이 그것을 사용합니다. 헨리가 기어다니기 시작하면서 기도회 시간에 너무 장난이 심해서 저는 기도회에 거의 참여할 수가 없게 되었습니다. 성경을 조리사나 문하인이 읽게 하고, 주기도문을 함께 외우고, 찬송을 합니다. 헨리 씨Mr. Henry도 이제 찬송가를 제가 아는 만큼 알고, 찬송가 책 하나를 언제나 들고 있어야 합니다. 최근 들어 헨리가 저희가 책을 하나가 아니라 둘을 사용하는 것을 알아챘고, 자기는 하나밖에 안 가지고 있으니까 이 사람 저 사람에게로 옮겨 다니며 책을 뺏어가려 해서 애로가 많습니다. 그러다가 유아용 높은 의자를 아펜젤러 부인으로부터 사온 이후에는 아기가 찬송가와, 비튼 비스킷이나 아니면 연하게 구워진 스테이크 한 조각을 가지고 기꺼이 거기에 앉아 있게 되어서, 저희는 평화롭게 기도회를 가지게 되었습니다.

아기에게 소변 가리는 것을 언제부터 가르쳐야 할지 저에게 될수록 빨리 알려 주십시오. 제 짐작으로는 이번 여름까지는 기저귀를 사용해야 할 것 같은데, 돌아오는 겨울에는 기저귀를 끊을 수 있을 지요? 그것을 알아야 이번 7월에 겨울 품목을 주문할 때 아기를 위해 무엇을 포함시켜야 할지 계획을 세울 수 있습니다. 저는 헨리를 위해서 진파란색 플란넬 속옷이나 스커트를 만들 것을 생각했어요. 그리고 짙은 옥양목으로 옷을 만들어 주려고 했어요. 제가 알고 싶은 것은 작은 진파랑 플란넬 속옷 속에 무엇을 입히나요? 기저귀요? 오늘 아기가 변기에 앉아서 아무 문제도 없이 일을 보았는데 아마가 옆에서 아이가 움직이지 않도록 붙들고 있었어요. 저는 다른 이들이 경험하는 어려움 없이 헨리가 소대변을 가리도록 가르치고 싶어요.

유진은 아직 나주에 있어요. 저에게 매우 쾌활한 편지들을 써 보내는데, 오늘 랜킨 씨에게 보내는 편지 하나가 왔고 제가 다시 주소를 쓰고 우표를 부쳤습니다. 유진이 그 편지에서는 그들이 지금 겪고 있는 주민들의 반대에 대해 이야기를 합니다. 그것을 알고 제가 조금 불안해 지는 것은 어쩔 수가 없지만 그래도 심각한 문제가 아닐 것으로 믿습니다. 두 주 안에 유진이 돌아올 것을 고대하면서 곧 다른 소식들도 오기를 바랍니다. 유진이 개인적으로 위험에 처해 있다고 믿지는 않습니다만, 그 편지에 쓴 것을 보아서는, 그곳에서 선교를 시작하는 데에 문제가 있다는 것을 알 수 있습니다. 평양도 처음에는 들어가기가 힘들었으나, 지금은 그곳의 선교가 얼마나 훌륭한지 보세요. 글쎄요, 유진과 유진이 하는 선교가 주님의 손에 달려있고 저는 염려할 필요가 없다는 것을 알기에 위안이 됩니다.

많이 늦어졌네요. 여기서 이제 끝을 맺어야 하겠습니다. 요즘은 저에게 바쁜 날들입니다. 재봉질, 공부, 살림, 밭가꾸기 등으로 여가 시간이 별로 없습니다.

모두에게 사랑을 보내며,
어머니의 충실한 딸
로티

1897년 4월 5일
한국, 서울

사랑하는 플로렌스

지금 나는 특별히 할 일이 없으니, 오랫동안 미루고 있었던 너에게 편지 쓰는 일을 시작해야겠다. 네가 보내준 사랑스러운 편지들에 답해서 길고 멋진 편지를 써야하겠다고 느껴왔지만, 여지껏 그럴 수 있는 분위기가 아니었다. 바로 지금 우리는 집을 수리하고 있어서 (유진이 돌아왔어) 며칠 동안은 매우 어수선할 것이고 그래서 이 편지도 "조각조각" 스크랩처럼 쓰여질 지 모르겠다.

저녁 식사 후

오늘 오후에 밀러 부인과 함께 공사관에서 머물고 있는 여자들을 방문하러 갔었다. 한 사람은 로스앤젤레스에서 온 스콧 부인이고, 다른 한 사람은 시카고에서 왔는데 이름이 확실치 않다. 토요일에 우리는 그들과 함께 알렌 부인 집에서 점심을 먹었다. 중년 부인들이었는데, 여가로 여행을 하는 중이었다. 아름답게 차려 입은 매력적인 여자들이었다.

목요일 (4/8)

네가 보듯이 내가 바빠서 편지 쓰는 일을 또 잠시 미루어야 했다. 헨리가 지금 잠을 자고 있는데 그가 한동안 잠들어 있다면 내가 이 편지를 완성할 수 있겠다. 어제는 주로 벽지를 제대로 바르는지 감시

하느라고 시간을 보냈다. 벽지 바르는 것이 얼마나 어려운지는 네가 여기 와서 한 번 직접 해 보아야나 알 수 있을 것이다. 중국인들은 모든 일을 꼼꼼하게 해서 감시를 안 해도, 일을 잘 해 놓을 것이라고 신뢰할 수 있는데, 한국인은 그렇지 않다. 한국인들은 무엇 하나 똑바르게 만들어 놓지 않고, 벽지가 어떻게 붙여지든 별 상관없다고 생각한다. 그리고 감시를 철저하게 하지 않으면 벽지를 훔쳐 간다. 이런 상황에서 벽지를 새로 바른다는 것을 상상해 보아라. 남자 세 명이 어제 하루 종일 일을 하고도 방 하나도 끝내지 못했다. 이제는 그들도 서양사람 집에 벽지를 어떻게 바르는지 배워 알지만, 처음엔 벽지를 모두 2~3 피트 정도의 길이로 짧게 잘라서 벽에 발랐다. 오늘은 김 서방이 그들을 감시하는 것을 도와주니, 일이 좀 더 순조롭게 진행되기를 바란다.

유진이 무슨 일을 맡기기 위해 목수 한 사람과 계약하면서 그 일을 위한 목재는 그 목수가 구입하기로 계약했는데, 유진이 그가 일을 어떻게 하나 보기 위해 어제 불시에 나가 보았을 때, 그가 우리 집에 있는 판자를 사용하려고 하는 것을 발견했다. 유진이 그에게 그것에 대해 언급하니까, 그가 그와 함께 일하던 사람에게 "안 되겠소 an terkesso" "it won't work"라고 했다. 그들은 자기 목재를 가지고 오되 그것을 사용하지는 않으려고 계획했던 것이다. 수리가 다 끝나면 집이 아주 훌륭하게 보일 것이다. 비용도 많이 들지 않을 것이다. 물론 수리비는 선교회에서 지불하겠지만 말이다. 너와 나 사이에 하는 말인데, 나는 우리 집에 대해서 늘 부끄러워했다. 이 집을 매입한 이후 아무도 이 집이 얼마나 빨리 폐허처럼 되어 가는지 상관하지 않았고, 서울에서 가장 보기 흉한 집이 되었다. 매 해 조금씩 돈을 들여서 집을 보완하는 것이 나중에는 돈이 덜 들게 되는 것을 누구도 깨닫지 못했던 것 같고, 집이 이렇게 쉽게 허물어져 가는 상태에서 누구도 이 집을 세 들거나 사지 않으려고 했을 때 우리가 이사 들어온 것이다. 우리가 이곳으로 이사 온 후, 우리는 어떻게 해야 <u>아주</u> 적은 돈으로 최선을 다 할 수 있을지 계획을 세웠다. 은화 50불도 채 안 되는 돈으로 우리 는 놀라운 성과를 보았다. 한국인들은 자주, 집 건물 밖도 벽지를 바르 므로 우리도 바깥벽을 짙은 황갈색 한지로 바르려 한다. 그러면 밖에 서 아주 새 집으로 보일 것이다. 안은 고향에서 온 새 벽지를 바르고, 벌써 이곳 저곳 헐어진 부분을 많이 보수했다. 또한 유진이 뜰을 새롭 게 꾸미고 있으니, 이 집도 머지않아 여느 선교사들의 집처럼 보일 것이다. 선교사라면 아마도 이런 일에 신경을 쓰지 않아야겠지만, 우 리 두 사람은 우리가 사는 집에 대한 긍지가 있고, 그것이 꼭 우리집이 어서 그런 것만이 아니라 우리의 선교를 위한 것이기도 하다.

지난 목요일, 4월 1일에 우리가 받은 우편물이 좋았다. 그 날은 유진이 돌아온 날이기도 했다. 어머니의 편지를 언제나처럼 즐겁게 받아 읽었고, 너에게서 온 편지 하나, 제니 앤더슨 사촌에게서 온 편지 하나, 그리고 나의 주일학교 선생님이었던 벌록 부인으로부터 온 편지가 있었다. 그리고 잡지와 신문 스크랩 등이 왔다. 패니Fanny, 매티, 그리고 나머지 식구들이 루이빌에 가까이 있다는 것이 얼마나 좋겠니. 어머님께서 자주 그들에 대해 말씀하신다. 유진이 지방으로 떠나기 전에 너한테 편지를 쓰기 시작했었는데 그 편지를 부쳤다고는 생각되지 않는다. 유진과 내가 너한테서 오는 편지들을 항상 아주 즐겁게 대한다. 이제까지 했던 것보다 좀 더 자주 제 때에 답장을 해야 한다고 우리가 생각한다. 고향에서 오는 편지들을 내가 얼마나 반가워하는지, 식구들이 나를 위하여 그렇게 자주, 그리고 풍족하게 편지를 써주는 것이 얼마나 고마운지, 내가 말로 다 표현할 수가 없구나. 헨리는 7번째 이빨이 나왔고 오늘은 몸이 좋지 않다. 감기 기운이 조금 있는데 곧 회복하기를 바란다. 나는 136 아니면 137파운드가 나간다. 그러니 내 플란넬과 신발이 안 맞을 수밖에 없다. 내가 얼마나 살이 쪘는지 깨닫지 못했었다. 너도 알고 있지, 내가 결혼 때 112파운드 밖에 나가지 않았던 것을. 헨리가 보채기 시작하니, 이제 그만 써야겠다.

최고의 사랑으로,
로티

1897년 4월 8일
한국, 서울

사랑하는 어머니

이제 내일이면 저희가 서울에 도착한지 2년이 됩니다.

지금 저희들은 집 수리 때문에 바쁩니다. 다 끝나면 보기 좋을 거예요.

플로렌스한테 이번 주에 편지를 했습니다. 헨리의 일곱 번째 이빨이 나왔어요. 유진도 돌아왔고요. 지난 주 우편에 대해서는 보고할 것이 없습니다. 독립신문 구독 신청을 했습니다. 『센츄리』를 보내주시는 것이 너무 감사해요. 정말 즐겁게 읽고 있습니다.

모두에게 사랑으로,

로티

1897년 4월 15일
한국, 서울

사랑하는 어머니

제가 또 엽서로 대신하는 것을 어머님께서 용서해 주시기 바라요. 집 정리를 하느라고 무척 바빠요. 며칠 내로 편지를 쓰도록 노력하겠습니다.

헨리의 감기는 좀 나아졌고, 이빨 하나가 거의 나왔어요.

집 수리를 한 후에 저희 집은 아주 좋아졌습니다. 물건들을 새로 들인 것은 없지만 집이 깨끗하고 고급스러워졌습니다.

저희가 이곳에서 살림을 시작한 지 오늘로 2년이 됩니다. 식구들의 안녕을 빕니다.

저희 두 사람의 사랑을 모아서
로티

1897년 4월 20일, 화요일 오전, 10시 30분
한국, 서울

사랑하는 에바

요즘에는 앉아서 긴 편지를 쓰는 것이 거의 불가능한 것 같구나. 유진이 돌아온 이후 집에 필요한 일들을 많이 했다. 집 안팎을 새 벽지로 바르고 나니 이젠 정말 새 집처럼 보인다. 한국 사람들은 집의 바깥도 종이로 바르는데 처마가 길게 나와 있어서 비가 들이치는 것으로부터 보호가 된다. 바깥쪽엔 값싼 연갈색 종이로 발랐는데, 보기에 아주 좋고 안에는 미국에서 온 값싼 벽지를 썼다. 우리가 원했던 방들 전부에 살림을 나누어 놓았더니 이제는 매우 편안하다. 넓은 침실에 옷을 넣어 둘 벽장이 있고 뒤에 화장실이 있다. 거실에서 식당과 유진의 서재로 통하는 두 짝짜리 문이 있다. 가구를 새로 마련한 것은 하나도 없는데 방들이 모두 멋져 보이는 것에 놀랐다. 모든 것이 깨끗하고 좋아 보이는 것이 즐거운데, 페인트칠을 새로 하고, 마룻바닥과 창문과 가구들을 잘 훔쳐서 닦았으니 집 전체가 아주 깨끗하다.

유진이 뜰 일도 아주 많이 해서, 이제 이 집도 서울의 여느 선교사들의 집만큼 좋아 보인다. 나는 이 집을 이렇게 쇄락해 가도록 내버려 둔 것이, 그리고 유진이 금화 25불로 얼마나 많은 일을 할 수 있었는지 우리 선교회에서 전혀 개념이 없었다는 것이 부끄럽다. 우리는 두 어린애들처럼 일주일째 이 집을 즐기고 있다.

어제 전주에서 해리슨 씨가 올라왔다. 우리 집에서 몇 주를 지낸 다음에 유진과 함께 나주로 가려고 한다. 그를 보게 되어서 정말로 기쁘지만 나한테는 힘든 것이, 내가 조리사를 해고해야 해서 지금은 보이가 조리사 일을 하고 있고(대부분의 일은 내가 한다.), 보이 역할을 할 하인이 없다. 그러니 내가 몹시 바쁜데다 몸도 편치 않다. 감기 기운이 계속 있어 왔고, "초봄의 나른함"까지도 겹친 것 같은 것이, 계속해서 피곤하고, 무엇을 하고 싶은 의욕이 나지 않는다. 곧 차도가 생기지 않으면 에비슨 의사를 보아야 할 것 같다. 유진은 내가 조리사가 없을 때마다 아파진다고 놀리고 나도 이러는 것이 창피하지만, 일을 너무 많이 하면서 몸이 아프지 않을 수가 없다. 내 짐작에 그 한 가지 이유는, 내가 부엌일 하는 것을 극심히 싫어한다는 것이다. 맹세계를 다시 조리사로 들일 수 있다면 어떤 일이든지 하고 싶어. 그가 아직 일자리가 없단다. 나는 그가 기꺼이 다시 돌아올 것으로 확신하지만, 그래도 그를 다시 쓰지 않는 것이 옳은 일인 것 같다. 그가 정말로 잘못된 행동을 했단다. 그래도 그가 돌아와서 일자리를 요청한다면 그를 다시 고용할 맘이 있다. 보이가 조리사 (자리를) 원하는 것 같은데, 그가 그렇게 생각하는 것은 자신을 모르는 매우 어리석은 짓이다.

헨리의 감기가 심하지는 않지만 나아지지도 않는다. 아직도 기침을 좀 하는데 그래도 새끼 양처럼 활달하다. 이젠 아무데나 기어오르고, 의자들 사이로 돌아다니고, 지난주에는 8번째 이가 나왔고, 나날이 더 사랑스럽게 자란다.

공사관에 두 개의 깃발이 올라 있어서 우편물을 가지러 막 사람을 보냈는데, 아마 미국에서 오는 것이 아닐지도 모르지만, 우리 것이기를 바란다. 2주 반 동안 집에서 아무 것도 받지 못했다.

지금 나는 헨리의 여름옷을 만드느라고 바쁘다. 중국 양복점에서 구한 회색 플란넬 감으로 짧은 망토를 만들고 있고, 흰색 스커트가 필요하고[16] 또 다른 옷도 한두 벌이 꼭 필요하다. 내 파란색 비단 스커트를 어떻게 해 볼 수 있을까 해서, 재단사에게 오늘 와 달라고 사람을 보냈다. 스커트는 아직 괜찮은데, 허리 뒤쪽이 주름을 따라서 헐었다. 스커트 뒤쪽의 천을 조금 잘라내서, 몸에 맞게 새롭게 뒤를 대어 좀 더 오래 입었으면 좋겠다. 내가 처음 생각했던 것처럼 스커트 전체를 뜯어내서 허리를 새로 만들기는 싫다. 내 오래된 청색 서지 스커트는 보기에 안 좋지만, 그래도 이번 여름까지는 나의 블라우스와 함께 입으면 괜찮을 것 같다. 그렇기를 바라는 것이, 나는 이 옷들이 다 헐어질 때까지는 새 옷을 사는 게 싫다.

벙커 부인이 내 신발을 가져갔으니 신발 문제는 해결이 된 거지. 내가 플로렌스에게 지금 내 몸무게가 얼마 나가는지 말했을 거다. 그러니 지금 내가 전보다 큰 옷들이 필요한 것은 이상한 일이 아니다.

지금 헨리가 아마와 함께 밖에 있는데, 아이가 무엇 때문인지 소란을 떠는 것이 들린다. 아마 잔디밭에 내려 달라고 하는 것일 게다. 그게 요즘 아이가 제일 하고 싶어 하는 일이다. 유진이 나를 위해, 내가 무슨 일로 하인이 필요할 때마다 밖으로 걸어 나갈 필요가 없도록, 밖에서 부엌으로 연결되는 종을 설치하고 있다.

어제 꽃씨들을 심었다. 해바라기, 백일홍, 과꽃, 코스모스, 등등. 꽃들이 잘 되면 좋겠어. 지금은 뜰이 아주 아름답게 보인다. 하얀 클로버가 두껍게 깔려 있는데, 잔디보다 일찍 올라와서 잔디밭이 더

---

16 19세기 말에는 남자 유아들의 의상에도 많은 정성을 쏟았다고 한다. 남자 유아에게 하얀 스커트를 입히고 때로는 보닛 모자도 씌웠다고 하는데, 배변훈련이 끝나는 대로 스커트를 입히지 않았다고 한다.

사랑스러워 보인다. 아마 알렌 의사가 전에 여기다 심어 놓은 것 같다.

너희들 모두에게서 소식을 너무 듣고 싶다. 오늘 우편물에 좋은 소식이 있기를 바란다. 우편을 받은 후에 다시 쓸게.

수요일

우편물이 오늘 왔어. 3월 2일 자 어머니와 아버지의 편지, 어머니께로부터 온 엽서, 그리고 스크랩과 신문들이 많이 왔다.『리터러리 다이제스트』를 받으면 아주 기쁠 것이다. 부기 책도 고맙고. 어머니의 질문에 대한 답은 다음 편지에 할게.

4월분 보험료를 위해서 수표를 동봉한다. 진작 보내지 못해서 미안해. 아버지께 말씀해서 매 4분기마다 때 맞춰 보험료를 지불해 달라고 해줘. 그러면 우리도 될수록 빨리 수표를 보낼게. 보험사가 루이빌에 있니? 이런 일들을 기억하기가 너무 힘들어.

어머니 편지에 메이블의 최근 소식이 없다. 조금 나았기를 바란다. 나는 네가 잘 지내고, 네 직장을 좋아해서 기쁘다.

최고의 사랑을 모두에게 전하며,
로티

추신. 어머니께 헨리의 작은 침대가 아주 가까이 있어서 내가 원할 때마다 내 손을 아이에게 _____ (복사하면서 잘려짐.)[17]

---

17 원문에 (cut off in xeroxing)이라고 되어있다.

1897년 5월 10일
한국, 서울

사랑하는 아버지

지난 한 주가 아버지께 엽서 한 장도 쓰지 못한 채 지나가 버렸습니다. 매일, 편지를 써 보내드려야지, 하다가 그렇게 되고 말았습니다. 웬일인지 매우 바빴어요. 정원일도 시간이 많이 걸리고, 재봉도 해야 했고, 이유는 잘 모르나 밤에 헨리가 자꾸 깼습니다. 아마 이가 더 나오는 것 같이 생각됩니다. 대개는 밤에, 이가 완전히 나오기 2주 전쯤부터 잇몸을 뚫고 나오는 것 같아요. 기침은 완전히 끝났고, 그래서 밤에 깨는 것 말고는 낮에는 잘 지냅니다. 제가 밤에 잠을 제대로 못 자면 아침에 두통이 생기고 하루 종일 멍청한 느낌입니다. 아기가 대개는 밤새도록 잠을 잘 자고, 저도 덩달아 그랬었기 때문에, 이렇게 밤잠을 망치는 것에 길들지 않았습니다.

거의 일주일 전부터 헨리가 혼자 오랫동안 서 있곤 했습니다. 그러나 한 발짝 이상은 발을 떼어 놓으려고 하지 않고, 그것도 제가 있을 때나 그렇게 합니다. 그래 놓고는 자기가 매우 똑똑한 행동을 한 것처럼 소리 내어 웃습니다. 생일 전에 아이가 걷게 되면 저는 매우 기쁠 것입니다. 아이가 요즘 들어 엄청 재잘재잘 하는데 꼭 무슨 뜻이 있어서 하는 것 같습니다. 배가 고플 때는 기어서 아마가 자기의 젖병이나 음식을 보관하는 데로 가서 먹을 것을 달라고 합니다. 새로 찍은 헨리의 사진을 며칠 내에 보내드릴 수 있기를 바랍니다.

유진과 해리슨 씨가 지방을 여행할 때의 모습 그대로를 찍은 인증

사진을 하나 동봉합니다. 그들은 말안장을 사용하지 않고 대신 이불 보따리를 깔고서 그 위에 앉아 갑니다. 말 옆에 있는 사람들은 "마부 marpoos"들인데, 여행 중 말을 돌보고 말을 다시 데리고 가기 위해 동행합니다. 사진 속의 다른 남자는 지금의 저희 조리사입니다. 아기와 아마 그리고 저는 저희 침실 앞의 "마루marrow" 또는 현관 위에 있습니다. 가운데 문이 거실로 열립니다. 유진의 서재 앞에도 사진에 저희가 서 있는 것과 같은 "마루"가 있습니다. 최근에 집 공사를 하면서 집을 약간 바꾸었기 때문에 집의 도면도 동봉합니다.

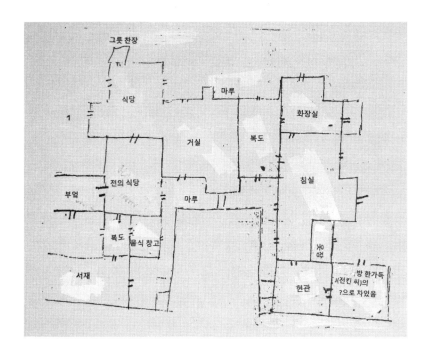

유진과 해리슨 씨가 떠난 지 오늘로 일주일이 되었고 아마 오늘 아침쯤 전주를 떠나서 나주로 출발했을 것입니다. 만일 그랬다면 수요일 아침까지는 나주에 도착하는 것이 그들의 계획입니다. 제가 장담하건대, 육로로 8일을 계속해서 여행하는 것이 장난이 아닙니다. 그리고 남편이 한 번 가면 몇 주씩, 짧게 잡아야 16일 걸리는 거리에 떨어져 있는 것이 저에게도 즐거운 일이 아닙니다. 편지를 하면 한국 우편으로 11일 걸려야 받게 되고, 전보는 없습니다. 그러니 저희 두 사람이 나주에 정착하고 싶어 한다는 것을 의아해 하실 수가 없으시겠지요.

저희 밭에서 나는 상추와 홍당무를 맛있게 먹고 있고, 아스파라거스는 이루 말로 할 수 없이 즐겨 먹고 있습니다. 완두콩이 곧 수확할 때가 되었고, 딸기도 그렇고, 라즈베리가 아주 많이 열릴 것 같고, 블랙베리도 마찬가지입니다.

북 감리교 선교회의 조이스 감독과 그 부인이 일주일간 방문한 것이 즐거웠습니다. 감독이 저희 연합교회 예배에서 두 번 설교했습니다. 그들이 2년째 이곳을 방문하고 있습니다. 그래서 이번 방문이 조이스 감독 내외의 두 번째 한국 방문입니다. 교단의 책임자가 선교지에 와서 현지 사정을 실제로 이해할 수 있도록 충분한 시간을 보낸다는 것은 참으로 좋은 계획 같아요. 체스터 박사도 이렇게 나와 보시면 얼마나 좋을까요. 그런 여행에 드는 비용은 값질 것입니다. 체스터 박사께서 『칠드런즈 미셔너리 Children's Missionary』에 싣도록 저와 헨리가 같이 찍은 사진을 보내 달라고 편지했습니다. 식구들이 가지고 있는 사진 중에 하나를 그들에게 주실 의향이 있으시면 저도 기꺼이 동의합니다. 이곳의 사진사가, 사진 원판이 못 쓰게 되어서 더 이상 현상을 할 수 없다고 합니다.

곧 다시 편지를 쓰도록 하겠어요. 편지를 서둘러서 쓰는 것을 용서하세요. 아마가 오늘 몸이 좋지 않아서 제가 아마 대신 헨리를 조금 돌봐주어야 합니다.

왜 저희가 『옵저버』를 받기 시작하는 날짜를 앞당기지 못하는 것인지 에바가 알아보면 좋겠습니다. 저희는 유진이 그들에게 보내는 편지가 구독료를 대신해서 계산될 것이라고 생각했습니다. 그들이 그렇게 하지 않는다면 지금부터는 유진의 원고를 모두 『미셔너리』로 보내겠습니다.

지금 저희 선교회에서는 레이놀즈 부인과 저, 그리고 아이들만이 서울에 머물고 있습니다. 꽤 외롭다는 느낌이고, 이곳에서 일어날 수 있는 일들을 처리해 줄 남자가 한 사람도 없는 것이 좋지 않습니다. 그래도 저희는 잘 지내고 있어요.

모두에게 사랑을 보내며,
로티

1897년 5월 13일, 목요일
한국, 서울

사랑하는 어머니

오늘이 제 생일날이라 짧게라도 어머니께 편지를 쓰지 않고 그냥 지나갈 수가 없네요. 이번 주는 에바에게 오랫동안 밀린 편지를 써야 할 차례이지만 말입니다. 『센츄리』를 보내주셔서 너무도 감사합니다. 지난 2년 동안 그 잡지를 대하지 못해서 많이 보고 싶었습니다. 유진이 저를 위해서 구독 신청을 할 때 제가 『하퍼』를 선택하기는 했지만요. 제가 제일 좋아할 만한 것을 어머니께서 택하셨습니다. 어머니께서 유진에게 생일 선물을 보내 주셔서 감사하다고 그가 직접 편지를 쓰려고 했지만, 이번 집에 왔을 때는 그가 너무 할 일이 많았어요. 유진이 그 힘든 시골 선교여행에서 돌아와서 쉬어야 하는데, 이번에 그가 일을 많이 해야 했던 것이 싫었습니다. 하지만 집수리는 해야 했고, 정원도 돌보아야 했고, 그래서 그가 이곳에서의 4주를 아주 바쁘게 보냈습니다. 그래도 유진은 150파운드가 넘게 나가요. 저희 부부가 급속히 뚱뚱해지는 것 같습니다. 저는 135파운드가 나가요. 헨리는 2주 전에 24파운드였어요.

아기의 냅킨 고리를 보내주셔서 고맙습니다. 아기가 다른 제 은식기들은 사용해도 되지만 제 고리만은 쓰게 할 수 없었어요. 다른 물건들은 3월 23일 발송한 테이트 씨의 짐에 넣어져 온다는 연락이 스미스 상점에서 왔으니 곧 받을 수 있기를 바라요. 저는 재단사한테 부탁해서 헨리의 빨간 망토도 만들게 할 계획입니다.

월요일 아버지께 편지 드리면서 헨리 때문에 제가 어떻게 밤잠을 못 잤는지 이야기해드렸어요. 그러나 어제 아침에 덧니double teeth 두 개가 약간 보이기에 아이가 왜 그랬는지 다른 의심은 하지 않았어요. 밤새 쉬지 못하고 뒤척이면서도 아이가 어젯밤에는 다른 때보다 잠을 조금 낫게 잔 것 같아요. 새벽 1시까지는 잠이 깊게 들지 못했고 4시 이후에는 아주 깨버렸어요. 그때까지는 잠을 잘 자고 있던 아마가 일어나서 아기에게 먹을 것을 주고 문하인이 저의 목욕물을 6시 반에 준비해 놓았을 때까지 제가 잠을 잘 수 있도록 아이를 돌보아 주었습니다.(저희 목욕실이 아주 좋아서 즐겨 사용합니다. 화장실에는 하인이 밖에서 드나들 수 있도록 밖으로 문이 나 있습니다.)

제가 30살이 된다는 것이 신기하다는 생각이 듭니다. 나이 먹는 것에 대해 별 느낌을 가지지 못했었거든요. 유진과 저는 가끔, 저희가 멀리 떨어져서 둘이서만 이곳에 살면서, 아기를 데리고 저희들의 집을 가꾸어 갈 만큼 나이가 들었다는 것이 기이하게 느껴진다고 이야기합니다.

어머니께 드리는 아기의 새 사진을 이 편지를 부치는 우편으로 같이 보내 드립니다. 사진이 특별히 만족스럽지는 않아요 – 유진의 표정이 싫고, 그렇지 않은 아이인데 헨리가 유색인 아이처럼 보이네요. 아이 머리통이 잘 생기지 않았나요? 그리고, 어머니께서는 아이가 저 통통한 손으로 짝짜꿍 놀이를 하면서, 그것을 하는 자신을 향해 소리 내어 웃는 모습을 보고 싶지 않으신지요? 어떤 때는 거의 아이를 깨물어 주고 싶어요. 아기가, 제가 키스를 하려 하면 귀여운 모습으로 가만히 기다려 주고, 제가 키스한 후에는 야릇한 표정을 짓는 것이, 아주 귀엽습니다.

이 편지에 동봉하여 한국 자수 견본 한 자락을 보내드립니다. 아주 훌륭한 견본인데 어디에 쓰이는지는 몰라도 장식품의 일종인 것 같습니다.

어머니, 메이블을 위해서 일렉트로포이즈[18]를 한번 써 보시지 않으시겠어요? 레이놀즈 부인이 하나를 가지고 있는데 그걸 사용한 후로 몇 달 동안 약이 필요 없었대요. 그리고 그가 한국에 온 이후로 처음으로 올 봄에는 가끔 아주 건강하게 느껴진다고 합니다. 에비슨 의사는 뭔가는 모르지만 어떤 이로운 면이 그것에 있는가 보다고 말합니다. 그것을 쓴다고 메이블의 상태가 더 나빠지지는 않겠지요.

유진이 집에 없었지만 오늘 생일을 제법 멋지게 보냈습니다. 오후에 차를 함께하자고 부인들을 초청해서 아주 좋은 시간을 가졌습니다. 헐버트 부인, 맥길 부인, 밀러 부인, 리드 부인 그리고 콜리어 부인이 왔는데 레이놀즈 부인과 에비슨 부인은 올 수가 없었어요. 제가 어머니 레시피에 따라 아침에 스펀지케이크를 만들었는데, 두 층으로 굽고 그 사이를 크림으로 속을 만들어 채우고 아이싱은 하지 않았어요. 크게 잘라서 차와 함께 먹었더니 맛있었습니다. 크림 레시피를 메이블에게 보내서 어머니께 만들어드릴 수 있도록 하겠습니다. 크림은 버스티드 부인에게서 아이디어를 얻었습니다. 그는 그것을 "보스턴 크림 파이"라고 불렀습니다.

맹세계가 밀러 댁에서 일하게 되었다는 소식이 어머니께 흥미로우실 것으로 압니다. 제가 그를 고용할 수는 없는 터에 밀러 부인이

---

18 Electropoise: 전기의 신비한 힘을 이용해 각종 질병을 치유한다는 선전으로 1890년대부터 널리 팔리기 시작한 Hercules Sanche가 "발명"한 치료기구. 초기부터 그 의학적 효과에 의문이 제기되었으며 후에 사기로 판명되었다.

맹세계를 조리사로 데리고 있게 되어서 기쁘고, 또한 그가 다시 기독교 영향 아래 있게 되어서 기쁩니다. 지금은 그를 다시 고용하지 않아야 한다는 유진의 생각에 제가 동의합니다. 그가 저희 집에서 나간 이후 막일꾼coolie으로라도 일함으로써 그 안에 선함이 있다는 것을 보여주었고, 아마 그것이 밀러 씨네가 그를 고용한 이유의 큰 부분으로 생각됩니다. 보이는 점점 일을 잘 하고 있습니다. 그가 보이보다는 조리사로서가 더 나을 것 같은 생각입니다.

이 편지가 길어져서 이만 줄이겠습니다. 그러지 않으면 에바에게 쓸 것이 하나도 없을 것 같습니다.

사랑하는
로티

1897년 5월 17일
한국, 서울

사랑하는 에바

네게 보내는 이 편지가 진짜, 한국말 표현대로 "아니올시다"인데, 그래도 편지를 쓰기에는 너무 바빠서 우선 이대로 보내 놓고 며칠 안에 네게 다시 쓸 수 있기를 바란다.

유진과 헨리의 사진을 동봉한다.

전주에서 유진이 소식을 보냈는데 거기까지는 여행을 잘 했다고 한다.

내 편지를 출판하지 말라고 내가 말한 것에 대해서 나는 무슨 말을 해야 할지 모르겠다. 만일, 내 편지에 정말 흥미로운 내용이 있는데, 그걸 출판해서 해를 초래하지 않을 것이라고 네가 확실하게 판단되면 출판해도 좋을 것이다. 선교 사역이나 정치에 관한 내 의견이 어떤 식으로든 출판되는 것을 원하지 않으나, 사람들에 대한 흥미로운 작은 사실들은 상관없을 것으로 생각된다. 이곳 선교사 일원인 어떤 여자의 가족이 그의 편지의 일부를 출판해서 그를 심한 곤경에 빠뜨렸고, 그 일로 한국에 나와 있는 선교사들 모두가 두려움에 젖었다.

헨리가 어금니 나오는 게 퍽 힘든 모양인데, 그렇다고 아이가 아픈 것은 아니다. 치아가 다 나오고 나면 나는 정말 기쁠 것이다.

최고의 사랑을 모두에게 보내며,
로티

1897년 5월 17일
한국, 서울

사랑하는 어머님[19]

레이놀즈 씨가 며칠 전에 서울로 오면서 유진이 전주에서 제게
보내는 편지를 가지고 왔습니다. 그리고 제가 여기 동봉하는 애니에
게 보내는 편지도 보냈습니다. 그가 지금쯤은 나주에 가 있을 겁니다.
일주일 내에 그에게서 소식을 들을 수 있기를 바랍니다. 편지가 거기
서 여기까지 오는데 한국 우편으로 11일이 걸립니다. 유진이 그렇게
멀리 오랫동안 떨어져 있을 때 만일 헨리가 없었다면 제가 어떻게
했을지 상상이 안 됩니다. 항상 둘이 같이 있을 수 있도록 어서 시골로
내려가서 살 수 있게 되기를 고대합니다.

장갑이 제 생일에 맞추어서 도착했습니다. 가슴 깊이에서 우러나
는 감사를 드립니다. 제 생전에 처음 가져보는 비단 벙어리장갑입니
다. 제가 겨울 내내 장갑을 끼고 사는데 진정 즐겁게 이 장갑을 사용하
게 될 것입니다.

헨리가 그의 참나무 침대를 아주 좋아한다고 아버님께 말씀해 주
세요. 아마와 저는 그 침대에 쓸 매트리스를 만들고, 분홍색 치즈
천[20]으로 이불을 만들었어요. 담요는 가지고 있는 것들이 있습니다.
매트리스는 한 중국인으로부터 산 대나무 대팻밥을 이용해서 만들었

---

19 Dear Mother, 유진의 어머님께 보내는 편지.

20 원문에 cheese cloth로 되어 있는데 보통 cheesecloth로 한 단어로 쓴다. 치즈를
만들 때 쓰는 올이 성긴 무명천을 일컫는 데서 유래했다.

는데 말 털로 만든 것과 아주 비슷합니다. 그 위에 다시 솜을 넣은 요를 깔았는데 헨리를 위한 훌륭한 침대가 되었습니다. 제가 아기였을 때 사용했던 작은 베개를 한국 올 때에 가져왔는데 이제는 그것을 헨리가 사용합니다. 제가 쓰던 머리빗도 이젠 아이 것입니다. 어금니 두 개가 어느 정도 올라왔는데, 그것 때문에 아이가 고생을 많이 했지만 전체적으로 이가 쉽게 난 편입니다. 이제 곧 걷게 될 것입니다. 확실히 아이가 크고 잘 생겼고, 아빠와 엄마에게 큰 위로와 기쁨이 됩니다.

유진과 해리슨 씨가 『미셔너리』에 보내기 위해 찍은 사진을 동봉합니다. 또한 유진과 헨리가 함께 찍은 사진도 동봉합니다. 아기의 모습이 제대로 나오지는 않았지만 전체적으로 만족스럽습니다. 제가 보기에 유진의 모습이 결혼 이후 많이 변했습니다. 하지만 그가 154파운드가 나가면서도 뚱뚱해 보이지 않는 것이 워낙 몸매가 단단하기 때문입니다.

오늘은 이렇게 몇 마디로 줄여야 하겠습니다. 지금 시간이 많이 되었고, 오늘 나가는 우편물에 써 보내야 할 편지들이 많이 있어요. 오늘 하려고 계획한 일은 많은데 아침에 일어난 이후로 계속해서 한국인들에 의해 방해를 받고 있습니다. 아침 시간이 이제 거의 다 지났는데 해 놓은 일이 하나도 없네요. 그러나 이런 것이 대개 전 세계 여성들의 삶의 길이 아닐까요.

애니의 류머티즘이 나아졌기를 바랍니다.

모두에게 사랑을 보내며
로티

추신. 헨리가 "할머니Halmonie"께 사랑의 키스를 보냅니다.

1897년 5월 25일[21]
한국, 서울

어젯밤에 유진이 5월 13일 자로 써 보낸 편지를 받았어요. 나주에 있었고 거기까지 무척 긴 여행이었지만 잘 있다고 했습니다. 그의 말로는 거기 주민들이 썩 친절하기는 해도 복음에 대해서는 전혀 관심을 보이지 않는다고 합니다. 우리가 기대하는 그대로입니다. 이곳에서건 그 어디에서건 "육신에 속한 마음"은 영적인 것을 적대시합니다.

2주 반 정도면 유진이 집에 올 것으로 기대하고 있습니다. 그가 헨리의 생일에는 오지 못하는 것이 안타깝지만, 저희 결혼기념일에는 집에 있게 될 것입니다.

헨리는 아직도 짜증스러워 하지만 아프지는 않습니다. 이제 아이는 한두 발짝을 혼자 뗍니다.

오늘은 편지 쓸 곳이 많아서 여기서 그쳐야 하겠습니다.
L.W.B.

---

21 수신인이 명시되어 있지 않다. 이 편지를 쓰는 같은 날(5/25)에 유진의 어머님께 쓴 편지가 있는 것으로 보아 자기 어머니께 쓰는 편지가 아닐까?

1897년 5월 25일
한국, 서울

사랑하는 어머님

오늘 꽤 여러 통의 편지를 써야 하므로 어머님께는 저희가 잘 있다는 엽서로 대신합니다.

어제 유진으로부터 소식을 받았는데 – 편지가 오는데 11일이 걸려서 왔어요 – 편지를 쓸 당시 그가 잘 있었고 나주 사람들이 매우 친절하게 대해 준다고 합니다.

헨리는 아직 짜증을 내기는 하나, 아프지는 않습니다. 이빨 두개가 더, 거의 나오려고 하는 것 같은 게 걱정이 됩니다. 오늘 오후에는 아기를 데리고 에비슨 의사를 찾아보고 혹시 잇몸을 째주어야 할지 물어보겠습니다.

어제 봄비가 조이 내렸고, 잔디와 정원이 아름답습니다.

M.이 나아졌기를 바랍니다.

사랑으로,
로티

1897년 6월 3일
한국, 서울

사랑하는 에바

최근 들어서 편지를 쓸 시간을 낸다는 것이 불가능했다. 내가 할 수 있다고 자신하던 때였다. 나는 몹시 바쁘기도 했지만, 헨리가 지난 3주 내에 어금니 넷이 전부 나왔고, 그것 때문에 나는 지쳐 있다. 낮에는 평상시처럼 괜찮아 보이다가 밤만 되면 아이가 안절부절못해서 나는 거의 밤샘을 했다. 에비슨 의사가 마침내 그 부위들을 약간 째주어서 무척 도움이 되었다. 이 모든 일에 내 사랑하는 작은 친구는 너무 예쁘고 귀여워서 밤에 깨어있는 것 때문에 아이를 원망하지는 않는다만, 밤잠을 못 자면 다른 일들이 많이 방해를 받는다.

각 선교회에서 보낸, 내 응답을 요청하는 6개의 편지가 내 마음을 심히 압박하고 있는데, 어느 여자가 밤잠을 반도 못 자고 그런 것을 쓸 수 있을까?

이젠 딸기를 거두어 놓아야 하는데 그것도 매우 피곤한 일이다. 내가 지금 하듯이 부엌에서 딸기 프리저브를 만들면서 그것을 지켜보고 있어야 하는 더운 날에는 맹세계가 그리워진다. 지금의 조리사는 너무 경험이 없어서 그런 일을 안심하고 그한테만 맡겨둘 수가 없다.

유진에게서 어젯밤에 편지를 받았는데, 오늘부터 일주일 후에 집에 도착하기를 바란다고 한다. 내가 어찌할 바를 모를 정도로 기쁘다. 그가 너무 오래 떠나 있었다. 헨리가 함께 있음에도 불구하고 그가 무척 그립다. 유진이 빨리 오지 않는 한 딸기는 모두 사라질 것이다.

나는 서재의 돗자리를 들어내고, 난로를 떼 내고서, 서재를 구석구석 솔로 닦고 청소한 다음 돗자리를 다시 들여놓고, 커튼도 깨끗한 것으로 달아 놓았더니 모든 것이 새로워 보이고 유진을 맞을 준비가 되었다.

헨리의 생일날에 유진이 집에 없어서 매우 유감스러웠지만, 그래도 그날, 나는 밀러 부인에게 뉴본과 리제트를 데리고 오라고 초청했고, 베어드 부인도 존을, 에비슨 부인도 더글러스를 데리고 와서 헨리의 생일 케이크를 함께 나누자고 했다. 첫 딸기가 마침 익었기에 나는 아이스크림을 가미하지 않고 만들어서 딸기와 스펀지케이크와 함께 먹도록 했다. 내 예쁜 장식품들로 식탁을 꾸몄다. 하얀 클로버 꽃과 잎을 장미 무늬 그릇에 담아 식탁 한가운데에 놓고, 빵과 버터로 만든 샌드위치, 그리고 크래커를 담은 접시를 리제트와 헨리를 위해 따로 준비했다. 그 모든 것이 다 준비되었을 때, 비가 쏟아져 내리기 시작해서 아무도 올 수 없었다! 그렇게 쏟아지는 비에 남여를 메어줄 일꾼들을 부르는 것은 거의 불가능하고, 오는 동안 아이가 비를 맞지 않게 하는 것도 매우 어려운 일이다. 너무 유감스러웠는데, 너도 그렇지? 하지만 하인들과 내가 준비한 음식을 아주 맛있게 먹었고, 그리고 아이 생일 파티를 바쁘게 준비하느라고 바빴던 것이 좋았다. 그렇지 않았으면 자칫 외롭고 향수에 젖을 뻔했겠지. 아이는, 사랑스런 냅킨 고리를 내가 좋아하는 만큼 좋아하지 않았지만, 인형은 아주 좋아했다. 헌데, 인형을 바로 붙잡고 흔들고, 인형의 눈에 손가락을 찔러 넣고 소리 내어 웃었지만, 그걸 쓰다듬는 것은 절대로 하지 않음으로써, 아이 내면에 있는 사내 아이 정신을 드러내 보여주었다. 그런데 무슨 이유에서인지 내가 준 작은 망치를 인형보다 훨씬 더 좋아한다.

드와이트가 그렇게 좋아했던 장난감 상자를 어떻게 만드셨는지 기억하시나 어머께 물어봐 줄래? 상자에 송곳 구멍이 많이 나 있어서 드와이트가 작은 망치로 그 구멍에 못을 두들겨 넣었다고 생각한다. 그런 것 하나를 헨리에게 만들어 줄 생각을 했다.

물건을 우편을 통해 상하이까지 보내는 것이 얼마나 저렴한지 알고 놀랐다. 만일 그렇다면 꼭 그 방법으로 한번 해보자. 나는 콜드웰 씨가 물건을 받아서 보내 줄 것으로 확신하고, 또 상하이에서 여기까지 우편료도 그리 비싸지 않을 것이다. 아주 큰 짐은 특급 하물로 상하이에서 제물포까지 오는데 은화로 50센트인데, 그럴 경우엔 그것을 다시 이곳까지 배달하는 데 돈이 많이 들 것이다. 그냥 우편으로 보내는 것이 쌀 것이다.

유진이 전주에서 올 때 헨리 앞으로 온 소포를 가져오게 되기를 바란다. 그것이 테이트 씨의 주문과 함께 그리로 갔다. 만일 할머니가 양복을 보내 주신다면, 헨리가 다음 번 생일 때 입을 조그만 양복이 생긴 것을 아주 기뻐할 것이다. 다음 여름에는 헨리에게 바지를 입힐 생각을 하고 있다. 아이도 나도 그것이 훨씬 쉬울 것이다.

어머께 소매의 본을 보내주셔서 감사하다고 대신 인사해다오. 그것이 마침 때맞추어서 재단사가 우기에 입을 일본산 옷감으로 블라우스를 만들어 줄 때 도착했다. 면으로 만들면 보기에 누추하고 또 너무 축축해져서 이 일본산 비단과 리넨이 섞인 옷감이 입기에 좋다.

홈 디파트먼트[22]를 매일 사용하고 있는데 그게 있어서 참 좋다. 주일학교 교과 과정이 어디까지 진행되었는지 잊어버렸다.

---

22 Home Dept: 교회 관련 명상 교재나 그 비슷한 것이 아닐까 생각된다.

헨리가 세례를 받았는데, 로버트가 나에게 준 은 그릇 세트 중에서 슬롭 보울[23]에 물을 담아서 했다는 이야기를 내가 했었니? 그 세트의 쟁반에는 빵을 담고 잔에는 포도주를 담아서 지난 연차회의 때 성찬 예식에 사용하기도 했다.

컨버스 씨에게 아기를 위해서 콩고 우표를 보내 주어 감사하다고 전해 주어라. 나도 그의 자녀들을 위해 우표들을 곧 보내줄 수 있기를 바란다.

내가 어느 날 오후 벙커 부인과 함께 서대문 밖으로, 우리가 "은방울꽃 계곡 The Lily of the Valley"이라고 부르는 곳에 갔던 이야기를 했었니? 3마일쯤 떨어진 곳인데, 은방울꽃이 많이 피어있는 아름다운 곳이다. 고향집에 피어있는 은방울꽃들이 이곳의 은방울꽃보다 더 사랑스럽고 예쁘다고 생각지 않는다. 아무튼 거기서 뿌리를 몇 개 캐어다가 집에 심었는데 봄마다 계속 이 꽃을 볼 수 있기를 바란다.

최근에 아마의 아들의 결혼 일로 소동이 있었다! 아마는 몇 번이나 완전히 정신이 나갔고 나는 그런 그에게 예리하게 대처해야 했는데, 이젠 그의 마음이 얼마간 가라앉았고 다시 본 모습으로 돌아왔으나, 아직도 하는 일에 조심을 못 할 때가 있다. 여기서는 [결혼 시] 남자가 여자에게 모든 것을 해주는데, 아마를 몹시 화나게 한 것은, 아마가 적당하다고 생각하는 것보다 아들이 훨씬 더 많이 돈을 쓰는 것이었다. 이 일을 통해 나는 이들의 풍습을 많이 배웠다. 결혼을 어떻게 하는지 알게 되어서 기쁘다.

더 이상 계속하기에는 손이 너무 피곤해서, 모두에게 사랑을 보내

---

23 slop bowl: 차나 커피의 찌꺼기를 담는 그릇.

며 이만 줄인다. 이 편지가 도달할 때쯤에는 다시 한번 식구들이 모두 함께 모일 것으로 짐작한다. 헨리와 나도 거기 함께 있을 수 있다면 얼마나 좋을까.

사랑으로
로티

1897년 6월 3일
서울

사랑하는 어머님[24]

여기에 며칠 전에 받은, 유진이 저한테 보내는 편지에 동봉한 어머님께 쓴 편지를 전해 드립니다. 이제 그가 10일경에 돌아올 것으로 기대하고 있으니, 벌써 집으로 오고 있는지도 모르겠습니다.

오늘 헨리의 12번째 이가 나왔어요. 3주 안에 어금니 네 개가 나왔고, 그 때문에 아이와 저 둘 다 많이 지쳤지만, 그래도 비교적 아이가 잘 견뎠어요.

오늘 집에서 오는 우편이 있기를 바랍니다.

모두에게 사랑을 보내며
로티

---

24 유진의 어머님께 쓴 편지이다.

1897년 6월 12일, 오전 9시
한국, 서울

사랑하는 플로렌스

유진이 지난 토요일 돌아와서 나를 깜짝 놀라고 기쁘게 해주었다. 나주에서 닷새 반 만에 왔으니 엄청나게 빠른 여행이었다. 이 작은 조랑말들이 무거운 짐을 싣고 게다가 사람도 싣고 하루에 140리를 올 수 있다는 것이 믿기지 않는다. 1리가 1/3마일, 10리가 3마일이다. 그리고 마부가 항상 그의 말을 따라 걷는다. 유진이 속도는 마부가 알아서 하도록 하되, 서울까지 엿새에 가게 되면 따로 선물을 주겠다고 했다고 한다. 그가 전주의 테이트네 집에서 하룻밤을 묵고 어머니가 보내신 마지막 소포를 가져왔다. 모든 것이 너무 고맙다. 나는 내 분홍색 블라우스를 아주 좋아하고 유진도 좋아한다. 내가 그 분홍 블라우스를 입으니 유진은 내가 어떤 특별한 경우라 그것을 입는 것처럼 생각한다. 꽃들과 벨트도 좋고 헨리의 슬리퍼와 양말도 사랑스럽다. 이것들을 마련해준 에바와 동생들에게 많은 고마움을 전한다. 메이블이 입던 속옷은 헨리에게 너무 작고 폴린의 것은 딱 맞는다. 동생들이 아기 적에 그것을 입었던 때보다 지금 헨리는 나이가 더 많다. 그래도 보내준 모든 것이 반갑다. 아마와 내가 이것들과 똑같이 속옷을 더 만들겠다.

오늘은 아기의 침대에 드리울 모기장을 만들어야 한다. 이제까진 우리 모기장을 썼는데, 이젠 모기들이 너무 왕성해져서 우리도 모기장이 필요하다. 이곳의 모기들이 어떤 식인지 너는 전혀 모를 것이다.

아주 작고 그 숫자가 엄청나다.

아마가 내 파란색 치즈 천으로 만든 이불을 훌륭하게 다시 만든 것을 내가 누구한테 말했었나? 그 이불이 아주 "편안했고"[25] 우리가 정말 많이 썼는데 너무 더러워지고 색갈이 변했다. 그래서 아마가 그것을 빨아서 예쁜 분홍색으로 물을 들여서 그것으로 다시 이불을 만든 것이다. 시침질이 어머니의 솜씨처럼 깔끔하지는 않지만 아주 예쁘게 만들어졌다. 헨리의 이불도 같은 색깔이다.

아마의 아들이 이번 주에 혼인을 했다. 그가 좋은 아내를 얻었기를 바라는데, 아무도 혼인 전에 신부를 본 적이 없는 까닭에, 한국 사람들 말로 "큰 근심great anxiety"이었다. 부승이의 계부가 신부의 가족을 알고 있어서 중매를 섰다. 신랑은 이제 한국 나이로 15살 밖에 안 됐으니 13살을 많이 넘지 않았다. 불쌍한 아이! 허나 신부에게는 시어머니 될 사람이 아주 훌륭하고, 아마의 딸 또한 예쁘고 겸손한 것만큼 인성도 좋은 것 같다. 아마가 신부가 깔고 자도록 작은 요와, 덮고 잘 커다란 이불과 베개를 우리 집에서 만들었다. 아마가 그것들을 만드는 것을 보면서 이곳의 관습에 대해 흥미 있는 많은 것을 배웠다. 아마의 아들이 아침에 신부의 집으로 가서 격식에 따라 어떤 예를 치르고, 오후에 그들 모두가 잔치에 참석하기 위해 아마의 집으로 왔다. 나도 거기에 제 시간에 도달해서 신부가 오는 것을 보기로 되어 있었는데, 그 시간이 언제가 될지 몰라서 그곳에 약간 늦게 도착했다. 그래도, 신부가 아직 옷을 차려 입고 있어서 그때 볼 수 있었다.

---

25 원문에 "comfort"이라고 따옴표를 썼다. 이불을 뜻하는 단어 comforter가 편안함을 뜻하는 말도 되기 때문이다.

나도 힘들지만 어느 정도라도 잔치 음식을 먹어야 했다. 그러나 아마는 내가 힘들어 할 것을 알고 나를 자기 방으로 들어가게 해서, 나 말고는 다른 한 젊은 여자만이 있는 데서 음식을 먹게 했다. 그 젊은 여자는 아마의 친척인데 내가 본 한국 여자 중에 가장 예쁘고 매력 있는 여자였다. 나는 음식이 가득 놓인 작은 상 옆 방바닥에 앉았다. 상 가운데 커다란 놋그릇에는 마카로니를 삶은 것 같은 "국수 cooksu"가 놓였는데, 그것이 따뜻했다면 나도 먹을 수 있었겠지만, 차가워서 삼킬 수가 없었다. 그리고 그릇에 매운 무와 배추 피클이[= 깍두기와 배추김치가] 있었고 몇 가지 종류의 캔디와, 빵[=떡], 한국 대추, 밤, 그리고 곶감dried kams(persimmons)이 있었다. 나는 국수 몇 입에, 피클을 조금 먹고, 캔디와 대추를 먹어 본 다음에 더 이상은 포기했다. 그 예쁜 아가씨가 내가 젓가락을 사용할 줄 몰라서 커다란 놋숟가락으로 먹는 것을 보고 크게 놀라워했다. 나는 그에게, "내가 한국 음식을 잘 먹을 줄 몰라서 부끄럽습니다"라고 말했다. 그것이 한국 사람들이 우리 집에 왔을 때 그들에게 보통 하는 말이다. 그 아가씨는 상관없다고 대답했다. 거기에 있는 아이들이 모두, 검은색 내 모자에 있는 제비꽃이 생화인 줄로 알고 모자에 꽂힌 꽃을 빼어 달라고 졸랐다. 아마 말이, 어제 신부가 밥을 하고 집의 먼지를 닦았다고 하면서 그의 생각에는 신부가 좋은 아이 같다고 해서, 내가 기쁘다고 대답했다. 그 말에 아마가 "우리 아들이 좋은 아내를 얻게 해달라고 지난 여름부터 열심히 기도했습니다"라고 말했다.

헨리가 다른 방에서 가끔씩 큰 소리로 소리 지르는데 내가 있는 이 방으로 들어오고 싶어 그러는 것 같다. 최근 들어서 아이가 그런 식으로 자기 불만을 표현하기 시작했는데, 어떤 방식으로든 거기에 대한 조치를 취해야만 할 것으로 생각된다. 아이는 이제 자신이 원할 때는 조금씩 걷고, 매일 매일 배워가는 것이 많다. 우리가 말하는 것을 많이 알아듣고, 자기도 말을 하려고 한다. 내가 입으로 불어서 소리 나게 하는 작은 병이 하나 있는데 아이가 혼자 놀 때는 자주 그것을 가지고 자기도 소리를 내 보려고 한다. 또 혼자 흥얼거리는 짧고 귀여운 노래가 있는데 매일 그 노래를 부르고 또 부른다. 아기 사진이 잘 나온 게 하나 있었으면 좋겠다. 집에 보낸 사진은 아이의 모습을 제대로 담아내지 못했다. 아이가 아주 크고 잘 생겼어.

내가 혼자 지내게 될 때 나의 안전에 대해서는 고향의 누구도 절대로 염려할 필요가 없다. 첫째로, 유진이 집을 비우는 이유는 오직 한 가지, 주님의 일을 하기 위해서이므로 주님께서 나를 돌보아 주실 것으로 믿는다. 나로서는 이곳에서 기다릴 수 있는 것 외에는 다른 할 일이 없다. 그리고 한국인들은 밤에 배회하며 나돌아 다니지 않는다. 낮에는 그럴지 몰라도 밤에는 나다니는 것을 무서워해서 어두워진 후에는 집에서 나오지 않는다. 특히 그들은 외국 사람들의 집 근처를 배회하지 않는다. 왜냐하면 어떤 외국인들은 총을 가지고 있는데, 한국인들은 여자건 남자건 외국인 모두가 총을 가지고 있다고 생각한다.

우리는 딸기가 아주 많다. 하루에 세 번, 먹고 싶은 만큼 먹고, 아주 맛있는 쇼트케이크와 아이스크림과 같이 먹는다. 거기다 이미 거두어 놓은 딸기도 많다. 지금은 완두콩과 갓 나온 양파를 매일 즐긴다. 우리가 리치몬드에 살던 마지막 해에 먹었던 그 맛있는 양파가 어떤 종류인지 알고 싶다. 어머니께서 혹시 기억하실지 모르겠다. 최근에 나는 밭 가꾸는 일을 정말로 좋아하게 되었다. 스스로의 능력에 자신이 생겼고, 땅을 파고 밖에서 보내는 것이 좋다. 유진은 우리들의 것보다 훌륭한 정원을 보지 못했다고 하니, 초보자의 솜씨로 어떠냐? 꽃도 매우 예쁘게 핀다. <u>나의</u> 제라늄과, 패랭이꽃, 헬리오트로프가 이렇게 잘 되는 것이 믿기지 않는다. 내가 편지를 쓰기 시작한 후로 우편물이 많이 왔다. 쌍둥이의 편지들, 나의 혼인증명, 버논의 편지, 그리고 제인과 룻의 편지, 그리고 네가 미들즈브러에서 보낸 편지 등이다. 이번 주 어느 날 밤에 둘이서 함께 그 편지들을 <u>모두</u> 읽으며 얼마나 즐거워했는지.

우리 모두로부터 최고의 사랑을 보내며,
로티

추신. 유진의 말이 지금 내가 그 어느 때보다 최고로 좋아 보인다고 한다.

1897년 6월 23일
한국, 서울

사랑하는 메이블

오늘 아침에 방금 헨리를 욕조에 넣고 목욕을 시키려고 하는데 우편물이 와서 나는 내가 발휘할 수 있는 최대의 인내심으로 아이를 씻기면서 편지 읽기를 미루었다. 바로 옆방에서 유진이 편지를 열어보며 행복한 시간을 보내고 있는 것을 알면서 말이다. 보통 때에는 작은 남자little man 목욕시키는 것을, 그 애가 목욕하기를 좋아하는 만큼 나도 좋아하는데, 오늘 아침에는 서둘러서 목욕을 끝내고 할 수 있는 만큼 최고로 빨리 편지 읽기를 시작했다. 너의 편지와 어머니께서 내 생일날 쓰신 편지가 왔고, 같은 날 플로렌스가 쓴 편지가 왔다.

지금쯤 너도 들었겠지만 유진이 전주에 들렀을 때 그리로 간 소포를 가지고 왔다. 나의 새 블라우스가 완성되었다. 아주 예쁘고 나한테 잘 어울린다. 그리고 오늘 스미스 상점에서 연락이 왔는데 헨리의 빨간색 물건들이 들은 짐이 곧 도착할 것이라고 한다.

유진은 지금 아버지께서 주일학교에 관해 쓰신 글을 읽고 있다. 우리가 그것을 정말 읽고 싶어 했어. 어머니께서 그런 것들을 보내주시는 것이 너무 좋고, 우리가 편지로 최대한 표현할 수 있는 그 이상으로 너무 감사하다. 어머니의『독립신문』은 우리에게 소용이 없는 것이, 우리가 보는『독립신문』을 보관하고 있고『리포지터리』도 그렇게 한다. 고향집에서도 정기적으로 그것들을 보는 것으로 짐작한다 – 올해도 유진이 정기구독을 해주었다.

에바가 『옵저버』에 제출하기를 원할 만한 이야기를 해줄게. 그것이 무엇인가 하면 이렇다. 우리 바로 옆집에 사는 이웃의 아들이, 양반의 젊은 자제인데, "자전거"를 탄다. 그가 이제 막 공사가 끝난 보기 좋은 새 도로로 자전거를 타러 나간다. 허나 그가 자전거를 그가 평소에 쓰는 모자[=갓]을 쓴 채로 타는데, 나는 그가 어떻게, 갓이 날라 가지 않게 머리에 계속 씌어 있게 하고, 긴 두루마기의 허리를 동여매고도 아무런 문제없이 자전거를 탈 수 있는지 모르겠다. 옛 한국모습의 잔영이다. 한번 생각해 봐라! 해리슨 씨가 그 젊은이의 자전거를 주문해 주었고, 또 다른 사람 하나를 위해서도 주문해 주었다. 해리슨 씨가 그렇게 해주도록 그들이 알렌 박사에게 부탁한 것이다. 어느 날 이른 아침에 유진에게 헐버트 씨의 선생님이 찾아왔는데, 해리슨 씨로 하여금 한 양반 젊은이를 위해서 자전가 하나를 더 주문해 주게 할 수 있을지를 물었다. 그 젊은 양반은 처음에 이야기한 젊은이가 자전거 타는 것을 보고는 자기도 무척 갖고 싶어 한다는 것인데, 그가 한국말로 "샘이 나서 똑같은 자전거가 생길 때까지 밥도 더 이상 안 먹겠다"고 했다고 한다. 나는 그가 아주 오랫동안 굶어야 할 것 같아서 겁난다.

이제, 내 작은 아들-아이가 걷는다. 어느 때보다도 더 귀엽고 더 재미있다. 천천히 가면 넘어지지 않고 방을 가로질러 갈수 있다. 이제 아이는 자기한테 하는 말을 아주 많이 알아듣기 시작했다. 아이가 식탁으로 왔는데 아이가 먹을 것이 없을 때 나는 가끔 멜린즈 유아 비스킷을 준다. 내가 보이한테 "크래커 가조 Cracker kajo" – "크래커 가져와 cracker bring"라고 말하면 아이가 그 말을 알아듣고, 웃고 종알거리면서 보이가 찬장으로 가기도 전에 양손을 내민다. 아이와 같이 놀아 볼 수 있었으면 하고 바라는 너의 마음보다, 그렇게 되길 바라는 내 마음이 더 클 것이다. 아이가 너무 귀여운데, 네가 그 애를 볼 수 없는 것을 생각하면!

지난 주 일요일이 어린이 주일이었다. 오후 예배에 아이를 교회에 데려갔는데, 아이가 마지막 찬송을 부를 때까지 내내 잘 있다가 울어서 유진이 아이를 문으로 잠시 데려가니까 괜찮아졌다. 아이가 생일 때 받은 옷을 입고 새 슬리퍼를 신었는데 그 슬리퍼를 매우 좋아했고, 또 나의 봉봉 박스를 좋아해서, 그것을 열었다 닫고 또 열었다 닫고 하면서 재미있어 한다.

어젯밤에는 영국 공사관에서 열린 여왕의 희년[26]을 기념하는 성대한 파티에 갔다. 공사관 안은 꽃들로 그리고 밖은 등불로 아름답게 장식되어 있었다. 중국식과 한국식 불꽃놀이가 있었고 저녁 식사가 훌륭했다. 나는 이제 샐러드기름을 친 샐러드를 아주 좋아하는데, 저녁에 그런 훌륭한 샐러드가 나왔다. 나는 내 "미세스 에스코테[27]" 드레스를 입었는데 사랑스러워 보이기는 했으나 – 그렇게 뒤로 열리는 드레스를 입기에는 나이가 들은 것 같다. 서른 살 난 기혼 여자가 그런 옷을 입은 것이 우스꽝스러운 것 같은 생각인데, 너도 그렇게 생각되지 않니? 옛날 내가 어렸을 적 고향에 살 때보다 나는 이제 이런 종류의 파티를 더 좋아하게 되었다. 이곳에서는 우리가 조금 더 자유로워졌기 때문이다. 더구나 기혼 여성은, 우리끼리 서로 둘러앉아서 "아기들"에 대해 이야기하고, 다른 남자 선교사가 와서, "자매

---

26 빅토리아 여왕의 즉위 50주년(The Diamond Jubilee) 기념식을 1897년 6월 22일에 하였다.

27 에스코테(Escote)라는 성을 스페인어식으로 발음함.

님, 안녕하세요"라고 말을 해주면 그것이 우리가 우리들의 남편 외의 남자에게서 받기를 원하는 관심의 선부일 뿐이라고 느낀다.

어젯밤 파티에서 한국 탁지부 대신이 건배를 제안했고 제이슨 의사가 그를 위하여 통역을 하고, 모두 여왕을 위해서 건배를 했다. 대부분의 남자들은 레모네이드를 그리고 몇몇이 포도주를 마셨고, 영국 국가 "God Save the Queen" 한 소절을 불렀다.

너희들의 예쁜 봄 모자와 드레스에 대해 듣는 것이 즐거웠다. 어머니께서 보내주신 꽃으로 장식한 나의 제푸 모자는 쓰면 아주 예쁜데, 식구들이 모두 절대로 그렇지 않을 것이라고 생각할까 봐 걱정이다.

우리는 7월에 짧은 여행을 할 수 있기를 원하고 있다. 바다 건너편 중국 쪽 해안에 있는 제푸로 갈 생각을 했는데 숙박에 드는 비용이 우리에겐 너무 비싸서 아직은 정확하게 어떻게 할 것인지 결정하지 못하고 있다. 어디로 가게 되든지, 그곳이 제물포보다 멀지 않은 곳이라 하더라도 나는 휴가로 나가게 되는 것을 큰 기쁨으로 고대하고 있다. 지도에서 제푸를 찾아보면 우리 바로 반대쪽, 아주 가까운 곳임을 알 수 있을 것이다. 현재 생각하고 있는 것은 러시아 증기선을 제물포에서 타고 제푸로 가서, 거기서 일본의 나가사키를 들렀다가 다시 부산으로 와서 집으로 돌아오는 것인데, 즐거운 항해가 될 것이고 경비도 적게 들 것이다.

이번 토요일이 우리의 결혼기념일이다. 우리는 헨리를 데리고 오후에 "북경고개Peking Pass"로 갈 것이다. 가는 길이 좋고 아름다운 곳인데 유진이 한 번도 가보지 못한 곳이다. 헨리를 안고 내 남여를 교대로 타면서 가려고 한다.

우리 채소밭이 아주 잘 되고 있고 내가 날이 갈수록 그것을 더 즐긴다는 것을 알았다. 유진이 지금 점심에 먹을 것들, 양파, 스트링 빈, 감자, 블랙 라즈베리 등을 가져오려고 밭에 나갔다.

나는 네가 게일 씨와 모펫 씨를 만날 수 있어서 기쁘다. 그들을 더 자주 볼 수 있으면 하고 바랄 뿐이다. 이곳의 감리교 선교부에 미스 로스와일러라는 사람이 있는데 그의 가족이 뉴 알바니[28]에 살고 그의 아버지는 치리장로이다. 언제 네가 그들을 만나 보기를 바란다. 미스 로스와일러는 유진과 내가 매우 존경하는 사람들 중의 한 사람이다.

너희들에게 쓰는 편지에 내가 가끔 어머니께 보내는 메모를 동봉하는 것에 너희들이 반대하지 않기를 바란다. 내가 가끔 아기에 관해서, 다른 사람들에게는 공개되고 싶지 않은 것들을 어머니께만 쓰고 싶을 때가 있다. 아이가 분홍 깅엄 천으로 내가 만든 옷을 입은 모습을 네가 볼 수 있다면 정말 좋겠다. 주름에 비드와 투숀 beading and tuchon 장식을 넣어 꿰맨 것이 매우 예쁘고, 눈이 까맣고 얼굴이 하얀 아기한테 잘 어울린다. 아침에 입는 파란 옥양목 옷 말고는 유일하게 색갈이 있는 옷이다. 아이가 요즘 아마를 매우 바쁘게 하지만 아마는 참을성 그 자체이고, 아이가 말썽을 아무리 많이 부려도 개의치 않는다.

곧 다시 편지를 써다오. 내가 엽서 한 장도 못 보낸 채 지난 한 주를 보내서 참으로 미안한데, 내가 몹시 바빴다. 네가 조금 나아졌다니 기쁘다.

모두에게 사랑을 보내며,
로티

---

28 켄터키주 루이빌 근처에 있는 도시.

1897년 6월 26일, 토요일
한국, 서울

사랑하는 어머니

지금 저녁을 먹은 후, 유진은 제가 자기와 이야기하기를 기다리고 있다고 저에게 말하는데, 저는 우리의 결혼기념일에 집으로 몇 자라도 편지를 써야 하겠습니다. 아름다운 저녁입니다. 3년 전 우리가 결혼하던 날과는, 날씨뿐 아니라 많은 것들이 사뭇 다릅니다. 제가 지금 앉아 있는 곳 가까이에 있는 앞문 밖만 내다보아도, 그래스맨[29]의 푸른 나무들 대신 한국의 풍경을 보게 됩니다. 어머니께서 이곳에 계셔서 저희와 함께 오늘을 기념할 수 있었다면 얼마나 좋았을까요. 평소대로 건포도와 아몬드가 들어간 아이스크림을 먹었고, 유진이 결혼기념일 선물로 제게 거실에 놓을 참나무로 만든 흔들의자를 주었습니다. 이 의자가 생기기 전에는, 저의 다른 흔들의자를 이리저리 옮겨 가며 쓰기를, 의자도 지치고 저희들도 지칠 때까지 했습니다. 새 흔들의자가 아주 예쁘고, 제가 예기치 않았던 깜짝 선물입니다. 우리의 사랑하는 작은 헨리는 복숭아처럼 사랑스러웠고, 저희가 계획했던 것처럼 나들이를 하지는 못했지만 오늘 하루를 아주 잘 보냈어요.

여기서 제가 겪는 놀라운 일들에 하나가 더해졌는데, 한 여자로 하여금 유진의 여름 양말의 뒤꿈치를 깁게 한 것입니다. 양말의 뒤꿈

---

29 원문엔 Grassmen(?) 타이핑으로 옮기는 사람이 물음표를 붙여 놓았다. 결혼식이 있었던 장소로 짐작이 되는데 어디인지는 확실하지 않다.

치들이 너무 닳아 이젠 한 바늘도 "기운 데를 기운 것을 다시 또 기울" 수 없다고 제가 생각하고 있었는데, 유진이 "침모cheemo"(바느질 하는 여자로 아마의 여동생)를 불러서 양말 뒤꿈치를 깁게 하면 어떻겠느냐고 제안했습니다. 가장 심하게 닳아버린 양말 몇 개를 잘라서 덧대도록 해야 했는데, 사흘 전에는 유진의 양말이 네 켤레도 안 된다고 생각했던 것이, 오늘 밤 유진은 꽤 괜찮은 양말 11켤레가 생겼습니다. 제가 뚫린 뒤꿈치 구멍에 댈 것들을 잘라서 시침질해서 주면 침모가 그것을 꿰맸고, 저는 발가락 헤진 곳을 기웠습니다. 무슨 이유에서든, 지방 여행이 발가락보다 뒤꿈치에 더 부담이 가는 것 같습니다. 그래서 유진이 여름 여행에 필요한 물품들을 위해 20센트를 따로 떼어 놓았습니다. 저의 재봉일은 이제 거의 다 끝나가고 있습니다. 재봉일이라는 것이 모두 다 끝날 날이 없는 것이겠지만, 그래도 저의 옷 몇 벌과 헨리의 가운 하나만 더 하면 끝납니다. 다음 주에는 오랫동안 미뤄 두었던 각처의 선교회에서 요청한 편지들을 써놓고 후련한 마음으로 휴가 준비를 할 수 있기를 바랍니다.

오늘은 식구들이 모두 저희들을 생각하고 있을 것을 제가 압니다. 제 가슴도 멀리 있는 사랑하는 식구들에게 가 있습니다. 3년간의 행복한 결혼생활을 통해서 고향집을 더 사랑하게 되었고, 제가 자라난 집이 저에게 어떠한 곳이었는지 더 깊이 깨달았습니다. 제가 헨리를 위해서 이루고 싶어 하는 이상적인 집이 어머니께서 저희들을 위해서 이루어 주신 바로 그런 집입니다. 어머니와 아버지께서 저희에게 어떤 분이셨는지, 또 저희들을 어떻게 돌보셨는지, 저희가 그 고마움을 모르고 지낸 때가 많았던 것을 제가 알지요. 그러나 그런 집에서 떠나와 보니, 제가 자란 집이 어떤 집이었는지를 깨닫게 됩니다.

수요일

워싱턴 주재 한국 공사 이범진[30]이 만국우편연합에 가입을 승인하는 서류에 서명을 한 것이 기쁩니다. 진보를 향한 한 걸음일 것입니다. 저는 그 만국우편연합 총회[31]에 대표로 갔던 민상호를 여러 번 만났습니다. 그는 영어를 잘하고 민영환의 형제인데, 민영환은 영국 여왕의 다이아몬드 희년 기념회에 왔던 사람입니다. 이들은 죽은 민비의 가족이고 큰 권력을 행사하는 "높은" 귀족입니다.

수요일, 오전 10시 반

이 편지에 몇 줄 첨가해서 오늘 우편국으로 보내야 합니다. 유진과 해리슨 씨가 선교여행을 떠나면서 찍은 사진도 보냅니다. 저희가 어떤 집에서 어떻게 사는지 어머님께서 상상하시는 데 도움이 될 만한 설명을 더 이상 드릴 수 있을 것 같지 않네요. 이 사진이 어머님께서 상상하시는 데 도움이 되기를 바랍니다.

지금은 아기가 잠시도 가만히 있지 않는데 저희는 문을 모두 열어놓고 사니까, 유진이 앞 현관마루에 문 세 개를 달았습니다. 그래서 아기가 현관 밖으로 나가지 않고 안에서 이리저리 드나들며 침실에서 서재로 그리고 다시 침실로 끊임없이 돌아다닙니다. 저희가 앉은 현관 마루에 덩굴로 자라 올라오는 나팔꽃이 있는데 난간 위까지 많이 피어 올라왔습니다. 돌로 만든 테라스 밑에 화단이 있는데 9월이면

---

30 원문엔 Yi Bom Chun이라 적었다. 1896년 말부터 3년 동안 미국 전권 공사로 근무한 이범진으로 생각된다.

31 한국은 1897년 6월 미국 워싱턴에서 개최된 만국우편연합 총회에 대표를 파견하였다. 1900년 1월 1일부로 정식 회원국이 되었다.

유진 벨 재단의 뿌리를 찾아서
『OhmyNews』 2016.7.5, 강희정 글에서

과꽃이 만발할 것입니다. 유진의 서재 마루 앞에는 덩굴 꽃은 없지만 그 아래 꽃밭에는 한련화와 백일홍이 있습니다. 유진이 타고 있는 조랑말 뒤에 있는 관목은 아름다운 상록수이고 그 맞은편에도 하나가 있습니다. "차나무tea plants"라고 사람들이 부르는 것을 들었는데, 오히려 저희가 "박스"트리라고 부르던 것의 친척쯤 된다고 할까요, 다만 그보다 훨씬 더 예쁩니다.

외래종foreign 사과나무 한 그루도 있는데, 지금 사과가 가득 매달려 있어서 저를 기쁘게 합니다. 작은 나무라 사과가 아주 많이 열리지는 않겠지만, 단 몇 개만이라도 좋아요. 한국 사과는 튀기거나 굽거나 파이를 만들거나 사과 젤리를 만들면 맛이 있습니다. 그러나 열매가 아주 작고 열매를 딸 수 있는 기간이 2주 정도밖에 안 됩니다.

헨리가 처음으로 큰 파티에 갔는데 아주 즐거운 시간을 보냈습니다. 서울에 있는 영국 어린이들이 다른 나라 어린이들을 월요일 오후에 열린 희년 파티에 초대했고, 물론 아이들의 엄마들도 아이들을 돌보러 따라갔지요. 헨리는 생일 선물로 받은 드레스를 입고 슬리퍼를 신었는데 예쁜 모습이었습니다. 저는 남여를 타고 가고 싶지 않아서 문하인이 아이를 데리고 가게 했고, 아마도 가고 싶어 하는 것을 눈치 채고는 그도 데리고 갔는데, 가보니 다른 집 아마들도 많이 와 있었습니다. 아기가 처음에는 아무것도 하지 않고 제 무릎에만 앉아 있다가, 곧 자기보다 여섯 달 위인 골든 폴링과 함께 잔디밭으로 가서는 그때부터 잘 놀았습니다. 헨리가 골든을 쓰러뜨리고 그 아이의 케이크를 빼앗으며 진짜 사내아이처럼 몸싸움을 했습니다. 그러나 골든은 그것을 별로 좋아하지 않아서, 헨리는 2살 반 된 존 베어드와 놀아야 했는데 재밌게 놀았습니다. 헨리가 존을 뒤따라 뛰어가려 하다가 넘어져도 곧 일어나서 다시 따라갔습니다. 헨리는 또 자기보다 큰 아이들이 노는 것을 지켜보는 것을 재미있어 했고, 그 아이들처럼 "소리를 질렀습니다". 저는 헨리가 아주 사내답고, 처음 얼마 동안을 제외하곤 다른 아이들과 어울리는 것을 전혀 부끄러워하지 않는 것을 보니 기쁩니다. 제이슨 의사가 3주 된 딸을 유모차에 태워 데리고 왔는데, 아기는 크고 잘 생겼고 옷을 아름답게 입혔습니다. 헨리가 아주 어렸을 때 우리 아마였던 예쁘고 귀여운 모습을 한 여자가 지금 그 집의 아마입니다.

헨리의 빨간 겉옷sack을 만들 천이 월요일에 도착해서 그것을 위해 오늘 재단사를 보러 가려고 합니다. 천이 아주 아름다워요. 그 천과 비단과 단추들을 보내 주셔서 너무도 고맙습니다. 여기서는 구할 수 없는 것들입니다. 빨간색이, 분홍이나 진파랑처럼 아이한테 아주 잘 어울립니다.

저는 『옵저버』에 실린 아버지의 주일학교와 또 다른 주제에 대한

글들에 깊은 관심을 가져왔습니다. 『옵저버』가 그처럼 옳은 입장을 취해서 기쁜데, 생각해보니 『옵저버』는 대체로 그렇습니다. 저희들은 『옵저버』를 늘 즐겨 읽습니다.

이제 그만 마감해야 되겠네요. 5센트 분이 꽉 찼습니다.[32]

모두에게 사랑을 보내며,
로티

---

[32] 5센트의 우표로 보낼 수 있는 양이 찼다는 뜻인 듯.

1897년 7월 5일
한국, 서울

사랑하는 어머니

하루나 이틀 내에 편지를 써 보낼 수 있기 바라나, 지금은 그냥 저희가 잘 있다고 알려드리기 위해 짧게 씁니다.

아직 비가 오지 않아서, 한국인들은 비가 곧 오지 않으면 쌀농사를 망치게 될까 봐 걱정합니다. 저희들의 채소밭도 피해를 많이 입고 있지만 쌀농사를 망치는 것과는 비교할 수 없지요. 쌀값이 벌써 많이 올랐고, 매일 값이 올라갑니다.

서둘며 사랑으로

로티

추신. 저희는 스미스 상점에 주문 목록을 만드는 일로 바쁩니다.

1897년 7월 9일
한국, 서울

사랑하는 어머니

저희는 이번 주 안으로 보내려고 스미스 상점 주문 목록을 작성하고 있는 중이라 그냥 몇 줄만 쓰겠습니다. 어머니께 부탁이 있어요. 밑에 적은 몇 가지만 구해서 될수록 빨리 스미스 상점으로 보내주시면 저희들의 주문품과 같이 오게 되든지, 아니면 비슷한 시기에 오는 다른 사람의 주문품과 같이 올 수 있습니다.

목포가 개항장으로 선포되었습니다. 그래서 10월이면 저희도 나주로 가게 될 것이 거의 확실합니다. 그곳에 갈 때 저희 물건들을 함께 실어 가고 싶어요. 목포가 개항되었다는 것은 나주의 저희들에게도 세관, 은행, 우편국, 그리고 정기적으로 운항하는 배편이 생긴다는 것을 의미합니다. 나주에서 목포는 하룻길밖에 안 됩니다.

헨리는 잘 있고 매일 잘 커 갑니다. 아주 똑똑하고 귀엽습니다. 가르치지 않았는데도 우스운 짓들을 해요.

마침내 비가 내렸습니다. 부엌과 식당을 제외하고는 모든 방들에 비가 새고 있어도 저희는 참으로 감사해요. 비가 새는 것은 좀 불편하긴 합니다. 특히 헨리가 힘듭니다. 왜냐하면, 자기가 안에 들어가서 가지고 놀기 좋아하는 욕조, 양동이, 대야 등등이 비가 새는 집 안 여기 저기 놓여 있기 때문입니다. 지붕 어디가 새는지 비가 내리면서 저희에게 알려 주었으니, 이제는 지붕을 수리할 수가 있을 겁니다.

7월 22일에 제물로 출발할 예정입니다. 이런 비가 오고 안개가 짙고 모든 것이 습할 때에 저희가 삼막사[33]에 있지 않고 집에 있는 것이 너무 다행입니다. 어젯밤에 서의 집에 담장 한쪽이 무너졌어요. 이 집은 저희가 서울로 온 이후로 매해 한쪽씩 벽이 무너진 것으로 믿습니다. 저는 높은 담이 주는 사생활 보장이 좋기는 해도, 철조망 담이 여러 면에서 낫다는 유진의 말에 빠르게 동의해 갑니다.

어머니와 식구 모두 평안하시기를 바라고, 모두 함께 행복한 시간을 보내시기를 바랍니다. 헨리가 밝은 얼굴로 식구들 있는 가운데로 걸어 들어올 수만 있다면 식구들이 얼마나 좋아할까요?

최고의 사랑을 모두에게 보내며,
로티

추신. 필요물품
- 검정색 감칠질용 무명감
- 흰색 감칠질용 무명감
- 검정색 감침질용 양모감
- 뼈로 만든 작은 단추 한 그로스[34], 흰색
- 커다란 진주 단추 1다스, 흰색
- 그보다 작은 진주 단추 3다스, 흰색
- 작은 진주 단추 3다스, 흰색
- 폭이 좁은 테이프, 싼 것으로 큰 것 한 통
- 중간 폭의 테이프, 싼 것으로 큰 것 한 통

---

33 원문에 Sa Mok으로 되어 있다. 관악산의 삼막사로 짐작된다.
34 gross: 물건의 개수를 세는 단위. 1그로스=12다스, 즉 144개이다.

- 9번 바늘 9개 들은 것 1팩
- 8번 바늘 2팩
- 시침질 바늘 2~3개
- 노란색 띠 고무줄 1야드
- 중간치 안전핀 1팩
- 헨리를 위한 띠 고무줄 한 쌍과 <u>여분</u>
- 스커트에 쓸 진파랑색 벨벳 수술 2개
- 헨리의 까만 모직 장갑 한 켤레
- "패밀리" 싱어 재봉틀용 바늘 1팩
- **뼈**로 만든 머리핀 1다스
- 스모크 진주색 단추 2다스 – 제가 보내는 하얀 단추보다 큰 것으로

추추신. 제가 말하는 테이프는 제가 카프만 상점에서 사던 것으로 커다란 통이 5센트였는데 아주 유용합니다. 허리띠 버클을 위해 고무줄 1야드가 필요합니다. 그것을 수선하는 데 고무줄이 필요해요. 100번수 실을 위한 바늘이 필요한데, 그건 영국식 번호이고, 미국 번호로는 80~100번수입니다. 다른 번수 실을 위한 바늘들은 있습니다.

- 검은 신발 끈 긴 것 1쌍 – 저의 목이 긴 신발을 위한 것
- 시계 끈 한 개

저희 돈이 얼마나 남아 있는지 모르겠으나 위의 것들을 구입할 만큼은 될 것이라고 생각합니다.
『미셔너리』에서 달력이 왔다고 제가 말씀드렸나요?
보험료를 다음 주에 보낼 수 있기를 바랍니다. 4월분 영수증은 받았어

요. 가끔 저희 생각에, 저희가 들고 있는 보험 중 어떤 것은 포기해야 할 것 같습니다. 저희에게 보험료가 꽤 짐이 됩니다. 어머니께서는 어떻게 생각하시는지요?

1897년 7월 10일
한국, 서울

사랑하는 제니 사촌

제니 사촌이 2월 25일 자로 보내준 편지를 제때에 잘 받았었다. 편지 쓰기에 적합한 계절을 위해서 따로 두었었는데, 수개월이 지나서야 이제 그때가 찾아왔다. 지금 이곳은 장마철이다. 여러모로 불편한 때이기는 하지만, 집 안에 있도록 강요되었으니 이때까지 소홀히 했던 편지를 쓰는 즐거움도 있다.

고향의 누구도 한국에서의 장마가 어떤 것인지 상상할 수 있으리라고 믿어지지 않지만, 장마는 이곳에서 커다란 축복이다. 올해는 비가 늦게 와서 한 해 벼농사가 큰 위험에 닥쳤었는데, 이제 [비가 오니] 올해 벼농사가 잘 되기를 바란다. 한국 사람들은 쌀에 크게 의존하기 때문에 벼농사를 실패하게 되면 그에 따르는 고통이 크다.

제니 사촌이 보내준 편지를 매우 즐겁게 받았어. 네가 말하듯이, 우리가 가까운 친척은 아니지만, 나는 "친족애"가 아주 많은 편이고, 우리의 선교 사역에 관심이 있는 사촌으로부터 소식을 듣는 것이 반갑다.

나는 네가 이 "대 조선 Tai Choson"(위대한 한국 Great Korea)에 사는 다른 친척[35]에 대해서 들어본 적이 있을 거라고 생각되지 않는다. 바로

---

35 원문엔 cousin이라고 썼다. cousin을 보통 사촌이라고 번역하지만, uncle(삼촌 또는 외삼촌)과 aunt(이모 또는 고모)밖의 친척을 모두 그렇게 cousin이라고 부른다. 촌수를 확실하게 해야 할 경우에는 first cousin(사촌), second cousin(육촌), first

우리들의 꼬마 아들인데, 아직은 직계 가족 사이에서 말고는 그리 중요한 위치를 차지하고 있지 못하니까 널리 알려지지 않았다. 아이가 5월 27일 자로 한 살이 되었는데 나이에 비해 큰 편이고 입안 가득 이가 났고, 천방지축으로 걸어 다니고, 미국의 사랑하는 사람들로부터 멀리 떨어져 있는 우리에게 많은 위로와 기쁨이 되고 있다. 유진과 나의 양쪽 부모들에게 있는 단 하나의 손주이다. 미스터 벨의 아버님 이름을 따서 "헨리"라고 이름을 지었어. 한국인들은 어린 외국 아이들에게 꽤 관심이 많은데, 한국 여자들이 나를 방문하러 올 때면, 아기와 아기의 장난감들이 언제나 그들에게 흥미 있는 관심거리이다.

여기 한국 골무를 같이 보낸다. 일상의 바느질에 쓰는 것이다. 검지에 끼워서 쓰는데, 나는 한국 여자들이 바느질을 그렇게 예쁘고 빠르게 하는 것이 언제나 경이롭다. 하지만 이제는 그만 서둘러서 우리들이 한국에서 연합하여 하는 사역에 대해 이야기해야 되겠다.

이곳에서 세 개의 장로교 교단들이 하는 활동들이 실제로는 하나이다. 한국 사람들이 장로교회를 "예수교 Jeasu Kyo" 즉 "예수의 교리 Jesus Doctrine"이라고 부르는데, 한국에 나와 있는 호주 장로교회, 북 장로교회, 남 장로교회가 하나의 총회로 조직되어 있다. 총회는 일 년에 한 번 정기적으로 개최되는데, 지난 번 연차총회의 회장이 우리 군산 지부에 있는 전킨 씨였다. 교회의 규칙 등, 모든 중요한 문제가 이 총회에서 토의된다. 작년과 재작년에는 일부다처제를 어떻게 다루어야 하는지에 관한 중차대한 문제가 논의되었다. 총회에

---

cousin once removed(오촌), second cousin twice removed(칠촌) 등으로 말하기도 한다. 그러니까 로티와 제니 사이가 실제로 사촌이 아닐 수도 있지만, 그냥 사촌이라고 번역하고, 헨리는 사촌이라고 번역할 수 없어서 친척이라고 했다.

서 입교 후보자들을 심사하는 "심사위원회Sessions"를 임명한다. 이번에 벨 씨가 심사위원회 위원으로 임명되었는데, 우리 선교회의 레이놀즈 씨도 위원이고 다른 위원들은 북장로교 사람들이다. 얼마 전 『옵저버』에 실린 벨 씨의 글을 읽으면 어느 정도 그들이 무슨 일을 하는지 알 수 있을 것이다.

선교 사역에서 우리들이 얼마나 밀접하게 협력하는지 보여주기 위해서, 서울에 있는 한 예배처의 역사를 말해줄게. 몇 년 전에 북장로교 여학교의 미스 도티가, 새로 여성 사역을 위한 센터를 열고 싶어서, 서울의 인산부재 In San Pu Chai[36]라고 불리는 동네에 작은 한옥을 하나 샀다. 그 집을 미스 도티가 아주 편안한 작은 집으로 개조한 다음 미스 데이비스에게 거기 와서 함께 살면서 한국 여성들 교육을 같이 하자고 요청했다. 미스 도티는 이미 일하고 있는 학교에 많은 시간을 써야 했기 때문이다. 미스 데이비스는 그런 일에 종사할 수 있게 된 것이 너무 반가워서 그 청을 받아들이고 그 집에 가서 살기 시작했는데, 얼마 되지 않아 혼자서 그 사역을 떠맡게 되었다. 미스 도티가 학교로 복귀하도록 강요되었기 때문이다. 미스 데이비스는 혼자 거의 1년을 거기서 거주하면서 여자들과 어린이들을 위해서 아주 훌륭한 사역을 이루었다. 나중에는 북장로교의 미스 스트롱이 합류하면서 그곳의 선교는 빠르게 성장했고, 그들이 레이놀즈 씨에게 그곳 예배당에서 남편들과 소년들을 위한 한국말 예배를 시작해 달라고 부탁했다. 미스 데이비스가 남쪽으로 이동하고 미스 스트롱도 다

---

36 정신여학교는 1887년 정동에서 설립되었는데, 도티 선교사가 1890년 제3대 교장으로 부임한 뒤, 1895년 10월 연지동으로 옮기고 연동여학교로 교명을 고쳤다. '인산부재'의 뜻은 미상이다.

른 일로 인해 인산부재의 그 집을 떠나게 되었을 때, 미스 도티의 요청으로 레이놀즈 부부가 그 집에 들어가서, 그들 또한 남쪽 전주로 이동할 때까지 열심히 일을 했고, 이제는 벨 씨가 일요일 아침에 예배를 인도하고 있다. 전킨 씨가 서울에 있었을 때 그가 그 교회에 꽤 많은 회중을 모았었는데, 그가 이동한 후에 그 교회 교인들과 또 다른 사람들이 이제는, 토착인들이 the natives 스스로의 돈과 노동으로 지은 새 교회로 옮겨서 예배를 드린다. 이 교회는 서대문 안에 있다. 언더우드 박사가 이 교회에서 설교를 한다.

고향에서 멀리 떠나와서 이교도 나라라는 큰 벽에 부딪치고 나면, 고향에서 교회를 분열시켰던 문제들이 적에게 연합된 전선을 제시하려는 큰 열망 앞에서 사라지고 만다. 이 이교의 담을 무너뜨리고 몇 영혼이라도 하늘나라를 위해 구원해야 한다. 고향의 두 교회를 불가피하게 분리시키고 있는 그 크고 심각한 문제가 이곳에서 사역하는 우리들에게는 문제시되지 않는다. 우리들은 모두 이 사람들의 구원을 위하여 하나 되어 함께 일할 수 있는 것이 기쁠 따름이다.

나의 이 편지가 너의 논문에 도움될 만한 것이 있을 것으로 믿는다. 네 주제에 걸맞게 충분히 다루지 못했다고 내가 느끼지만, 그래도 몇 가지 제안이라도 얻게 되기를 바란다.

편지 속에 함께 넣어 보내준 제비꽃들이 고맙다는 말을 아직 못 했네. 내가 좋아하는 꽃이다. 여기서도 내가 몇 개 기르고 있는데 잘 자랐으면 좋겠다. 고향의 꽃과 채소들이 여기서도 잘 자라고, 정원이 우리에게 아주 큰 즐거움의 원천이다.

너에게 다시 소식 듣기를 바라며, 벨 씨의 안부도 전한다.

너의 사랑하는 사촌
로티 W. B.

추신. 벨 씨가 그러는데, 총회는 <u>단지</u> 자문 권한만을 가지고 있고, 우리 선교회는 전적으로 우리 교단의 통제 하에 있다는 점을 내가 이 편지에 추가해야 한다고 하네. 그리고 선교가 최대한 효율적으로 이루어지기 위해 구역을 나누었다. 그래서 북장로교 선교회에게는 북부 지방이, 남장로교 선교회에게는 충청도와 전라도를 포함하는 남부 지방이 선교지로 배정되었다.
이 편지를 다 읽고 나면 그것을 내슈빌의 선교회 본부로 보내 달라고 부탁해도 될지?

1897년 7월 16일
한국, 서울

사랑하는 어머니

이번 주는 각 선교회에 편지를 쓰는 일에 주력하느라고 매우 피곤합니다. 오늘은 어머님께 편지 쓰는 것조차도 피곤해서 못 하겠습니다.

힘든 날씨임에도 불구하고 저희는 잘 지내고 있습니다.

다음 주 중순쯤에는 휴가를 떠날 수 있기를 바랍니다.

모두에게 사랑을 보내며

로티

1897년 7월 20일
한국, 서울

사랑하는 어머니

저는 오늘 몸이 좋지 않아서 그냥 짧은 편지로 쓰고 보험을 위한 수표를 동봉하겠습니다. 아프지는 않아요, 그러나 날씨가 꽤 덥고, 지난 주간의 더위를 아직 많이 느끼고 있고, 입맛이 전혀 없어요. 유진도 피곤한 듯합니다. 증기선이 출발한다는 소식을 수일 내로 듣게 되기를, 그래서 그것을 타고 속히 휴가를 떠나고 싶은 마음입니다. 헨리는 그런대로 잘 지내고 있지만 아이도 이 더위에서 벗어나야 되는 것을 제가 압니다.

바다가 다시 보고 싶고, 제가 만들지 않은 음식을 먹고 싶습니다. 어머니께서 늘 그러셨듯이, 그렇게 일을 많이 하신 후에도 어떻게 음식을 무엇이라도 드실 수 있으셨는지 모르겠습니다. 지금 조리사는 이젠 제법 조리를 하게 되었지만 아직도 많은 부분을 제가 해야 합니다.

저희는 제푸 대신 부산으로 갑니다. 배로 이틀을 가는데, 바다 공기가 "저희들을 기분전환"시켜 줄 것입니다. 바다가 아주 잔잔하지 않는 한 제가 뱃멀미를 하겠지요. 그러나 단지 48시간 하는 항해에 멀미가 큰 문제는 되지 않을 것입니다. 문하인을 함께 데리고 갑니다. 그가 아마보다 훨씬 유용할 것 같고, 아마는 쉬기도 하고, 시골로 부모님을 뵈러 갈 수도 있을 것입니다. 조리사와 보이는 남아서 집을 지킬 것입니다.

부산의 어빈 부부가 저희들이 머무는 동안 지불하려고 하는 대가를 절대 거부하니 이번 여행은 비교적 돈이 많이 들지 않을 것입니다.

헨리의 빨간 외투가 완성됐는데 아주 예쁩니다. 목깃이 넓고, 앞섶이 겹치게 되어 있어서 진주 단추를 두 줄로 달았습니다. 재단사가 아주 멋지게 만들었습니다. 헨리는 아주 귀여운 방식으로 그가 만지지 말아야 할 것들에 접근합니다. 책장의 책들을 예로 들면, 거의 책에 손이 닿을 정도로만 손을 올려놓고 저를 쳐다보는데, 제가 고개를 저으면서 "아니arnie"(no)라고 하면, 아주 장난기 섞인 얼굴로 돌아서서 자신의 엉덩이를 온 힘을 주어 아주 세게 때립니다! 아이가 이젠 저희들의 말을 많이 알아듣습니다. 며칠 전에 제가 무슨 이유로 아마에게 아이를 다른 방으로 데려가라고 했는데, 제가 그 말을 하자마자 아마가 움직이지도 않았는데 아기가 울기 시작했습니다.

드디어 비가 그쳤습니다. 다시 해를 보게 되어서 좋습니다.

알렌 박사가 한국에 공사로 임명된 것을 어머니도 알고 계실 것으로 짐작합니다. 만일 씰 씨가 떠나야 한다면 알렌 박사가 공사가 되는 것이 아주 기쁘지만, 둘 다 머물러 있으면 좋겠습니다. 연봉이 금화로 7500불이고 집과 다른 것들이 따라갑니다.

부산에 도착하면 (여기서 끊어짐)

모두에게 사랑을 보내며
로티

1897년 8월 2일
한국, 제물포

사랑하는 플로렌스

너에게서 온 길고도 정겨운 편지를 받은 것이 지난 주 어느 날이었다. 그에 대한 답장은 부산에 가서 할게.

토요일에 이곳 제물포로 내려왔는데, 오늘(월요일) 부산을 향해 떠날 것으로 기대하고 있다.

헨리는 지난 10일 내에 치아 네 개가 더 나왔는데 아이가 별로 아파하는 기색이 없다. 아이가 벌써 먹고 자는 것이 괜찮아졌고, 에비슨 의사는 항해가 아이의 건강을 완전히 회복시켜 줄 것으로 생각한다.

유진과 나는 둘 다 건강하고 우리의 세 번째 "결혼 기념 여행"을 즐기고 있다.

바다 바람에도 불구하고 날씨는 매우 덥다. 서울보다 더 덥다.

식구들과 캐나다에 가 있는 에바에게 안녕을 빈다.

사랑으로,
로티

1897년 8월 10일, 금요일 아침
한국, 부산

사랑하는 플로렌스

이곳 부산으로 내려오는 길에 제물포에서 네게 엽서를 보냈으니, 네가 지금쯤은 우리의 소식을 접했을 것이고 우리가 어디에 있는지도 알고 있을 것이다. 우리는 제물포에서 8월 2일 월요일 저녁 7시에 하이고Higo호를 타고 출발했다. 하이고호는 영국, 글래스고에서 건조한 훌륭한 여객선이다. 선장, 사관, 승무원 모두 일본인들인데, 대부분 영어를 잘한다. 우리 선실은 갑판에 있었는데 그래도 꽤 더웠다. 나는 침상 위층에서 잤고 유진은 아래층, 헨리는 소파 위에 놓은 큰 아기 바구니에서 잤고, 문지기는 3등 선실에서 잤다. 목적지까지 매우 순조로운 항해였지만 나는 뱃멀미를 아주 심하게 하고 두통도 생겨서 화요일엔 하루 종일 아무 것도 먹을 수가 없었는데, 이튿날 수요일 아침에는 멀미가 잦아들었지만, 그때에는 벌써 배에서 내릴 시간이었다. 우리 배가 수요일 아침 10시에 부산항에 도착했기 때문이다. 내가 멀미로 앉아 있지도 못하고 걸을 수도 없어서 유진이 헨리를 돌보는 모든 것을 해야 했다. 나는 기다란 의자에 누워서 책을 읽거나 자거나 하면서 시간을 보냈다.

이곳에 도착한 후 나는 입맛이 아주 좋아졌고 확실히 기분이 전환되었다. 어떻게 내가 잔잔한 바다에서도 파도가 이는 바다에서처럼 똑같이 뱃멀미를 했는지 이상스러우나, 많은 사람들에게 뱃멀미가 움직임 때문만이 아니라 시각과 소리 때문에도 생긴다고 나는 믿는다.

이곳에는 북장로교 선교회의 두 가족, 어빈 의사 부부와 아담즈 부부가 있고, 또 혼자 사는 여성, 미스 체이스가 있다. 아담즈 부부의 집에도 방이 있으나 우리는 어빈 부부와 함께 머물고 있다. 선교회 소속 집들은 만이 내려다보이는 아주 높은 지역에 있는데, 어디를 바라보아도 경치가 아름답다. 특별히 달이 뜨는 밤에는 바다가 말로 형용할 수 없이 아름답다. 우리는 매일 수영을 하러 갔는데, 내가 그것을 얼마나 좋아했는지 말로 할 수가 없구나. 헨리도 함께 갔었으면 얼마나 좋았을까.

아기는 벌써 아주 좋아졌다. 그의 뺨이 통통해졌고 얼굴색도 좋고, 잘 먹고 잘 잔다. 변비는 완전히 없어져서 이제는 완전히 본래의 모습으로 돌아온 듯하다. 이곳에 작은 사내아이가 둘이 있는데, 에드워드 아담즈는 두 살 반이고 로데릭 어빈은 헨리보다 한 살이 많다. 말을 못 하는 것 빼고는 헨리가 그 아이들과 잘 어울리고 그 아이들 나이 또래인양 논다. 말하기가 미안한데, 헨리가 다른 아이들한테 다정하게 굴지 않는다만, 아이에게서 올바른 행동을 기대하기에는 그가 아직 너무 어리다고 생각한다.

우리는 하이고호가 돌아오는 다음 월요일에 이곳을 떠날 것 같다. 그 배를 타고 제물포로 가서 집에는 20일경에 도착할 것이다. 그리고 유진은 서둘러 그의 여행 짐들을 챙겨서 군산에서 열리는 우리 선교회의 연차회의에 참석하기 위해 길을 나서야 한다. 아담즈 부부가 북장로교 선교회 연차회의에 가기 위해 우리와 함께 갈 계획이고, 어빈 부부는 나중에 올 것이다. 남북 장로교 연차회의가 같은 주간에 열리는 것이 유감이다. 우리 선교회의 남자 선교사가 한 사람도 총회에 참석할 수 없게 되기 때문이다.

네가 6월 21일 자로 보낸 편지를 읽고 처음으로 버논이 받은 메달과 드와이트의 성공에 대하여 알게 되있다! 비논과 드와이트에게 내가 그들 둘 다 자랑스러워한다고 전해다오.

우리는 네가 미들즈보로의 예배실을 아름답게 꾸몄을 것으로 생각했다. 로렐 산을 다시 볼 수 있으면 좋겠다.

지금 아래로 보이는 만으로 진짜 폭풍이 몰려오는 것 같다. 날이 컴컴해지고 포구를 막아 서 있는 섬 너머로 바다가 포효하는 소리가 들린다. 폭풍이 오지 않았으면 좋겠다.

아기가 다른 이가 나왔다고 내가 말했지, 그렇지? 아이가 이가 나느라고 괴로워하는 것이 이제 끝났다고 생각하니 좋다.

위 몇 자를 쓰고 난 후로 바람과 비가 시작되었는데 폭풍일 거라고는 믿지 않는다.

너의 길고 흥미 있는 편지의 답장으로 이렇게 어리석은 편지를 하는 것을 용서해라. 언젠가는 나아질 것이다. 모두에게 나의 사랑을 전해 줘. 우리가 휴가를 즐기고 있는 그만큼 식구들 모두 휴가를 즐기기를 바란다. 무엇을 먹을지 모르는 채로 식사를 하러 가는 것이 나는 너무 좋다.

우리가 집에 돌아갔을 때 우편물이 많이 와 있기를 소망한다.

너의 사랑하는
로티.

1897년 8월 16일
한국, 부산

사랑하는 어머니

오늘 오후 저희는 서울을 향해 떠납니다. 많은 선교사 친구들이 같은 배를 타고 갑니다.

헨리는 매우 튼튼하게 보이고 잘 있어서, 이 여행이 아이에게도 아주 좋았던 것으로 생각합니다.

서울에 가서 다시 쓰겠습니다.

당신의 딸

L.W.B.

1897년 8월 24일, 화요일, 정오
한국, 서울

사랑하는 어머니

지금 적어도 이 편지를 시작하겠어요. 그러나 제가 지금 집 청소를 하고 있어서 얼마나 빨리 편지를 완성하게 될지는 모르겠습니다.

저희는 16일 부산을 떠나서 제물포에 18일에 도착했는데, 강을 타고 서울로 가는 배를 놓쳤습니다. 그래서 유진은 그날 수요일에 혼자 집으로 가고, 저는 아담즈 부부와 함께 기다렸다가 이튿날 배를 타고 가려고 했습니다. 그러나 그 이튿날 비가 심하게 내려서 금요일까지 기다렸다가 드디어 헨리와 제가 금요일 밤에 집에 도착했습니다. 3주 동안의 여행이 매우 즐거웠어도, 집에 오니 좋네요. 유진은 남쪽으로 가는 증기선이 어제 떠난다고 해서 서둘러서 떠났습니다.

금요일 오후

어머니께서 보시다시피 편지를 계속하게 되기까지 이렇게 오래 걸렸습니다.

앞에서 말씀드렸듯이 유진이 서둘러서 지방 여행 차림을 하고 월요일에 제물포로 갔는데, 그가 가서 보니, 전에도 종종 그랬던 것처럼, 증기선이 일요일 아침까지는 떠나지 않는다는 것이었습니다. 그래서 유진이 화요일에 집으로 돌아왔다가 오늘 다시 떠났습니다.

아마가 매우 몸이 좋지 않아서 이번 주에 이틀을 집에서 쉬었기 때문에 헨리를 제가 혼자 도맡아 돌보게 되었는데, 불쌍하게도 아기도 아팠습니다. 보이도 많이 아팠습니다. 그러니 어머니께서 제가 편지를 쓰기에는 너무 바빴거나 너무 피곤했던 것을 아시겠지요. 헨리는 아플 때는 제가 가는 곳마다 자기를 안고 다니기를 원합니다. 그것이 제게는 너무 힘들어요. 아이가 매우 심한 감기에 걸렸고, 며칠 동안 열이 뜨거웠고, 어젯밤에는 아이와 저 둘 다 밤잠을 거의 못 잤습니다. 아이가 아플 때 아주 착하기는 하지만, 쉬지 못하니까 피곤해지는 것은 마찬가지 입니다. 아이의 잇몸이 다 부어올랐고, 위 송곳니와 아래 송곳니가 모두 아이를 힘들게 하는 것 같습니다. 위 송곳니는 4주 전에 다 나오긴 했는데도요. 오늘은 아마가 자기 집에 있다가 여기서 밤을 보내려고 지금 왔습니다. 아이가 깨어 있는 동안에는 거의 모든 시간을 밖에서 데리고 있었습니다. 아이가 혼자서 이리저리 왔다 갔다 하는 것을 아주 좋아합니다.

오늘 오후에는 조리사와 제가 아이를 데리고 거리로 산보 나갔는데 아이가 걸어가는 것을 보고 감탄하며 여자들과 아이들의 큰 무리가 모여들었습니다. 그것을 보니 피터즈버그에서 아이들과 검둥이들이niggers 거리의 올갠 악사와 원숭이를 따라다니던 것이 상기되었습니다. 아이가 한 스퀘어[=1/4마일] 쯤 걷고는 나보고 자기를 안으라고 했는데, 마침내 조리사에게로 가서 안겼습니다. 오늘 아침에 아이를 에비슨 의사에게 보이려고 데려갔는데, 그는 없었고 대신 미스 화이팅 의사가 아기를 진료하고 약을 주었습니다. 저는 방금 아이를 따뜻한 물로 목욕시켰고 지금은 아주 곤히 잠든 것 같습니다. 내일은 제물포에 있는 유진에게 상황이 어떤지 알아보기 위해 전보를 칠 것입니다.

저희 선교회의 연차회의가 군산에서 월요일부터 시작될 예정이었는데, 체스터 박사[37]가 10월에 온다고 하니, 유진 생각에, 회의가 체스터 박사가 올 때까지 뒤로 미루어질 것이고, 자기는 저희가 이번 겨울부터 가서 살게 될 집 문제를 처리하기 위해 직접 나주로 가게 될 것으로 기대합니다. 어머니께서는 나주로 가는 것에 대해 제가 어떻게 생각하느냐고 물으셨지요. 글쎄요, 저는 여러 가지 이유로 다른 두 선교지보다 나주로 가기를 원하지만, 서울을 떠나게 되는 것이 아쉽습니다. 친구들과 각종 편의를 포기해야 하는 것도 그렇지만, 지금 살고 있는 편안한 집을 버리고 초라한 초가집으로 이사해야 하는 것이 싫습니다. 그러나 유진이 마침내 자기의 일터에 정착을 하고 할 일이 확고해지면 유진이 훨씬 행복해질 것을 제가 깨닫습니다. 그리고 저희는 나주에 상주할 것으로 기대합니다. 거기에 저희 집을 새로 짓고 뜰도 만들고 과일나무도 심어 놓게 되면 저희가 거기서 매우 행복해 할 것을 제가 압니다.

그건 그렇고, 드와이트가 작은 집이나 단층짜리 집의 도면이 있으면 저희에게 보내주면 좋겠습니다. 어떤 면으로는 제가 고향을 떠나온 것보다 여기 서울에서의 삶을 마감하고 지방으로 떠나는 것이 더 힘들 것입니다. 그러나 유진이 며칠간의 단기 여행을 해야 할 때를 제외하고는 항상 집에 있게 되는 것이 좋을 것입니다. 헨리도 유진을 그리워하며 이리저리 다니며 "아빠Daddy"를 부릅니다. 유진이 아이와 많이 놀아 주고, 아이는 유진이 무척 좋은 사람이라고 생각합니다.

---

37 체스터 박사는 1893년 미국 남장로교 교단에서 해외 선교 집행 위원회에 의해 서기 대행으로 임명되고, 이듬해 1894년 남장로교 총회에서 해외 선교 위원회의 전임직 회장으로 선출되었다. 아프리카, 브라질, 중국, 쿠바, 일본, 한국, 멕시코 등의 선교를 돌보았음. (https://www.phcmonstreat.org)

허지만 아이가 아프거나 다쳤을 때는 제게 옵니다.

어머니께서는 저희의 작은 사내little man가 제대로 관심을 받지 못할까 걱정하실 필요가 전혀 없습니다. 저희는 오히려 아이가 응석받이로 자라게 되지나 않을까 두렵습니다. 아이가 아주 영리하고 사랑스러워서 어떤 때 저는 아이가 사람들의 관심을 너무 많이 받는 것이 아닌가 걱정이 돼요. 아이가 잠자리에 들기까지 매일 충분한 사랑을 받는다는 것을 확실히 믿으셔도 됩니다.

여행에서 집에 돌아오니 우편물이 많이 와 있었습니다. 어머니께서 저희의 결혼기념일에 쓰신 편지와, 7월 초에 쓰신, 예쁜 드레스 견본이 든 편지가 있었습니다. 식구들이 어떤 옷을 입는지 제가 알게 되는 것이 얼마나 즐거운지 어머니께서는 모르실 거예요. 그래도 제 옷들이 아직은 입을 만합니다. 어머니께서 보내주신 새 블라우스가 무척 마음에 듭니다. 그런데, 제가 진빨간색 장갑 한 켤레가 필요해요. 어머니께서 한 켤레를, 값이 적절한 것으로, 우편으로 보내주실 수 있으신지요? 루이스 상점에서 파는 1불짜리 장갑을 제가 아주 좋아합니다. 저의 사이즈는 $6\frac{1}{4}$입니다. 보내는 비용이 10~15센트 이상이면 하지 마세요.

지금 너무 피곤해서 자러 들어가야겠어요. 제가 쓰고자 했던 많은 것들에 대해 쓰지 못해서 죄송해요.

저의 사랑을 식구 모두에게 전해주세요. 모든 식구들을 잠시만이라도 보고 싶습니다.

어머니의 사랑하는 딸
로티

추신. 미스 볼드원에 대한 기사를 오려 보내주셔서 감사합니다.

좋은 여인 _____ (문장이 중간에 끊김.)

1897년 9월 8일, 수요일, 정오
한국, 서울

사랑하는 플로렌스

나는 지금 막, 내가 이제까지 이곳에서 보아 온 중에서 가장 슬픈 장례식에 다녀오느라고 지칠 대로 지쳐서 집으로 돌아왔다. 그래도 점심 식사 전에 너와 유진에게 몇 줄이라도 써야겠다.

네가 시카고에서 쓴 편지가 지난주에 왔고 정말 반가웠다. 네 직장에 대한 이야기, 그리고 엘리를 방문했던 이야기를 듣는 것이 즐거웠다. 나는 내가 보이드 씨를 좋아하지 않는 것을 내 탓으로 돌렸었다. 그가 지독하게 이기적이고, 엘리와 아이들을 돌보지 않는 그런 사람으로 믿는 것이 아마도 잘못된 생각일 것이라고 말이다. 그러나 너와 바이올렛 둘 다 같은 내용을 보고하니, 그러한 내 생각이 명백한 진실이었다는 것이 두려울 따름이다. 나는 더 할 수 없이 친절하고 비이기적이고 배려하는 남편을 두고도 걱정하고 피곤해지기도 하는데, 엘리가 어떻게 그런 남자와 잘 살아가는지는 나의 이해를 뛰어넘는다. 내가 아는 것 하나는 엘리가 이야기하는 것을 좋아하고, 손님이 찾아오는 것이 언제나 그에게 큰 즐거움을 준다는 것이다.

유진이 떠난 후로 편지를 썼다고 확신하는데, 유진이 떠난 지 10일이 지났다. 그러나 드루 가족이 지난주에 이곳으로 온 이후로는 편지를 쓰지 못했다. 그들이 오리라고 기다렸던 것은 아니었는데, 어느 날 갑자기 제물포에서 전보를 보내서 그 이튿날 서울로 온다고 했을 때 내가 얼마나 놀랐는지 짐작할 수 있을 것이다. 너한테 하는 말인데, 내가 아주 서둘러서 테이트네 집의 방 둘을 청소하고 그들이 거주할 곳을 마련해야 했다. 다행히 전킨 씨가 그들을 위해 사용할 수 있는 물건들을 여럿 남겨 놓았고, 또 우리 집에서도 가져가고 해서 꽤 그럴듯한 방 둘을 마련해 놓을 수 있었다. 계획에 없던 일이 내게 부과되었긴 하지만, 유진이 없이 내가 몹시 외로웠기 때문에 그들이 온 것이 아주 기뻤다. 나는 매일 미스 잉골드가 오는 것을 기다리고 있다. 그가 오면 여기도 사람으로 북적대게 될 것이다. 침대를 하나 빌려서, 그를 우리 서재에 머물게 할 것이다.

선교사들이 실제 선교 사역이 아닌 다른 일들에 많은 시간을 할애해야 하는 모양이다. 당장의 예를 들면, 아마가 몸이 그다지 좋지 않아서, 그를 우리 집에 계속 머물러 있게 하려면 내가 그의 일을 곧 많이 도와야 하는 때에 우리 집이 손님으로 가득해졌다. 내가 입이 부르트고 목도 아파서 고통스러운데도, 어제는 오후 내내 관을 장식하는 일을 했고, 오늘 아침은 장례식으로 모든 시간을 보내고, 내일 아침은 리드 의사네 집에 가서 아픈 사람들을 돌보아야 한다. 리드 부인이 몇 시간 전에 아기를 낳았는데, 아기가 태어난 후 리드 의사가 줄곧 이질로 누워있고, 다른 두 아이들도 이질로 아프다. 우리는 돌아가면서 아기를 목욕시켜 주는 등의 일로 그들을 도와 줄 것이다. 나는 아침에 가려고 하는데, 그 시간엔 내가 없어도 보통은 헨리가 잠을 자고 있을 것이기 때문이다.

헨리가 커가면서 아이를 두고 어디 나가는 것이 어려워져서 이젠 자주 아이를 데리고 나간다. 아이가 아주 커졌고, 정도 아주 많다. 집에 있는 의자들 위에 기어 올라가는 것을 좋아하고, 이제는 계단도 잘 오르내린다. 아이는 드루네 아이들을 매우 좋아해서 사이좋게 잘 지낸다.

우리가 간 장례식은 미스 헬리펙스의 장례식이었다. 그의 아버지는 영국인으로 관립 한성 영어 학교Royal English School에서 가르친다. 헬리펙스 부인은 일본 여자인데, 서양식으로 옷을 입고 영어를 쓴다. 딸은 19살이었고 그들의 살아 있는 유일한 자녀였다. 그는 7년 동안을 일본, 도쿄에 있는 학교에서 보내고 집에 돌아온 지 한 달밖에 되지 않았었다. 이질로 죽었는데 영국 의사와 간호사가 그와 함께 있었다. 스코틀랜드인 켄뮤어 씨가 우리 모두에게 그의 집에 와서 관을 장식하는 바느질일을 도와 달라고 부탁해서 우리가 그렇게 했고, 오늘 아침엔 몇 명이 다시 가서 화환을 만들고, 거기서 함께 성당으로 갔다. 헬리펙스 부인은 가톨릭 교인이고 남편은 무신론자이다. 관은 아름다웠고, 꽃도 예뻤다. 그들이 우리가 한 일을 몹시 고마워하는 듯했다. 그들은 우리들을 거의 알지 못했고, 우리가 한 일에 놀라고 감동을 받은 것 같았다. 아마도 아버지의 가슴이 그것에 의해 녹았나 보다. 나는 그 아버지의 애통보다 더 슬픈 것을 본 적이 없었고, 가톨릭 장례식보다 더 황량한 것도 본 적이 없었다.

내가 이곳에서 보낸 그 짧은 시간 동안에 한국인들을 위한 선교 사역과는 거리가 먼 경험을 벌써 많이 했다. 그러나 나는 너무 피로해진다. 요즘 해가 아주 뜨거워서 이런 일들을 하고 난 다음에는 너무 피로해져서 바느질이나 독서나 편지 쓰기를 할 수가 없다.

오늘 오후에 도성 안의 모든 어린이들[38]이 동대문에서 열리는 잔치

---

38 그냥 all the children in the city라고 했는데 외국인 자녀들을 뜻하는 것으로 생각된다.

에 초대되었다. 그래서 유진에게 쓰는 편지를 마치는 대로 준비를 시작해야 한다. 나는 인력거를 타고 갈 생각이다. 그곳으로 가는 길이 좋고, 나가사키를 떠난 이후 한 번도 인력거를 타보지 못했다.

네가 이 편지를 받게 될 때쯤이면 다시 바빠질 것으로, 그리고 루이빌의 식구들의 숫자는 다시 적어졌을 것으로 짐작한다. 지난 번 우편에 폴린의 편지도 왔는데, 그 애 편지에는 집 소식은 없고 모두 셸비빌에 갔던 이야기만 있었다. 메이블이 아팠었을까 봐 걱정된다. 폴린이 메이블과 함께 있다는 말을 하지 않아서 말이다.

모두에게 많은 사랑을 전하며,
로티

추신. 8월 호 『미셔너리』에 실린 내 편지가 정말 부끄럽다. 내가 그 편지를 써 보낼 때도 별로 좋지 않다고 생각했었는데 인쇄되어 나오니 더 안 좋다.
헨리가 이것을 찢었어 - 미안해.

1897년 9월 25일
한국, 서울

사랑하는 어머니

며칠 전에 에바로부터 편지가 왔고 거기에 어머니의 편지와 플로렌스의 편지가 각각 하나씩 들어 있었습니다. 편지를 받고 너무 반가웠습니다. 에바가 그토록 멋진 여행을 할 수 있어서 기쁩니다.

지난주에 어머니께 엽서로 말씀드렸던 것처럼 저는 매우 바빴고, 저의 조리사는 능숙하지 못하고, 드루 의사 가족이 온 후로는 새로운 보이를 들여야 했어요. 그런데다가 헨리가 매우 "짜증"을 내서 어떤 날은 절망스럽기까지 했습니다. 유진이 집을 비울 때는 바깥일 대부분이 제게 주어지고, 서신 소통과 회계 일까지도 얼마간은 제가 감당해야 합니다. 그래서 아주 피곤해진 채로 매일 밤 일찍 잠자리에 듭니다.

드루 의사 부부와 세 아이들이 테이트가 살던 작은 집에서 머무는데, 편안한 형편은 아니지만 저는 그들을 위해 최선을 다 했어요. 전킨 씨네 침대가 거기 그대로 있었고, 아이들의 침대와 침구들을 자기네가 가지고 왔고, 제가 나무 상자 몇 개를 가져다가 옷장과 세면대로 쓰도록 만들어 주었습니다.

미스 잉골드가 유진의 서재를 씁니다. 유진의 책상을 이쪽 거실로 옮기고, 리드 부인이 침대 받침, 스프링, 말털 매트리스, 베게, 모기장을 빌려주어서 그의 방이 편안하게 정리되었습니다. 뒤쪽으로 작은 방 하나가 있는 것을 욕실로 쓰게 하고, 제가 나무 상자 하나와 일본제 물건들을 사용해서 화장대를 만들고 제 삼단 거울을 그 위에 올려놓아 주었습니다.

드루 의사가 어젯밤에 떠났는데 드루 부인과 자녀들은 한동안 남아 있을 예정이고, 잉골드 의사는 11월까지 있을 것입니다. 유진이 돌아오면 열흘쯤 있다가 체스터 박사와 함께 다시 떠나야 하므로, 저는 그들이 저와 함께 여기에 있는 것이 기쁩니다. 물론 그들이 하숙을 하는 것이기 때문에, 제게 추가로 비용이 드는 것은 아니지요. 어떤 때는 제가 충분한 음식거리를 준비하는 게 어려울 때도 있지만요. 드루 의사는 하루에 세 번 소고기를 원하고 감자도 그렇게 자주 먹기를 원하지만, 드루 부인은 닭고기를 선호하고 채소는 거의 먹지 않아요. 빵을 대는 것도 매우 힘든 일인 것을 알았습니다. 드루 의사는 식은 빵만 먹는데 저와 유진이 나흘이나 닷새에 먹을 양의 빵을 하루에 먹습니다. 아이들도 아주 많이 먹어요. 제가 불평하는 것은 아니고, 다만 제가 몹시 바쁘다는 것입니다. 그래서 제가 어머니께 자주 편지를 드리지 못하면 왜 그런지 아시겠지요.

일주일 후면 유진이 올 것으로 기대합니다. 닥터 체스터는 10월 중순에 옵니다.

저는, 만일 기생충 때문이 아니라면, 헨리가 보채는 이유가 뭔지 모르겠습니다. 드루 의사는 여기에 온 이후부터 계속 아기에게 기생충 약을 먹이라고 말했고, 잉골드 의사도 기생충이 확실하다고 생각합니다. 아이가 계속해서 보채고 저에게서 떨어지지 않으려 하는데, 제가 데리고 있어도 계속 짜증을 그치지 않습니다. 아이가 계속 어쩔 줄 몰라 해서, 낮에는 저희들을 지치게 하고 밤에는 아마와 저 두 사람이 밤을 꼬박 새우게 합니다. 이가 16개가 나왔으니, 더 이상이가 나올 거라고는 생각하지 않아요. 잉골드 의사가 오늘 밤부터 기생충 약을 주기 시작하겠답니다. 아기 아빠가 올 때쯤이면 다시 정상으로 돌아올 수 있기 바라요. 이곳에서는 아기들도 기생충이 있어요. 끓인 물에도 그 알들이 있거나 균이 남아 있어서 아기라도 기생충에서 완전히 보호할 수 없다고들 하네요. 제가 아는 한 선교사의 딸이, 세 살 때 한 번에 기생충이 60마리가 있었답니다.

지금은 더 할 수 없이 좋은 날씨여서, 지금 아픈 사람들이 많은데 그들이 모두 곧 회복하리라 생각합니다.

오늘 설탕조림을 만듭니다. 잘 되면 좋겠어요.

제가 말씀 드렸나요, 저희가 이번 가을에 나주로 이동하는 것을 거의 포기했다고요? 저는 기쁘기도 하고 유감스럽기도 합니다. 오웬 의사가 올 때까지는 갈 수가 없는데, 그가 언제 오게 될지 모릅니다.

식구 모두 안녕하시길 빕니다.

사랑하는
로티

1897년 10월 6일
한국, 서울

사랑하는 에바

네가 캐나다에서 돌아온 후에 쓴 편지를 어젯밤에 받았다. 너무 반가웠다. 일주일 전에는 어머니께로부터 편지가 왔는데, 어머니께서 보내주시는 소포에 대해서 말씀하셨다. 그 모든 것에 대한 고마운 마음을 미리 전한다. 헨리가 처음으로 갖게 되는 책을 좋아할 것이다. 최근에 그가 그림들에 주목하기 시작했으니 말이다. 두 주 전쯤에 아이가 갑자기 거실 바닥에 앉아 있다가 펄쩍 뛰어 일어나서는 매티 벨이 나에게 선물한 고양이 사진을 가리키면서 소리 내어 웃기 시작했는데, 우리 아이의 웃음소리가 그렇게 쾌활할 수가 없다. 내가 아이를 그림 있는 데로 안아 올려 줄 때까지 아이가 계속 그랬다. 또 한번은 어머니께서 아이에게 보내 주신 티 파티 사진을 유심히 쳐다보았다. 책이 지금 그에게 꼭 알맞은 선물일 것이다.

나는 오늘 아침 헨리에게 옷을 두 번 입히는 즐거움이 있었다. 아마가 화장실 문을 열어 놓아서 헨리가 그리로 들어가서는 그가 목욕한 물에, 자기가 스스로 들어갔던지 아니면 넘어져서 빠졌던지, 하여튼 옷 속까지 흠씬 젖었다. 우리는 물기를 닦아 주고 마른 수건으로 잘 문질러 주었는데 아이가 감기에 걸리지 않기를 바란다. 대부분의 아기들이 물에 매료되는 것처럼 헨리도 그렇다. 테이블에 익숙해 있지 않은 한국인들은 할 수 있는 한 모든 것을 바닥에 놓는다. 하인들이 물을 부엌 바닥에 놓아서 헨리가 그 물에 들어가지 않게 하기 위해

나는 하인들과 힘겨운 싸움을 한다. 그들은 허락만 한다면 설거지도 바닥에 앉아서 할 것이고, 감자 껍질을 벗기거나 그 비슷한 일을 할 때 항상 바닥에 앉아서 한다. 그리고 그들 부류에 속하는 세계의 모든 사람들이 그렇게 하듯이, 그들도 모든 문을 열어 놓으니까 헨리가 좋아라고 그리로 뛰어가서 저녁 식사에 쓰려고 껍질을 벗겨 놓은 감자를 가지고 놀고, 빗자루나 바닥 치는 걸레들을 우물에서 갓 길어온 물 양동이에 넣고서 신나게 논다. 요즘 나는 양동이 다섯 개 정도의 물이 들어가는 한국 물동이를 사서 높은 궤짝 위에 놓았다. 이제는 헨리가 물속에 물건들을 던져 넣으며 재미있게 놀 일이 없어졌다.

나는 지난주에는 편지를 쓰지 못했는데 간단하게 말해서 그럴 시간이 1분조차도 없었단다. 또 헨리가 많이 아팠는데, 그것에 대해 편지를 쓰기 전에 기다려 보기를 원했다. 불쌍한 작은 남자가 나를 닮아서 감기에 약하다. 특히 요즘 같은 급격한 날씨 변화가 아이에게 매우 힘들다. 아이가 어떻게 그런 감기가 들었는지 모르겠으나 아이가 감기에 걸린 것을 알았을 때는 이미 열이 벌써 102도까지 오르고 기관지염에 걸려 있었다. 이곳에서 기관지염은 매우 위험해서, 나는 아이가 기관지염에 걸렸다는 말을 듣고 가슴이 철썩 내려앉았다. 그러나 잉골드 의사가 밤낮으로 아이를 돌보아 주어서 아이가 곧 좋아지기 시작했다. (드루 의사는 일주일 전에 집으로 떠났고, 식구들만 이곳에 있다.) 우리는 당장 솜을 둔 재킷을 아이에게 입히고 사흘 동안 침대에 눕혀 두었다. 너는 아이가 매우 아팠다는 것을 상상할 수 있겠지, 그렇지 않고서야 쉴 새 없이 움직이는 아이가 침대에 그렇게 가만히 누워있지 않지. 나는 아이를 한시도 떠날 수가 없었고, 내가 자기 옆에 누워 있는 한 아이도 완전히 편안해 하는 듯싶었다. 그래서 아이가 밤에도 나와 함께 잤고, 유진은 지방에 내려갈 때 쓰는 간이침대에서 잤다. 잠에서 깨면 힘이 없어서 잘 걷지도 못했는데 오늘은 다시 제 모습으로 돌아온 듯, 귀엽고 행복해 보인다. 헨리는 매우 밝은 성격을 가지고 있어서 장난기가 심하긴 해도 착한 아이이다. 지금은 멜린즈 대구 간유구를 복용하는데 아이가 그것을 좋아하네. 그것을 먹일 시간이 되면 내가 헨리에게 "약yak"하고 말하는데, 그러면 아이는 하던 모든 것을 멈추고 껑충거리고 이리저리 뛰며 웃기 시작한다. 그리고 항상 더 달라고 조른다. 대구의 간유가 아이의 건강을 빠르게 회복시켜 주는 것 같다.

여러 가지 이유로 우리는 이번 가을에 나주로 가지 않게 되었다. 제일 큰 이유는 체스터 박사의 도착이 아주 늦어진다는 것이고, 오웬 의사 네도 내가 알기로는 아직 미국을 떠나지 않았다. 내가 이 사실을 미리 알았다면 좋았을 것이다. 그랬더라면 밀짚모자들이 들어가기 전에 네게 부탁해서 조금 작고 검은 모자를 사서 보내 달라고 했을 것이다. 나의 큰 검은 모자에 이젠 싫증이 났다. 나는 그것보다 작은 모자, 터번은 말고, 테두리 손질이 잘 되어서 다른 옷들과 잘 어울리는 것을 원한다. 새 스커트 본이 있으면 좋겠다. 짙은 색 서지 스커트 하나가 정말 필요하기 때문이다. 네가 알듯이 나는 결혼 전 봄부터 같은 본을 사용해왔다. 중간 넓이의 것으로 하나 보내 줄 수 있겠니? 진짜 감청색 플란넬을 여기 재단사로부터 구할 수 있는데, 그것으로 꽤 쓸모 있는 정장 옷을 만들 수 있을 것으로 생각한다. 그리고 작은 재킷 비슷한 것도 하나 있으면 좋겠다. 모양이 좋은 것으로 하나 골라서 사진을 보내줄 수 있겠니?

요즘 해야 할 일이 너무 많아서 편지를 쓰거나 심지어는 신문을 읽을 시간조차 없다. 나는 일어나서 6시가 되면 곧 부엌으로 들어간다. 아침 식사가 끝나면 한국말 기도회를 하고, 그리고는 살림에 필요한 잡다한 일들을 하고, 10시 반에 헨리에게 다시 먹을 것을 준 다음 낮잠을 재우고, 우리가 점심을 1시에 먹으니 나는 곧 점심과 후식 마련하는 것을 돌봐 주어야 한다. 그렇게 낮 시간들이 간다. 저녁엔 식구들이 한 자리에서 같이 시간을 보내는데, 그때가 유일하게 우리에게 허락되는 조용한 시간이기 때문에 그 시간에는 편지를 쓸 수가 없다. 이제 나는 아무 공부도 하지 않는다. 하는 것이라곤 매일 반복되는 일상의 소소한 일들뿐이다. 어떤 때는, 굳이 이렇게 멀리까지 와서, 하인들과 일꾼들에 대해서 염려하고 밥하고 먼지 털고 매일 무엇을 먹어야 되나 궁리하며 사는 것이 가치 없게 생각되기도 한다. 그래도 나는 "전쟁에 나간" 사람들에게나 "남아서 집을 돌보는" 사람들에게나 하나님의 축복은 같다고 생각하고 싶다. 드루 부인에게 기분전환과 집안일에서 벗어나는 것이 필요했던 것을 내가 안다. 아이들이 처음에 왔을 때보다 지금은 훨씬 좋아 보이고, 잉골드 의사도 이곳 병원에서 보내는 시간과 좋은 선생과 함께 있는 것이 필요하다. 고향에 있는 사람들이 선교 사역이라고 생각하지 않을 많은 종류의 일들이 여기에 나와 있는 우리들에게 생긴다.

우리는 미스 잉골드가 아주 좋다. 그가 우리와 함께 나주로 가면 너무 좋겠다.

체스터 박사가 아마 2주 후쯤에 이곳에 도착할 것이다. 그러면 곧 바로 남쪽으로의 여행을 시작할 것이다. 헨리와 내가 연차회의에 갈 수 없는 것이 유감이지만, 지금 이렇게 추울 때에 아기를 데리고 여행하기가 두렵다.

드루 부인의 부탁인데, 어머니께서 그의 아기를 위해 신발 한 켤레를 사서 스미스 상점에 우편으로 보내서, 스미스에서 시울의 나한테 보내도록 해주었으면 한다. 그러면 내가 할 수 있을 때 그 신발을 드루 부인에게 보내 줄 것이다. 어머니께서 헨리를 위해 사 보내신 황갈색 신발을 원한다. 신발 길이를 적어 보내는데, 볼은 약간 넓은 것으로 해 줘.

내가 헨리를 위해서 스미스 상점에서 "통통한 아기 신발"을 주문해 오고 있다. 아마도 그게 사이즈 3정도 되는 것으로 생각하는데, 그것보다 긴 것으로는 사지 말거라.

얇은 새 드레스에 대한 생각으로 마음이 즐겁다. 너에게 미리 편지로 부탁해서 어머니께 보라색 퍼케일 천으로 된 블라우스를 사달라고 했으면 좋았을 걸 그랬다. 하얀 바탕색에 보라색이든지, 보라색과 흰색 계통의 색갈이 섞인 것이든지, 반드시 보라색이 들어간 것을 원한다. 그러나 아마도 지금은 부탁할 시간이 너무 늦은 것 같다. 나의 디미티 블라우스는 별로 만족스럽지 않았는데, 풀이 잘 먹지 않고 심하게 찢어졌다. 네가 디미티가 유행이라고 했던 것으로 믿는데, 나는 퍼케일이 더 좋다. 나의 오래된 옷들이 너무 지겹고, 어떻게 해야 할지 모르겠으나, 그래도 아직은 입을 만하다. 너의 올간디로 만든 드레스와 모자가 얼마나 예쁠까. 그리고 네가 정말 좋은 방문을 했었구나. 나는 네가 우리들을 마중 나오기 위해 돈을 저축하는 것이 기쁘다. 그러나 샌프란시스코 대신에 뉴욕으로 오면 좋겠다. 미국으로 갈 때 [유럽을 거쳐서] 뉴욕 쪽으로 갈 생각을 많이 하고 있다.

자, 이제는 부엌일을 해야 하니 그만 써야겠다. 어머니께서 조리하시는 것을 안 좋아하신다고 말씀하시는 것을 내가 들었던 것으로 생각한다. 나도 확실히 어머니의 그것을 물려받았는데, 그래도 언젠가는 나도 어머니만큼 조리를 잘할 수 있게 되길 바랄 뿐이다.

모두에게 사랑을 전하며
로티

추신. 『호밀렉틱 리뷰 Homiletic Review』에 실린 아버지 글을 잘 읽었다. 그것을 보내 주신 어머니께 고맙다고 전해 줘.

1897년 10월 20일
한국, 서울

사랑하는 에바

지금 또 나는 내가 그렇게 자주 걸리는 지독한 감기로 고생하고 있는데다가 오늘은 신경통도 심하다. 그러니 편지가 짧은 것을 이해해 다오. 헨리도 또 감기가 심한데, 내가 어떻게 해주어야 할지 모르겠다. 그래도 아이는 감기에 별로 신경을 쓰는 것 같지 않다.

유진과 체스터 박사가 오늘 말을 타고 떠났다. 체스터 박사는 하루 밤만을 우리와 보내고, 서울은 거의 둘러보지 못한 채 서둘러서 남쪽으로 떠나야 했다. 그가 한 시간 차이로 군산으로 가는 증기선을 놓쳤기에 그들은 육로로 떠났다. 나는 그의 방문이 매우 즐거웠는데, 그가 하루가 아니라 일주일을 머물렀으면 좋았을 것이다. 드루 부인과 잉골드 의사도 월요일에 떠나서 나만 혼자 남았지만, 그래도 몇 주간은 게으름을 즐길 수 있을 것이다. 대신 다음 주부터는 다시 선생님과 한국어 공부를 해야 하는데, 그것이 아주 싫다.

너는 오랫동안 메이블에 대해서 아무 말도 없었다. 메이블이 좀 나아졌니? 학교에는 나가니?

헨리는 빨간 모자를 죽도록 좋아해서 안에서나 밖에서나 하루 종일 쓰고 있고, 자기의 빨간 재킷을 찾아서 내게 가지고 온다. 지금 밖에서 내 의자와 막대기들을 가지고 한참 잘 놀았다. 의자와 막대기가 아이가 좋아하는 놀잇감이다. 아주 귀엽고 작은 까만 고양이 두 마리가 있는데, 아이가 그것들을 마구 다룬다. 고양이를 아이가 "꾸꾸coo

coo"라고 부른다. 한국 아기들이 닭을 부르는 말인데, 헨리에게는 고양이나 닭이나 똑같은가 보다. 내가 고양이들을 계속 데리고 있어야 할지 모르겠다. 아이가 꼬리를 잡아서 들어 올리고, 고양이 혀가 튀어나올 정도로 목을 너무 꽉 조여서 고양이들의 고생이 심한데, 그래도 우리에게 고양이가 꼭 필요한 것은 쥐와 생쥐들이 많기 때문이다.

내 눈과 머리가 괜찮아지는 대로 길고 좋은 편지를 쓸 수 있기를 바란다. 우리가 몇 주째 우편물을 받지 못했다.

모두에게 사랑을 보내며
로티

1897년 10월 20일
한국, 서울

사랑하는 어머니

유진이 어머님께, 유진과 체스터 박사가 오늘 아침 일찍 전주를 향해 출발했다는 말씀을 엽서에 써 보내 달라고 부탁했습니다. 3주 후에는 유진이 돌아와서, 겨울을 집에서 보낼 것입니다.

헨리와 저는 감기에 걸렸는데, 날씨가 매우 좋으니 감기가 오래 가지 않으면 좋겠습니다.

식구들 모두 안녕하시기를 바랍니다.

서두르며,

L.W.B. (로티 위더스푼 벨)

1897년 10월 29일, 금요일 저녁
한국, 서울

사랑하는 폴린

셸비빌을 방문한 것에 대해 쓴 네 편지를 내가 받은 이후 시간이 많이 지났다. 원래 내 의도는 네 편지를 유진에게 읽어주고 네가 편지에서 말한 사람들에 대해 물어보고 답장을 하려는 것이었다. 그런데 유진이 집에 돌아왔을 때, 이곳에는 여러 사람들이 함께 있었고 또 헨리가 아팠기에 유진과 단둘이 앉아서 긴 이야기를 해 보지도 못한 채 그가 지방으로 다시 떠나가서, 그에게 네 편지에 나오는 내가 모르는 사람들에 대해서 물어 볼 기회가 없었구나. 네가 거기 가서 즐겁고 좋은 시간을 가졌으니 기쁘다. 파티나 여행이나 남자 친구들이, 내가 20살이 된 이후에는, 그 전에 즐거웠던 것의 반만큼도 즐겁지 않게 되었다. 그러니, 네가 책도 읽고 공부도 잘 할 수 있다는 전제 하에서, 지금 즐길 수 있을 만큼 즐겨라. 그리고 보니, 너와 메이블에게 꼭 하고 싶은 말이 생각났다. 지금 독서를 할 수 있는 데까지 많이 해 두어라. 너무 바빠서 정기적으로 책을 읽을 수 없을 때가 올 것이고, 그런 때가 올 때, 만일 전에 책을 읽어 두지 않았다면 후회하게 될 것이다. 나는 내가 역사, 시, 스콧의 소설 등을 오래 전에 많이 읽었던 것이 기쁘다. 지금은 정기적으로 독서할 시간이 전혀 없기 때문이다. 물론 너의 경우는 다를 수도 있을 것이, 나는 아침에 헨리나 집안일에서 벗어날 시간이 생길 때면 그 시간을 한국말 배우는 데 써야 하기 때문이다.

올리나 로간에 대해서 네가 물어보았는데, 내 생각에는 그가 "로티 로간 사촌"의 딸임이 분녕하다. 그 로간 부인은 어떻게 연결돼서 유진과 사촌 간이고, 그의 남편은 찰리 로간의 사촌이다. 나는 그들을 몇 번 만나 본 기억이 나는데, 딸 하나가 아주 예뻤다. 이름이 넬리인데 그 애를 만나 보았는지? 유진이 네가 만난 사람들에 대해서 읽는다면, 그들이 유진의 옛 친구들보다 모두 나이가 어린 사람들이라, 유진은 자기가 많이 늙었다는 느낌을 갖게 될 것으로 생각한다. 아치와 헨리 로간이 여자 친구를 대동하고 파티에 가는 것이나, 또는 후드 리틀이 학교의 "경연대회"가 아닌 다른 어디에 있는 것 등을 상상하기가 불가능하다. 나는 내가 10년 전보다 더 늙었다는 느낌이 들지 않는데, 다만 너희 어린 동생들이 자라난 이야기를 들을 때는 예외이다. 헨리가 대학에 갈 만큼 자라면, 아마 나도 내가 늙어 가는 것을 느끼기 시작할 것이고, 아마가 어쩌다가 하나씩 내 머리에서 뽑아내는 흰머리도 그때쯤엔 느끼게 되겠지.

네가 나와 함께 우리 집의 국화를 함께 감상할 수 있다면 얼마나 좋을까. 나는 국화는 기르기 힘들다고 줄곧 생각해왔었는데, 이제 보니 국화보다 기르기 쉬운 것도 없다. 우리 집 베란다를 큰 국화 화분 9개가 가득 채웠어 - 노랑, 분홍, 진빨강, 산딸기 분홍, 그리고 짙은 적갈색 - 대부분이 일본 꽃들이다. 밖에도 똑같은 색깔의 꽃들이 더 많이 있어. 거실 테이블 위에는 장미꽃병에 노란 꽃들이 가득 꽂혀 있고, 진파란색 한국 꽃병에 노란 꽃들이 식당의 식탁 위에 놓였고, 친구들에게도 한 다발씩 꽃을 보낸다. 내년에도 물론 몇 다스씩 국화꽃이 필 거야 - 네게 몇 개라도 보낼 줄 수 있다면 얼마나 좋을까! 그러나 그럴 수 없으니 네게 한국 과꽃 씨앗과 중국산 노란 꽃, 보기에 미국의 "노랑 데이지" 같이 생긴 꽃의 씨앗을 보낼게. 그 꽃이 몇 달을 계속 피어 있으니 마당이 아주 밝아 보인다. 식당 퇴창에 다른 꽃들과 함께 제비꽃 화분이 하나 있는데, 꽃이 정말 잘 피네. 꽃은 피는데 시간이 많이 걸리지 않으면서 내게 이루 말할 수 없는 즐거움을 준다. 유진도 집 안과 식탁에 꽃이 있는 것을 좋아해서 내가 꽃을 가꿔야 하는 이유가 배가된다. 아기도 꽃을 좋아하는 것 같고, 가끔 꽃을 하나 따서 들고 나한테 달려온단다.

나는 또 네가 우리 아기가 빨간 터키모자와 재킷을 입고 뜰에 있는 모습을 볼 수 있었으면 하고 생각한다. 아이가 노는 모습이 아주 귀엽고 잠시도 가만히 있지 않는다. 그런 면에서 아이가 드와이트를 닮은 것 같다. 그러다가 늘 어딘가 다치는데, 그러면 울면서, 아니면 우는 척하면서, 뽀뽀해 주기를 바라고 나한테 온다. 어젯밤에는, 아이가 목욕하기 바로 전에, 부승이와 아이가 좋아하는 가마꾼 놀이를 하다가 아이가 잡고 있던 내 안락의자 한쪽 끝을 놓쳐서 아이의 머리를 심하게 다쳤어. 머리에 큰 멍이 이미 두 개나 들어 있던 차에 제대로 "얻어맞게" 된 거지. 그래도 나는 아이가 그냥 놀도록 내버려두고 뼈가 부러지지 않기만을 바란다. 어머니께 아이가 "이 사이로 침을 뱉는"것을 보시면 매우 기쁘고 자랑스러우실 거라고 말씀드려 주어라. 아이가 좋아하는 것 중에 하나가 의자에 기어 올라가 의자 등에 기대고 서서 마루에 침을 뱉는 것이다. 아이가 처음 그것을 배웠을 때는, 내가 가래를 타구에 뱉는 것을 보고 타구에다만 뱉어야 하는 것으로 알았는데, 이젠 아니다. 아무 데나 아무 때나 침을 뱉는다. 오늘 점심때처럼 자기 접시에! 어제는 아이가 내 손을 잡고 꽤 오래 걸었는데[39] 한국인들이 아이를 보고 크게 감탄했다. 아이의 재킷과 모자가 **빨간** 것이 그들의 마음에 꼭 들었고, 아이의 노란 머리를 부러워했다. 아이의 뒷머리가 아주 귀여운 곱슬이다. 오늘 밤 메이블에게도 편지를 쓰려고 하니, 너에게는 이만 굿나잇하고 곧 다시 편지할게.

사랑하는
로티

---

39 원문의 quit a long walk은 quite a long walk의 오타로 생각된다.

1897년 10월 29일
한국, 서울

사랑하는 메이블

지난주에, 축제에 갔던 것에 대해 쓴 네 편지를 받았고, 플로렌스에게서도 편지 하나를 받았다. 드와이트의 편지를 넣어 보내 주신 어머니께 감사한다. 그의 편지를 반갑게 읽었다. 머지않아서 그에게도 편지를 하겠다. 덕 드레스duck dresses[40]가 더러워지기는 했어도, 네가 축제에 가서 재미있는 시간을 가졌음이 분명하구나. 내가 오래 전, 스톤턴으로 가기 전에 처음으로 셸비빌을 방문했을 때가 생각나는구나. 내가 스콧츠 스테이션에 머물면서도 여름에 축제에 가지 못했는데, 우리는 그때 프랭크포트 근처에 살던 유진의 친척을 방문하고 있었다. 그 축제에 못 간 것을 늘 유감으로 생각했다.[41]

나는 "윈디 밥"이 우리 메이블에게 키스를 하지 <u>않아서</u> 너무 기쁘다! 그 애가 너희들이 큰 숙녀로 변한 것을 보고 놀랐니? 내 생각에 네가 행동을 좀 더 조심해야 할 것 같다. 그렇지 않다면 네가 그렇게 허투루 처신했을 수가 없다. 나는 네가 마샬에게 가서 재미있게 시간을 보낸 것으로 안다. 버논도 갔었니? 후드도? 나는 네가 이번 겨울에

---

40 오리 무늬 드레스? 또는 면으로 짠 질기고 투박한 덕천(duck cloth)으로 만든 드레스? 다른 설명이 없어서 뜻이 분명치 않은데 후자일 것으로 생각된다.

41 스턴톤(Staunton)은 로티가 다녔던 메리 볼드윈 대학이 있는 버지니아 주의 도시. 셸비빌(Shelbyville)은 유진의 식구가 살던 켄터키주 셸비카운티의 카운티 소재지. 스콧츠 스테이션은 유진이 태어난 곳. 셸비카운티에 있다. 프랭크포트(Frankport)는 셸비빌의 동쪽에 있는 켄터키 주 주청 소재지.

학교에 갈 수 있기를 바라고, 폴린이 그랬던 것처럼 값싼 자전거가 생기는 운이 있기를 바란다. 너는 자전거를 탈 수 있니?

너는 헨리가 쓰는 우스운 말들에 대해서 써달라고 했는데, 내가 두려운 것이, 나에게 재미있는 말들이 많은 경우 너에게도 똑같이 귀엽게 들리지 않을지도 모르기 때문이다. 왜냐하면, 우리가 집에서 헨리에게 거의 언제나 영어로 말을 해도, 아이는 한국말을 월등히 더 많이 듣기 때문에 말을 하려고 할 때 언제나 한국말로 한다. 아이가 벌써 많은 면에서 그의 아빠를 닮아 간다. 그 닮아가는 것 중의 하나가 남에게 장난 걸기를 좋아하는 것이다. 클레먼트 드루가 이곳에 있었을 때, 그는 몸이 좋지 않았고 불안해하고 쉽게 짜증을 냈는데, 헨리가 그 애한테 어떻게 장난을 걸지 궁리를 해낸 것이다. 하지만 그러한 장난을 하면서 최악의 상황은 헨리에게 돌아왔다. 클렘[42]은 잘 물었기 때문이다. 헨리는 여러 번 통통한 손에 물린 자국을 하고 울면서 내게 왔다. 헨리가 루시와는 항상 잘 놀았다. 아이는 나에게도 장난기를 발동한다. 어떤 식이냐 하면, 아이가 아주 명확하게 마마Mamma라고 말할 수 있으면서도 나를 위해서는 그 말을 안 하는 것이다. 내가 마마라고 부르라고 하면 아이는 다른 말들만 한다. 내가 아이에게 "마마라고 해봐Say Mamma"라고 하면, 아이는 가장 짓궂은 모습으로 웃으며, 머리를 저으며 "싫어요shidyo" "안해 I refuse"라고 말한다. 아이는 내 등에 업히는 것을 아주 좋아하는데, 언제나 나에게 와서 "부boo"라고 하지 "마마 부Mamma boo"라고는 말하지 않는다. 한국 아기들이 등에 업히고 싶을 때 "어부바or-boo-ba"라고 하는데 헨리는

---

42 Clem: 클레먼트(Clement)의 애칭.

그 말을 줄여서 "부boo"라고만 한다. 한국 사람들이 아이들이 하는 짓을 멈추게 하려고 할 때 "아사라ar-sar-ra"라고 하는데, 우리 아이가 그 말을 자주 들어서 자기도 그 말을 쓰려고 하고, 몇 번은 아마에게 "아사ar-sa"라고 말해서 아마를 즐겁게 했다. 아이가 손, 발, 코, 머리와 입, 그리고 모자, 옷, 신발, 재킷 등의 말을 다 알아 듣는데 아직은 그중 하나도 말로는 못 한다.

내가 폴린에게 아이가 얼마나 활동적인가 말을 하면서 바로 어제 일어난 일에 대해서는 잊어버렸다. 내가 식당 테이블 위에 내 작은 재봉틀을 올려놓고 아기의 진파랑 옥양목 옷을 만들고 있었는데, 무엇을 찾을 일이 있어서 의자를 테이블 가까이 놓아 둔 채 일어나서 나갔다. 돌아와 보니, 이 젊은 남자가 테이블에 올라가 내가 하던 일감 위에 있는 것을 보고 놀랐단다! 방금 동봉하는 샘플과 같은 천으로 아이 옷을 한 벌 만들고, 중국 상인에게서 산 하얀 띠로 테두리를 둘렀다. 옷이 아주 멋있고 아이에게 잘 어울린다. 요즘은 늘 아이에게 파란색 옥양목 옷을 입힌다.

자, 이제 잠자리에 들 시간이고, 아마는 벌써 잠이 들었으니, 굿 나잇.

헨리와 너의 사랑하는 언니로부터,
모두에게 사랑을 보내며,
로티

1897년 11월 4일
한국, 서울

사랑하는 어머니

이제부터는 여기서 집으로 편지 하나 보내는데 10센트씩 듭니다. 그래서 제가 한 주는 편지를, 그리고 다음 주는 엽서를 보내는 식으로 해야 할 것으로 생각이 됩니다.

헨리와 저는 잘 있고 유진도 전주에 도착했을 때쯤엔 몸이 좋아졌는데, 체스터 박사가 종기로 힘들어 합니다. 이번에는 유진이 너무 오래 떠나있지 않았으면 좋겠습니다.

헨리를 위한 바느질과 겨울 준비를 하느라고 많이 바쁩니다.

모두들 안녕하시기를 바라요.

사랑하는

로티

1897년 11월 29일, 월요일 아침, 8시 반
한국, 서울

사랑하는 어머니

지금 월요일 이른 아침인데, 일단 어머니께 드리는 편지를 시작하겠습니다. 그래서 조금씩 이번 주에는 어머니께 좋은 편지를 쓸 수 있기를 바랍니다. 벌써 한 번, 헨리 때문에 방해를 받았습니다. 아이가 자기 아버지의 지팡이로 벽에 걸린 작은 일제 먼지떨이를 떨어뜨리고는 스스로 많이 놀랐습니다. 아이는 먼지떨이를 "구구goo-goo"라고 부르는데, 그가 닭이나 고양이를 부르는 말입니다. 며칠 동안 그 먼지떨이를 내리려고 애를 썼지요. 지금은 그것을 가지고 계속해서 제 얼굴에서 먼지를 털려고 합니다.

12월 1일, 수요일, 10시 반

헨리와 아마가 아침 놀이를 하기 위해 뜰에 나갔어요. 그래서 편지를 계속 쓸 자유 시간이 생겼습니다. 월요일 이후로는 쓴 게 없네요.

미스 잉골드가 저희 집에 머물게 되었을 때, 그를 유진의 서재에서 자게 하고 유진의 책상을 거실로 옮겼었는데, 책상이 지금까지 이곳에 있어요. 유진이 겨울 동안 계속 책상을 이곳에 두고, 서재에 불 피우는 것을 아끼자고 했습니다. 올 들어 연료 값이 평소보다 많이 올랐어요. 일본산 석탄이 1톤에 16불이고, 양질의 한국 석탄은 18불입니다. 헨리의 장난스러운 성향을 경험한 저로서는 [유진이 거실에서 공부를 하거나 업무를 보는 것이] 가능하리라고 생각지 않았지만 아무 말도 안 했습니다. 그러나 유진이 그 생각을 수정하게 되기까지 두 주면 충분했습니다. 절대로 아기가 자기 물건에 손을 못 대게 하거나 "다다da-da"로부터 떼어 놓는 것이 불가능함을 알게 된 것입니다. 책상에 잠가 놓지 않은 서랍이 하나가 있는데, 유진이 헨리를 위해서 그렇게 한 것이지요. 저희 젊은 남자가 곧 이 서랍을 빼내서 바닥에 엎어 놓고 그 위에 올라서면 책상 위에 놓인 온갖 재미있는 물건들에 손이 닿을 수 있다는 것을 알아 차렸습니다. 그리고는 서랍을 자주 가지고 놀아요. 그렇게 헨리와 서랍 둘이서 함께 잉크병을 돗자리에 엎질러 놓는 등 말썽을 부렸습니다. 유진이 지난 목요일, 추수감사절 날, 목포를 향해 떠나면서 저에게 자기가 다시 돌아오기 전에 책상을 다시 옮기고 서재를 정리해 달라고 부탁했어요. 서재에 손님이 있고 유진이 거실에 놓인 책상에 앉아 있는 시간이 많을 때에는 이 방을 제가 원하는 만큼 깨끗하게 치울 수가 없었어요. 결과적으로, 거실 방이 좀 나은 한국 사람의 집에 있는 방처럼 [지저분하게] 보이게 되었어요. 모든 대들보, 이음대, 서까래 등이 가운데의 높은 천장에 그대로 드러나 있어서 그림처럼 아름다운 방이지만 청결하게 유지하려면 끊임없이 먼지를 닦고 청소를 해야 합니다. 그래서 어머니께 드리는 편지를 쓰기 시작한 월요일에 방 치우는 일을 끝내기로 결정하고 저와 또 한 사람이 하루 종일 그 일에 매달렸는데, 이젠 얼마나 깨끗하게 보이는지, 수고한 보람이 있었어요. 저희가 청소를 하는 동안 조리사는 커튼을 빨고, 그렇게 해서 한 번에 모든 것이 깨끗해졌습니다. 이제 유진이 돌아오기 전에 다른 방들도 하나하나 청소를 해야겠지요.

제가 한국 석탄이 매우 비싸다고 말씀드렸지요. 그러나 저희는 덩어리 석탄은 조금만 사고 나머지는 <u>완전히 가루로</u> 된 것을 1톤에 12불 주고 샀습니다. 그 석탄 가루를 조그만 덩어리로 만들어서 "라운드 오크" 난로[43]에 태웁니다. 그 속에서 석탄이 아름답게 타고 [집의 온도를] 알맞게 유지해 줍니다. 난로가 거실에 있는데 문들을 항상 열어 놓으면 양쪽 방이 다, 특히 식당은 햇볕이 잘 들기 때문에, 헨리가 놀기에 따뜻합니다. 침실에는 불을 아직 한두 번밖에는 피우지 않았습니다. 헨리의 목욕과 옷 갈아입는 것을 거실에서 하니까요.

이 편지와 함께 헨리의 사진 두 장을 보냅니다. 하나는 어머니 것이고 또 하나는 유진의 가족을 위한 것입니다. 제가 둘 다 어머니께 보내는 이유는 사진을 넣어서 보낼 판지가 한 묶음만 보낼 것 밖에 없기 때문입니다. 사진은 저희 생각에 잘 나왔지만 실물보다는 못해요. 헨리가 일본인 사진사의 익살에 입을 벌리고 더 이상 다물려 하지 않았는데 그래도 매우 자연스러워요. 아이의 하얀 옷이 얼마나 작은지 미리 알았더라면 좋았을 텐데, 아이가 그 옷을 몇 달 동안 입지 않았기에 아이가 그동안 얼마나 자랐는지 알지 못했습니다. 아이가 당황스러울 때는 언제나 손을 사진에서처럼 얼굴 쪽으로 들고 서있는데, 아이가 그렇게 하는 모습이 왠지 모르지만 어머니를 생각하게 합니다. 유진이 가끔 아이의 머리를 빗겨 주며 한쪽으로 가지런히 가르마를 타 주는데, 그럴 때는 아이가 꼭 어머니의 판박이입니다. 그 못생긴 작은 코만 빼고요. 코트를 입고 있는 사진의 모습은 폴린을 많이 닮았다고 유진은 생각합니다. 흰 옷을 입고 있는 사진은 몇 개 더 현상해서 드와이트, 버논, 플로렌스한테 각각 하나씩 보낼 생각입

---

43 "Round Oak" stove, 미시건주 도와잭의 Round Oak Stove Company 제품의 난로.

니다. 이 작은 아이가 너무 사랑스럽고 총명해서, 저의 삶에서 정말 힘든 것 하나가 식구들 모두가 이 아이와 함께하는 기쁨을 저희와 나누지 못한다는 것이고, 또 아이가 "할머니네 가는" 기쁨을 누릴 수 없다는 것입니다. 그러나 제가, 건강과 편안한 집, 너무도 많은 사치와 안락함 등등 저희에게 감사할 일이 얼마나 많은지 깨달을 때면, 제가 그런 생각을 하는 것을 스스로 책망합니다. 제가 한국으로 올 것을 알게 되었을 때 저는 제가 지금 가지고 있는 것만큼 훌륭한 물건들을 소유하거나 저희들에게 맞도록 지은 새 집을 갖게 되는 꿈은 꾸지도 못 했습니다.

저는 여기에 『리포지터리』 다음 호의 교정쇄를 동봉합니다. 거기에 유진이 저희 선교회 연차회의에 대해서 쓴 글이 있습니다. 그것을 보시면 저희가 목포로 가서 집을 짓게 될 계획인 것을 아시게 될 것입니다. 저희들을 그곳으로 보내는 것이 저는 매우 기쁩니다 – 목포는 바닷가에 접해 있습니다. 개항장이기는 하지만 한동안은 그 때문에 불리한 점은 없을 것입니다. 그리고 내륙에 사는 것보다 이점이 많습니다. 저희가 그곳으로 가게 해달라고 요청을 한 것이지만 선교회의 일원들 모두가, 체스터 박사의 조언도 있었고, 그렇게 하는 것이 마땅하다고 느끼니 저희 두 사람 다 이 일로 기쁩니다. 유진이 지금 그곳에 가 있습니다. 가능한 한 봄이 오는 대로 될수록 빨리 저희 식구가 그곳으로 이사할 수 있도록 작은 집을 하나 준비하려 하고 있고, 그때 가서 큰 집을 짓기 시작할 것입니다. 언젠가 새로 지을 집에 대한 계획을 자세히 말씀드리겠습니다.

알렌 박사가 목포에 당장 집을 짓고 거기에 누구를 보내라고 조언하고 제이슨Jaisohn 의사도 그러네요. 저희들이 자유롭게 여행할 수 있는 날이 언제 끝날지 모르는 상황에서 현명한 조언인 듯싶습니다. 돌아가는 정세로 볼 때 저희의 선교 사역과 가련한 작은 왕국의 상황은 어둡지만, 개인적으로 저희들은 안전합니다. 저희들의 안전에 대해서는 절대 걱정하실 필요가 없습니다. 다만 한국 외무부가 외부 압력을 받아서, 저희 공사관으로 하여금 저희들을 모두 조약항 내로 들어가도록 조치하게 할까 봐 두렵습니다. 이것은 진정 두려워할 만한 큰일입니다. 그럴 경우 군산과 전주에서의 저희 사역은 문을 닫아야 하는 것이지요. 그러나 주님의 일은 주님께서 돌보실 것이므로 저희는 염려하지 않으려고 합니다. 저희가 아는 것은, 오로지 저희 모두가 한국에서 "일을 해야"만 한다는 것입니다. 어둠이 곧 닥쳐올지 모르기 때문입니다. 저희가 이곳에 머무는 짧은 기간 동안에도 많은 것이 변했고, 한국은 이미 이전과 같은 나라가 아닙니다. 러시아가 가지기를 원하는 모든 권력을 쥐고 있는 듯 보이고, 모든 것을 자기들이 원하는 대로 하고 있습니다.

지난주에 해리슨 씨가 올라와서 에비슨 집에 머물고 있습니다. 그의 말로는 전킨 씨가 이질로 아직 매우 아프고 두 달 이상 병상에 누워 있다고 합니다. 저희들 모두 그를 위한 걱정이 심해집니다. 드루 의사도 몸이 좋지 않은데, 할 수 있는 한 빨리 중국으로 가려고 합니다. 전킨 네 가족은 가능한 한 빨리 일본으로 가기를 희망합니다.

스미스 상점에 주문한 저희들의 짐이 왔습니다. 아주 반가웠어요. 저희를 위해서 쇼핑을 해주셔서 감사합니다. 짐으로 온 모든 것이 아주 만족하고 어머니께서 넣어주신 것들도 좋아요 - 드레스, 타이, 손수건, 리본, 아기의 물건들 등 모든 것이 - 저를 위한 다른 것들도 감사하구요. 제가 생각한 것들이 유용할지 알게 되겠지요. 그리고

[유진은] 그의 타이를 크리스마스 전에는 가질 수 없습니다.

월요일에 온 우편물에 어머니의 편지와 샐리 사촌의 편지가 있었습니다. 크리스마스 때쯤 받을 수 있다면 헨리를 위한 장갑도 괜찮을 거예요. 아이가 밤에 작은 속옷을 입고 있는 모습을 어머니께서 보실 수 있었으면 하고 생각하는데, 아이가 작은 "더치맨"[44] 같습니다. 아이가 매일 밤 두시에 깨서 저희 침대로 오고 싶어서 우는 습관이 생겼습니다. 그리고는 저에게 꼭 붙어서 잠을 자요. 손과 발이 너무 추워서 아이가 깨는 것이라고 저희가 결론을 내렸어요. 저희는 아이가 충분히 따뜻할 거라고 생각했지만, 이제는 아이를 위해서 밤에 입을 내리닫이 옷을 드루 부인의 패턴대로 만들기로 했습니다. 회색 플란넬에 분홍과 하얀색 줄무늬가 있는 것을 재단사로부터 야드당 65센트 주고 사서 작은 잠옷 두 개를 만들었어요. 발을 넣을 수 있게 만들고 허리까지 단추가 있고 팔소매가 매우 길어요. 저는 모든 것을 크게 만들어서 아이가 2년을 입을 수 있게끔 했습니다. 그래서 지금은 단추를 다 채우면 겨드랑이까지 올라오는데, 하지만 아이가 그것을 입은 모습이 아주 귀엽습니다. 아기가 잠든 후에 긴 팔소매를 내려서 아이 손을 감싸 줍니다. 그렇게 해주면 손이 이불 밖으로 나올 때가 많아도 밤새 손이 따뜻해요. 요즘은 아이가 밤잠을, 적어도 대부분을, 잘 잡니다. 아이가 요즘은 우유와 멜린스 이유식을 하루에 두 번밖에 안 먹어요. 하루 한 번 오트밀과 우유를 먹고 점심에는 제가 주는 것을 무엇이든지 다 먹어요. 모든 채소가 잘 받는 듯해요. 감자

---

44 dutchman: Dutch는 네덜란드를 뜻하는 말이지만 dutchman은 유럽 중북부 독일 계를 뜻하기도 한다.

종류를 좋아하고, 호박, 양파, 콜리플라워도 좋아합니다. 가을 내내 아이가 하루에 감을 두세 개씩 먹었습니다. 크기가 작은 오렌지만 합니다. 이젠 감이 다 떨어졌는데, 작은 오렌지가 곧 들어오게 되니까 그것을 먹으면 됩니다. 아이의 소화기능이 완전한 듯싶고 얼굴색도 좋고 많이 통통하고 건강해 보입니다.

어머니께서 보내주신 벽지 견본들을 보고 너무 반가웠습니다. 그것들이 아주 예뻐서 유진이, 어머니께 부탁해서 새 집에 쓸 벽지를 구입하게 하는 게 가치가 있을 거라고 합니다 – 벽지가 얼마나 하는지 아시는지요? 스미스 상점에서 사면 물건에 비해 값을 너무 비싸게 지불하는 것을 저희가 압니다.

샐리 사촌의 편지를 보내주셔서 감사합니다. 저는 그가 소명의식을 꼭 갖게 되었으면 좋겠습니다. 삶에 특별한 목적이 없으면서 나이를 먹는 것보다 더 안 좋은 삶을 저는 생각할 수가 없습니다. 저는 남편과 아기와 집으로 인해 더욱 더 감사를 드립니다, 그것들이 없는 여자들의 삶이 얼마나 허망한지를 알게 됩니다. 이곳에 있는 여자들, 심정이 있고 할 일도 많은 그 사람들도 무언가를 놓치고 사는 것 같아요. 많은 이들이 그렇다는 뜻이고, 어떤 이들은 완전하게 행복해 보입니다. 『칠드런즈 미셔너리』[45]에 실린 잘 나온 제 사진을 샐리 사촌이 볼 수 있으면 좋겠어요. 큰 미셔너리에[46] 실린 사진은 매우 가정적으

---

[45] 원문은 Children's Mrs(Missionary?)로 되어 있다. 손편지를 타이핑으로 옮기는 사람이 뜻이 분명하지 않은 Mrs를 Missionary로 짐작하고 물음표를 붙여 첨가한 것으로 생각된다.

[46] 원문에 …in the large Mrs… 로 되어있다. 큰(large)이 무엇을 뜻하는지 확실치 않은데, 어른들을 위한 Missionary라는 뜻인지도 모르겠다.

로 so homely⁴⁷ 보입니다.

　어머니께서는 저희 편지에 추가 우송료를 지불하신 적이 있는지
요? 저희에게는 아주 가끔씩 그런 일이 생기는데 잡지는 추가로 우송
료를 지불한 적이 없습니다. 저는 어머니와 아버지께서 보험에 대해
서 저희가 고마워하지 않는 것처럼 느끼시기를 원치 않습니다. 유진
이 보험의 금액이 너무 크다고 느낀 것은 아니에요. 유진이 질문한
것은 단지, 저희가 저축할 수 있는 돈의 일부를 이곳의 은행에 큰
이자로 일 년에 한 번씩 입금하는 적금으로 들어서, 저희가 혹시 아프
게 될 때 찾아 쓸 수 있도록 이곳에 가지고 있으면 어떨까 하는 것이었
어요. 어머니께서는 이곳에서의 여행이 얼마나 비싸게 드는지 모르
시지요. 허지만 여행은 필요하고, 누가 아파지더라도, 여태까지는
저희 선교회에서는 어떤 비상 자금도 마련해 두지 않았습니다. 체스
터 박사가 이곳에 계실 때 제가 그 문제에 대해 문의했어요. 그것이
조금이라도 효용이 있었는지는 모르겠지만 그가 모임에서, 미국으로
돌아가자마자 그럴 경우를 위해서 돈이 보내지도록 하겠다고 말했습
니다. 이로써, 누구에게나 여행을 떠나라는 명이 내려지면 그의 여행
경비가 지불될 것입니다. 유진은 아버지께서 올해 저희들의 보험료
일체를 지불해 주시겠다고 하신 것에 대해 매우 감사하면서도, 50불
을 저희가 감당했으면 합니다. 새해에 될 수 있는 한 빨리 그 돈을
보내드리겠습니다. 저희가 생각했던 것보다 가계 사정이 많이 좋습
니다. 내년에도 금년보다 더 좋기를 바랍니다. 저희는 헨리를 위해

---

47 "homely"라는 단어는 여자나 어떤 상태가 평범하고 매력적이지 않은 뜻으로도 쓰
　인다.

서, 그리고 또 여분으로 저축하고 싶습니다.

그건 그렇고, 어머니, 헨리에게 언제까지 우유를 먹여야 되는지요? 제 생각에 아이가 우유를 하루에 세 번씩, 저희가 바라는 대로 목포에서 소를 구할 수 있게 되면, 아이가 커질 때까지 그렇게 해야 할 것 같은데, 어떻게 생각하시는지요?

독립신문에 보시면 왕비의 장례식에 대한 기사가 있습니다. 저희는 장례식에 갈 수 없었습니다. 유진은 그것이 일요일이었기 때문에, 저는 물론 헨리를 혼자 남겨 둘 수 없었기 때문이었지요. 저는 유진이 거기를 갔으면 좋았었겠다고 생각합니다. 한 번은 경험할 만한 광경이었으니까요. 그러나 저희로서는 일요일에 그렇게 할 수 없었어요. 만일에 늦은 오후였으면 몰랐을까. 그래도 선교사 여럿이 갔었습니다.

이 정도가 보통 제 편지 길이입니다. 그러나 최근 들어서 저는 편지 쓸 기분이 안 들었는데 오늘은 편지를 쓰고 싶었으니 계속 써가야 할 것 같았어요.

메이블이 학교에 다시 돌아가서 다행입니다. 최고의 사랑을 모두에게 전하며,

로티

추신. 체스터 박사 편으로 조그만 소포를 하나 보냈어요. 죄송하지만 유진의 어머님의 것을 그곳으로 보내주세요. 어머니의 것에는 베갯잇과 관악산에 있을 때 구한 염주, 어머니의 숟가락과 함께 세트로 가는 젓가락 한 쌍을 넣었어요. 클라라를 위해서도 젓가락 한 쌍에 숟가락

하나를 넣었어요. 베갯잇엔 대팻밥을 넣고, 비단으로 겉을 싸세요. 아마가 자기 아들의 신부를 위해 만든 것과 똑같은 것입니다. 아마에게 베개 속에 넣으라고 제가 대팻밥을 주었더니 아주 좋아했습니다. 한국인들은 보통 짚을 씁니다. 아마는 떼어서 빨 수 있도록 하얀 천으로 겉에 싸는 것을 만들었는데, 어머니의 것은 비단으로 만든 것이 더 예쁠 거예요. 제가 할 수 있으면 비단 베개 겉을 보내 볼게요. 제가 동봉하는 사진은 유진이 좋아하지 않는 것이지만, 저는 그 사진이 귀엽다고 생각해요. 파란 옥양목 옷을 입고 있는 아이의 일상의 모습이 어떤지 보여줍니다. 저를 위해서 가구 카탈로그를 어디서 하나 구해 주실 수 있으신지요? 그것이 하나 있으면, 이곳의 중국 사람들이 그림만 보고 어떤 가구나 비슷하게 만들어 냅니다. 그래서 가구 카탈로그를 하나 가지고 싶어요.

1897년 12월 5일, 토요일
한국, 서울

사랑하는 애니

우편물이 월요일에 나가는데, 나는 지금 서둘러서 유진이 내게 부탁한 편지들을 써서 부치려고 하고 있다. 이제까지 그걸 할 수 없었다. 서둘러서 짧게 쓰니 이해해 주기 바란다. 『리포지터리』에 실린 글 2부를 보낸다. 하나는 식구들을 위해서, 다른 하나는 누군가에게 보내 줄 수 있겠다는 생각에서. 나는 신문에 실리는 그런 흥미로운 편지들을 통해서 확인하게 되는 유진의 능력이 자랑스럽다. 훌륭하고 가치 있는 재능이다.

유진이 우리 선교회의 회칙, 아니면 규칙 또는 내규라 할지, 을 작성했는데 아주 탁월했고, 선교회에서 고마워했다. 회계 일을 잘 수행한 것도 칭찬을 받았고, 그를 선교회 총무로 임명했기에, 그가 명예스런 일로 가득하다. 유진과 체스터 박사는 선교 정책의 중요한 모든 부분에서 의견을 같이 한다. 두 사람의 마음이 깊이 통해서, "체스터 박사는 전적으로 상식적인 사람"이라고 유진이 나에게 그의 속마음을 털어놓음으로 나를 놀라게 했고 또한 그것이 나를 기쁘게 했는데, 체스터 박사도 유진에 대해서 같은 생각을 한다는 것을 나는 의심하지 않기 때문이다.

유진은 집을 지을 대지를 구입하러 목포에 내려가 있는데, 오웬 의사가 오게 되면 나도 봄에는 유진과 함께 그리로 갈 수 있기를 바란다. 작년에 유진이 얼마나 많이 집을 떠나 있었는지 아니? 열네 달

중에서 여섯 달 반을 나가 있었다! 유진처럼 가정을 사랑하는 사람에겐 굉장한 일이다. 그리고 서로 그렇게 떨어져 있는 동안 편지 교환을 거의 할 수 없고, 전보는 아예 못 치는 것을 네가 알면, 그것이 나한테 얼마나 힘들었는지 이해하는 데 도움이 될 거야.

이 편지에 헨리의 사진 두 개를 보내는데, 하나는 우리의 사랑을 담아 어윈에게 보내는 것이다. 사진 보호용 판지가 충분치 않아서 그냥 두 개를 같이 보낸다. 헨리는 이젠 아주 통통하게 살이 찌고 건강하고, 너무 사랑스럽다. 아기로서 최대한으로 귀엽고 명철해. 네가 그 아이를 볼 수 있다면 얼마나 좋을까. 나를 "맘-마 Mam-ma"라고 부르고 "아-마A-mah"라는 말도 아주 분명하게 한다.

메리 해일리의 혼인에 대해서 세세히 알려 주기를 바란다. 그리고 너의 아버지께 일렉트로포이즈라는 의료기구를 한번 써보시라고 말해 줘. 레이놀즈 부인이 그것을 사용해서 완쾌되었다.

사랑하는
로티

1897년 12월 8일
한국, 서울

사랑하는 어머니

헨리의 장갑이 어제 도착했어요. 아이가 그것을 아주 좋아하고 저도 마찬가지에요. 장갑이 바로 제가 원하던 것이고 사이즈도 맞아요.

드와이트의 편지들을 보내 주셔서 감사합니다. 정말 즐겁게 받았어요. 제가 그 편지들 대부분을 보관하고 있고, 이번 주에 그 애한테 편지를 하려고 해요.

존 램이 저의 그 사진을 보고 싶어 하지 않는 것을 의심하지 않습니다. 저도 그런 모습의 그의 사진이나 저의 다른 친구들의 사진을 보는 것이 즐겁지 않을 것이 확실합니다.

헨리와 저는 잘 지냅니다. 유진은 목포에 있고, 어제 이곳에 눈이 약간 내렸는데 곧 녹았습니다.

저는 닥터 비티께 송구한 마음입니다. 그가 『웨스트』가 보내지는 주소들의 구독권 하나를 어머니로 하여금 지불하도록 했는지요?[48] 저희는 그것을 매우 즐겁게 읽었습니다.

식구 모두에게 새해 복 많이 받으시기를 바랍니다.

사랑하는
로티

1897년 12월 25일, 토요일 저녁, 7시 반
한국, 서울

사랑하는 드와이트

크리스마스가 거의 다 지나가고 있는데, 고향의 누군가에게 한마디도 쓰지 않은 채 오늘이 지나가게 할 수가 없구나. 그리고 오늘이 너의 생일이기도 하니 네게 쓰는 편지를 오늘 밤에 시작하겠다. 너는 오늘로 23살[49]이 되는 게 맞지? 그것을 믿기가 힘든 것이, 네가 태어나던 날, 우리에게도 다른 여자애들처럼 남동생이 생겼다는 것이 어찌나 기뻤는지 내가 똑똑하게 기억하고 있기 때문이다. 23년 후에, 우리 세 자매에게 자랑스러운 남동생이 하나가 아니라 둘씩[50]이나 있는 것에 깊이 감사드린다. 오늘 같은 행복한 날이 오래 오래 거듭되기를 바란다. 네가 오래 사는 것이 좋다면 말이다. 우리는 테크닉the Tecnic[51]에 많은 관심을 가지고 있고, 네가 훌륭하게 성공했다고 느낀다. 나는 네가 너무 힘들게 일에 매달리지 않기를 바란다. 건강만큼 중요한 것이 없기 때문이다.

나는 너와 나 둘 다에게 일렉트로포이즈라는 의료기구가 있었으면 한다. 그것이 이곳에서 감기와 류머티즘 등에 아주 효과가 있다.

---

49 드와이트는 1875년생이었으니 12월 25일이 생일이었다면 로티가 편지 쓰던 날 그가 만 22살이 되는 날이다.

50 드와이트(1875년생)와 버논(1878년생).

51 "the Tecnic"으로 대문자 T를 써 고유명사로 표기했다. 드와이트가 다니던 회사가 아닐까 한다.

꼬마 헨리가 유감스럽게도 감기와 기관지염에 약한 우리 식구의 성향을 가지고 있단다. 그것만 빼면 아이가 힘도 세고 건강하고 아주 탄탄해 보이는 다리를 가졌다. 며칠 전에 헨리의 사진 하나를 집으로 보냈다. 아이가 오늘 하루를 즐겁게 보내고, 드디어 지쳐서 잠이 들었다. 나는 아이의 스타킹을, 아이와 우리 모두 옷을 차려 입을 때까지, 아이 눈에 띄지 않는 곳에 숨겨 두려고 했는데, 아이가 "피터"의 머리가 스타킹 밖으로 튀어나온 것을 발견하고는 너무 흥분해서 가만히 있지 못했단다. 당연하지만 아이가 "피터"를 완벽하게 좋아한다. 또 아이에게 나무토막 장난감 한 박스와 유진이 제물포에서 가져온 알록달록한 커다란 공을 주었고, 어머니께서 보내주신 책, 쌍둥이가 보내준 공, 그리고 에비슨 부인이 공을 하나 더, 드루 부인이 준 프렌치 하프 등의 선물들로 아이가 즐거웠다. 오늘은 낮잠을 자지 않았는데, 태어나서 처음으로 낮잠을 안 잔 것으로 생각한다. 낮잠 잘 시간이 없었다.

부승이가 오늘 하루를 거의 우리 집에 머물면서 아이와 놀았는데, 그것이 헨리의 즐거움을 크게 더하게 했다. 나는 부승이에게 선물들을 담은 커다란 주머니를 주었다. 손수건 하나, 헨리가 작년에 가지고 놀던 공 하나, 그리고 12센트 – 현금 300푼 – 을 받고 그가 매우 행복해 했고, 하인들과 함께 만찬도 같이했다. 하인들은 우리의 만찬이 끝난 후에 전에처럼 만찬을 가졌는데, 그들이 즐거워했다. 만찬에는 야생 거위가 있었는데, 피터즈 씨가 보내 준 것이었다. (내가 그에 대해서 말한 적이 있는지? 그는 러시아계 유대인인데 지금은 이곳의 성서공회Bible Society 대리인으로 아주 좋은 청년이다.) 그 거위는 그가 지난주에 시골에서 사냥한 것으로 그것을 얼려서 보내왔는데 고기가 아주 연했다.

우리가 늘 먹는 아몬드와 건포도를 넣은 초콜릿 아이스크림, 케이크 등도 있었다.

유진은 저녁을 한 입도 먹지 않았고 나는 약간의 토스트와 차 한 잔을 먹었을 뿐이다. 유진에게 나는 그가 사랑하는 서랍장에 어울릴 거울과, 귀를 덮을 수 있는 새 모피 모자, 손수건 등을 선물했고, 유진은 나에게 『하퍼』 구독권을 다시 신청해 주고, 내 책상에 놓을 멋진 잉크 병, 그리고 새 집으로 이사 갈 때 내가 원하는 것을 마음대로 살 수 있도록 돈을 선물했다. 유진이 목포에서 호랑가시나무 큰 묶음을 가지고 와서 집이 매우 크리스마스답게 보인다. 호랑가시나무는 이쪽 지방에서는 자라지 않기 때문에 거의 모든 이웃들에게 그것을 나주어 주었다. 그들은 그것을 받고 기뻐했고, 언더우드 댁에서는 그 보답으로 겨우살이를 보내주었다.

이번 주에 중국 백합이 방금 피었단다. 구근은 하나인데 꽃줄기가 다섯 개가 나왔고 한 줄기에서 적어도 여섯 개까지 꽃이 핀 것을 셀 수 있었다. 얼마나 예쁠지 네가 상상할 수 있을지? 중국인들이 백합을 위해 만들어 파는 예쁜 화분에 그 꽃을 심어 놓았다. 이 백합 화분은 고향에서 보는 것과는 전혀 다른 것인데, 유진이 지난 성탄절에 선물로 주었다.

지금은 고향 집에서 아침 식사를 하고 있겠지, 나만 빼놓고 모두들 모여서…. 얼마나 즐거운 시간을 보내고 있을지! 너는 네 스타킹을 걸어 놓았었니? 나는 우리가 헨리의 스타킹을 처음으로 걸었던 작년까지 한 번도 내 스타킹을 걸어 놓는 것을 잊지 않았고, 올해도 유진은 나의 스타킹을 다시 걸어 놓기를 바랐지만, 내가 어떻게 그럴 수 있었겠니? 사랑스런 작은 남자의 것 하나면 우리 집으로서는 충분하다고 생각했다.

어머니께서 너의 편지 몇 개를 내게 보내 주셨고 나는 너무 즐겁게 그것들을 읽었다. 산에서 써 보낸 네 편지들을 읽고, 유진도 이곳으로 와서 선교 일을 시작하기 전에, 너처럼 집을 지어 보는 기회를 손수 가질 수 있었더라면 하는 바람을 갖도록 만들었다.

헨리가 잠에서 깼다. 그러니 이만 굿나잇.

집 설계도 하나를 동봉하는데[52] 우리가 아마 집을 그렇게 지을 것 같다. 벽돌집에 일본 기와로 지붕을 하고, 한국식이 아닌 서양식으로 지어질 것이다. (목포는 개항장이므로 이왕이면 서양식으로 집을 지으려 한다.) 마루를 이중으로 하고, 창도 이중창으로 하려하고, 지하실을 크게 만들고, 모든 방은 고향의 집들처럼 천정을 평평하게 할 것이다. 낭비되는 공간이 없이 설계를 잘 했다고 생각한다. 뒤 현관은 겨울엔 북풍을 차단할 수 있도록 유리문으로 닫을 수 있게 할 것이다. 어떤 것은 네가 이상하다고 생각할 텐데, 이곳에서의 독특한 필요 때문에 생긴 것들이다. 나는 거실에서 가까운 어딘가에, 아마도 내가 연필로 윤곽을 그려 놓은 곳에, 한국식 온돌 바닥을 해서 작은 온실을 갖고 싶다. 채소 씨 모두를 거기서 발아시킬 수 있을 것이다. 설계도를 다 본 다음에는 어머니께 보내주기를 바란다. 네가 이곳에 있어서 우리가 집 내부를 어떻게 마무리할지, 서랍장과 찬장은 어떻게 할지 결정하는 데 도움을 줄 수 있으면 얼마나 좋을까. 그런 식으로 편의 시설을 많이 만들기를 원한다. 그러면 가구를 많이 들일 필요가 없게

---

[52] 인돈학술원 데이터에는 집 설계도가 보관되어있지 않다. 유진 벨의 1897년 12월 27일 자 편지에 포함된 집 설계를 여기에 복사한다.

되기 때문이다. 네가 할 수 있는 어떤 제안도 대환영이다.

　네가 할 수 있을 때 편지를 해 줘. 유진과 헨리로부터 너에게 사랑을
보내며,

　너의 사랑하는 누이,
　로티

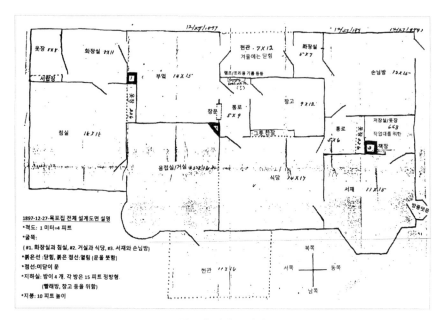

목포집 설계도 전면

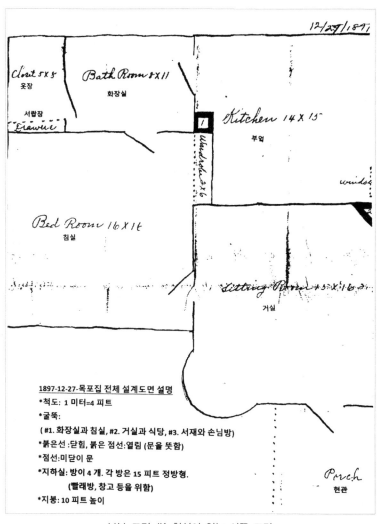

12/27/1897

Closet 5 X 8
옷장

서랍장
Drawer

Bath Room 8 X 11
화장실

Kitchen 14 X 15
부엌

Window 3 X 6

Bed Room 16 X 16
침실

Setting Room 15 X 16 2
거실

window

Porch
현관

1897-12-27-목포집 전체 설계도면 설명
*척도: 1 미터=4 피트
*굴뚝:
  (#1. 화장실과 침실, #2. 거실과 식당, #3. 서재와 손님방)
*붉은선 :닫힘, 붉은 점선:열림 (문을 뜻함)
*점선:미닫이 문
*지하실: 방이 4 개. 각 방은 15 피트 정방형.
    (빨래방, 창고 등을 위함)
*지붕: 10 피트 높이

부분 도면 #1 침실이 있는 서쪽 도면

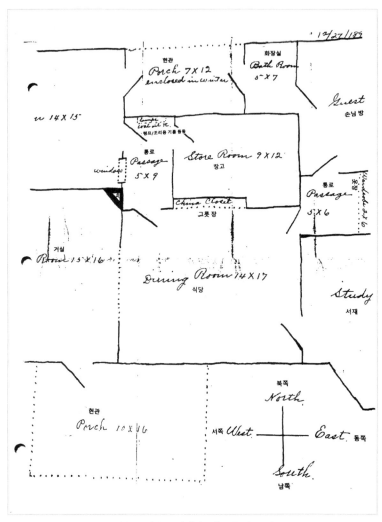

부분 도면 #2 거실이 있는 중간 도면

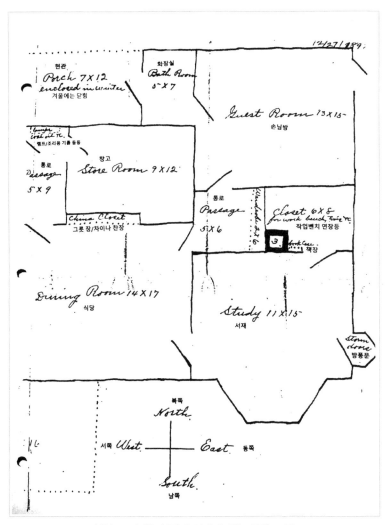

12/27/1899.

현관 Porch 7X12 enclosed in winter
겨울에는 닫힘

화장실 Bath Room 5~X7

Guest Room 13X15~
손님방

램프/조리용 기름 등등

통로 Passage 5X9

장고 Store Room 9X12
창고

China Closet
그릇장/차이나 찬장

통로 Passage 5X6

Closet 6X8 for work bench, tools
작업벤치 연장등

3.
Book Case 책장

Dining Room 14X17
식당

Study 11X15~
서재

Storm doors
방풍문

북쪽 North

서쪽 West ——— East 동쪽

South
남쪽

부분 도면 #3 식당과 서재가 있는 동쪽 도면

옮긴이 소개

고영자

서울에서 태어나서 인천에서 자라고 인천의 인일여고를 졸업했다. 서울대학교 의대 간호학과를 졸업 후, 인천기독병원에서 간호사로 근무하던 중 미국으로 이민하여 육아와 가사, 일을 병행하는 전형적인 이민자의 삶을 살면서 덴버의 아일리프 신학대학에 진학, 신학석사(Master of Divinity)와 "종교와 사회변혁" 부문의 박사학위(Joint Ph.D. Iliff School of Theology and Denver University)를 받았다. 1994년 미국 연합감리교회에서 목사 안수를 받고 콜로라도 주와 유타 주에서 영어권 목회를 하다가 2018년에 은퇴하였다.

이은상

인천에서 태어나고 자랐으며 인천의 제물포고등학교를 졸업했다. 서울대학교에서 국어국문학을 공부하던 중 1978년 미국으로 이민하여, 일과 학업을 병행하는 전형적인 이민자의 삶을 살았다. 콜로라도 주립대학에서 역사학으로 문학사 학위, 덴버의 아일리프 신학대학에서 신학석사 학위를 받고, 1993년에 미 연합감리교회의 목사로 안수를 받은 후, 콜로라도 주와 유타 주에서 영어권 목회를 해왔다. 지금은 몬태나 주, 레이크사이드라는 작은 시골 동네에서 목회하고 있다.

내한선교사편지번역총서 3

로티 벨 선교 편지(1895~1897)

2022년 6월 10일 초판 1쇄 펴냄

지은이 로티 벨
옮긴이 고영자·이은상
펴낸이 김흥국
펴낸곳 도서출판 보고사

책임편집 이순민
표지디자인 김규범

등록 1990년 12월 13일 제6-0429호
주소 경기도 파주시 회동길 337-15 2층
전화 031-955-9797(대표)
    02-922-5120~1(편집), 02-922-2246(영업)
팩스 02-922-6990
메일 kanapub3@naver.com / bogosabooks@naver.com
http://www.bogosabooks.co.kr

ISBN 979-11-6587-321-9
    979-11-6587-265-6 94910 (세트)

ⓒ 고영자·이은상, 2022

정가 27,000원

〈이 번역서는 2020년 대한민국 교육부와 한국연구재단의 지원을 받아 수행된 연구임
(NRF-2020S1A5C2A02092965)〉